最新现代高等物流教育系列

Logistics

采购与库存管理

PROCUREMENT AND
INVENTORY MANAGEMENT

（第四版）

蹇令香 李东兵 编著

东北财经大学出版社 大连
Dongbei University of Finance & Economics Press

U0648691

图书在版编目（CIP）数据

采购与库存管理 / 蹇令香，李东兵编著．—4版．—大连：东北财经大学出版社，2025.3.—（最新现代高等物流教育系列）．—ISBN 978-7-5654-5588-9

Ⅰ．F253

中国国家版本馆CIP数据核字第2025TL9257号

东北财经大学出版社出版

（大连市黑石礁尖山街217号　邮政编码　116025）

网　　址：http://www.dufep.cn

读者信箱：dufep@dufe.edu.cn

大连天骄彩色印刷有限公司印刷　东北财经大学出版社发行

幅面尺寸：185mm×260mm　　　字数：456千字　　　印张：19.25

2025年3月第4版　　　　　　　2025年3月第1次印刷

责任编辑：孙　平　章蓓蓓　　　　　　责任校对：刘贤恩

封面设计：张智波　　　　　　　　　　版式设计：原　皓

定价：52.00元

第4版前言

随着市场经济的发展与完善，采购不仅成为企业组织生产的先决条件，而且是降低成本、获取利润，从而提升企业核心竞争力的重要环节。一方面，采购管理能降低直接原料成本，减少企业所占用的资金，从而提高企业的资本回报率；另一方面，通过采购管理将质量管理延伸到供应商质量控制上，不但从源头上保证了产品的质量，并且对质量成本的削减作出贡献。在这一过程中，数字化采购和绿色采购逐渐成为采购管理中的重要内容。

数字化采购是指运用数字化手段进行企业采购管理的过程，它通过大数据、云计算、流程自动化等技术，实现传统供应链中"采购"环节的数字化升级。数字化采购能够提高采购效率、降低采购成本、增强供应链协同能力、提升产品质量和服务水平，从而在激烈的市场竞争中立于不败之地。数字化采购在供应商管理、采购需求管理、战略寻源、采购履约和交付结算等各个环节都展现出了显著的优势。党的二十大报告强调："加快发展数字经济，促进数字经济和实体经济深度融合，打造具有国际竞争力的数字产业集群。"这为数字化采购的发展提供了政策支持和方向指引。

绿色采购是指政府和企业经济主体一系列采购政策的制定、实施以及考虑到原料获取过程对环境的影响而建立的各种关系。企业通过实施绿色采购可以有效防止环境污染和资源浪费，从而实现绿色、低碳和循环发展。企业应践行绿色采购理念，按照有关绿色产品认定和评价标准，制定完善绿色采购管理制度，逐步提高绿色采购比例。通过优化项目采购管理流程、建立绿色供应商评价体系、创新采购模式以及强化内部管理与员工培训，企业完全有可能在环保与成本之间找到完美的平衡点。党的二十大报告提出，要"着力提升产业链供应链韧性和安全水平"，这要求企业在采购管理中更加注重绿色采购，以增强产业链供应链的绿色低碳发展能力。

我国企业数量众多，不同的企业所处的物流一体化进程各不相同，因此，采购管理所适用的方法和手段也不尽相同。跨国公司如大众、西门子等，已实现外部物流一体化，即进入了供应链管理阶段。它们已大规模实行电子采购、JIT采购、供应链采购、数字化采购等新型采购方法。我国较早实现国际化的企业，如华为、海尔、联想等，也在积极采用这些方法。而我国的大部分企业，仍处于内部物流一体化的阶段，运用较多的采购方法是MRP采购和订货点采购。中共中央办公厅、国务院办公厅印发的《有效降低全社会物流成本行动方案》提出，要加快现代供应链体系建设，推动大型工商企业提升物流管理水平和社会化程度，科学构建集采购、库存、生产、销售、逆向回收等于一体的供应链体系。这为我国企业采购管理水平的提升提供了明确的方向和目标。

本书在借鉴和吸收国内外采购管理理论和最新研究成果的基础上，密切结合国内企业采购管理的实际情况，介绍了采购管理的基础知识、基本方法和采购管理的前沿问题，旨在帮助学生较为系统、全面地了解采购管理理论，为其日后的实际工作提供一个基本的分析工具。书中还涵盖了数字化采购和绿色采购的相关内容，以适应当前和未来市场的需求。

　　本书的特点包括：第一，注重基础性；第二，注重实践性；第三，注重前沿性。本书含有很多中外运作实例，加强对学生采购管理应用能力的培养，鼓励学生用采购管理原理来理解和解释发生在自己周围的一些企业的实际运作问题，从而既能引起学生的兴趣，又能浅显易懂地说明采购管理的核心问题。此外，书中还配有练习题，以供学生课后练习使用。为方便教学，本书配有电子课件，请登录东北财经大学出版社网站（www.dufep.cn）免费下载。

　　本书可作为物流管理专业的本科教材，也可作为相关专业本科生、研究生，以及采购和物流管理的研究人员、管理人员的参考用书。

　　本书由大连海事大学航运经济与管理学院蹇令香教授和大连理工大学城市学院李东兵教授共同编写。在本书的编写过程中，编著者参考了大量的相关文献，在此向各位同行表示深深的感谢。由于水平有限，书中不当之处在所难免，恳请读者批评指正。

编著者

2025 年 1 月

目　录

第1章

采购与库存管理概述

💧 **学习目标**

通过本章的学习，应了解采购的重要性、采购的基本程序和原则、采购的新发展；理解采购、采购管理的概念；掌握采购管理的发展趋势、库存管理的内容及目标；掌握采购管理的内容与流程。本章的学习主要是为以后各章的学习打下基础。

💧 **基本概念**

采购　采购管理　库存控制　库存管理

💧 **引导案例**　　　　　　　　　**转变采购管理理念**

采购管理理念的转变是企业发展过程中不可或缺的重要环节，随着全球化竞争的加剧和市场变化的加速，企业采购管理理念也在不断发生着转变。

1.市场化采购管理理念的转变

市场化采购管理理念的转变是企业在实践中不断摸索、总结的结果。在过去，企业的采购管理大多是基于供应商关系和成本控制，而现在随着市场竞争的加剧，企业采购管理更加注重市场化竞争，重视供应链管理，注重整个供应链的效率和灵活性。同时，企业也开始从传统的价格采购转向价值采购，不仅仅满足于低成本采购，更注重产品的整体性能和服务质量。

市场化采购管理理念的转变对企业的影响是多方面的。一方面，企业能够更好地与供应商进行合作，共同发展；另一方面，企业也能够更好地适应市场变化，灵活应对市场需求的变化。这种转变不仅提升了企业的采购效率，也带来了更多的商业机会和发展空间。

2.数字化采购管理理念的转变

数字化采购管理理念的转变是随着信息技术的发展而发生的。随着互联网、大数据、人工智能等技术的广泛应用，企业采购管理也在向数字化、智能化方向转变。企业通过采用先进的信息技术，实现供应链的可视化管理，加强与供应商的沟通和协作，实现采购流程的数字化和自动化。这种转变能够提高采购管理的精准度和效率，降低采购成本，提升服务质量。

数字化采购管理理念的转变带来了企业管理方式的革新。通过大数据分析，企业可以更好地了解市场需求和供应商的绩效情况，作出更科学的决策。同时，数字化采购管理也能够带来更多的创新机会，促进企业与供应商之间的深度合作，共同开发新产品、新技术。

3.可持续发展采购管理理念的转变

可持续发展采购管理理念的转变是随着环保意识的提升而受到重视的。在过去，企业的采购管理可能会忽视对环境的影响，只追求短期的经济利益；而现在，企业越来越重视可持续发展，将环境、社会责任等因素纳入采购管理中，注重对环境友好的产品和供应商的选择。

可持续发展采购管理理念的转变对企业的影响是全方位的。首先，企业通过选择环保型产品和供应商，提升了企业的社会形象和品牌价值，赢得了消费者的认可。其次，企业也能够更好地遵守相关的法律法规，避免因环境问题而带来的潜在风险。这种转变不仅符合社会的发展要求，也是企业自身可持续发展的需要。

4.全球化采购管理理念的转变

全球化采购管理理念的转变是随着经济全球化的深入而逐渐形成的。在过去，企业的采购管理可能更多地局限于本地市场或国内市场；而现在，企业通过全球化采购管理，能够更好地应对全球化竞争，获取更多的资源和机会。

全球化采购管理理念的转变给企业带来了更大的发展机遇和挑战。一方面，企业可以通过全球化采购管理来获取更广阔的市场和更高品质的资源，提升自身的国际竞争力；另一方面，企业也需要面对更加复杂的供应链管理和风险管控挑战，需要更加灵活和专业的采购团队来应对。

5.风险防范采购管理理念的转变

风险防范采购管理理念的转变是企业在实践中总结经验、不断改进的结果。随着市场竞争的加剧和供应链的日益复杂，企业采购管理也更加注重风险防范，注重对供应商信用、供应链安全等方面的管控。

风险防范采购管理理念的转变给企业带来了更多的安全感和保障。通过加强对供应商信用评估，企业能够更好地选择合作伙伴，降低经营风险；同时，企业也能够通过风险防范采购管理来应对外部环境的变化，更好地保障供应链的稳定运行。

总的来看，采购管理理念的转变是企业发展过程中的必然选择，是企业适应外部环境变化的需要。不同维度的转变在不同程度上影响着企业的发展道路，对于企业而言，重视这些转变并加以应用，将有助于企业在激烈的市场竞争中立于不败之地，实现可持续发展。

（资料来源　佚名. 采购管理理念有哪些转变［EB/OL］.［2023-12-01］. http：//blog.ceconlinebbs.com/BLOG_ARTICLE_111138.HTM.）

采购作为企业生产经营活动的首要环节，对企业的生存和发展起着至关重要的作用。目前，越来越多的企业已将采购管理作为企业的一项重要战略任务。对企业来说，合理地进行采购，可以降低采购成本，节约采购费用，为企业提供符合品质要求的原材料，保证了企业的正常生产和销售，既满足了市场需求，又促进了企业的良性循环，让企业获得更多的利润。采购为什么如此重要呢？

1.1 采购

1.1.1 采购的含义

1）采购的基本概念

采购可以从狭义与广义两方面来理解。

狭义的采购，是指企业基于生产、销售、管理等目的购买所必需的所有货物和服务的交易行为。它包括根据需求提出采购计划，选好供应商，经过商务谈判确定价格、交货条件，最终签订合同并按要求收货付款的全过程。

采购过程中的主要活动有：

• 确定需要购买的商品和服务的规格（按照要求的质量和数量）；

• 选择最合适的供应商；

• 为订立协议作准备并与供应商进行谈判；

• 将订单发给优先供应商；

• 订单的监督和支出的控制；

• 后续工作和评估（索赔的解决、产品和供应商档案的更新、供应商的评级和分类）。

图1-1显示了采购过程的主要活动，这些活动是紧密相联的。

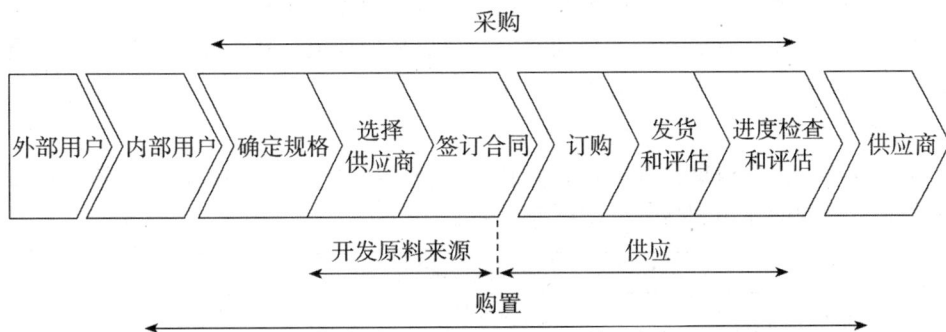

图1-1 采购过程模型和相关概念

广义的采购，是指除了以购买的方式获取物品之外，还可以通过下列途径取得物品的使用权，以达到满足需求的目的：①租赁。租赁是一方以支付租金的方式取得物品的使用权，使用完毕或租期满后将物品归还给物主的一种非永久性的行为。企业的生产经营中所租赁的物品通常有厂房、车辆、生产设备、仪器、办公用品等。②交换。交换就是通过以物易物的方式取得商品的所有权及使用权，但是并没有直接支付商品的全部价款。换言之，当双方交换的货物价值相等时，不需要以金钱补偿对方；当双方交换的货物价值不相等时，仅由一方补贴差额给对方，如生产物料的交换、机器设备的交换等。这种交换方式不仅可以取得自己想要的东西，还可以盘活自己闲置或多余的东西，可谓一举两得。③外包。外包是指企业将一些与企业核心业务关联性不强的业务外包给别的专业公司，以取得专业优势，从而降低成本的一种新型采购方式。这种方式的优势非常明显，能有效地降低资金的占用率，化解投入大量资金建设生产线所引起的高额投资风险；可以大大缩短产品获利周期；有利于提高企业的核心竞争力。外包形式近几年日趋流行。综上所述，采购就是指企业为了满足某种特定的需求，以购买、租赁、交换、外包等途径，取得商品及服务的使用权的活动过程。

在日常经营活动中，我们所讲的采购主要是指狭义的采购。

2）采购的相关概念

（1）订购和购置。订购这个术语指的是依照事先约定的条件向供应商发出采购订单。此外，这个术语还被用在并没有询问供应商的条件而直接发出采购订单的时候。电话订购属于这个范畴，因为电话订购的产品已经列在供应商的产品目录中。订购被认为是采购过程的一部分。

购置是指将从供应商处获取的产品送至最终目的地所要求的所有活动。它包含采购、贮存、运输、来料检查和质量控制与保证等。

（2）开发原料来源。它是指寻找供应源，保证供应的连续性，确保供应的替代源，收集可获得资源的信息等活动。

（3）供应。在美国和欧洲，供应的含义比较宽泛，包括采购、存储和接收等活动；在中国，供应一词的基本含义是指供应商提供产品或服务的过程，偏重物流活动，而采购更偏重商流活动。

1.1.2　采购的重要性

随着市场经济的发展、技术的进步、竞争的日益激烈，采购已由单纯的商品买卖发展成为一种可以为企业节省成本、增加利润、获取服务的职能，在企业的产品开发、质量保证、供应链管理及经营管理中起着极其重要的作用。

1）采购在企业价值链中的作用和地位

在经营战略中，价值链管理的概念起到了核心作用。下面借助波特的价值链理论来说明工业企业中采购的作用和地位，如图1-2所示。

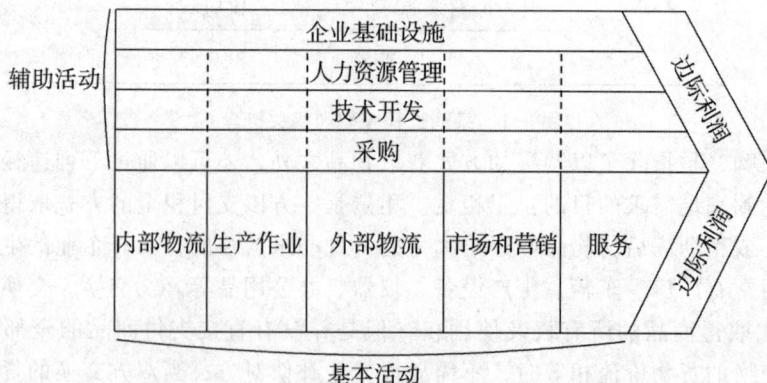

图1-2　采购和价值链

图1-2中的价值链由价值活动和由这些活动创造的边际利润组成。价值活动可以按照物质和技术活动分成不同的组。波特将其区分为基本活动和辅助活动。

基本活动是与公司交付给其客户的最终产品的物理变化和加工有直接关系的活动。从

图 1-2 可以看出，向客户交付产品和提供服务是这些基本活动的一部分。

辅助活动作用于基本活动并给予其支持。它们可以被用来支持某一基本活动，也可以被用来支持整个基本活动过程。

波特将基本活动分为五种基本类型。

（1）内部物流。与接收、存储和分配相关联的各种活动，如原材料的搬运、仓储、库存控制，车辆调度和向供应商退货。

（2）生产作业。与将投入转化为最终产品形式相关的各种活动，如机械加工、包装、组装、设备维护、检测、印刷和各种设施管理。

（3）外部物流。与订货、存储和将产品发送给买方有关的各种活动，如产成品库存管理、原材料搬运、送货车辆调度、订单处理和生产进度安排。

（4）市场和销售。与提供一种买方购买产品的方式和引导他们进行购买有关的各种活动，如广告、促销、报价渠道选择、渠道关系建设和定价。

（5）服务。与提供服务以增加或保持产品价值有关的各种活动，如安装、维修、培训、零部件供应和产品调整。

辅助活动被分为以下四种基本类型：

（1）采购。采购是指购买用于企业价值链各种投入的活动。采购的投入包括原材料、储备物资和其他易耗品，也包括各种资产，如机器、实验设备、办公设备和建筑物。这些例子表明，采购投入在基本活动和辅助活动中都存在。这就是波特将采购划入辅助活动而不是基本活动的一个原因。

（2）技术开发。技术在此范围有着广泛的含义。因为在波特看来，每一项活动都包含了技术，程序或技术包含在过程或产品设计中。大多数价值活动都用到了许多涉及不同学科的交叉技术。

（3）人力资源管理。人力资源管理包括涉及所有类型人员的招聘、雇用、培训、开发和薪酬管理的各种活动。它在基本活动和辅助活动中都起作用。

（4）企业基础设施。整个公司是这些活动的"消费者"。它们不只支持一项或更多的基本活动——相反，它们支持全部的公司活动过程。这些活动包括管理、计划、筹资、会计、法律、行政事务和质量管理等。在通常包括不同业务部门的大公司中，这些活动可按照总部和业务部门来划分。

所有的活动都应当在产生的价值大于其消耗的成本的前提下进行。在波特看来，公司的总价值是由其销售总价值决定的。边际利润反映了公司风险的报酬。波特把采购看成辅助活动。他使用"采购"而不是"购买"，是因为购买的通常含义仅仅限于管理人员。采购职能的分散性常常导致总的购买量不清晰，并意味着很多购买活动很少得到详细研究。

采购的重要作用体现在能够为下列活动提供支持：

（1）基本活动。采购职能应该满足与内部物流、外部物流，特别是与业务运作有关的物料需求。采购业务由物料需求计划所决定。为基本活动进行采购被称为"生产采购"或"生产物品的采购"。通常，这一领域得到管理层的较大重视。

（2）辅助活动。采购活动也可能与和其他辅助职能有关的辅助产品和服务有关。例如，下列各项的购买：研发所用的实验设备、计算机中心所需的计算机硬件和软件、为销售部门和高级管理层租借的汽车、会计用的办公设备、招待部门所需的食品和饮料、内务所需的清洁材料等。

以辅助活动为目标的采购职能在性质上有很大的不同。一些需要做的采购活动是日常的（维护、修理及运营（Maintenance，Repair and Operations）用品，即 MRO 用品）、重复性的和低价值的。其他的采购活动会有"突出的特征"，并且是唯一的和高价值的（投资品、固定设备、建筑物）。总的来说，这类采购指的是"非生产采购"或"普通开支"，采购的对象可以被分为 MRO 用品、投资品和服务。这种类型的采购的多样性使其获得统一的计算机信息系统和/或采购程序的支持非常困难。表1-1总结了为基本活动进行采购和为辅助活动进行采购之间的区别。

表1-1　　　　　　　为基本活动进行采购和为辅助活动进行采购的主要区别

项　目	为基本活动进行的采购	为辅助活动进行的采购
产品种类	可多可少	非常多
供应商的数量	有限，清楚	非常多
采购金额	非常大，相当可观	有限
购货订单的数量	相当多	非常多
平均订货量	大	小
控制	依赖于生产计划的类型	有限，与预测有关或与项目有关的计划
决策制定者	设计、制造部门的专业人员	各个部门，随产品或服务而变化

2）采购对企业经营的重要性

企业的成本结构直接显示了采购对企业经营的重要性。采购成本是企业成本管理中的主体和核心部分。在企业的产品成本构成中，采购的商品和服务占企业产品成本的比例随行业的不同而不同，如图1-3所示，大体在10%~85%，平均水平在60%以上。从世界范围来说，对于一个典型的企业，一般采购成本（包括原材料、零部件）要占60%，工资和福利占20%，管理费用占15%，利润占5%。而在中国的工业企业中，各种物资的采购成本要占企业销售成本的70%左右。而在现实中，许多企业在控制成本时将大量的时间和精力放在不到总成本40%的企业管理费用及工资和福利上，而忽视其主体部分——采购成本，往往是事倍功半，收效甚微。

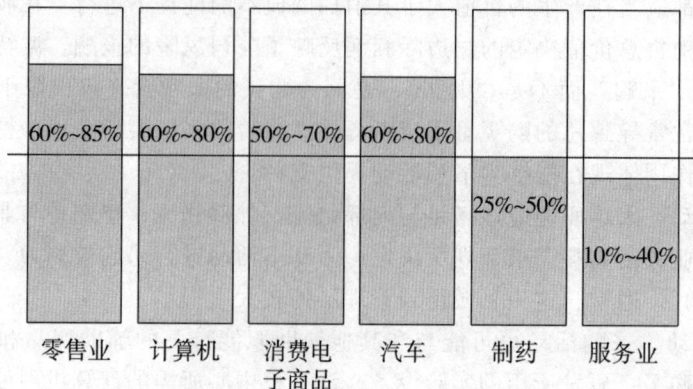

图1-3　采购的商品和服务占产品成本的百分比

采购零部件和辅助材料成本占到最终产品销售价值的大部分，这意味着，在获得物料方面所做的点滴成本节约对利润产生的影响，要大于公司其他成本减去销售领域内相同数量的节约给利润带来的影响。这就是人们所熟知的杠杆原理。

下面用两个例子说明采购的杠杆作用。

首先，用一张简单的利润表来说明杠杆原理的作用。我们的目标是将利润提高一倍。现在，某公司的总销售额为1亿元，利润为500万元。其中，销售额的60%用来购买产品和服务，其余的成本包括劳务费、工资，以及一般管理费用。问题是：销售额、产品价格、劳务费和工资、一般管理费用和采购额要增加或减少多少，才能使利润从目前的500万元提高到1 000万元？

表1-2列出了为使利润翻番，每个项目应变化的幅度。可以看出，除了产品价格和采购额外，其余各项都必须经历大幅度变动才能使利润增加一倍。而产品价格一项，市场上的激烈竞争也会使价格的上涨很难实现。在成本方面，我们虽然无法控制购入产品成本的主要部分，但是往往可以通过一些简单的手段来大幅度降低成本，比如让两个供应商对同一产品报价，与供应商紧密协作来控制成本，利用供应商的数量折扣，或者仔细选择货源、运输路线、运输方式等。这些方面成本下降的百分比不需要很大就可以实现绝对成本的大幅下降、利润的大幅提高。

表1-2　　　　　　　　　　采购利用杠杆原理实现利润翻番　　　　　　　　单位：百万元

	当前值	销售额 +17%	产品价格 +5%	劳务费和工资 −50%	一般管理费用 −20%	采购额 −8%
销售额	100	117	105	100	100	100
购入的产品和服务	60	70	60	60	60	55
劳务费和工资	10	12	10	5	10	10
一般管理费用	25	25	25	25	20	25
利润	5	10	10	10	10	10

其次，通过杜邦分析可以说明采购对公司投资回报的杠杆作用。除了提高利润外，采购价格的降低还会降低企业资产的基数，同样会使得资产回报率增长的幅度大于价格下降的幅度。

假设某公司的年销售额为1 000万元，总成本为950万元。公司拥有500万元的资产，其中200万元为库存。购入物料的成本占销售额的50%。我们使用杜邦分析模型，如图1-4所示，如果采购价格下降5%，那么资产回报率将提高多少？

由于杠杆作用，采购价格小幅度下降可以使利润增长50%。另外，采购价格下降使库存价值降为原来的95%，由此减少了公司资产的基数，使资产周转速度从原来的2提高到2.04，资产回报率从原来的10%增长到15.3%，提高了53%。

当然，这种杠杆作用在相反方面也是有效的：由于缺少详细定义的采购方针和采购（决策制定）过程的结构，采购成本缺乏控制，可能会导致不可预见的财务亏损。

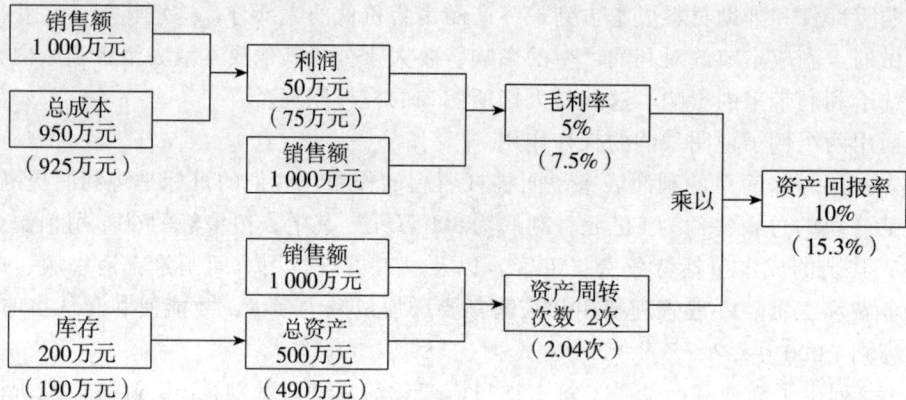

注：①假设采购金额占总销售额的50%；②假设库存占总资产的40%；③括号中为假设采购价格下降5%时的数字。

图1-4　采购价格下降5%前后的资产回报率

杜邦分析显示，采购在两个方面对公司的资产回报率作出了贡献：

（1）降低所有的直接原料成本——这将迅速导致公司利润的提高，而公司利润的提高又将提高公司的资产回报率。引进新的供应商、竞标、寻求替代原料等方法都可能降低直接原料成本。引进新的供应商可以增加供应商之间的竞争，使得它们能够提供更低的直接原料价格；竞标则是通过一种竞争的方式压低竞标供应商的价格；寻求替代原料是指世界范围内很多企业都不懈地尝试用更便宜的原料去替代贵重的原料。比如把产品中由铜或钢组成的金属材料换成更便宜的铝合金材料，如果允许的话，还可以把铝合金材料换成硬的塑料材质，甚至可以用软的塑料材质取代硬的塑料材质，以不断降低直接原料成本。

（2）降低公司所占用的资本——这将会提高公司的资金周转次数。能够导致较低的资本占用的方法有很多，包括较长的支付周期、通过准时制采购降低基本原料的生产线上的库存、供应商质量的提高及租赁设备等。在供应链中处于重要地位的核心企业，可以通过较长的支付周期，比如要求供应商能够接受两个月或三个月的支付周期，这样可以使得核心企业不占用自己的资金，减少所占用的资本；通过准时制采购，可以大大降低有关的产品和半成品的库存成本，甚至降低生产线上的在产品成本。供应商质量的提高可以明显减少本企业在质量检测方面所占用的资金，下文会展开讲解有关方面的作用。租赁设备则大幅减少初期生产时所占用的设备成本，不用在开始生产的时候就背上重的设备投资负担。

3）采购对企业的间接贡献

除了直接降低采购价格，采购职能也能够以一种间接的方式对公司竞争地位作出贡献。这种间接贡献以对产品质量的保证作用、质量成本的降低等形式出现。在实践中，这些间接贡献通常比直接节省的金钱更加实在。

质量是产品的生命。采购物料不只是价格问题（而且大部分不是价格问题），更多的是质量水平、质量保证能力、售后服务、服务水平、综合实力等。有些东西看起来买得很便宜，但经常维修，经常不能正常工作，这就大大增加了使用的总成本；如果买的是假冒伪劣商品，就会蒙受更大的损失。一般企业都将质量控制按时序划分为采购品质量控制、过程质量控制及产品质量控制。

由于产品中价值的一半左右是经采购由供应商提供的，所以最终产品的质量在很大程度上受采购品质量控制的影响。也就是说，保证企业产品"质量"不仅要靠企业内部的质量控制，更依赖于对供应商的质量控制。上游质量控制得好，就会为下游质量控制打好基础。采购环节中对质量的管理不仅体现在进货验收上，更重要的是将质量管理工作拓展到供应商的生产制造过程，建立起一整套的供应商质量管理制度，从源头抓起，才能真正地确保产品质量。经验表明，一个企业要是能将 1/4~1/3 的质量管理精力花在供应商的质量管理上，那么企业自身的质量水平起码可以提高 50% 以上。可见，通过采购将质量管理延伸到供应商质量控制，是提高企业自身质量水平的基本保证。

同时，采购能对质量成本的削减作出贡献。当供应商交付产品时，许多公司都会进行进料检查和质量检查。如果选择那些有健全的质量保证体系的供应商，就可以减少采购货物的来料检查和质量检查的成本。

此外，通过采购从供应商处获得新材料、新技术、新产品信息，将有力地支持企业产品改进和新产品开发等工作。

1.1.3 采购的原则

采购的原则就是在适当的时候以适当的价格从适当的供应商处买回企业所需数量的达到品质要求的商品，也就是说，采购要遵循"5R"原则——适时（Right Time）、适价（Right Price）、适地（Right Place）、适量（Right Quantity）、适质（Right Quality）。

1）适时

企业已安排好生产计划，若原材料未能如期到达，往往会引起企业内部混乱，即产生停工待料，当产品不能按计划出货时，会引起客户强烈不满。若原材料提前太多时间买回来放在仓库里等着生产，又会造成库存过多，大量积压采购资金，这是企业很忌讳的事情，故采购人员要扮演协调者与监督者的角色，去促使供应商按预定时间交货。对某些企业来讲，交货时机很重要。

2）适价

价格永远是采购活动中的敏感焦点，企业在采购中最关心的要点之一就是采购能节省多少采购资金，因此采购人员不得不把相当多的时间与精力放在跟供应商的"砍价"上。一个合适的价格往往要经过以下几个环节的努力才能获得：

（1）多渠道获得报价。这不仅要求原有供应商报价，还应该要求一些新供应商报价。企业与某些现有供应商的合作可能已达数年之久，但其报价未必优惠。获得多渠道的报价后，企业就会对该物品的市场价有一个大体的了解，并进行比较。

（2）比价。俗话说"货比三家"，因为专业采购所买的东西可能是一台价值百万元或千万元的设备或年采购金额达千万元的零部件，这就要求采购人员必须谨慎行事。由于供应商的报价单中所包含的条件往往不同，故采购人员必须将不同供应商报价中的条件转化一致后才能进行比较，只有这样才能得到真实可信的比较结果。

（3）议价。经过比价环节后，筛选出价格最适当的两三个报价。随着进一步的深入沟通，不仅可以将详细的采购要求传达给供应商，而且可进一步"杀价"，供应商的第一次报价往往含有"水分"。但是，如果采购物品为卖方市场，即使是面对面地与供应商议价，最后所取得的实际效果也可能要比预期的低。

（4）定价。经过上述三个环节后，买卖双方均可接受的价格便可作为日后的正式采购价，一般需保留两三个供应商的报价。这两三个供应商的价格可能相同，也可能不同。

3）适地

天时不如地利，企业往往容易在与距离较近的供应商的合作中取得主动权，企业在选择试点供应商时最好选择近距离供应商。近距离供货不仅使得买卖双方沟通更为方便，处理事务更快捷，亦可降低采购物流成本。越来越多的企业甚至在建厂之初就考虑到选择供应商的"群聚效应"，即在周边地区能否找到企业所需的大部分供应商，对企业长期的发展有着不可估量的作用。

4）适量

批量采购虽有可能获得数量折扣，但会积压采购资金，采购数量太少又不能满足生产需要，故合理确定采购数量相当关键，一般按经济订购量采购，采购人员不仅要监督供应商准时交货，还要强调按订单数量交货。

5）适质

一个不重视品质的企业在今天激烈的市场竞争环境中根本无法立足，一个优秀的采购人员不仅要做一个精明的商人，同时也要在一定程度上扮演管理人员的角色，在日常的采购工作中要安排部分时间去推动供应商改善、稳定物品品质。

采购物品品质达不到使用要求的严重后果是显而易见的：

（1）来料品质不良，往往导致企业内部相关人员花费大量的时间与精力去处理，会增加大量的管理费用。

（2）来料品质不良，往往在重检、挑选上花费额外的时间与精力，造成检验费用增加。

（3）来料品质不良，导致生产线返工增多，会降低产品质量，降低生产效率。

（4）因来料品质不良而导致生产计划推迟进行，有可能导致不能按承诺的时间向客户交货，会降低客户对企业的信任度。

（5）若因来料品质不良导致客户退货，有可能令企业蒙受多重损失，严重的还会丢失客户。

总之，在采购工作中采购人员都有这样的体会，就是在实际的采购工作中很难将上述"5R"统一。当强调"5R"中的某一个方面时，就要牺牲其他方面。例如，若过分强调品质，供应商就不能以市场最低价供货，因为供应商在品质控制上投入了很多精力，它必然会把这方面的部分成本转嫁到它的客户身上。因此，采购人员必须综观全局，准确地把握企业对所购物品各方面的要求，以便在与供应商谈判时提出合理要求，从而争取更多机会获得供应商合理报价。只有综合考虑才能实现最佳采购，这需要采购人员在长期的实际操作中积累经验。

小资料 1-1
采购的发展趋势

1.1.4　采购的分类

1）按企业内部的采购权限分类

（1）集中采购

集中采购是指企业在核心管理层建立专门的采购机构，统一组织企业所需物品的采购。它适用于大宗货物和批量物品，价值高或总价高的物品，关键零部件、原材料或其他战略资源，保密程度高、产权约束多的物品。

（2）分散采购

分散采购是企业下属各单位，如子公司、分厂、车间或分店实施的满足自身生产经营需要的采购方式。它适用于小批量、单件、价值低，总支出在产品经营费用中占的比重小的物品等。

2）按采购方法分类

（1）传统采购

企业传统采购的一般模式是：每个月的月末，企业各个单位报下个月的采购申请单及下个月需要采购货物的品种、数量，交采购部门汇总，制订出统一的采购计划，并于下个月实施采购。采购回来的货物存储于企业的仓库中，满足下个月对各个单位的货物供应。这种采购，以各个单位的采购申请单为依据，以填充库存为目的，管理比较简单、粗糙，市场响应不灵敏，库存量大，资金积压多，库存风险大。

（2）科学采购

① 订货点采购。订货点采购是严格根据需求的变化和订货前置期的长短，精确确定订货点、订货批量或订货周期、最高库存量等，建立起连续的订货机制和库存控制机制，以达到既满足需求，又使得库存总成本最小的目的。这种采购模式以需求分析为依据，以填充库存为目的，采用计量方法，兼顾满足需求和库存成本控制，原理比较科学，操作比较简单。但是由于市场的随机因素多，该方法同样具有库存量大、市场响应不灵敏的缺陷。

② MRP采购。MRP采购主要应用于生产企业。它是生产企业根据主生产计划和主产品的结构以及库存情况，逐步推导出生产主产品所需要的零部件、原材料等的生产计划和采购计划的过程。这个采购计划规定了采购品种、数量、采购时间和采购回来的时间，计划比较精确、严格。它也是以需求分析为依据，以满足库存为目的的。它的市场响应灵敏度及库存水平比订货点采购有进步。

③ JIT采购。JIT采购又称准时化采购，是一种完全以满足需求为依据的采购方法。它对采购的要求是：供应商恰好在用户需要的时候，将合适的品种、合适的数量送到用户要求的合适的位置。它以需求为依据，改造采购流程和采购方式，使它们完全适合于需求的品种、时间、数量，做到既能灵敏地响应需求的变化，又能使库存向零库存趋近。这是一种比较科学的、理想的采购模式。

④ 供应链采购。供应链采购是一种供应链机制下的采购模式。在供应链机制下，采购不再由采购者操作，而是由供应商操作。采购者只需要把自己的需求规律信息及库存信息向供应商连续及时地传递，供应商再根据自己产品的消耗情况，不断及时、小批量补充库存，以保证采购者既能满足需要，又使总库存量最小。供应链采购对信息系统和供应商操作要求都比较高，也是一种科学的、理想的采购模式。

⑤ 电子采购，即网上采购，是在电子商务环境下的采购模式。它的基本特点是在网上寻找商品、寻找供应商、网上交易洽谈、网上下单和网上付款结算，货物通过物流系统进行配送。这种模式的好处是扩大了采购市场的范围，缩短了供需距离，简化了采购手续，减少了采购时间和采购成本，提高了工作效率，是一种很有发展前途的采购模式。但

是它要依赖于电子商务的大力发展和物流水平的不断提高，而这两者几乎取决于整个国民经济发展的水平和科技发展水平。我国现在已经有不少企业以及政府采购采用了网上采购的方式，但是要把网上采购真正搞好，还需要一个相当长的过程。

3）按采购的价格决定方式分类

（1）招标采购

将物料采购的所有条件（如物料名称、规格、品质、数量、交货期、付款条件、处罚规则、投标押金、投标资格等）详细列明，刊登公告进行招标。

（2）询价现购

采购人员选择信用可靠的厂家将采购条件说明，并询问价格或寄予询价单，促请对方报价，比较后现价采购。

（3）比价采购

采购人员请数家厂商提供价格，比价后，选择厂商进行采购。

（4）议价采购

采购人员与厂商经过讨价还价，议定价格进行采购。一般来说，询价、比价、议价是结合使用的，很少单独使用。

（5）定价收购

购买货物数量巨大，并非几家厂商能全部提供的，如纺织厂采购棉花、糖厂采购甘蔗等，或当市场上该物资匮乏时，则定价现款收购。

（6）公开市场采购

大宗采购货物时，价格变动频繁，采购人员在公开交易或拍卖时随机地采购。

4）按采购形态分类

（1）有形采购

有形采购的结果是有形的物品，例如，钢笔、电脑、电路板等，像这样的采购被称为有形采购。有形采购主要采购具有实物形态的物品，如原料、辅助材料、机械设备、仪器仪表、工具、燃料等。

（2）无形采购

无形采购是相对于有形采购而言的，其采购对象是不具有实物形态的技术和服务，例如，一项服务、一个软件、一项技术，以及保险及工程发包等，像这样的采购被称为无形采购。无形采购主要是咨询服务采购和技术采购，或是采购设备附带的服务。下面对无形采购中的技术、服务和工程发包进行简单的介绍。

① 技术。技术是指取得能够正确操作或使用机器、设备、原料等的专业知识。只有取得技术，才能使机器或设备发挥效能，提高产品的产出率或确保优良的品质，降低材料损耗率，减少机器或设备的故障率。这样才能达到减少投入、增加产出的目的。

② 服务。在无形采购中，用于服务、维护、保养等目的的采购统称为服务采购，具体包括安装服务、培训服务、维修服务、咨询服务等。

③ 工程发包。工程发包包括厂房、办公室等建筑的建造与修缮以及配管工程、机器储槽架设工程、空调或保温工程、动力配线工程及仪表安装工程等。工程发包有时要求承包商包工包料，以争取完工时效；有时要求包工不包料以降低工程发包的成本。

5）按采购原料类型分类

（1）直接采购

直接采购是指那些直接用于制造产成品或服务的直接材料的采购。直接材料指那些用于生产最终产品的材料，通常是行业专用品、通用消费品、近消费品、标准材料、半专用品，或公司特制品。

例如，电子行业中，大多数微处理器被认为是近消费品或者标准材料。公司特制品是战略的或者说是关键的，因为规格说明是非常专业的以至于只有少数供应商能符合要求。

直接材料通常是至关重要的，因此，采购部门必须控制其采购量并保持相应的库存水平，并将相当的时间和精力花在寻找直接材料过程中。

（2）间接采购

间接采购是指那些为保持业务连续运转的间接原料的采购。间接原料是为保持业务连续运转但并不直接参与到产成品或服务的生产中的原料。间接采购分为两类：ORM 采购和 MRO 采购。

ORM 是运营资源管理（Operating Resource Management）的缩写，顾名思义，指保持组织日常运营的非关键产品和服务，包括办公设备、家具、文具、差旅服务、清洁服务等。

MRO 指需要维护保养的和保持业务运营的至关重要的品项。公司不能没有这些品项，它们包括从机器的备件到公司中心服务器的维修。

由于针对行业甚至是公司的具体差异，MRO 归类不太容易。当采购 MRO 品项时，一般需要复杂的、详细的规格说明书，以及相应的专家经验，它们通常作为库存项目罗列出来并受到仔细监控。

人们经常会误解，即将所有的间接原料（包括 ORM）都视为 MRO，甚至第三方的软件提供者也犯这样的错误。事实上，这里有一个重要的区别。MRO 品项是至关重要的，其采购与库存管理需要密切关注。复印机缺纸（ORM 需要）与生产线上机器损坏是有巨大区别的。与 MRO 采购相比，ORM 的采购过程大多相对简单。这是由于 ORM 产品和服务的标准化特性，很容易对其分类和定位，库存基本不成为问题。

MRO 采购很专业化，采购至少由采购部门进行管理，这样可以借鉴专业采购人员的经验。MRO 采购员关注许多因素，如质量控制、对规格进行明确和确定的能力、服务水平、技术支持、交货能力和其他重要的因素，这些因素比价格因素更重要。另外，ORM 采购倾向于在公司范围内普遍授权。由于不需要特殊的专家经验，因此，任何一个雇员都可能申请授权进行 ORM 采购。

1.2　采购管理

1.2.1　采购管理的含义

1）采购管理的概念

采购管理是指为了维护企业利益、实现企业的经营目标，对企业的采购活动和过程进行的计划、组织、协调和控制等，它包括管理供应商关系所必需的所有活动。它着眼于企业内部、企业和其供应商之间构建和持续改进采购过程，因此采购管理有内部和外部两个方面。

2）采购和采购管理的区别

采购和采购管理是两个不同的概念。采购是一项具体的业务活动，是作业活动，一般由采购员承担具体的采购任务。采购管理是企业管理系统的一个重要子系统，是企业战略管理的重要组成部分，一般由企业的中高层管理人员承担。企业采购管理的目的是保证供应，满足生产经营需要，既包括对采购活动的管理，也包括对采购人员和采购资金的管理等。一般情况下，有采购就必然有采购管理。但是，不同的采购活动，由于其采购环境以及采购的数量、品种、规格的不同，管理过程的复杂程度也不同。个人采购、家庭采购尽管也需要计划决策，但毕竟相对简单，一般属于家庭理财方面的研究，这里我们重点研究的是面向企业的采购管理活动。当然，在企业的采购中，工业制造和商贸流通企业的采购目标、方式等还存在差异，但因为有共同的规律，所以一般也就不再进行过细的划分。

1.2.2　采购管理的基本目标

在现代企业的经营管理中，采购管理已变得越来越重要。采购管理是企业经营管理的核心内容，是企业获取经营利润的一个重要源泉，也是竞争优势的来源之一。采购管理要实现以下四个基本目标：

1）适时适量保证供应

适时适量很重要。物资采购不是货物进得越多越好，也不是进得越早越好。货物进少了不行，生产需要的时候，如果没有货物供应，就会产生缺货，影响生产；但是货物进得多，不但会占用较多的资金，而且还会增加仓储和保管费用，使成本升高，造成浪费，这也是不行的。货物进迟了会造成缺货，但是进早了等于增加了存储时间，相当于增加了仓储、保管费用，同样提高了成本。因此，要求采购适时适量，既保证供应，又使采购成本最低。

2）保证质量

保证质量，就是要保证采购的货物能够达到企业生产所需要的质量标准，保证企业生产出来的产品质量合格。保证质量也要做到适度。质量太低，当然不行；但是质量太高，不但没有必要，而且必然会增加购买费用，也是不合算的。所以，物资采购要在保证质量的前提下尽量采购价格低廉的物品。

3）费用最省

费用最省是贯穿物资采购始终的准绳。在物资采购中，每个环节、每个方面都会发生各种各样的费用，如购买费用、进货费用、检验费用、入库费用、搬运费用、装卸费用、保管费用、银行利息等。因此，在物资采购的全过程中，我们要运用各种各样的采购策略，使总的采购费用最低。

4）协调供应商，管好供应链

物资采购要实现和资源市场的纽带作用，就要建立起与资源市场的良好关系，即协调供应商，管好供应链。可以说，资源市场也是企业的生命线，它不但是企业物料的来源，而且是供应链上重要信息的来源，这些信息对企业来说是非常重要的。

1.2.3　采购管理的内容

采购管理是企业管理的重要职能，也是企业专业管理的重要领域之一。采购管理不但要面向企业全体采购员，还要面向企业组织的其他人员（进行有关采购的协调配合工作）。采购管理的内容如图1-5所示。

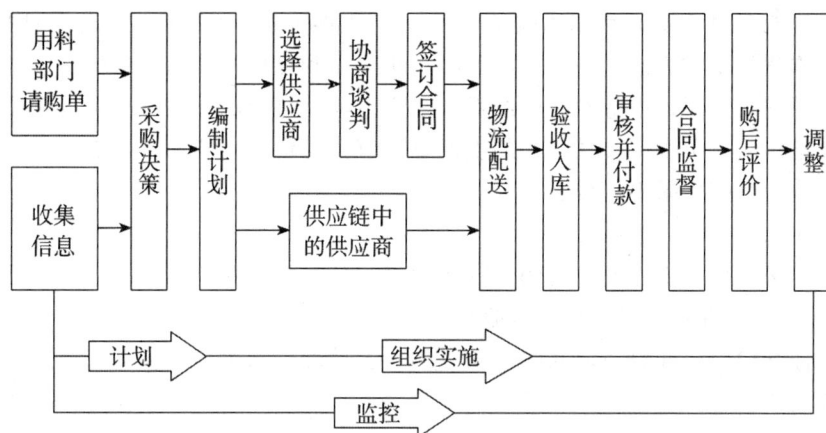

图1-5　采购管理内容示意图

1）计划

（1）接收采购请求

采购部门负责接收正式采购请求，其内容应包括：

① 所需物料细项说明；

② 所需物料的质量与数量；

③ 期望交货日期；

④ 采购申请人。

（2）进行采购决策

在请购单审核之后要决策以下几个方面的问题：

① 品种决策，即确定采购物品的品种、规格以及功能要求；

② 采购量决策，即确定计划期内的采购数量；

③ 采购方式决策，即决定现货采购还是远期合同采购，同种物品是向同一家购买还是向多家购买，是由各部门采购还是由集团总部集中采购，是否进行网上采购或招标采购；

④ 采购批量决策，即确定采购的数量和批次；

⑤ 采购时间决策，即确定采购周期和进货时间。

（3）编制计划

根据采购部门收到的正式采购请求编制采购计划，包括年度采购计划、季度采购计划和月度采购计划。

2）组织实施

（1）采购部门选择供应商

采购部门必须选择能够供应所需商品的供应商。如果在当前文件清单上找不到合适的供应商，就应立刻去找新的供应商。选择供应商时可以参考供应商分级，当考虑到某供应商的未来业绩呈上升趋势时，还应更新分级信息。选择供应商的具体方法将在后面详细介绍。

（2）采购部门向供应商订货

如果订单涉及的费用很大，尤其在一次性购买设备的情况下，往往要求供应商投标，此时需要生产与设计人员来帮助采购部门和供应商进行协商。数量大、经常使用的细项，可以使用总购货订单的方法。一般情况下，每年只需和供应商协商一次价格，其后一年内的价格都遵照它来执行。中等数量的细项可以用总购货订单的方法，也可以采用个别订货的方法。少量购买也可由需要某细项的生产单位直接与供应商联系，当然对这种采购一定要有控制措施，否则后果不堪设想。

（3）验收入库

收货部门必须检查供应商交付的货物的质量与数量，同时通知采购、会计部门与需要货物的生产单位。如果货物不符合接收要求，就必须将其退回给供应商并要求赔偿或替换，或接受仔细检验。此时还应及时通知采购、会计部门与生产单位。

（4）合同监督

对签订的合同及时进行分类管理，建立合同台账平台，定期检查合同执行情况，并将执行过程及时输入数据库，以便对供应商作出评价。采购部门要加强与供应商的联系，督促其按期交货，对出现的质量、数量、到货时间等问题要及时进行交涉。同时，要与企业内部的其他部门密切配合，为顺利执行合同做好准备。

（5）购后评价和调整

对供应商供货情况和合同执行情况进行评价，更新供应商分级评估记录，以便对下一次供货进行调整。

3）监控

采购活动是企业很重要的一项工作，采购工作的好坏必然会影响到企业各项工作能否正常进行。因此，必须加强对采购工作的监管与控制，降低采购风险。采购监控的内容及方法如下：

（1）采购监控的内容

采购监管与控制是采购管理工作的一项重要内容，其主要目的是保证实现采购工作的目标和完成采购计划。采购监管与控制既是采购主管的重要职责，也是管理人员的重要职责，其主要依据是采购计划。因为在采购的运作过程中，实际工作与采购计划往往会出现偏差，而采购监管与控制的职责就是纠正偏差，采取各种措施，把那些不符合要求的采购活动纳入到正常的轨道上来，使企业稳步地实现采购目标。采购监管与控制的目的是实现适时、适质、适量、适价、适地的"5R"采购目标。

从采购监管与控制的内容来看，主要包括采购人员的控制、采购流程的控制、采购资金的控制、采购信息的收集与使用以及采购绩效的考核。

①采购人员的控制。采购人员是采购活动的执行者，也是关系到采购活动顺利进行的关键。企业要依靠采购人员顺利地完成采购工作，就要提高采购人员的素质，避免和消除在采购活动中存在的假公济私、行贿受贿、贪污腐败、损害企业利益等行为。一些供应商给采购人员一定的回扣，以此获取采购订单，而这些产品往往是高价的或者是质量差的，

会给企业带来经济损失。

要加强采购人员的素质管理，使采购人员具备较高的道德素质和敬业精神，热爱企业，品行正派，不贪图私利；使其具有较高的业务素质，对物料的特性、生产过程、采购渠道、运输保管、市场交易行情、交易规则有深入的了解，思维敏捷，表达能力强。还要加强采购人员的职业道德教育和业务知识培训，建立奖惩制度，及时对采购人员进行奖惩。

②采购流程的控制。采购流程的控制包括整个采购的流程，但这并不意味着整个采购流程事无巨细的各种活动都是控制的直接对象，这需要花费大量的资源，是不可能也是不必要的。采购控制应当抓住采购流程中的关键点，从而通过重点控制来控制全局。在采购流程中，采购监管与控制的要点包括以下几个方面：

- 采购计划的制订；
- 采购文件的准备；
- 采购文件的基本内容和要求；
- 采购文件的审批；
- 向合格的供应商提交采购文件；
- 采购合同的审批；
- 采购合同的签订；
- 向供应商提供采购文件；
- 向供应商反馈采购物资的质量状况；
- 在供应商处验证采购产品；
- 对供应商提供的产品进行验证；
- 采购文件的保管。

采购监管与控制应制定并实施对采购质量进行重点控制的工作程序，应当对采购文件的编制、评审和发放实施控制。采购文件主要分为以下几类：ISO 9000 文件、ISO 14000文件、运作程序、作业指导书、表格、图纸和技术资料，这些采购文件要准确地规定采购产品的要求并有利于供应商的理解。不同企业的采购文件不太一样，但通常采购合同是采供双方之间签订的具有法律效力的协议，是受害方向违约方索赔的重要依据。

采购方应对每一个供应商提供合格产品的能力进行适当的评审，并确保向合格的供应商进行采购。应与供应商就供应产品的质量达成明确的协议，以确保对供应商提供产品的质量控制。

采购方应与供应商就验证方法达成明确的协议，以确保验证方法的合理性和验证结果的统一性。应当制定与供应商解决质量争端的规定，以利于及时解决和处理有关质量的问题。

采购方应当规定适当措施，以确保收到的产品符合规定的质量要求。采购方应当保存与接收有关的产品质量记录，以便证实与追查产生质量问题的原因。

③采购资金的控制。在一个企业组织中，采购管理者对采购资金的控制是相当重要的，采购预算控制是采购资金控制常用的手段。采购预算实现了采购计划的具体化，为采购资金的控制提供了明确的标准，有利于采购资金控制活动的开展。因此，采购人员必须按照预算使用采购资金，努力使采购计划符合实际，贯彻既保证生产又节约的原则，需要

什么就采购什么，需要多少就采购多少，对采购的顺序也要做到心中有数。

对于采购资金的使用要建立起一套严格的规章制度，资金的领取、审批、使用一般要规定具体的权限范围，要有审批制度和书面证据制度。对于货款的支付，要根据对方的信用程度及具体的风险情况进行妥善的处理。比如，一般货款的支付，要等到货物到手并验收合格以后，再付全部货款；差旅费的领取数量、领取审批等都要有较详细的规定。

④采购信息的收集和使用。采购控制过程是通过采购信息的传输和反馈得以实现的，控制部分有信息输入到受控部分，受控部分也有反馈信息送到控制部分，从而形成闭合回路。控制正是根据反馈信息来比较、纠正和调整它发出的控制信息，以此实现有效控制。

⑤采购绩效的考核。绩效评估可以清楚地显示目前部门及个人的工作表现，从而找到现状与预设目标的差距，也可以奖勤罚懒，提高工作效率，促进组织目标的实现。

对采购绩效的考核可以分为对整个采购部门（采购团队）的考核及对采购人员个人的考核。对采购部门绩效的考核可以由企业高层管理者来进行，也可以由内部客户来进行；而对采购人员的考核通常由采购主管来进行。

（2）采购监控的方法

要使采购监管与控制能够顺利地进行，并行之有效，采购监管与控制的方法是至关重要的，具体包括以下方法：

①建立健全完善的采购规章制度。完善的采购规章制度可以规范采购人员的行为和采购作业流程，从而起到规范采购活动的作用。采购规章制度包括以下内容：

• 采购控制程序。其目的是使采购工作有所依循，完成适质、适量的采购职能。其内容包括各部门及有关人员的职责、采购程序要点、采购流程图以及采购的相关文件、相关表格等。

• 采购规范。采购规范指将所采购的物料规格详细地记录下来，作为采购人员要求供应商遵守的规范，包括商标或商品名称、蓝图或规格表、化学分析或物理特性、材料明细表，以及制造方法、用途及使用说明、标准规格及样品等。

• 采购管理办法。采购管理办法是对企业采购流程每一个步骤的详细说明。

• 采购作业规定。这是指采购作业的信息收集，询价采购、比价采购或者是议价采购，供应商的评估和样品检验，选择供应商，签订采购合同，请购，订购，与供应商的协调沟通及催交，进货验收、整理以及付款等的相关规定。

• 采购作业指导。其目的是对采购作业进行指导，使采购作业有序地进行。

• 外协加工管理办法。它包括外协加工的目的、范围、类别、厂商调查、选定方法及基准、试用、询价、签订合同、申请、外协、质量控制、不良抱怨、付款、模具管理、外协厂商辅导以及考核的规定。

• 有关物料与采购管理系统的规定。它包括材料分类编号、存量控制、请购作业、采购作业、验收作业、仓储作业、领料发料作业、成品仓储管理、滞料废料处理等的有关规定。

• 进料验收管理办法。其目的是使物料的验收以及入库作业有所依据。

• 采购争端解决的规定。它包括解决采购争端的要求、解决采购争端的常用方法等。

上述采购规章制度既是采购工作的基础，又是采购监管与控制的有效方法。

②实施采购标准化作业。要制定标准化的采购作业流程，制定采购作业手册，明确每一个步骤，对出现每一种情况如何处理都要作出规定，要求每一个步骤都要留下记录，这样才能有效地进行监管。

• 要明确采购人员的权限范围。既要给予采购人员一定的自主权，以提高其积极性和工作效率，又要予以限制，防止采购人员滥用权力，增加采购风险，给企业带来经济损失。

• 建立请示汇报制度。如果出现超越权限范围的情况，就要及时请示采购主管或者采购副总经理，特别是在采购活动中的一些关键环节，如签订合同以及改变作业程序、指标等时更应如此。

• 建立资金使用制度。对采购资金的使用要建立严格的规章制度，对资金使用的各环节加以监控。特别是对货款的支付要慎重从事，充分考虑供应商的信用情况，从而降低采购风险。

• 建立运输进货控制制度。在签订采购合同时要明确进货风险与责任，以及理赔的相应办法，一些贵重货物要办理好保险，以降低采购进货的风险。

③建立采购评价制度。采购评价包括两个部分：一是对采购人员的评价；二是对采购部门的评价。建立采购评价制度的目的就是要评定业绩、总结经验、纠正缺点、改进工作，这也是一种监管与控制。

采购人员的自我评价是一种主观考核技术，可以采用填写自我评价表的方式进行，其内容包括实际完成情况的汇报、实际情况与计划对比的变化及原因，以及实际完成指标的优劣程度评价。这种方法简便易行，但易受考核者主观心理偏差的影响，会削弱考核的公正性。

对采购人员也可以采用客观评价技术，但要强化考核指标的设计。一般可以采用分值评价法，即对人员绩效评估的项目加以指标化，每一指标确定若干个等级和分值，并逐项对被考核者进行评级和评分，然后将各项指标的得分值汇总，其总分就是对人员绩效考核的结果。此方法将定性与定量评价相结合，有较系统的评价依据，因而比较科学合理，有助于提高考核的效率与质量。

对采购部门的评价可以采用单次审核评估、月末评估和年末评估的方法进行。单次审核评估就是将采购人员自我评价表和采购计划进行对比，如果出现偏差就要及时查清原因，进行监管与控制。月末评估就是把一个月内所有的自我评价表进行统计汇总，得出整个采购部门的业绩评价。年末评估是把月末评估进行汇总，得出全年的业绩汇总。

④及时对采购人员进行奖惩。奖励与惩罚是对采购人员的行为进行监控的重要内容之一。奖惩的意义在于鼓励和肯定积极因素，抵制和否定消极因素，从而使采购队伍保持积极向上、努力工作的精神面貌。

奖惩要有明确的规章制度，要公之于众，并经常对采购人员进行教育。奖惩要公平合理，要建立在采购绩效考核的基础上，以客观事实为依据。要及时进行奖惩，以达到激励或教育的最佳效果。奖励要注意物质奖励和精神奖励相结合，惩罚要以理服人，重在说服教育。

1.3 库存管理

采购管理不能够只管采购，还要关注库存，因为库存是由采购形成的，对企业的生产成本有很大的影响，所以采购管理的一个重要原则就是要实行库存控制。

1.3.1 库存的概念及分类

狭义的观点认为，库存仅仅指的是在仓库中处于暂时停滞状态的物资；而广义的观点认为，库存表示用于将来目的、暂时处于闲置状态的资源，即资源停滞的位置并不仅仅限于仓库里，而是可以在非仓库中的任何位置，包括运输途中，同时这种资源的闲置状态可能由任何原因引起，可以是主动的各种形态的储备、被动的各种形态的超储、完全的积压。

库存的应用范围很广，分类方法多种多样。可以从库存产品所处的状态、库存的目的、库存的用途、库存存放的地点、库存来源和经营角度等几个方面进行分类。常见的分类方法包括以下几种：

1）按库存所处的状态分类

库存可以分为两大类：①静态库存。这类库存往往存放于物流节点的仓库中。②动态库存。它也被称为在途库存，通常处于汽车、火车、轮船、飞机等交通工具上。

2）按持有库存的目的分类

库存可以分为以下六类：①周转库存。它是指企业为了准备生产和销售而有意识暂时存放的库存。这种库存需要不断补充，当低于某一个水平（订货点）时，就要进行及时补充。这种库存的特点如下：一是暂时存放；二是存放的目的是准备生产或销售，是为了衔接供需，缓冲供需之间在时间上的矛盾，保障供需各方都能顺利运营。②安全库存。它是指为了应对一些不确定性情况而有意识储备的库存，一般叫作安全库存。生产企业和流通企业为预防一些随机性、偶然性因素的发生，也需要设立一些安全库存。安全库存的特点是：一般存放期较长，长期保存；存放的目的是应对紧急的、意外的需求。一旦发生意外的、紧急的需求，就可以从安全库存中予以满足，事后又将安全库存补足到额定水平。因此，安全库存要经常保持额定值不变。③促销库存。它是指企业为了应对促销活动所产生的预期的销售量的增加而建立的库存。④投机库存。它是指企业为了防止原材料价格上涨或者为了从产成品的价格上涨中谋利而愿意保有的库存。⑤战略库存。它是指企业为了维持整条供应链的稳定运行而持有的库存。例如，在淡季的时候，为了使供应商维持生产线能力和技术水平，企业通常仍然安排供应商继续生产。虽然这样会导致产成品积压，增加库存成本，但是，从整个供应链运作战略的角度而言，却是经济合理的。⑥季节性库存。这种库存是为了满足特定季节的特定需要而建立的库存。通常企业会对季节性出售的商品在应季的时候进行大量收购，因此产生季节性库存。

3）按库存用途分类

在生产企业，企业为了生产的需要处在生产准备状态，即处在一种暂时等待状态的物资，就是库存。企业的这种库存可以分为以下几类：①原材料库存。它是指原材料从市场上采购回来准备用于生产，但是还没有用于生产，处于暂时等待阶段。它的作用是用来支持企业内制造或装配。②在制品库存。它是指在生产过程各个工序之间临时储存的工件、物料等——上个工序加工完了，应该流到下一个工序，但是下一个工序还没有空出来，不能进入下一个工序的加工，不得不存放到仓库里或者就存放在工位旁。各个工序都可能有在制品库存，一般都存放于在制品仓库中。这种在制品库存能够衔接上下工序，保障上下工序都能顺利进行。③维护、维修库存。它是指用于维护和维修设备而储存的配件、零件等。由于维护和维修的时间是不确定的，因此有必要持有维护、维修库存，以备不时之需。④包装物及低值易耗品库存。企业为了包装产品，通常需要储备各种包装容器、包装材料，从而形成库存。另外，企业还随时需要一些价值低、易损耗、不能作为固定资产的各种物资。⑤产成品库存。企业的产成品生产出来以后，应该推向市场，供应给用户，但不是每件产成品一生产出来就能推向市场，总要形成一定的批量以后，才能一起推向市场。这种从生产出来起，直到推向市场之前的阶段的产成品，就形成了产成品库存。产成品库存衔接供需，保障生产和销售都能顺利进行。

在流通企业，物资购进来是为了销售出去，但是为了保证连续不断顺利地销售，需要有一部分物资处在暂时等待状态。例如，购进一批货物，但是这批货物不是一下子就能全部销售出去的，可能要持续销售一段时间。没有销售出去的货物，就只能暂时存放在仓库里，等待销售。流通企业里这种暂时处在等待销售状态的物资，就是流通企业的库存，或者叫流通库存。这种流通库存在不同的流通企业中都有，如批发企业库存、零售企业库存等，都是流通库存。这种流通库存的作用是保障后续销售的持续进行，保障流通活动的连贯。

1.3.2　库存的作用

1）库存的积极作用

（1）保持生产的连续性，起到连接和润滑作用

从企业的具体生产流程来看，每个企业的生产流程都是由多个相对独立的工序构成的，而不同的生产工序可能有不同的生产批量。要使各工序的作业活动可以独立地运行，就需要有库存进行调节。即使是每一道工序都有相同的生产批量，如果在前后工序中批量的加工时间不同，也需要有库存连接前后工序的作业活动。从这种意义上来说，库存起到了连接企业各道工序作业活动的作用。从供应链的整体流程来看，库存存在于原材料供应、产品生产、销售等各个环节，它可以缓解各环节之间由于供求品种、数量以及质量的不一致而产生的矛盾，起到润滑剂的作用。企业生产所需要的原材料从下订单采购到送达企业需要一定的时间，这段时间被称为订货前置期。但是，供应商并不能保证企业每次都在订货前置期内把货送达。因此，如果企业不持有一定量的原材料安全库存，当遇到供应商延期交货的情形时，企业就面临停工待料的情形。可见，库存可以保证企业生产的连续和稳定。另外，当需求急速增加时，企业的生产会面临很大的压力，面临供不应求的局面。此时，如果企业持有一定量的产成品库存，就能够缓解供需不平衡的矛盾，满足由不确定因素引发的突然增加的需求，缓解生产压力。

（2）快速满足客户需求，起到缓冲器作用

库存最根本的作用就是平衡供需关系、缓解供需矛盾，起着缓冲器的作用。对于生产企业而言，生产企业如果持有一定量的产成品库存，就可以快速满足客户需求，大大缩短客户的订货前置期，提高客户的满意度，从而争取到更多的客户。

（3）满足不时之需，起到未雨绸缪的作用

库存的一个很重要的功能就是储备功能，满足不时之需。当遇到突发的灾害时，库存的储备作用就得到了体现。它可以用来解决因突发因素如发生地震等灾害时造成的供给能力不足的问题。

（4）分摊订货费用，起到节约成本的作用

订货费用是指完成一笔订单所需要的成本。这些成本包括人工管理费用、通信费、采购人员的差旅费等。企业对原材料的年需求量基本是固定的，因此，每笔订单的量越大，订货次数就越少，订货费用也就越少。为了节省、分摊订货费用，企业会保有一定的库存，避免每天都订货导致订货费用高涨。

2）库存的消极作用

（1）占用流动资金

在企业的总资产中，库存资金占了20%~30%。如果库存管理不当，形成积压库存，将会占用较多的流动资金。

（2）增加成本

制造企业会通过产品价格的加成把库存成本转嫁给客户。例如，在汽车销售中，汽车价格中有约20%是库存成本。另外，库存的增加使管理更加困难，管理人员也需要增加，从而增加了管理的成本。

（3）掩盖企业的管理问题

由于库存的存在，计划不周、采购不力、生产不均衡、质量不稳定等管理问题都被掩盖了，不能及时暴露出来。当这些问题严重到连库存都无法解决时，需要进行的管理变革就不是那么简单了。除了库存费用之外，企业将耗费更多的人力、物力和财力。

1.3.3　库存控制的概念及意义

库存量越高、库存时间越长，库存费用也就越大，所以库存不宜过大。但是库存又不能太小，太小则容易产生缺货，影响企业的正常生产或销售，影响人们正常的生活。因此，对库存量必须有效地进行控制。

所谓库存控制，就是对库存量的控制。对采购管理来说，主要是指对所采购进来的物品库存量的控制。

库存控制的目的是在满足客户服务要求的前提下，通过对经营过程中的库存数量进行控制，力求降低库存数量，提高物流系统的效率，以强化企业经营的竞争力。

根据企业具体的情况，在理论和实践上都有一个最佳库存水平。在这个最合适的库存水平上，既能够满足物资需求，保障供应，又可以使库存总费用最省。因此，无论是生产企业还是流通企业，都在千方百计地为维持这个最佳库存水平而工作。所有这些为追求最佳库存水平而进行的工作，都是库存控制工作。

这里要说明的是，所谓库存控制，主要是针对周转库存而言的。安全库存虽然也有一个库存控制的问题，但是只需一次性地计算出安全库存量的额定值就可以了，平时只要维护这个额定值，不需要另外进行什么工作。而周转库存就不同了，它的订货、进货、库存、销售的全过程都需要被纳入库存控制的机制中去。因此，从平时看，库存控制工作主要反映在周转库存中。

库存量不是越多越好。如果库存量过大，将增加仓库面积和库存保管费用，从而提高产品成本，占用大量的流动资金，造成资金呆滞，既加重了贷款利息等负担，又会影响资金的时间价值和机会收益，造成产成品和原材料的有形损耗和无形损耗，造成企业资源的大量闲置，影响其合理配置和优化，掩盖了企业生产、经营全过程的各种矛盾和问题，不利于企业提高管理水平。当然，库存量也不是越少越好。如果库存量过少，则会造成服务水平的下降，影响销售利润和企业信誉；造成生产系统原材料或其他物料供应不足，影响生产过程的正常进行；使订货间隔期缩短，订货次数增加，使订货（生产）成本提高；影响生产过程的均衡性和装配时的成套性。因此，库存控制具有重要的意义，可以概括为：①维持生产的稳定。企业按销售订单与销售预测安排生产计划，并制订采购计划，下达采购订单。由于采购的物品需要一定的前置期，这个前置期是根据统计数据或者是在供应商生产稳定的前提下制定的，因此存在一定的风险。供应商有可能由于某些原因延迟交货，从而影响生产企业的正常生产，造成生产的不稳定。为了降低这种风险，企业就会增加材料的库存量，这样从库存方面保证了连续不断的生产需要。②平衡企业物流。企业在采购原材料、生产领料、在制品排产及销售物品的物流环节中，库存起着重要的平衡作用。采购原材料应该根据库存能力（资金占用等）来协调材料的收货入库。同时，对生产部门的领料应考虑库存能力、生产线物流情况（场地、人力等）平衡物料发放，并协调在制品的库存管理。③平衡流通资金的占用。库存的材料、在制品及产成品是企业流通资金的主要占用部分。在企业资金总量不变的情况下，库存这一部分资金占用得多，其他部门占用的资金就少，库存这一部分资金占用得少，有利于资金流向其他更需要使用资金的部门，因而库存量的控制实际上也是进行流通资金的平衡，使资金能够满足企业的需要。④加强库存控制能为企业节约大量的资金。企业库存管理业务包括对物料的收发管理工作，根据物料不同的物理与化学属性做好物料存储与防护工作，以此来降低各种库存管理费用，使库存经常处于合理水平，防止超储积压，满足生产与销售的需要。在经营管理的同时，可以减少库存物资的资金占用，使库存的总成本最低，达到节约大量资金的目的，提高企业竞争力。

1.3.4　库存管理的内容及目标

库存管理是以控制库存为目的的方法、手段、技术以及操作过程的集合，它是对企业的库存（包括原材料、零部件、半成品以及产品等）进行计划、协调和控制的工作。库存管理的内容，主要是根据市场需求情况与企业的经营目标，决定企业的库存量、订货时间以及订货量等。具体地说，库存管理的核心内容就是要解答以下问题：何时补货（订货）？补充（订货）多少？库存系统的周转库存、安全库存、周转率等各是多少？

库存管理的目标有两个：一是降低库存成本；二是提高客户服务水平。这两个目标之间存在着权衡关系。在其他条件相同的情况下，保持高水平的服务就必须付出高额的成本；同样，降低成本必然以服务水平的下降为代价。库存管理就是要在两者之间寻求平衡，以达到两者之间的最佳结合。传统的库存管理方法往往更注重成本目标的实现，而随着买方市场的形成和竞争的日趋激烈，越来越多的企业开始重视客户服务水平的提高。

合理的库存应该从四个方面衡量，分别是：合理的库存量、合理的库存结构、合理的库存时间以及合理的库存网络。

合理的库存量是指保证既定服务水平的最低库存量。影响合理库存量的因素包括：①社会需求量。库存量与社会需求量有直接关系。库存量必须能够满足社会需求。在其他条件不变的情况下，库存量与社会需求量成正比。需求越多，库存量应该越大。②商品再生产时间。库存量与再生产时间（生产周期）成正比。③交通运输条件。交通运输条件发达的地区和交通运输条件不发达的地区相比，其所需的运输时间较短，需要保有的库存量就比较小。④管理水平和设备条件。库存量的大小受企业自身条件的限制，如仓库设备、进货渠道、中间环节等。管理水平越低、设备条件越差，就越需要适当增加库存量。

合理的库存结构是指商品库存的种类、规格比例要合理。消费者对商品不仅有数量的需求，也有质量的需求。因此，在确定合理库存量的同时，应该使商品的种类和规格多样化，以适应市场需求的变化。

合理的库存时间是指库存周期应该合理。库存时间受生产加工时间、物品的性质等因素的影响。

合理的库存网络是合理库存的重要条件之一。合理的库存网络取决于商品流通渠道的类型和生产流程的安排。批发商出入库货物数量大，库存量就大；而零售商处于流通渠道的末端，一般用小型仓库，库存量较小。

库存管理好，可以缩短物资流通的时间，加速再生产过程的进行，减少费用支出，减少不必要的中转环节，避免迂回运输。

1.3.5　采购管理与库存控制的关系

采购管理最基本的职能是满足需求，保障供应。在企业中，一般的需求表现为两种形态：一是直接需求；二是间接需求。直接需求，即需求点的需求。这时不设仓库库存，采购进来的物资直接用于需求点的消耗。间接需求，即基于库存的需求。这时设有仓库库存，采购进来的物资直接存入仓库，再通过仓库去供应各个直接需求，各个直接需求点都到仓库去获取自己需要的物资，采购不直接与直接需求打交道。这时库存消耗量就是采购的间接需求量。采购管理无论满足哪一种需求形态，都需要进行库存控制。

在直接需求的情况下，采购管理的任务就是要维持零库存运行，即把采购进货量控制到刚好能满足生产需要的程度，没有多余的库存。这样的零库存运作就需要进行库存控制。采购管理如果不进行库存控制，这种零库存生产运作就不可能实现。

在间接需求的情况下，采购进来的物资直接用于填充库存，通过仓库去满足间接需求，因此就更需要重视库存控制。库存是采购供应和库存消耗两个方面共同作用的结果，是一个动态变化过程。库存消耗是生产和生活的需要，是采购管理必须保障和满足的间接需求。因此，采购管理的任务就是要把库存量控制在既能满足间接需求，又不使库存水平太高的程度。这也必须进行库存控制。如果不控制库存，就不能满足生产、生活的需要，或者造成成本太高、负担太重的局面。

采购管理应当全部承担起库存控制的任务，要把采购工作的每一个步骤、每一步具体工作都看成是库存控制的具体工作，都要自觉地为库存控制作贡献，把库存控制的思想融入每一项具体的工作、具体的行动中去。可以说，物资采购管理部门是企业库存控制的核心，它应该在企业的库存控制中起决定性的作用。企业库存控制的水平和科学化的程度，主要取决于物资采购管理部门的工作。只要在采购管理工作中树立起库存控制的思想，针对各种具体的需求情况，科学地制定采购策略和采购计划，并在采购工作的各个环节认真实施和控制，就能够达到库存控制的目的。

本章小结和学习重点与难点

本章首先介绍了采购的含义、采购的重要性以及采购的分类，其次阐述了采购管理的含义、基本目标、内容及发展趋势，最后介绍了库存管理的内容、目标及采购管理与库存管理的关系。

采购是指企业基于生产、销售、管理等目的购买所必需的所有货物和服务的交易行为。它包括根据需求提出采购计划，选好供应商，经过商务谈判确定价格、交货条件，最终签订合同并按要求收货付款的全过程。

采购管理是指为了维护企业利益、实现企业的经营目标，对企业的采购活动和过程进行的计划、组织、协调和控制等，它包括管理供应商关系所必需的所有活动。

采购就是实现对整个企业的物资供应，有四个基本目标：一是适时适量保证供应；二是保证质量；三是费用最省；四是协调供应商，管好供应链。

企业采购管理的主要内容有：制订采购计划，组织与实施采购计划，监督、评价和分析采购活动。

库存控制，就是对库存量的控制。对采购管理来说，主要是指对所采购进来的物品库存量的控制。库存控制的目的是在满足客户服务要求的前提下，通过对经营过程中的库存数量进行控制，力求降低库存数量，提高物流系统的效率，以强化企业经营的竞争力。

库存管理是以控制库存为目的的方法、手段、技术以及操作过程的集合，它是对企业的库存进行计划、协调和控制的工作。

库存管理的内容，主要是根据市场需求情况与企业的经营目标，决定企业的库存量、订货时间以及订货量等。库存管理的目标有两个：一是降低库存成本；二是提高客户服务水平。

本章的学习重点是掌握采购的重要性和采购管理的内容。

本章的学习难点是理解和掌握采购管理与库存管理的关系。

前沿问题　　　　数字经济对采购管理的重要影响

1.推动采购管理的数字化转型

（1）提升采购效率。借助大数据、云计算、流程自动化等技术，采购流程可以实现电子化、智能化和自动化。例如，通过数字化采购平台，企业可以快速发起采购需求、自动匹配供应商、在线询报价、智能比价选价，大大缩短采购周期，提高采购响应速度。

（2）降低采购成本。数字化采购能够减少人工操作环节，降低人力成本和错误率。同时，通过大数据分析和智能寻源，企业可以更精准地找到性价比高的供应商，优化采购价格，从而降低采购成本。

（3）增强供应链协同能力。数字化手段打破了企业与供应商之间的信息壁垒，实现了信息的实时共享和协同。企业可以与供应商在线沟通、协同工作，及时调整采购计划和订单，提高供应链的灵活性和协同效率。

2.促进采购管理的规范化和透明化

（1）规范采购流程。数字化采购系统可以预设标准化的采购流程和规则，确保采购活动严格按照规定的步骤和要求进行，减少人为干预和随意性，提高采购管理的规范性和一致性。

（2）增强透明度。所有采购信息和操作记录都存储在系统中，可随时查询和追溯，便于内部审计和监督，有效防止暗箱操作和腐败行为，提升采购管理的透明度和公信力。

3.提升采购管理的决策科学性

（1）数据驱动决策。数字化采购积累了大量的采购数据，通过数据分析和挖掘，企业可以深入了解采购需求、供应商表现、市场趋势等信息，为采购决策提供科学依据。例如，根据历史采购数据预测未来需求，提前做好采购计划；分析供应商的交货期、质量、价格等数据，评估供应商的绩效，为供应商选择和管理提供参考。

（2）智能决策支持。利用人工智能和机器学习算法，数字化采购系统可以对采购数据进行深度分析和预测，提供智能决策建议。如智能推荐合适的供应商、优化采购策略、预警潜在风险等，帮助采购人员作出更明智的决策。

4.助力企业实现绿色采购和可持续发展

（1）支持绿色采购政策。数字化采购平台可以集成绿色产品认证、环境标准等信息，方便企业筛选和采购符合环保要求的产品和服务，推动绿色采购政策的落实。

（2）促进资源优化配置。通过数字化手段，企业可以更精准地预测需求，合理安排采购计划，减少库存积压和浪费，提高资源利用效率，实现可持续发展。

5.推动政府采购数字化升级

（1）提升政府采购效率。中央国家机关政府采购中心大力推进政府采购数字化工作，通过开发电子采购系统，实现采购业务电子化、标准化和规范化，提高政府采购的效率和公信力。

（2）促进政府采购政策落实。数字化采购有助于更好地发挥政府采购的宏观调控作用，充分落实政府采购政策功能，如支持中小企业发展、促进科技创新等。

6.引领行业采购管理创新

（1）央企、国企带头示范。国务院国资委、国家发展改革委联合印发的《关于规范中央企业采购管理工作的指导意见》中明确提出"提升采购数智化水平"，央企、国企在采购数字化过程中带头效应明显，引领供应链各环节企业参与数字化创新变革。

前沿问题

采购管理的
发展趋势

（2）行业采购数字化趋势。随着数字经济的发展，各行业纷纷加快采购管理的数字化转型。如制造业通过采购数字化平台实现原材料、零部件采购的全面管理；零售业实现商品采购、库存管理、供应链协同的数字化管理；医疗行业实现药品、耗材采购的精细化管理等。

⬥ 案例探讨　　　　　　　　海尔集团的库存管理

海尔集团的库存管理通过以下几种方式得以高效实现：

1.智能化系统管理

海尔集团采用了先进的 WMS 仓库管理系统，结合物联网技术，实现了对库存的实时监控和精确管理。通过这一系统，海尔可以实时追踪库存的动态变化，从而做到对库存情况了如指掌。该系统可以帮助企业实现：

（1）库存实时更新。系统能够自动记录每一笔出入库操作，确保数据的实时更新，避免人为操作带来的误差。

（2）自动化补货。通过设定库存上下限，系统可以自动生成采购订单或生产计划，确保库存水平始终处于最佳状态。

（3）高效盘点。利用 RFID 等技术，盘点工作可以在短时间内高效完成，减少了人工盘点的时间和误差。

2.精益库存策略

海尔集团注重精益库存管理，通过减少不必要的库存积压和浪费，提高库存周转率，降低库存成本。具体措施包括：

（1）零库存管理。通过与供应商的紧密合作，海尔在尽可能降低库存的同时，确保生产和销售不受影响。

（2）JIT（Just-In-Time）。在生产过程中，海尔采用 JIT 策略，按需生产，减少在制品库存。

（3）需求预测。通过大数据分析和市场调研，海尔准确预测市场需求，制订合理的库存计划。

3.供应链协同

海尔集团通过与供应商和经销商的紧密合作，实现了供应链的高效协同，主要措施包括：

（1）供应商管理。与优质供应商建立长期合作关系，确保原材料的稳定供应。

（2）信息共享。通过信息系统，与供应链各环节共享库存和生产数据，提高供应链的透明度和响应速度。

（3）联合库存管理。与供应商共同管理库存，减少供应链各环节的库存积压。

4.数据驱动决策

海尔集团高度重视数据的收集和分析，通过数据驱动决策，提高库存管理的科学性和准确性。具体做法包括：

（1）数据分析。利用大数据和人工智能技术，对库存数据进行深入分析，发现潜在问题和改进机会。

（2）预测模型。建立需求预测模型，结合历史数据和市场趋势，准确预测未来的库存需求。

（3）KPI 监控。设定关键绩效指标（KPI），定期监控库存周转率、库存准确率等指标，及时发现和解决问题。

5.灵活仓储布局

海尔集团根据不同产品的特性和市场需求，合理布局仓储设施，提高库存管理的灵活性和效率。具体措施包括：

（1）多仓库布局。在全国范围内设立多个仓库，根据市场需求合理分配库存，缩短配送时间，降低物流成本。

（2）自动化仓储。采用自动化立体仓库，提高仓储空间利用率和出入库效率。

（3）区域中心仓库。在主要销售区域设立中心仓库，集中管理和调配库存，提高响应速度。

总结来说，海尔集团通过智能化系统管理、精益库存策略、供应链协同、数据驱动决策和灵活仓储布局，实现了高效的库存管理。这些措施不仅提高了库存管理的准确性和效率，还大大降低了库存成本，为企业的可持续发展提供了有力支持。企业可以参考海尔的库存管理经验，结合自身实际情况，制定适合的库存管理策略，从而提高自身的竞争力。

（资料来源　佚名. 海尔集团如何库存管理［EB/OL］.［2024-10-09］. https://www.jiandaoyun.com/blog/article/1183341/.）

思考题：

1.海尔集团的库存管理对你有何启发？

2.海尔集团库存管理的关键是什么？

课后练习

（一）名词解释

采购　采购管理　库存　库存管理

（二）填空题

1.采购监管与控制是采购管理工作的一项重要内容，其主要目的是保证实现采购工作的目标和完成采购计划，其主要内容包括：_____的控制、_____的控制、_____的控制、采购信息的收集与使用以及采购绩效的考核。

2.随着全球经济一体化和数智时代的到来，采购管理的工作将会被提升到一个新的高度。采购管理表现出如下发展趋势：采购管理_____、采购管理_____、采购管理_____、采购管理_____、对环境问题的关注等。

3.库存管理的目标有两个：一是_____，二是_____。

4.从库存所处的状态角度看，库存可以被分为两大类：_____和_____。

5.合理的库存应该从四个方面衡量，分别是：_____、_____、_____以及_____。

（三）单项选择题

1.在企业中为准备生产和销售而有意识暂时存放的库存，叫作（　　）。

A.安全库存　　　　B.缓冲库存　　　　C.流通库存　　　　D.周转库存

2.将从供应商处获取的产品送至最终目的地所要进行的所有活动被称为（　　）。

A.采购　　　　　　B.购置　　　　　　C.订购　　　　　　D.供应

3.企业为了应对一些不确定性情况而有意识储备的库存，叫作（　　）。

A.安全库存　　　　B.缓冲库存　　　　C.流通库存　　　　D.周转库存

4.企业为了应对促销活动所产生的预期的销售量的增加而建立的库存，叫作（　　）。

A.安全库存　　　　B.促销库存　　　　C.流通库存　　　　D.周转库存

5.企业为了防止原材料价格上涨或者为了从产成品的价格上涨中谋利而愿意保有的库存，叫作（　　）。

A.安全库存　　　　　　B.投机库存　　　　　　C.战略库存　　　　　　D.周转库存

（四）多项选择题

1.广义的采购，可以通过（　　）取得物品的使用权，以达到满足需求的目的。

A.租赁　　　　　　　　B.购买　　　　　　　　C.外包　　　　　　　　D.交换

2.下列采购结果属于无形采购的有（　　）。

A.工程发包　　　　　　B.辅助材料　　　　　　C.服务　　　　　　　　D.技术

3.企业采购管理的基本目标包括（　　）。

A.适时适量保证供应　　　B.保证原材料质量　　　　　C.费用最省

D.管理协调供应商　　　　E.管理供应链

4.采购要遵循的原则包括（　　）。

A.适时　　　　　　　　B.适量　　　　　　　　C.适价

D.适地　　　　　　　　E.适质

（五）简答题

1.简述采购监控的方法。

2.采购具有哪些类型？简述一般采购过程。

3.采购管理的基本目标是什么？

4.采购管理的内容是什么？

5.什么是采购管理？采购管理与采购在概念上有什么不同？

6.库存控制的意义是什么？

（六）论述题

1.什么叫库存？采购管理为什么要特别重视库存控制？

2.为什么说采购在企业中具有重要的作用？

3.你认为企业的采购工作应把握好哪几个关键环节。

第2章

采购管理
组织

通过本章的学习，应了解采购管理组织的地位；了解采购管理组织结构的形式；掌握采购管理部门的主要任务、责任和权限；熟悉采购管理部门的人员配置、采购团队的组建的相关知识。

🌢 基本概念

组织结构　采购管理组织

🌢 引导案例　　　　　　　　沃尔玛的全球采购

沃尔玛是全世界零售业收入位居第一的巨头企业，素以精确掌握市场、快速传递商品和最好地满足客户需求著称，而全球采购正是沃尔玛成功的必要条件之一。它的全球采购网络首先由大中华及北亚区、东南亚及印度次大陆区、美洲区、欧洲中东及非洲区等四个区域所组成。其次在每个区域内按照不同国家设立国别分公司，其下再设立卫星分公司。国别分公司是具体采购操作的中坚单位，拥有工厂认证、质量检验、商品采集、运输以及人事、行政管理等关系采购业务的全面功能。卫星分公司则根据商品采集量的多少来决定拥有其中哪一项或几项功能。

1.沃尔玛全球采购组织

（1）沃尔玛发展全球采购网络的组织

在沃尔玛，全球采购是指某个国家的沃尔玛店铺通过全球采购网络从其他国家的供应商进口商品，而从该国供应商进货则由该国沃尔玛公司的采购部门负责。

①全球采购网络的地理布局

沃尔玛结合零售业务的特点以及世界制造业和全球采购的总体变化趋势，在全球采购网络的组织上采取以地理布局为主的形式。在其设立的四大区域中，大中华及北亚区的采购量最大，占全部采购量的70%之多，其中中国分公司又是采购量第一的国别分公司，因此，沃尔玛全球采购网络的总部就设在中国的深圳。

②全球采购总部

全球采购总部是沃尔玛全球采购网络的核心，也是沃尔玛的全球采购最高机构。在这个全球采购总部里，除了四个直接领导采购业务的区域副总裁向总裁汇报以外，总裁还领导着支持性和参谋性的总部职能部门。

（2）沃尔玛全球采购网络的职责

沃尔玛的全球采购网络相当于一个"内部服务公司"，为沃尔玛在各个零售市场上的店铺买家服务，包括：

①商品采集和物流。全球采购网络要尽可能地在全球搜索到最好的供应商和最适当的商品——沃尔玛的全球采购网络实际上担当了商品采集和物流的工作，对店铺买家来说，他们只有一个供应商。

②向买家推荐新商品。对于新产品，沃尔玛没有现成的供应商，它通过全球采购网络的业务人员参加展会、介绍等途径找到新的供应商和产品。店铺买家会到全球采购网络推荐的供应商那里与其直接谈判以及购买。

③帮助其他国家的沃尔玛采集货品。沃尔玛的全球采购为全世界各个国家的沃尔玛店铺采集货物。而不同国家之间的贸易政策往往不一样，这些差别随时都需要加以跟踪，并在采购政策上作出相应的调整。

④调查、比较厂商和产品

沃尔玛的全球采购中心同时还对供应商的注册资金、生产能力等进行查证，对产品的价格和质量进行比较。对满意的厂商和产品，他们就会安排买家来直接和供应商进行谈判。

2.沃尔玛的全球采购政策

沃尔玛的全球采购中心总部中有一个部门专门负责检测国际贸易领域和全球供应商的新变化对其全球采购的影响，并据以制定和调整公司的全球采购政策。沃尔玛的采购政策大致可以分为以下三方面：

（1）永远不要买得太多

沃尔玛提出，减少单品的采购数量，能够方便管理，更主要的是可以节省营运成本。沃尔玛的通信卫星、GPS以及高效的物流系统使得它可以以最快的速度更新其库存，真正做到零库存管理，也使"永远不要买得太多"的策略得到有力的保证。

（2）价廉物美

沃尔玛采购的第一个要求是价廉物美。在沃尔玛看来，供应商都应该弄清楚自己的产品跟其他同类产品有什么区别，以及自己的产品中究竟哪个是最好的。供应商最好尽可能生产出一种商品专门提供给沃尔玛。沃尔玛最希望以会员价为顾客提供尽可能多的在其他地方买不到的产品。

（3）突出商品采购的重点

沃尔玛一直积极地在全球寻找最畅销的、新颖有创意的、令人动心并能创造"价值"的商品，造成一种令人高兴、动心的购物效果，从而吸引更多的顾客。沃尔玛的商品采购的价格决策和品项政策密不可分，它以全面压价的方式从供应商那里争取利润以实现天天低价；沃尔玛还跟供应商建立起直接的伙伴关系以排斥中间商，直接向制造商订货，消除中间商的佣金，在保证商品质量的同时实现利润最大化。

（资料来源 佚名.沃尔玛全球采购的案例分析［EB/OL］.［2024-04-12］. https://mbd.baidu.com/newspage/data.）

当今许多公司在重组其采购组织时经历着重大改变，不断变化的客户需求使得企业对其采购组织进行再造。采购在企业内部越来越具有战略性的作用，承担了更高的职能。采购组织需要管理者设计出那种能支持和促进员工有效地完成采购组织任务的结构设计方案——既要取得高效率，又能保持灵活性，这些都是在当今动态环境中经营的企业取得成功所必需的。那么，企业的采购管理组织应如何设计呢？

2.1 组织设计的要素及模型

什么是组织结构？所谓组织结构，就是组织中正式确定的使工作任务得以分解、组合和协调的框架体系。管理者在发展或变革一个组织的结构时，他们就在开展组织设计工作。组织设计是一个涉及六方面关键要素的过程。这些要素是工作专门化、部门化、指挥链、管理跨度、集权与分权、正规化。

2.1.1 组织设计的六要素

1）工作专门化

工作专门化是指组织中的任务被划分为各项专门工作的程度。工作专门化的实质是，不将整项任务交由某个人承担，而是将之细分为若干步骤，每一步骤由一个单独的个人来完成。每个员工都仅专门从事某某一部分的活动而不是全部活动。工作专门化是提高生产率的一个源泉。

工作专门化虽然是一个重要的组织方式，但不是一个能无止境地提高生产率的办法。工作专门化能为某些类型的工作带来经济性，但过度专门化又会导致问题的产生。

2）部门化

部门化就是指将若干职位组合在一起的依据和方式。每一个组织都可以有其划分和组合工作活动的独特方式。

部门化有职能部门化、产品部门化、地区部门化、过程部门化和顾客部门化五种方式。职能部门化是依据所履行的职能来组合工作。这种部门化方式可以在各种类型组织中得到应用，尽管具体的职能会有所不同，因为各组织的目标和要开展的工作活动是有差异的。产品部门化是依据产品线来组合工作。在这种方式下，每一主要产品领域都划归到一位主管人员的管辖之下，该主管人员不仅是所分管产品线的专家，而且对所开展的一切活动负责。地区部门化是按照地理区域进行工作的组合，如将仅在本国运营的组织划分为南部、中西部、西北部等，全球化的企业可能分设为美国、加拿大、欧洲、亚太区等。过程部门化是依据产品或顾客流来组合工作，使各项工作活动沿着处理产品或为顾客提供服务的工艺过程的顺序来组织。最后，顾客部门化是依据共同的顾客来组合工作，这组顾客具有某类相同的需求，要有相应的专家才能更好地予以满足。

大型组织通常需要将上述大部分的或全部的部门化方式结合起来使用。在部门化方面，近些年出现了两种趋势：一是顾客部门化愈来愈得到普遍使用，被认为是能更好地监测顾客的需要并能对其需要变化作出更好的反应的一种部门化方式；二是跨职能团队愈来愈受到管理者的青睐，这是将各专业领域的专家们组合在一起协同工作。

3）指挥链

指挥链概念曾是组织设计的基石。指挥链是指从组织高层延伸到基层的这样一条持续的职权线，它界定了谁向谁报告工作。它帮助员工回答"我遇到问题时向谁请示"，或者

"我对谁负责"这类问题。

指挥链的三个相关概念是：职权、职责、统一指挥。所谓职权，是指管理职务所固有的发布命令和希望命令得到执行的这样一种权力。为了促进决策和协调，各级管理者作为组织中指挥链的一环，需要被授予一定程度的自主权以便履行其职责。而在管理者协调和整合雇员的工作时，这些下属员工也被认为负有执行任务的义务。这种对完成任务的期待或义务就是职责。最后，统一指挥原则是指每个下属应当而且只能向一个上级主管直接报告工作。不遵循统一指挥原则，让多个上级发出冲突的命令或优先处理要求，会造成许多问题。

随着信息技术的发展及加大对员工的授权，指挥链、职权、职责、统一指挥这些概念在当今被认为相对不那么重要了。这是因为遍布整个组织的员工可以在几秒钟内取得原来只有高层管理者才能获得的信息；另外，利用计算机，员工可以不通过正式的渠道，也就是指挥链，而与组织中其他任何地方的人员进行沟通；而且，随着员工被授权制定原本只有管理者才有权作出的决策，以及随着越来越多的组织使用自我管理的跨职能团队及在新型的组织设计中更多地引入"多头领导"体制，职权、职责、统一指挥这些传统的思想正变得越来越不被关注。

4）管理跨度

一位管理者能够有效地管理多少个下属？这一管理跨度问题非常重要，因为它在很大程度上决定了组织中管理层级的数目及管理人员的数量。假定其他条件不变，管理跨度越宽或者说越大，组织就越有效率。从成本角度看，宽跨度显然更有效率。但超过了某一点，宽跨度会导致管理效率降低。也就是说，当跨度变得过大时，下属员工的绩效会因为管理者没有足够的时间提供必要的指导和支持而受到影响。

管理跨度的现代观认为，一个管理者能既有效率又有效果地管理的下属人员的合适数量是受许多因素影响的。这些因素包括管理者和下属人员的技能和能力，以及所要完成的工作的特性。比如，员工的受训程度越高，经验越丰富，他们所需要的直接监督就越少。所以，领导这些训练有素、经验丰富的员工的管理者就可以保持较宽的管理跨度。其他的决定合适跨度范围的权变因素还有：下属工作任务的相似性、下属工作任务的复杂性、下属工作地点的相近性、使用标准程序的程度、组织管理信息系统的先进程度、组织文化的凝聚力，以及管理者偏好的管理风格等。

近些年来的趋势是朝着加宽管理跨度的方向演进。加宽管理跨度，这与管理者力图降低成本、加快决策、增强组织灵活性、更接近顾客以及向员工授权等的努力是一致的。但为了确保绩效不因跨度加大而受到影响，这些组织都在员工培训方面投入巨资。管理者认识到，如果员工能掌控好自己的工作，知道与其他工作的关联，或在遇到难题时能求助于同事，那么，加宽管理跨度就不会有问题。

5）集权与分权

有些组织是由高层管理者作出所有的决策，低层管理人员一般只是负责执行上级的指令。另一种极端是，组织中的决策尽可能地下授给采取行动的那一层级的管理人员。前一类型的组织是高度集权的，后一类型的组织则是高度分权的。

集权化程度反映决策集中于组织中某一点的程度。要是高层管理者在作出组织的关键决策时，从不或很少从低层取得决策投入，那么这样的组织就是集权的。与此相比，要是低层人员提供了更多的决策投入，或者实际上可以作出决策，那么组织的分权化程度就较高。集权或分权只是一个相对的概念，而不是绝对的两极。也就是说，组织不可能是彻底集权的，也不会是彻底分权的。很少有组织能够在所有决策都集中于某一特定的高层管理者团体时仍能有效地运行；同理，将所有决策都授予最底层员工的组织，也不会是有效的。

当前已出现的一个明显趋势是下放决策权，这是与力图使组织具有灵活性和反应能力的努力相一致的。尤其是在大型企业中，低层管理者最接近采取行动的地方，通常比高层管理者对问题及其解决的办法有更细致的认识。

哪些因素决定了一个组织是更为集权的抑或更为分权的？表2-1列示了被确认为对组织的集权与分权程度有重要影响的一些因素。

表2-1　　　　　　　　　　　　　　影响集权与分权程度的因素

更集权化	更分权化
·环境稳定	·环境复杂且不确定
·低层管理者不具有高层管理者那样作出决策的能力或经验	·低层管理者拥有作出决策的能力和经验
·低层管理者不愿意介入决策	·低层管理者要参与决策
·决策的影响大	·决策的影响相对小
·组织正面临危机或失败的危险	·公司文化容许低层管理者对所发生的事有发言权
·企业规模大	·公司各部在地域上相当分散
·企业战略的有效执行依赖于高层管理者对所发生的事拥有发言权	·企业战略的有效执行依赖于低层管理者的参与以及制定决策的灵活性

6）正规化

正规化指组织中各项工作的标准化以及员工行为受规则和程序约束的程度。要是一项工作是高度正规化的，则承担这项工作的人员就对做什么、何时做以及如何做等没有什么自主权。由于员工被要求以完全相同的方式处理同样的投入，所以能产生一致的、统一的产出。高度正规化的组织有明确的职位说明、许多的规则条例，并对工作过程订立了明确的程序。如果组织正规化程度比较低，工作行为就相对非结构化，员工对如何做他们的工作拥有较大的自主权。鉴于一个人对工作的自主程度与其工作行为受组织预先规定的程度呈负相关关系，因而标准化程度越高，员工对如何做工作的自主空间越小。标准化不仅消除了员工采取其他行为方式的可能性，而且甚至连员工思考是否还有其他行为方式也显得多余。

在不同的组织中，正规化程度有很大的差别。即便在同一个组织内，正规化程度也可能不同。

2.1.2　组织设计的一般模型

并不是所有的组织都以完全相同的方式来架构。只有30名员工的组织，其组织结构不会与拥有 3 万名员工的组织相同。而且，即便规模相同的组织，也未必采取类似的结构。在一个组织中有效的，不见得对另一个组织也有效。那么，管理者该如何对要采用什么样的组织设计方案作出决策？这一决策取决于一些权变因素。下面我们要考察组织设计的两种一般模型，然后分析其选用的主要权变因素。

1）机械式与有机式组织

机械式组织是一种刻板的严密控制的结构，其特征是：高度的专门化、广泛的部门化、窄的管理跨度、高度正规化、有限的信息沟通（大多是下行沟通），基层员工很少参与决策。

机械式的组织结构犹如高效率的机器，以规则条例、工作的标准化和同一模式的控制作为润滑剂。这种组织设计试图将个性差异、人的判断及由此产生的模糊和不确定性因素减少到最低限度。人性特征被认为是非效率的，只会带来不一致。虽然现实中并不存在某种纯粹的机械式组织，但绝大多数大型公司和政府机构都至少在一定程度上有这些机械式组织的结构特点。

与机械式组织构成鲜明对比的是有机式组织。这是一种灵活的具有高度适应性的结构，而机械式组织则是僵硬、稳定的。因为不具有标准化的工作和规则条例，所以有机式组织具有灵活性，能根据组织的需要迅速地作出调整。有机式组织也进行劳动分工，但人们所做的工作并不是标准化的。员工经过良好的培训，并被授权开展多种多样的工作活动和处理问题，因此，这些组织经常使用员工团队。有机式组织中的员工不需要多少正式的规则和直接监督。他们高水平的技能，以及来自其他团队成员的支持，使正规化和严密的管理控制成为不必要。

何时选用机械式组织更好？何时选用有机式组织更为合适？让我们研究一下影响这一选择的权变因素。

2）权变因素

一般来说，绝大多数组织的高层管理者对如何设计一个合适的组织结构都有许多个人的想法。合适的组织结构是什么样的，取决于四个方面的影响因素：组织的战略、组织的规模、技术，以及环境的不确定性。

（1）组织的战略

组织结构应该促进组织目标的实现。因为目标是由组织的战略决定的，所以，使组织的战略与组织结构紧密配合，这是顺理成章的，特别是组织结构应当服从组织的战略。如果管理者对组织的战略作了重大调整，那么就需要修改组织结构，以适应和支持这一调整。公司战略的变化导致了组织结构的变化。一些组织通常起始于单一产品或产品线，只要求一种简单、松散的结构形式。然而，当组织成长以后，其战略变得更有雄心，也更加复杂了。为支持所选定的战略，组织结构就需要变革。

绝大多数现有的战略分析框架倾向于集中考察三个维度：①创新，反映组织对有意义的、独到的创新的追求；②成本最低，反映组织对严格控制成本的追求；③模仿，反映组织通过效仿市场上的领先者，力求使风险最小化而盈利最大化。那么，什么样的结构设计能与各种战略最佳匹配？创新者需要有机式结构提供灵活性和自由流动的信息；成本最低者则努力通过机械式结构取得高效率、稳定性和严密的控制；模仿者同时使用这两种结构，一方面通过机械式结构保持紧密的控制和低成本，另一方面又借助有机式结构寻求新的创新方向。

（2）组织的规模

组织的规模明显地影响着组织结构。例如，大型组织倾向于比小型组织具有更高程度的专门化、部门化和集权化，规则条例也更多。但是，这种关系并不是线性的，而是规模对结构的影响强度在逐渐减弱，即随着组织的扩大，规模的影响越来越不重要。为什么是这样？从本质上说，一个拥有 2 000 名左右员工的组织，已经是相当机械式的了，再增加500 名员工不会对它产生多大的影响。相比之下，只有 300 名员工的组织，如果增加 500名员工，就很可能使它转变为一种更机械式的结构。

（3）技术

任何组织都需要采取某种技术，将投入转换为产出。例如，海尔公司的工人是在一条标准化的装配线上生产冰箱、洗衣机和其他家用电器。双鹤药业的员工则是在一条连续流动的生产线上制造药品。每一个组织都代表一种不同类型的技术。

从总体上看，组织根据它们的技术调整其结构。一个组织将投入转换为产出的过程或方法，会在常规化程度上表现出差异。一般来说，技术越是常规化的，组织结构就越显示出标准化的机械式特征。组织越是采用非常规化的技术，就越有可能实行有机式结构。

（4）环境的不确定性

一个组织的结构会受到环境不确定性的影响。一些组织面临相对稳定和简单的环境，另一些组织则面临动态和复杂的环境。环境的不确定性威胁着组织的绩效，管理者都试图减少这种不确定性。而组织结构的调整就是减少环境不确定性的一种措施。环境的不确定性程度越大，越需要有机式组织所提供的灵活性。反之，在稳定、简单的环境中，机械式组织相对更有效。

现在许多管理人员尽力将他们的组织变得更精干、灵活。全球的竞争，由竞争者推动的日益加速的产品创新，以及顾客对高品质和快速交货的越来越高的要求，这些都是环境因素动态性的表现。机械式组织并不适于对环境的快速变化和不确定性作出反应，这使组织的设计更加有机化。从本质上说，机械式组织在稳定的环境中运作更为有效，有机式组织则与动态的、不确定的环境相匹配。

2.2　采购管理组织的地位

2.2.1　影响采购部门在组织中地位的因素

采购组织的地位非常依赖于管理层对采购职能所持的看法。当管理层主要将采购职能看作业务活动时，会造成采购部门在组织层级中处于相当低的地位。然而，如果管理层将采购视为一个重要的竞争因素，并且对组织具有战略重要性，那么采购经理就非常可能向董事会汇报。管理层对采购所持的观点在很大程度上与下列因素有关：

（1）管理层的知识及认识水平。

（2）在最终产品的成本-价格中采购所占的份额。采购所占的比例越高，管理层就越认为采购职能具有战略性。

（3）公司的财务状况。在发生严重财务亏损的时候，管理层会对采购业务和与采购相关的成本提出更高的要求，这会导致对更高的会计责任的要求。

（4）公司对供应商市场的依赖程度。具有高集中度的供应商市场通常会得到管理层更多的关注。

2.2.2　采购部门在企业组织中的地位

企业的性质、最高决策当局的观念或重视采购的程度、采购物料成本占企业营业成本的比例大小等都会影响采购部门在企业中的地位。小规模的企业常无独立的采购组织，或只指定一人专办或兼办采购业务。中型企业大都将采购与仓储作业合并在一起。大规模的企业多设有专职机构独立办理采购业务。

在企业中，采购部门的形式通常有以下几种类型：

（1）设立独立的采购部门。一般而言，视采购为重要职能的大规模企业，以及材料在产品单位成本中占较高比例的企业，都设立独立的采购部门，全面行使采购职能。

（2）附属于制造部门。适用于采购材料工作较单纯而材料价格较稳定的企业。

（3）附属于物流部门。物流作为企业的第三利润源泉，越来越受到企业的重视，许多企业将采购等分散的物流职能整合到一起成立物流部门。

（4）附属于销售部门。适用于材料经简单程序即出售的企业，或非制造业企业如代理业等。

（5）只承担部分作业的采购部门。这种采购组织机构只办理物料的采购，而不兼办验收与储运。采购种类及数量较少的企业适用这种类型。

为适应企业之间的激烈竞争，规模大的企业，或材料成本占比高的企业，采购部门的组织大都采用第一种方式，以便使其与生产、销售、财务等部门划分职责，分工合作，从而使生产部门专心于产品的制造与改进，而不必为了购料而分心。至于中小型企业则视其本身的实际情况作决定。不论采用何种方式，必须有良好的采购组织，如此才能协同其他部门，供应生产、配合销售。

2.2.3　采购管理组织的设置原则

1）采购部门设置应同企业战略目标、方针相适应

采购组织结构应该促进企业战略目标的实现。企业的战略决定采购的组织结构，采购的组织结构与企业战略紧密配合，如果管理者对企业的战略作了重大调整，那么就有可能需要修改采购组织结构，以适应和支持这一调整变革。公司战略的变化将导致采购组织结构的变化。

2）采购部门设置应同企业的性质和规模相适应

采购组织机构的设置同企业的性质、产品、规模等有直接的关系。比如石油企业的原材料一般需要一些专业人员采购，并往往直接向最高领导汇报；小公司可能仅仅设置一个

简单的供应部门负责原材料的采购，而大型企业或跨国公司则常常设有集团采购部或中央采购中心负责采购。

3）采购部门设置应同企业所处的环境相适应

采购组织的结构会受到环境不确定性的影响。面临相对稳定、简单环境和面临动态、复杂环境的采购组织的结构将会不同。

4）采购部门设置应同企业的管理水平相适应

企业内部采购部门的设置，应同企业的管理水平相适应。一般管理水平较高的现代化企业非常重视采购管理职能，因此通常会设置独立的集中采购部门。

2.3　采购管理组织结构

在设计采购组织或管理范围时，应注意涉及多种不同业务性质单位共同执行某项任务的重叠作业，必须依据相同规程，参照实际需要，树立整体观，并进行适当的管理，以期发挥整体的效果。

2.3.1　采购管理组织设计需要考虑的问题

采购管理组织设计需要考虑的问题是集中采购与分散采购。集中或分散采购应到什么程度的问题难以简单地回答。大多数公司在两个极端之间进行平衡：在某个时候它们会采用集中的采购组织，而在几年以后它们选择更加分散的采购组织。目前，许多汽车公司都决定将其采购业务集中化，但也有其他行业的公司从职能结构转向部门结构时，中心采购部门被在已形成的部门和经营单位中分割成分散的采购部门。下面的因素或标准在决定采购的集中或分散时具有决定性作用：

（1）采购需求的通用性。当公司内部各单位所购买的物资的通用性越高时，从集中的或协作的方法中得到的好处就越多。这就是大型公司中的原材料和包装材料通常集中购买的原因。

（2）地理位置。当经营单位位于不同的国家时，这可能会极大地阻碍协作的努力，因为在不同国家之间的贸易和管理实践中存在较大的差异。一些大型公司已经将其协作战略从全球性战略转为地区性战略。

（3）供应市场的议价能力。有时公司会在它的一些供应市场上选择一个或数量有限的几个大型供应商组织。在这种情况下，肯定对供应商有利。如果采用一种协同的采购方法面对这些强有力的贸易伙伴，往往就会获得一个更好的谈判地位。

（4）成本降低的可能性。一些类型的原材料的价格对采购数量非常敏感。在这种情况下，购买更多的数量会立刻导致成本的降低。

（5）价格波动。如果物资价格对政治和经济气候的敏感程度很高，集中的采购方法就会更有利。

表2-2列出了分散采购的优点和缺点。

表2-2 分散采购的优点和缺点

优 点	缺 点
•适应市场变化	•缺乏流程标准化
•专业采购知识	•难以执行合规标准
•供应商多样性	•错失折扣机会
•采购敏捷性	•采购需求不够合理
•更大的采购自主权	•采购监督不够全面

2.3.2 直线职能式公司中的采购组织结构

1）不强调物流管理的采购组织结构

如果企业规模较小，产品结构较单一（典型的例子就是单一的工厂或企业，分公司相距较近的大公司也可以），那么设置单一的采购部门并直接向总经理汇报工作较好。其组织结构如图2-1所示，这是一种集中采购的组织结构。

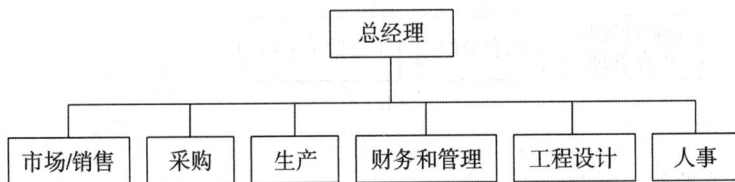

图2-1 单一采购的组织结构

2）强调物流管理的采购组织结构

物流作为企业的第三利润源泉，越来越受到企业的重视，许多处于物流一体化第三阶段的企业纷纷成立了独立的物流管理职能部门，上升到与其他职能部门并列的地位。企业根据自身特点，选择集中或分散采购。有些企业将采购从属于物流管理部门，由物流管理部门统一管理，实行集中采购，如图2-2和图2-3（a）所示。也有些企业将采购从属于各生产部门，由各生产部门管理，实行分散采购，如图2-3（b）所示。

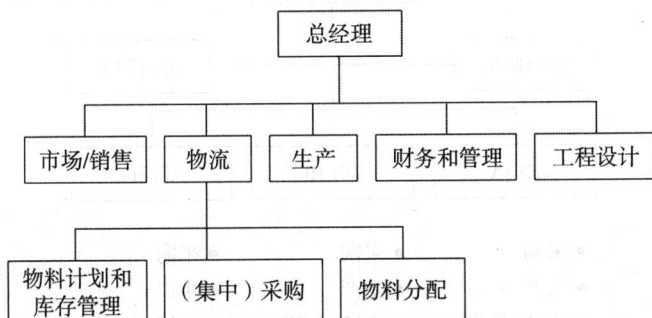

图2-2 完全一体化的组织结构

2.3.3 事业部式公司中的采购组织结构

事业部式公司中的采购组织结构有如下方案可供选择：分散的采购组织结构、集中的采购组织结构、集中/分散的采购组织结构和组合的采购组织结构。

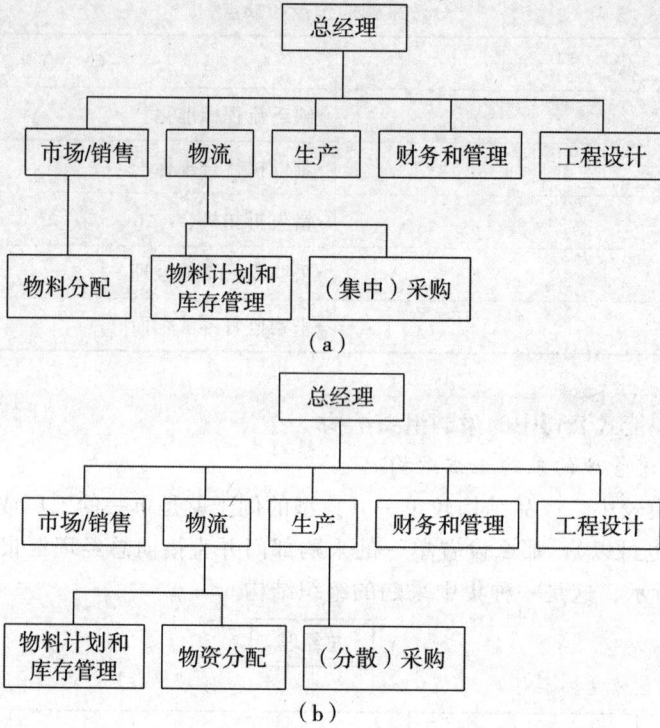

图2-3 部分一体化的组织结构

1）分散的采购组织结构

这种结构可以在采取经营单位结构的公司中看到，其一个主要的特点就是每个经营单位的经理对他自己的财务后果负责，如图2-4所示。因此，这个经营单位的管理要对其所有的采购活动负完全责任。这种结构的缺点之一是不同的经营单位可能会与同一个供应商就同一种产品进行谈判，结果达成了不同的采购情境。当供应商的能力吃紧时，经营单位相互之间就会成为真正的竞争者。

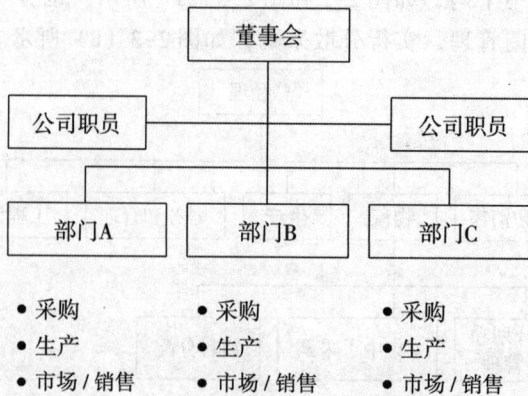

图2-4 分散的采购组织结构

这种结构对于拥有经营单位结构的跨行业公司特别有吸引力。每一个经营单位采购的产品都是唯一的，并且与其他经营单位所采购的产品有显著的不同。在这种情况下规模经济只能提供有限的优势和节约。

2）集中的采购组织结构

在这种情况下，在公司层次上可以找到中心采购部门，如图2-5所示。这种结构的特点就是中心采购部门在战略和战术层次上进行运作。有关产品规格的决策和供应商选择的决策，以及与供应商之间的合同的准备和洽谈被集中起来共同制定和执行。

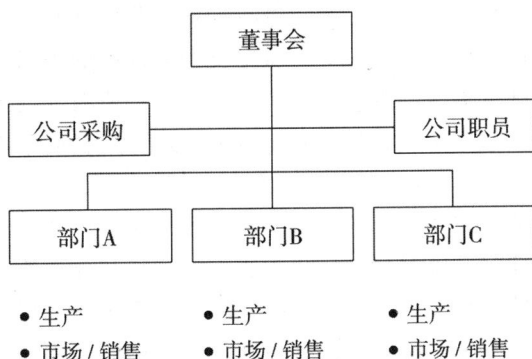

图2-5　集中的采购组织结构

这种结构的优点体现在：一是通过采购协作可以从供应商处得到更好的条件（在价格和成本方面以及服务和质量方面）；二是它将推进供应商向着产品标准化的方向努力。其缺点表现在：单独的经营单位的管理层只对采购的决策负有限的责任。这种结构的适用条件是几个经营单位购买相同的产品，并且这种购买对供应商具有战略重要性。

3）集中/分散的采购组织结构

集中/分散的采购组织结构如图2-6所示。这种结构的特点是在公司一级的层次上存在着公司采购部门，独立的经营单位也进行战略和战术采购活动。在这种情况下，公司的采购部门通常处理与采购程序和方针的设计相关的问题，还可以促进部门或经营单位之间的相互协作或解决它们之间的问题。而战术采购活动完全由部门或经营单位的采购组织实施。这种结构适用于规模非常大的国际公司。

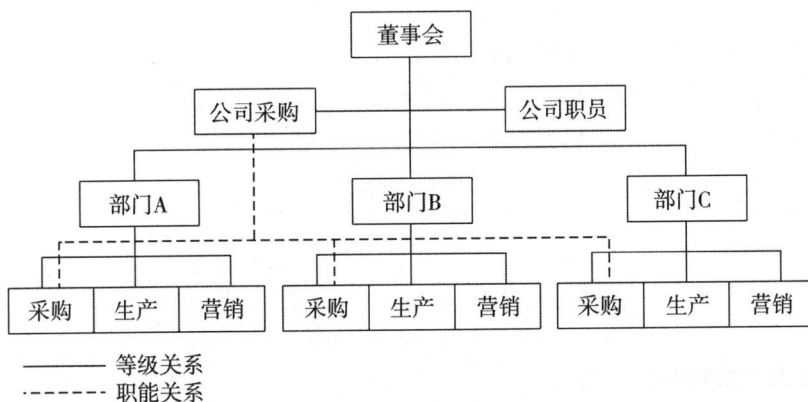

图2-6　集中/分散的采购组织结构

4）组合的采购组织结构

组合的采购组织结构是前面三种组织结构的结合。组合是以提高公司的影响从而降低总体物料成本和/或改善来自外部供应商的服务为目标，将两个或更多的经营单位的共同物料需求结合起来。组合可能是强加给经营单位的，也可能是经营单位自愿的。组合的采购组织结构主要有以下几种情况：

（1）自愿配合。在这种情况下，经营单位的采购部门之间会发生相当可观的信息交换。以这些数据为基础，每一个经营单位可以自由决定是参与（公司）合同还是单独运作。合同由采购协调委员会（或商品小组）进行准备，其中涉及最大的用户。

（2）领先购买。在这种情况下，对一种特定类型的商品的需求量最大的经营单位承担了与供应商就公司合同进行洽谈的责任。这个经营单位从所有其他单位收集有关的全部数据并同供应商进行谈判，每一个单独的经营单位参照适当的合同条件直接向供应商定期发出订单。

（3）领先设计。这种形式的组合的根本指导原则是共同设计。对于负责特定的产品或部件设计的经营单位或部门，也对与供应商就所有的物料和部件签订合同负责。例如，一家大型汽车公司的一个部门负责开发一种新的燃料喷射系统，在新产品获得批准后，这个系统有可能被应用在新车型中，从而用到其他部门中。然而，物料和零部件是从供应商那里获得的，而它们已经由先行部门批准和订约购买。通常，制造商与供应商的关系非常密切，供应商在制造商的开发和设计阶段的早期就被纳入其中。

组合可以在不同层次上发生，包括商品层次、供应商层次、经营单位层次、部门层次和采购市场层次。

2.4 采购部组织结构

不同的企业，其采购部职位设置也不同。企业为确保采购职能的实现，在设计采购部组织结构时，须充分考虑企业的规模、采购的职能、采购过程中的专业分工、采购的物资类别、采购地区、采购渠道等方面的影响，确保采购组织的高效性、灵活性。

2.4.1 按企业规模设计的采购部组织结构

1）中小型企业采购部组织结构

中小型企业采购部组织结构如图2-7所示。

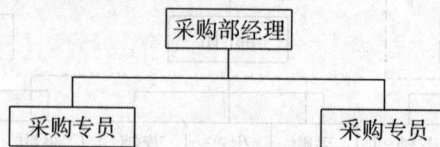

图2-7 中小型企业采购部组织结构示例

2）大型企业采购部组织结构

大型企业采购部组织结构如图2-8所示。

2.4.2 按职能分工设计的采购部组织结构

根据采购过程中的职能分工不同，采购部组织结构如图2-9所示。

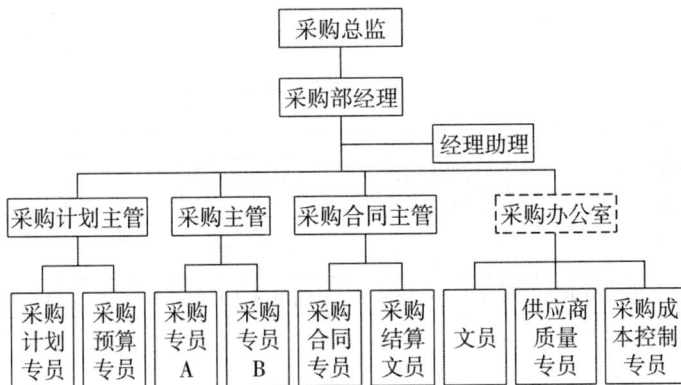

图2-8　大型企业采购部组织结构示例

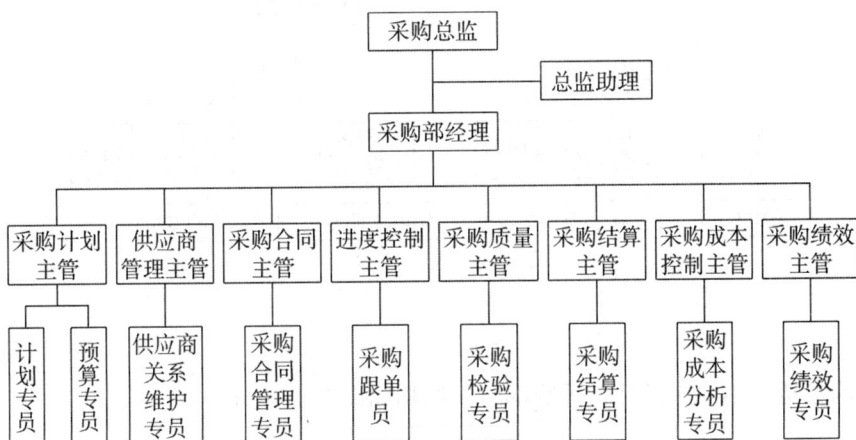

图2-9　按职能分工设计的采购部组织结构示例

2.4.3　按专业分工设计的采购部组织结构

若按采购过程中的专业分工来设计，采购部组织结构如图2-10所示。

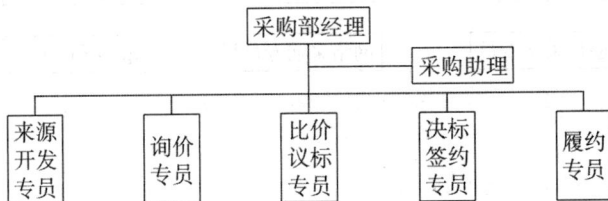

图2-10　按专业分工设计的采购部组织结构示例

2.4.4　按采购物资类别设计的采购部组织结构

按所采购的物资类别来设计，采购部组织结构如图2-11所示。

2.4.5　按采购地区设计的采购部组织结构

按采购地区的不同来设计，采购部组织结构如图2-12所示。

```
                    采购部经理
                         |
                      采购助理
    ┌──────────┬──────────┼──────────┬──────────┐
 主要原料组   一般物料组   机器设备组   零部件组
 采购主管     采购主管     采购主管     采购主管
  ┌───┬───┐  ┌───┬───┐  ┌───┬───┐  ┌───┬───┐
采购员A 采购员B 采购员A 采购员B 采购员A 采购员B 采购员A 采购员B
```

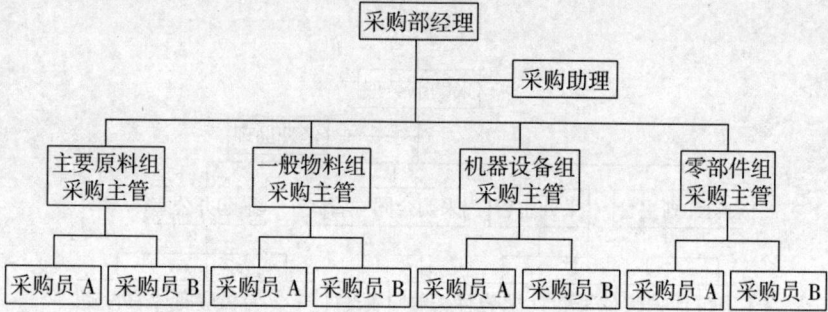

图2-11　按采购物资类别设计的采购部组织结构示例

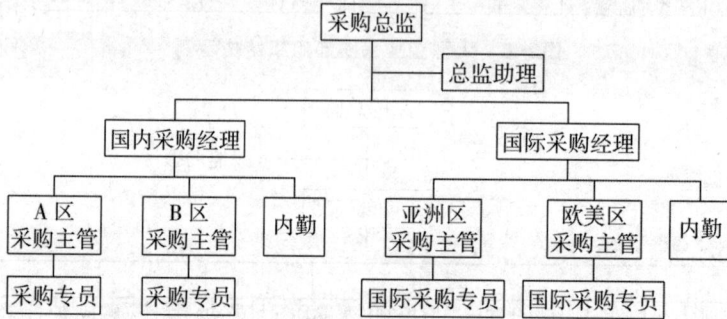

```
                        采购总监
                           |
                        总监助理
        ┌──────────────────┴──────────────────┐
     国内采购经理                          国际采购经理
   ┌──────┬──────┐                    ┌──────┬──────┐
  A区     B区    内勤                  亚洲区   欧美区   内勤
 采购主管  采购主管                     采购主管  采购主管
   |       |                          |        |
 采购专员  采购专员                  国际采购专员 国际采购专员
```

图2-12　按采购地区设计的采购部组织结构示例

2.4.6　按采购渠道设计的采购部组织结构

按采购渠道的不同来设计，采购部组织结构如图2-13所示。

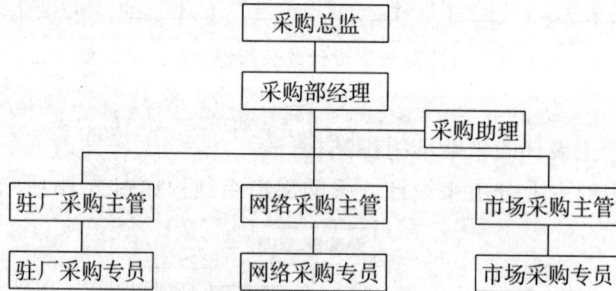

```
            采购总监
               |
            采购部经理
               |
            采购助理
   ┌───────────┼───────────┐
 驻厂采购主管  网络采购主管  市场采购主管
   |           |           |
 驻厂采购专员  网络采购专员  市场采购专员
```

图2-13　按采购渠道设计的采购部组织结构示例

2.4.7　按行业设计的采购部组织结构

1）超市采购部组织结构

超市采购部的组织结构如图2-14所示。

2）酒店、宾馆采购部组织结构

酒店、宾馆采购部的组织结构一般如图2-15所示。

3）工程项目采购部组织结构

房地产、建筑施工企业的工程项目采购包括项目承包、分包招标采购和工程材料采购。同时，工程项目采购可分为企业统一采购、项目采购、统一采购与项目采购相结合三种采购方式。工程项目采购部的组织结构如图2-16所示。

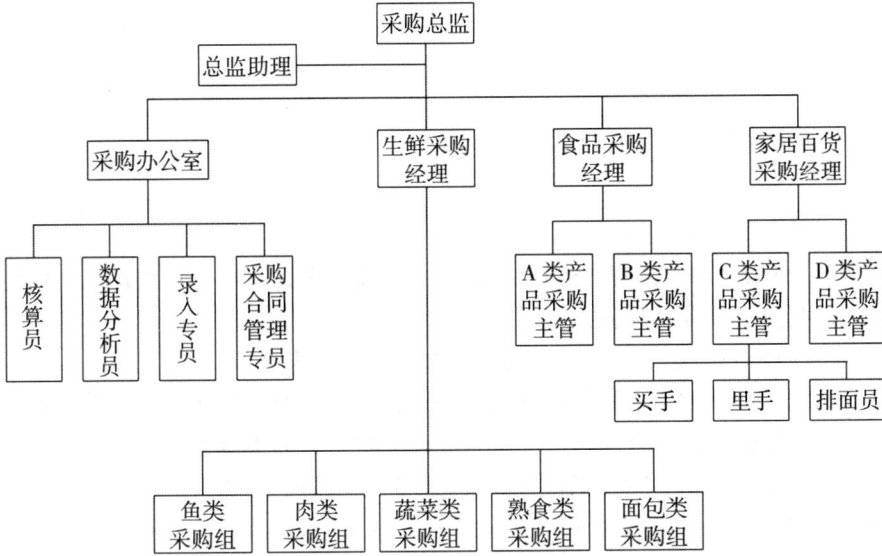

图2-14 超市采购部组织结构示例

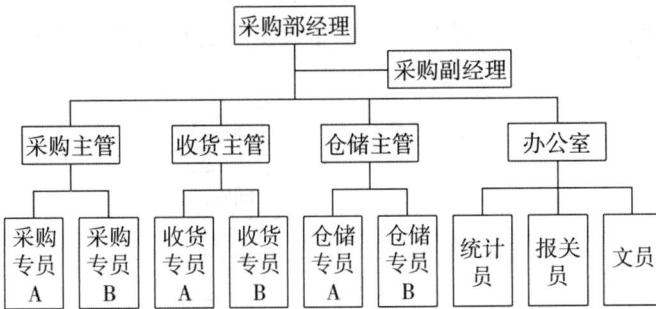

图2-15 酒店、宾馆采购部组织结构示例

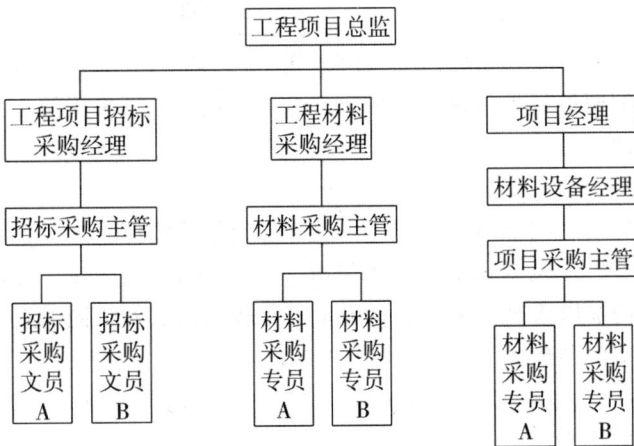

图2-16 工程项目采购部组织结构示例

2.5 采购部的人员配置及职责

2.5.1 采购部的人员配置

当明确了采购部组织结构在公司中的设置后，就要考虑采购部门内部人员的配置。采购部门人员的配置一般有三种方式：

1）根据采购物料配置，不同的采购物料配备不同的采购人员

这适合原材料需求种类多、专业性强的企业，如大型的汽车厂、石化厂。在这些企业中，几乎每一种原材料都有自己物理或化学方面的要求，如果没有专业的知识和技能，不可能完成采购任务，因此不同的原材料采购需要配备不同的采购人员。

2）根据采购流程配置，采购的不同环节设置不同的采购人员

这种人员配置便于采购人员更好地熟悉业务，同时有利于各个环节之间相互监督，避免浪费和腐败现象，减少内部审计成本，还有利于培养大家的团队合作精神，但这要求内部更好地协调和合作，否则会造成采购效率低下，管理混乱。这种人员配置方式如图2-17所示。

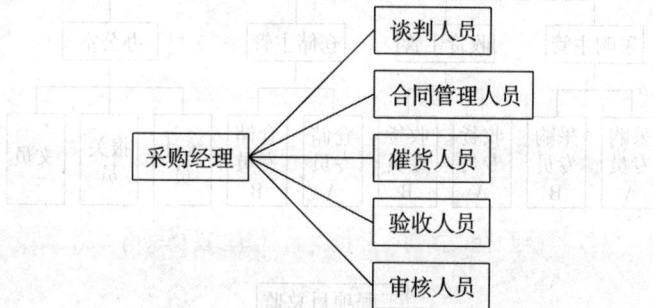

图2-17 按采购流程配置采购人员

当一些大企业的原材料需求多、数量大、专业性强时，可采用综合采购物料和采购流程的方法来配置采购人员。

3）按地区配置

按物料的来源分设不同部门，如国内采购部与国际采购部。这种设置方式主要是基于国内、外采购的手续及交易对象有明显的差异，因而对采购人员的工作要求也不尽相同，所以应分别设立部门加以管理。采购管理人员需比较国内、外相同物料的优势，判断物料采购应该划归哪一部门办理。

2.5.2 采购部的职责

关于采购任务、职责和权力的分配，有三个不同的层次需要加以区分：战略的、战术的和业务的。

1）战略层次

战略层次涵盖了那些从长远来看影响公司市场地位的采购决策。其主要任务有：

（1）运营方针、程序和任务说明书的制定和发布，这是采购部门的权力。

（2）实施为监控和改进采购作业与绩效的审计和复查程序。

（3）建立长期的合同和与经鉴定的/或优先的供应商签订合同（如长期采购协定、特许协议、合作协定和共同设计协定）。

（4）与供应商战略相关的决策，这种决策以多种或单一采购为基础。

（5）重大的投资决策（如对建筑物、设备、信息系统的投资等）。

（6）重大的制造或购买决策。通过这种决策，原先在内部进行的制造活动有可能被转移给外部的供应商。

（7）与后向一体化有关的决策，也就是在财务上参与供应商的运作以保证关键物料的未来供应。

（8）与价格转移和公司间的供应政策有关的决策。

（9）与互惠协议、互惠贸易和易货贸易政策有关的决策。

2）战术层次

战术层次的采购职能包含影响产品、工艺和供应商选择的因素。该层次的采购决策的例子有：

（1）共同协定和/或年度供应商协定。

（2）准备和发展价值分析程序和/或设计以复查和/或简化为目标的程序。

（3）采用和实施供应商认证程序（包括审计）以改善来料的质量。

（4）进行一般的供应商选择和订约，特别是以减少供应商基数为目标的程序。

有关这些问题的决策常常有着较长时间的影响（1～3年），它们是跨职能的，要求组织内部其他专业的协调与合作（包括工程设计、制造、物流、质量保证等）。

3）业务层次

业务层次指的是与订购和规划预算职能有关的所有活动。这个层次的活动包括物料的订购、监控交货和解决来料的质量争端，如：

（1）订购过程。

（2）与发出订单有关的所有规划预算活动。

（3）对供应商表现的监控和评价。

（4）解决纷争。

表2-3显示了三种任务层次与一些管理者的位置之间的关系。

表2-3　　　　　　　　三种任务层次与一些管理者的位置之间的关系

任　　务	管理者的位置				
	最高管理层	物流管理	采购管理	高级采购员	采购助理/物料计划员
战略层次	×	×	×		
战术层次		×	×	×	
业务层次				×	×

在一般人事管理比较成熟的企业或机构，前述各个不同层次采购人员的职责，都会在职位工作说明书中详细记载。美国《采购世界月刊》对1 280个采购部门所做的调查显

示，采购部门的职责按其重要性来排列，其前九种重要采购工作顺序如下：①评估现有的供应商；②选择及开发新的供应商；③安排采购及交货日期；④谈判采购合约；⑤从事价值分析的工作；⑥自制或采购（外包）的决策；⑦指定运输方式；⑧控制存货；⑨租赁或买断的决策。

由上可知，采购部门是以寻求合格的厂商以维持物料的充分供应为最主要职责的。但是，除此之外，采购部门的职责逐渐从传统的业务层次提升到战略层次。

2.6 采购组织的发展

当今社会由于科技的快速发展，企业的经营方式和理念都在发生深刻的变化，大规模定制、供应链管理正在成为主流模式，企业采购面临新的挑战。采购组织需要创新，要针对市场竞争的需要，重新设计和调整企业的采购组织。

2.6.1 建立采购中心

为避免采购人员独揽采购大权，损害企业集体利益的行为发生，采购部的采购决策应由采购中心负责。由采购中心负责作出企业的采购决策也是国际上的通行做法。采购中心是企业的采购业务的领导与协调者，统一管理与采购事务相关的全部业务与人员。相关人员包括所有参与购买决策的人员，包括企业内部使用产品的成员、产品技术人员、有权决定产品需求量和供应商的人员、有权批准决策者或采购者所提行动方案的人员、具有选择供应商与商定采购条款权力的人员以及采购人员。

1）采购中心的运作模式

采购中心成员共同参与采购决策，完成采购任务，但这并不是要求这些人员隶属于企业采购部，采购部并不需要增加人员编制。采购部在确定购买决策时，需要上述人员的参与。按照购买过程的一系列程序，各成员民主行使相应的职权。在确定采购品的属性特征时，采购部需同产品使用者、技术人员一起分析。采购数量由使用部门决定。

整个购买决策方案由采购部经理批准实施，重大的新的采购决策方案由企业高层领导审批。采购方案被批准后，采购人员负责寻找合适的供应商，并和采购中心的其他成员一起分析、评价供应商的技术能力、交货能力和服务能力等，负责和供应商谈判，按经审核的各项交易条件成交，完成具体采购任务。

采购中心的运作模式既可增强企业采购决策的科学性和民主性，提高采购工作效率，又能有效防止采购领域的不正之风。

2）采购部和采购中心的关系

采购部是企业中负责采购的职能部门，是确定采购决策过程中的召集者和具体采购的执行者。采购中心的其他成员只是作为确定采购决策的必要参与者，在确定采购决策时发挥相应作用，尤其在企业新购或修正重购中发挥较大的作用。而在企业直接重购中，由于各项交易条件不变，购买过程简单，所以由采购部具体执行即可。

采购部是企业固定、常设的业务部门，是采购中心的主体部门。采购中心的成员构成则不是固定的，其成员随采购品的不同而不同。采购中心的工作实际是在采购部主持下进行的，其工作形式灵活多样。采购部可以召集不同部门的有关人员组成具体的采购中心，共同商议来作出采购决策，也可以请相关部门签署采购需求意向来完成采购决策。

采购中心运作的核心是提高采购决策的系统性、科学性和规范性，以防止采购决策的重大失误。

2.6.2　建立专业化采购团队

新型采购人员组成高水准的采购团队。所谓高水准的团队，是指由身具多种技能的员工组成的、共同从事一种经营活动的团体。这支团队有以下特点：成员共同分担领导责任；前任上司担任教员的角色，借以提供支持；自行雇用、培训及惩罚其成员；自行设立目标并自查工作进展；自行策划、监控并改进工作程序。

在高水准的团队里，采购人员能够充分发挥作用。他们将母公司下不同部门所需的采购项目汇总起来，以在市场上获取更多的杠杆效益。许多企业都不清楚它们在全球范围内的各项采购是什么，以及由谁来执行这些采购。而使用综合采购管理信息系统来得到上述数据，是使得企业总体采购支出平衡的首要步骤。

清楚了解企业各个部门由谁、从哪里、如何采购哪些商品或服务之后，专业采购人员才能够为企业争取更多利益。如果逐个从供应商那里进行单项采购，那么供应商往往无从得知这些名称各异的购买者其实同属于一家母公司。如果企业将全国甚至全球的采购进行整合，它们就会轻易获得更多的折扣，得到供应商更深层次的支持。

1）采购团队的奋斗目标

团队的核心是共同奉献，否则，团队只是松散的个体的集合。在这一点上，采购团队也不例外。采购团队的每一成员都要有大局意识、奉献精神，愿意为实现共同的采购目标而奋斗。具体目标有：

（1）共同开发公司的采购战略。制定正确的采购战略仅靠采购部门是无法完成的，它需要营销、质检、生产等各部门的共同努力，这是因为采购战略必须服从于公司的整体战略，采购部门必须和各部门相互协调。例如，采购工作如果没有生产部门的参与，采购的原材料就可能满足不了生产的要求，毕竟原材料是为生产服务的。

（2）开发新产品。开发新产品本是设计部门的责任，但如果有采购部门、供应商的参与，就可以缩短开发时间、降低开发成本，因为这样可以使采购部门随时了解开发进程，及时采购需要的零部件，供应商也可以根据设计的要求及时生产所需的原材料。

（3）对供应商进行选择、评价和管理。

（4）对所采购的物料进行调查、分析。

采购团队的具体目标还有很多，但都是围绕着降低公司总成本、提高采购效率，进而提高整个公司的运作效率而提出的。

2）采购团队的类型及组建流程

（1）多部门组成的采购团队。多部门采购团队至少由来自三个不同职能部门的人员组成，他们在考虑采购目标的基础上，共同完成与采购有关的工作。发展跨职能采购团队的目标主要有五个：①缩短采购时间；②解决采购问题；③发展协作，推动产品革新；④推动企业整体战略目标的实现；⑤帮助团队中每个成员的发展。

（2）有供应商参与的采购团队。吸收供应商参与采购团队，相互交流信息，有利于对供应商的管理，确保得到优质的原料和服务，同时，对新产品的开发也有很大的支持作用。

（3）有最终消费者参与的采购团队。最终消费者参与采购团队，有利于企业及时了解消费者的需求变化，更好地改进自己的产品。设计的变化，必然要求采购的变化，这样更方便采购部门及时制订和修正自己的计划。

采购团队的组建一般包括计划、执行、检查、调整四个阶段，如图2-18所示。

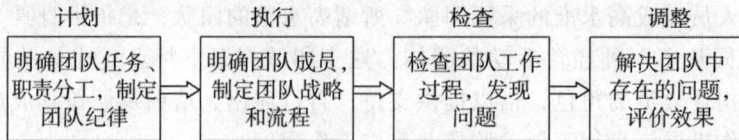

计划	执行	检查	调整
明确团队任务、职责分工，制定团队纪律	明确团队成员，制定团队战略和流程	检查团队工作过程，发现问题	解决团队中存在的问题，评价效果

图2-18　采购团队的组建流程

3）对专业采购人员的要求

公司中设有不同的采购职位，对不同职位的采购人员的要求也不相同。

（1）公司采购者。就大批量货物（原材料）或大的投资项目（例如制造设备和计算机硬件与软件）进行谈判是他们的任务。他们的对应人员通常是客户经理，其受教育程度较高并且经验丰富，因此要求公司采购者最好拥有相似的教育背景。

（2）采购工程师。采购工程师通常的任务是短期规划和较多的运营任务。由于必须经常与工程师和其他技术专家会见和交谈，所以他们要有足够的技术背景，并且与商业技能相结合。他们的具体工作包括市场调查、供应商的选择，以及准备和实施与供应商的合同谈判。

（3）项目采购者。项目采购者的任务与采购工程师的任务有点相似。然而，采购工程师主要考虑生产用物资，而项目采购者主要考虑投资设备类货物。对于这个职位而言，大学教育水平的专业教育背景是必需的。由于这些决策通常要求采用团队协作的方法，所以项目采购者应该掌握一定的沟通和表达技巧。

（4）物料计划员。物料计划员对物料计划和订购负责。在物料领域实现了高度计算机化的公司中，这两个任务经常综合为一种职能。这里，物料计划员主要依照年度计划购买物料。此外，他们在质量和交货表现上监督和控制供应商。对于这个职位而言，中等教育水平就足够了。在这里最重要的是个人能力，例如，工作取向和有效地组织工作的能力。除此之外，这个职位还为当事人未来成为项目采购者提供了熟悉工作的良好机会。

（5）MRO采购者。MRO采购正日益得到企业的重视，MRO采购对整体采购成本控制与节省的影响不可忽视。美国的一份对MRO采购的调查报告显示：MRO采购占企业总体采购成本的比率平均为26%，高的甚至可达63%；施行MRO采购成本节省计划的企业平均可降低成本6%，高的可达25%。MRO的品种通常很多，MRO购买者的任务是有效地管理这些品种，而不是力争使每一个单独的项目的性能价格比最优。因此，对于这种类型的购买者而言，对于物流管理和技巧（特别是存货管理和订货管理）的良好理解是基本要求。

关于MRO采购的趋势主要围绕着开发和应用新的工具提高工作效率并降低成本来进行，比如采用采购专用消费卡、统合供应协议、进行电子采购等。与此同时，MRO采购人员还对公司所采购的维修物件、零配件、行政耗材、服务等进行分析；检查并优化内部客户用来采购 MRO 产品的操作流程；对供应商进行监督与管理。这些举措有助于将 MRO 采购的流程尽可能优化，并将供应商数量降到最低。从长远来看，供应商的严格选择和日后积极地维护供应商关系，最终可以使企业得到长期回报，主要体现在流程效率的提高、库存的降低、客户服务水准的提高以及成本的降低等方面。

表 2-4 总结了前述职位的最重要的职责和技能。

表 2-4   采购者最重要的职责和技能

职　位	职　责	要求的技能
公司采购者	战略商品	专业的商业技能 长期规划能力 沟通技能 广泛的商业导向
采购工程师	新的物资和新的部件 新的供应商	全面的技术背景 中期规划能力 商业技能 沟通技能
项目采购者	设备和服务	专业的项目管理技能 团队合作能力
物料计划员	物料和订单计划 订单处理 卖主评级	全面的"常识" 承受压力 服务导向 解决问题的技能
MRO 采购者	MRO 供应品	通才 有效地处理订单 品种经理 服务导向 商业技能

本章小结和学习重点与难点

本章主要讨论了如何为采购管理进行组织设计，并对采购管理部门的主要任务、责任和权限的问题进行了阐述，还对采购管理部门的人员配置、采购团队的组建进行了介绍，使读者能全面掌握采购管理组织所涉及的各项工作要点，为从事实际工作打下基础。

组织设计是一个涉及六方面关键要素的过程，这些要素是：工作专门化、部门化、指挥链、管理跨度、集权与分权、正规化。

采购组织的地位非常依赖管理层对于采购职能所持的看法。管理层对采购所持的观点在很大程度上与下列因素有关：①管理层的知识及认识水平；②在最终产品的成本-价格中采购所占的份额；③公司的财务状况；④公司对供应商市场的依赖程度。

事业部式公司中的采购管理组织有如下方案可供选择：分散的采购组织结构、集中的采购组织结构、集中/分散采购组织结构和组合的采购组织结构。

设计采购部组织结构时，须充分考虑企业的规模、采购的职能、采购过程中的专业分工、采购的物资类别、采购地区、采购渠道等方面的影响，确保采购组织的高效性、灵活性。

关于采购任务、职责和权力的分配，有三个不同的层次需要加以区分：战略的、战术的和业务的。战略层次涵盖了那些从长远来看影响公司市场地位的采购决策。战术层次的采购职能包含影响产品、工艺和供应商选择的因素。业务层次指的是与订购和规划预算职能有关的所有活动。

本章的学习重点是采购组织结构的设计和采购部组织结构的设计。

本章的学习难点是采购任务、职责和权力分配的层次区分。

前沿问题　　　　传统制造业数字化采购转型

随着信息技术的快速发展，数字化转型已成为现代企业不可或缺的一部分，它可以为企业带来诸多优势，包括提高生产效率、降低成本、改善客户体验等。在传统制造业中，数字化转型也正在被广泛推广，尤其是在采购领域。下面我们就来看看一些传统制造业数字化转型采购的成功案例。

1.海尔集团

传统制造业面临着生产效率低下、产品同质化严重、用户需求难以满足等问题。海尔集团作为全球知名的家电制造企业，积极探索数字化转型之路。

转型措施：打造了卡奥斯工业互联网平台，通过该平台连接了大量的供应商、制造商、用户等生态资源，实现了产业链上下游的协同合作。利用大数据和人工智能技术，对生产过程中的数据进行实时监测和分析，优化生产流程，提高生产效率和产品质量。例如，在冰箱生产线上，通过对生产数据的分析，精确预测设备故障，提前进行维护保养，减少停机时间。借助互联网和物联网技术，推出了定制化生产模式，用户可以根据自己的需求定制个性化的家电产品，满足了不同用户的差异化需求。

转型效果：生产效率大幅提升，产品研发周期缩短，库存周转率提高，企业运营成本降低。

2.顺丰速运

随着电商行业的蓬勃发展，快递业务量呈现爆发式增长，客户对快递服务的时效性、准确性和可追溯性提出了更高要求。顺丰速运作为国内领先的快递物流企业，积极借助数字化技术提升服务质量和运营效率。

转型措施：建设了顺丰速运物流信息系统，实现了对快递业务全流程的信息化管理。通过该系统，客户可以实时查询快递的运输状态和预计送达时间，提高了客户体验。引入了大数据分析和智能调度技术，对快递运输路线、车辆调度、仓储管理等进行优化。例如，根据历史数据和实时路况，智能规划运输路线，减少运输时间和成本；通过对仓储数据的分析，合理安排库存，提高仓储利用率。利用物联网技术，在快递车辆、仓库等环节安装了传感器和监控设备，实现了对物流设备和货物的实时监控和管理。如在冷链运输中，通过温湿度传感器实时监测货物的存储环境，确保货物的品质安全。

转型效果：快递服务的时效性和准确性大幅提升，顺丰速运在中高端快递市场的占有率进一步提高。通过数字化运营和管理，降低了企业的运营成本，提高了企业的整体运营效率和市场竞争力。

3. 华为

全球通信行业竞争激烈，技术迭代迅速，客户对通信产品和服务的要求不断提高。华为作为全球领先的信息与通信技术（ICT）解决方案供应商，需要持续创新和数字化转型来保持竞争力。

转型措施：大力投入研发，构建了全球领先的数字化研发平台，实现了产品研发的全流程数字化。通过引入大数据、人工智能等技术，对研发过程中的数据进行深度挖掘和分析，优化研发流程，提高研发效率和产品质量。例如，在 5G 产品研发中，利用数字化仿真技术提前验证产品性能，缩短研发周期。打造了华为云平台，为企业和开发者提供云计算、大数据、人工智能等一站式服务。通过华为云，企业可以快速部署应用、实现业务创新，推动各行业的数字化转型。推进企业内部管理的数字化，实施了数字化供应链、数字化营销等项目。通过数字化供应链系统，实现了对全球供应链的实时监控和智能调度，提高了供应链的灵活性和响应速度；数字化营销平台则能够精确地触达客户，提升营销效果。

转型效果：华为在 5G、云计算等领域取得了领先地位，产品和解决方案广泛应用于全球多个国家和地区，市场份额不断扩大。华为云成为全球领先的云服务提供商之一，助力众多企业实现数字化转型，推动了行业的发展。数字化转型提升了华为的运营效率和管理水平，降低了成本，增强了企业的核心竞争力。

4. 京东

随着电商行业的快速发展，消费者对购物体验的要求越来越高，同时市场竞争也日益激烈。京东作为国内知名的电商企业，需要通过数字化转型来提升用户体验、优化运营效率和拓展业务领域。

转型措施：建立了高度自动化的物流配送体系，通过大数据、人工智能和机器人技术等，实现了仓储管理、订单分配、运输调度等环节的智能化。例如，京东的无人仓采用了大量的自动化设备和机器人，能够实现货物的自动存储、分拣和包装，大大提高了仓储效率和准确性。不断优化京东商城的数字化购物体验，推出了个性化推荐、智能搜索等功能。通过对用户行为数据的分析，为用户提供精确的商品推荐，提高用户的购物转化率。同时，加强了移动端的建设，京东 APP 的功能不断完善，用户体验越来越好。拓展数字化业务领域，如京东金融（现京东科技集团）利用大数据和金融科技，为个人和企业提供多元化的金融服务和科技解决方案。此外，京东还在智能零售、智能城市等领域进行了积极探索和布局。

转型效果：京东的物流配送效率和服务质量在行业内处于领先地位，成为其核心竞争力之一。用户能够享受到快速、准确的配送服务，提高了用户满意度和忠诚度。数字化购物体验的优化促进了京东商城的业务增长，销售额和用户数量持续攀升。个性化推荐等功能有效提高了商品的销售效率，提升了平台的运营效益。京东科技集团等数字化业务的发展为京东带来了新的增长点，推动了企业的多元化发展，提升了京东在数字经济领域的影响力。

（资料来源　格局商学院. 十个企业数字化转型成功案例［EB/OL］.［2024-11-14］. https://mbd. baidu.com/newspage/data/.）

🔷 **案例探讨**　　　　**生成式人工智能如何改变采购管理与运营**

从 ChatGPT 到 Bard，生成式 AI 技术已走进我们的生活，并正产生巨大的影响，也包括采购领域。下文将探讨生成式 AI 如何提升效率、释放价值、孕育新的数字能力，以及它在供应链世界彻底改变"寻源到付款"（Source-to-Pay，以下简称 S2P）流程的可能性。

1.生成式 AI：一场革命性的颠覆

自 ChatGPT 2022 年 11 月上线以来，生成式 AI 一直是社交媒体和公司董事会讨论的话题。凭借通过解释和模拟训练数据集来"创造"新内容的能力，生成式 AI 将有可能颠覆多个流程、工作和产业，并从根本上改变我们对工作和技能的看法。由生成式 AI 驱动的工具有望彻底革新当前的工作方式。高盛预计，生成式 AI 或将取代 3 亿个工作岗位，并在 10 年内推动全球生产总值增长 7%。

S2P 流程一直在利用技术不断进步。随着生成式 AI 的出现，了解它是什么、它的能力范畴，以及它将如何改变我们采购商品和服务的方式变得至关重要。

在供应链领域，一场由 AI 技术引领的革新正在悄然发生。据报道，沃尔玛正在试用一款名为"Pactum"的 AI 工具，用于与供应商的自主谈判。这一创新尝试不仅提高了谈判效率，更为沃尔玛带来了更为优惠的采购价格。值得注意的是，沃尔玛发现约四分之三的供应商更倾向于与 Pactum 进行谈判，而非传统的采购员。

2.展望采购运营大环境

采购总是第一时间被颠覆性技术所影响。从利用先进的分析技术进行支出分类，到通过部署会话式 AI 进行引导采购，S2P 工具不断创新以应对流程挑战。然而，许多采购部门仍然在努力寻找优化效率、监控管理风险和控制成本的方法。

德勤《2023 全球首席采购官调研》揭示了各行各业的首席采购官（Chief Procurement Officer，CPO）短期内可能关注的重点。CPO 一直致力于改善其组织的运营效率，利用混合运营模式、自动化和集中化流程等方式来增强控制、提高可见度、推进政策，并减少流程错误。在人才方面，CPO 想要采用灵活的人才发展战略，避免"一刀切"，并为每个员工提供个性化的技能发展规划，以弥合员工之间的技能差距。

调查显示，约 70% 的 CPO 表示过去 12 个月内与采购相关的风险、供应链中断频率有所增加。风险评估工具需要具备持续监控外部风险因素、获取大量数据并进行高级分析的能力，以制定风险管理关键绩效指标和采取预防性风险管理措施。成本管理一直是 CPO 关注的焦点，然而，近期的通胀更是给采购组织带来了前所未有的优化成本结构的压力。高通胀压力被 CPO 普遍视为其组织当前面临的头号风险。

为应对上述挑战，CPO 一直致力于升级数字化能力。约 80% 的 CPO 称其组织在未来 12 个月里，将数字化转型视为优先任务。

生成式 AI 可以通过以下方式帮助 CPO 应对采购中的这些挑战：

（1）处理基于场景结果导向的大型数据集，减少复杂的人工流程和干预。

（2）利用复杂的自动化来提高效率。

（3）基于历史趋势、需求概况和供应商表现生成可操作的洞察。

（4）将内部数据与外部数据结合起来制定更好的谈判策略。

3.利用生成式AI技术在采购领域创造价值

生成式AI在S2P中的最大潜在价值可能在于积极的风险管理、流程自动化和决策制定。在当今日益不确定的世界中，即时获取准确的信息对于缓解并管理风险、赋予组织力量至关重要。生成式AI可以帮助自动化S2P过程中的"创建"过程，包括"创建"文件（RFx、章程、合同）和"创建"交易（采购订单、发票）。

4.生成式AI在采购中还可以提供的帮助

（1）合规管理：生成式AI可以用于采购合规管理，通过对大量历史数据的分析，可以监控采购流程并识别异常及潜在的欺诈活动。

潜在收益：生成式AI可以通过分析政策文件和报告，识别不合规的事件并采取纠正措施，从而协助组织治理。它能够帮助公司降低风险，确保道德和法律合规，提高透明度，增强工作利益相关者之间的信任，并支持可持续采购和责任采购工作。

（2）战略制定：采购战略是企业运营中至关重要的一环，它涉及识别、评估和选择满足公司特定需求的供应商。生成式AI通过分析大量结构化和非结构化数据，协助企业在采购过程中作出更明智的决策。

潜在收益：生成式AI可以通过分析过去的绩效数据、产品规格、客户反馈以及外部因素（如地缘政治风险、自然灾害和供应链中断）来评估供应商的能力、绩效表现和相关风险。它不仅可以协助进行采购支出分析，并识别成本节约的机会，还可以模拟复杂的谈判场景并预测结果，使谈判者能够评估和确定最有效的策略。

（3）文本数据分析：生成式AI能够分析大量非结构化的文本数据，如新闻文章、社交媒体帖子、合同和客户反馈。

潜在效益：借助生成式AI的文本数据分析，采购专业人员可以从非结构化文本数据中提取有价值的洞察和分析，从而协助供应商评估、合规性监控、市场情报和合同风险管理。文本挖掘和相关分析可以帮助从目前尚未开发的数据源中生成可操作的洞察。

（4）预测建模：构建预测模型可以监测潜在风险并提供主动预警。预测建模可能有助于通过预测、库存管理等方式有效地将采购整合到其他供应链流程中。

潜在效益：预测建模可以为采购专业人员提供数据驱动的洞察力，例如识别价格规律、预测未来价格波动以及基于各种因素（质量、交付可靠性、价格、财务稳定性等）预测供应商绩效表现。

5.生成式AI在供应链领域的未来发展

如今许多采购管理操作仍然依赖于人工和繁琐的流程，但生成式AI将有可能转变这些日常业务。

尽管市面上尚未出现具有上述功能的明确工具，但生成式AI无疑为S2P流程的战略、治理、人员配置、流程优化和技术革新带来了颠覆性的潜力。

采购领导者越来越有必要认识到这种变革的重要性，拥抱并将其纳入公司的长期规划。当然，接受这种变革需要公司准备好有效的实施解决方案。这可能包括以下步骤：

（1）制定清晰的战略，阐述生成式AI将如何整合到采购管理操作中，包括业务案例、数据需求和预期结果。

（2）构建支持生成式AI使用的基础设施，包括数据管道、计算资源和分析工具。

（3）启动改进数据质量的举措，借助严谨的数据治理政策进行数据收集、清理和转换。

（4）制定人才策略，并做好准备将人才部署到 AI 无法替代的战略领域。

（5）在使用生成式 AI 时优先考虑行为准则和透明度，包括确保合成数据的负责任使用，并对生成式 AI 模型的局限性和潜在偏见保持理性。

（资料来源　德勤供应链专家. 生成式人工智能如何改变采购管理与运营［EB/OL］.［2024-07-19］. https://www2.deloitte.com/cn/zh/pages/consulting/articles/generative-ai-in-procurement.html.）

思考题：

试说明生成式人工智能如何改变采购管理。

课后练习

（一）名词解释

组织结构　工作专门化　部门化

（二）填空题

1.组织设计是一个涉及六方面关键要素的过程。这些要素是：工作专门化、＿＿＿＿＿、＿＿＿＿＿、＿＿＿＿＿、＿＿＿＿＿和正规化。

2.部门化有职能部门化、＿＿＿＿＿部门化、＿＿＿＿＿部门化、＿＿＿＿＿部门化和顾客部门化五种方式。

3.合适的组织结构取决于四个方面的影响因素：组织的＿＿＿＿＿、＿＿＿＿＿、＿＿＿＿＿，以及环境的不确定性。

4.事业部式公司中的采购组织结构有如下方案可供选择：＿＿＿＿＿的采购组织结构、＿＿＿＿＿的采购组织结构、＿＿＿＿＿的采购组织结构和组合的采购组织结构。

5.关于采购任务、职责和权力的分配，有三个不同的层次需要加以区分：＿＿＿＿＿；＿＿＿＿＿；＿＿＿＿＿。

（三）单项选择题

1.具有高度的专门化、广泛的部门化、窄的管理跨度、高度正规化、有限的信息沟通、基层员工很少参与决策特征的组织结构是（　　）。

A.机械式组织　　　　B.有机式组织　　　　C.事业部式组织　　　　D.直线式组织

2.组织中各项工作标准化以及员工行为受规则和程序约束的程度，即（　　）。

A.指挥链　　　　B.部门化　　　　C.正规化　　　　D.工作专门化

3.很多跨国公司的采购组织通过（　　）使采购、开发、设计和执行、制造流程确保一致，实现经营战略和商品管理的集中化。

A.分散的采购组织结构　　　　　　　　B.集中的采购组织结构

C.集中/分散的采购组织结构　　　　　D.组合的采购组织结构

（四）多项选择题

1.组织设计在部门化方面出现了（　　）的趋势。

A.过程部门化愈来愈得到普遍使用

B.跨职能团队愈来愈受到管理者的青睐

C.产品部门化愈来愈得到普遍使用

D.顾客部门化愈来愈得到普遍使用

2.管理跨度的现代观认为，有许多因素影响着一个管理者管理的下属人员的合适数量，这些因素包括（　　）。

A.管理者和下属人员的技能和能力　　B.所要完成的工作的特性

C.下属工作任务的相似性　　D.使用标准程序的程度

3.在决定采购的集中或分散时具有决定性作用的因素或标准有（　　）。

A.采购需求的通用性　　B.地理位置

C.供应市场的议价能力　　D.成本节约的可能性

（五）简答题

1.简述对组织的集权与分权程度有重要影响的因素。

2.简述影响采购在组织中地位的因素。

3.简述采购管理组织的设置原则。

4.简述分散采购的优点和缺点。

5.简述采购部组织结构如何设置。

（六）论述题

1.试论采购团队的奋斗目标。

2.企业设有哪些采购职位？不同职位最重要的职责和技能是什么？

第3章

采购计划及预算管理

学习目标

通过本章的学习，了解采购计划与预算的基本概念；熟悉编制采购计划的主要环节；掌握采购需求的确定方法；熟悉影响采购计划的主要因素和编制采购预算的原则；了解采购业务预算的过程；掌握预算编制的方法和流程。

基本概念

经济订货批量　物料需求计划　配送需求计划　采购计划　采购预算

引导案例　格力公司对原材料需求及库存情况进行数字化管控

格力电器作为中国领先的家电制造商，通过数字化管控原材料需求及库存情况，制定灵活的储备策略，以应对市场波动和成本控制的挑战。格力电器在这方面的具体措施有：一是数字化管控系统。格力电器通过先进的技术手段，实时监控原材料的需求和库存情况。这一系统的启动，不仅提高了响应速度，也降低了人工管理带来的误差。例如，在面临预期的铜价上涨时，格力电器能够迅速调整生产计划，合理安排原材料的采购和使用，确保生产线的持续运转。通过数字化管控系统，格力电器能够根据市场需求和原材料价格波动，灵活调整生产计划。这使得企业能够更有效地应对市场变化，减少库存积压和缺货风险。二是灵活的储备策略。格力电器对原材料需求及库存情况进行数字化管控，制定灵活的储备策略。公司关注铜、铝、钢、塑料等主要原材料的价格走势，并根据市场情况调整储备量。公司定期评估原材料的库存水平和市场需求，根据市场变化灵活调整储备策略，确保库存水平既满足生产需求，又避免过度积压。三是期货套期保值业务。格力电器定期开展大宗材料期货套期保值业务，以规避原材料市场价格大幅度波动带来的不利影响。通过期货合约的运用，公司在价格较低时锁定成本，从而抵御未来的不确定性。期货套期保值业务不仅提高了公司的财务稳定性，还增强了面对市场不确定性的抗风险能力。四是成本控制和技术创新与工艺优化。格力电器始终坚持质量为先，并持续通过成本管控、技术创新、工艺优化、提高生产效率和减少损耗等措施降低成本。这些措施不仅提升了企业的竞争力，还确保了在原材料价格波动时，企业能够保持稳定的盈利能力。格力电器通过这些措施成功应对了原材料价格波动带来的挑战，不仅提高了企业的运营效率，还确保了在市场变化中的稳定性和竞争力。

（资料来源　根据公开资料整理。）

要进行采购，首先要弄清采购管理部门所代理的全体需求者们究竟需要什么、需要多少、什么时候需要的问题，从而明确应当采购什么、采购多少、什么时候采购以及怎样采购的问题，得到一份确实可靠、科学合理的采购任务清单，为选择采购方法、制订采购计划、分派采购任务提供决策支持。

3.1　采购需求的确定

采购需求的确定是制订采购计划的基础和前提。它是一项技术性很强的工作，涉及企业各个部门，各个生产环节，各道工序，各种材料、设备和工具以及办公用品等各种物资，因此要有比较全面的知识。首先要有生产技术方面的知识，要知道生产产品和加工工艺的知识，会看图纸，会根据生产计划以及生产加工图纸推算出物料需求量；还要有数理、统计方面的知识，会进行科学的统计分析；还要有预测和管理方面的知识，会发现需求规律，并根据需求规律进行预测。

采购需求分为单周期产品的采购需求和多周期产品的采购需求。单周期产品的采购需求是指对某种产品的采购需求只发生在一段时间内。单周期产品的采购通常是一次性的。多周期产品的采购需求是指在足够长的时间里对某种产品的采购需求是重复的、连续的，需要通过不断采购来满足需求。多周期产品的采购需求按性质可以分成独立需求和相关需求。来自用户的对企业产品和服务的需求被称为独立需求。独立需求最明显的特征是需求的对象和数量不确定，只能通过预测方法粗略地估计。相反，我们把企业内部物料转化各环节之间所发生的需求称为相关需求。相关需求也称为非独立需求，它可以根据对最终产品的独立需求准确地计算出来。比如，某汽车制造厂年产汽车30万辆，这是通过预测市场对该产品的独立需求来确定的。一旦30万辆汽车的生产任务确定之后，对构成该种汽车的零部件和原材料的数量和需要时间是可以通过计算精确地得到的。对零部件和原材料的需求就是相关需求。相关需求可以是垂直方向的，也可以是水平方向的。产品与其零部件之间垂直相关，与其附件和包装物之间则水平相关。独立需求和相关需求的关系如图3-1所示。生产过程的相关需求和独立需求如图3-2所示。独立需求的确定是相关需求确定的前提。

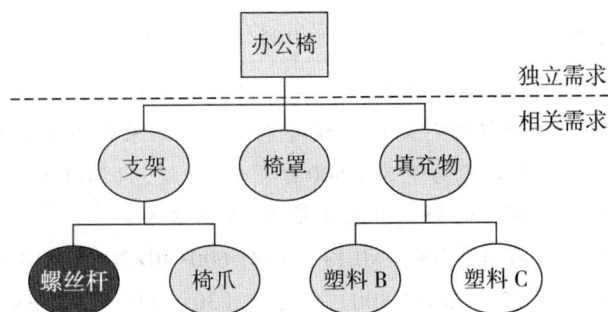

图3-1　独立需求和相关需求的关系

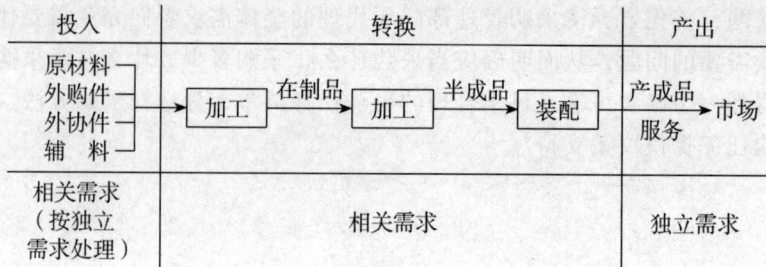

图3-2　生产过程的相关需求和独立需求

3.1.1　单周期采购量的确定

由于单周期产品的采购通常是一次性的，所以确定采购量是非常关键的。一方面，如果需求量大于采购量，就会失去潜在的销售机会；另一方面，如果需求量小于采购量，所有未销售出去的物品将可能以低于成本的价格出售，甚至可能报废，还要另外支付一笔处理费。显然，最理想的情况是采购量恰好等于需求量。

对于单周期产品的最佳采购量可采用期望利润最大法、期望损失最小法等方法进行预测。下面将分别对期望利润最大法、期望损失最小法进行讨论。

1）期望利润最大法

期望利润最大法就是比较不同采购量情况下的期望利润，取期望利润最大的采购量作为最佳采购量。假设某种物品的单位成本为 U，单位销售价格为 P，如果物品在预定的时期内销售不出去，则只能获得残值 S（$S<U$），因此未销售出去的单位产品的损失为 $R_0=U-S$；销售出去的每单位产品带来的利润为 $R_1=P-U$。设采购量为 Q 时的期望利润为 $E(Q)$，则：

$$E(Q) = \sum_{d<Q}[R_1d - R_0(Q-d)]p(d) + \sum_{d>Q}R_1Qp(d)$$

式中：$p(d)$——需求量为 d 时的概率。

【例3-1】某超市根据历史销售数据预测，今年嘉兴粽子的需求分布情况如表3-1所示。

表3-1　　　　　　　　　　　　　某超市嘉兴粽子的需求预测

需求量d（盒）	1 500	1 600	1 700	1 800	1 900	2 000
概率$p(d)$	0.1	0.15	0.25	0.25	0.15	0.1

嘉兴粽子进货价为70元/盒，超市的零售价格为100元/盒，如在端午节之前卖不出去，最终只能以30元/盒的价格进行处理。该超市面临着该采购多少盒的问题。

根据上述公式，可以计算采购量为1 500盒、1 600盒、1 700盒、1 800盒、1 900盒、2 000盒等情况下的期望利润。例如，当采购量为1 800盒时：

$E(1\ 800) = (30×1\ 500-40×300)×0.1+(30×1\ 600-40×200)×0.15+(30×1\ 700-40×100)×0.25+(30×1\ 800)×0.25+(30×1\ 800)×0.15+(30×1\ 800)×0.1$
$=48\ 050$（元）

当采购量 Q 为其他值时，可按同样的方法计算 $E(Q)$，结果如表3-2所示。由表3-2可以得出最佳采购量为1 700盒，此时可获得利润48 550元。

| 表3-2 | | | | 期望利润 | | | 金额单位：元 |

采购量 Q（盒）	需求量（盒）及概率						期望利润
	1 500	1 600	1 700	1 800	1 900	2 000	
	0.1	0.15	0.25	0.25	0.15	0.1	
1 500	45 000	45 000	45 000	45 000	45 000	45 000	45 000
1 600	41 000	48 000	48 000	48 000	48 000	48 000	47 300
1 700	37 000	44 000	51 000	51 000	51 000	51 000	48 550
1 800	33 000	40 000	47 000	54 000	54 000	54 000	48 050
1 900	29 000	36 000	43 000	50 000	57 000	57 000	45 800
2 000	25 000	32 000	39 000	46 000	53 000	60 000	42 500

2）期望损失最小法

期望损失最小法就是比较不同采购量下的期望损失，取期望损失最小的采购量作为最佳采购量。假设某种产品的单位成本为 U，单位销售价格为 P，如果产品在预定的时期内销售不出去，则只能获得残值 S（$S<U$），因此未销售出去的单位产品的损失为 $C_0=U-S$；如果需求量大于采购量，那么单位缺货带来的损失为 $C_1=P-U$。设采购量为 Q 时的期望损失为 E（Q），则：

$$E(Q) = \sum_{d>Q} C_1(d-Q)p(d) + \sum_{d<Q} C_0(Q-d)p(d)$$

式中：p（d）——需求量为 d 时的概率。

我们仍以上述的某超市的嘉兴粽子的采购问题为例，来说明期望损失最小法。当实际需求 $d<Q$ 时，将有一部分嘉兴粽子卖不出去，每盒嘉兴粽子的损失为 $C_0=U-S=40$（元）；当实际需求 $d>Q$ 时，将丧失一部分销售机会，每盒嘉兴粽子的缺货损失为 $C_1=P-U=30$（元）。

根据上述公式，可以计算采购量为 1 500 盒、1 600 盒、1 700 盒、1 800 盒、1 900 盒、2 000 盒等情况下的期望损失。例如，当采购量为 1 800 盒时：

E（1 800）$=40×300×0.1+40×200×0.15+40×100×0.25+40×0×0.25+30×100×0.15+30×200×0.1$

$\qquad\qquad =4\ 450$（元）

当采购量 Q 为其他值时，可按同样的方法计算 E（Q），结果如表3-3所示。由表3-3可以得出最佳采购量为 1 700 盒，此时期望损失最小。

| 表3-3 | | | | 期望损失 | | | 金额单位：元 |

采购量 Q（盒）	需求量（盒）及概率						期望损失
	1 500	1 600	1 700	1 800	1 900	2 000	
	0.1	0.15	0.25	0.25	0.15	0.1	
1 500	0	3 000	6 000	9 000	12 000	15 000	7 500
1 600	4 000	0	3 000	6 000	9 000	12 000	5 200

采购量 Q（盒）	需求量（盒）及概率						期望损失
	1 500	1 600	1 700	1 800	1 900	2 000	
	0.1	0.15	0.25	0.25	0.15	0.1	
1 700	8 000	4 000	0	3 000	6 000	9 000	3 950
1 800	12 000	8 000	4 000	0	3 000	6 000	4 450
1 900	16 000	12 000	8 000	4 000	0	3 000	6 700
2 000	20 000	16 000	12 000	8 000	4 000	0	10 000

3.1.2 独立需求采购量的确定

独立需求采购量的确定主要有三大类预测技术：定性预测、时间序列预测和因果关系预测。定性预测采用专家意见和特殊的信息对未来进行预测；时间序列预测则完全把注意力集中在历史模式和模式的变化上；因果关系预测，如回归方法，则是使用明确而又特定的有关变量的信息，来展开主导事件与预测活动之间的关系。

1）定性预测

定性预测是指预测者依靠熟悉业务知识、具有丰富经验和综合分析能力的人员与专家，根据已掌握的历史资料和直观材料，运用个人的经验和分析判断能力，对事物的未来发展作出性质和程度上的判断，然后，再通过一定形式综合各方面的意见，作为预测未来的主要依据。在缺少历史数据和需要作出管理性判断的情况下，这类技术是理想的。以销售人员提供的数据为基础对一个新地区或一个新产品进行预测就是这样一个例子。然而，定性方法并不普遍用于预测，因为它需要时间。定性预测需要通过调查、座谈和协商会议来展开。

下面主要对时间序列预测和因果关系预测进行较为详细的讨论：

2）时间序列预测

时间序列技术是一种利用历史销售数据的统计方法，这些历史销售数据应当具有相对清楚而又稳定的关系和趋势。时间序列分析主要用于识别：①由于季节性因素使数据发生的系统性变动；②周期模式；③趋势值；④这些趋势的增长率。一旦确定各项预测成分，时间序列技术就假定未来的变动类似于过去的变动，这意味着现有的需求模式将在未来得到延续。从短期来看，这种假定应该说是正确的。因此，这类技术最适合于作短期预测。然而，这一技术的应用需求模式相当稳定，否则，无法保证始终得出精确的预测。

时间序列技术包括分析历史数据类型和动态的各种方法。根据具体特征，可以使用各种变化复杂的技术。下面我们将讨论两种时间序列技术：移动平均法和指数平滑法。

（1）移动平均法

移动平均法是用分段逐点推移的平均方法对时间序列数据进行处理，找出预测对象的历史变动规律，并据此建立预测模型的一种时间序列预测方法。

用移动平均法平滑处理的具体做法是每次取一定数量的时间序列数据加以平均，按照时间序列由前向后递推，每推进一个单位时间，就舍去对应于最前面一个单位时间的数据，再进行平均，直至全部数据处理完毕，最后得到一个移动平均值组成的新的时间序列。根据需要，这种移动平均处理过程可多次进行。

①一次移动平均值的计算

设实际的预测对象时间序列数据为 Y_t（$t=1$，2，$\cdots$，m），一次移动平均值的计算公式为：

$M_t^{[1]}=（Y_t+Y_{t-1}+\cdots+Y_{t-n+1}）/n$

式中：$M_t^{[1]}$——第 t 周期的一次移动平均值；n——计算移动平均值所取得的数据个数。

n 的大小对平滑效果影响很大，n 取得小，平滑曲线灵敏度高，但抗随机干扰的性能差；n 取得大，抗随机干扰的性能好，但灵敏度低，对新的变化趋势不敏感。因此，n 的选择是用好移动平均法的关键。针对具体的预测问题，选择 n 时，应考虑预测对象时间序列数据点的多少及预测期限的长短。通常 n 的取值范围可在 3~20 之间。

【例 3-2】已知某企业 15 个月的销售量（见表 3-4），试利用移动平均法预测其第 17 个月的销售量（$n=3$）。

表3-4 　　　　　　　　某企业15个月的销售量和一次移动平均值 　　　　　　　　单位：万台

月序 t	1	2	3	4	5	6	7	8	9	10	11	12	13	14	15
销售量 Y_t	7	11	6	10	10	12	13	15	14	16	18	17	18	19	19
$M_t^{[1]}$（$n=3$）	—	—	8	9	8.7	10.7	11.7	13.3	14	15	16	17	17.7	18	18.7

计算 $n=3$ 时的一次移动平均值，根据公式有：

$M_3^{[1]}=（Y_t+Y_{t-1}+\cdots+Y_{t-n+1}）/n=（Y_3+Y_2+Y_1）/3=8$（万台）

$M_4^{[1]}=（Y_4+Y_3+Y_2）/3=9$（万台）

以此类推，可得出一个移动平均值序列（见表 3-4）。

将实际的时间序列数值与计算出的一次移动平均值进行比较，如图 3-3 所示，可以看出，通过一次移动平均处理，削弱了随机干扰的影响，较明显地反映出了预测对象的历史变化趋势。但应当注意到，当实际数据随时间推移发生变化时，一次移动平均值的变化总是落后于实际数据的变化，存在着滞后偏差，n 取得越大，滞后偏差就越大。

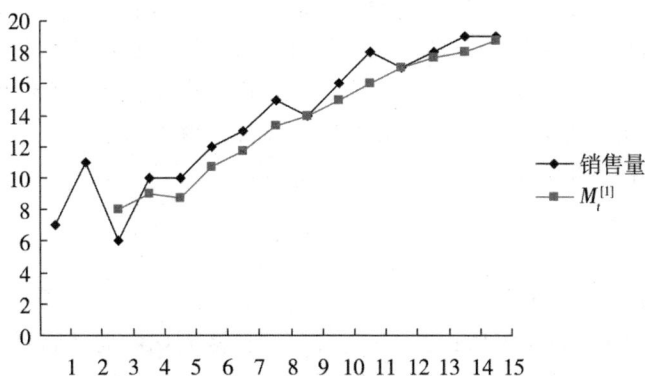

图3-3　实际数据序列与一次移动平均值序列的对比

②二次移动平均值的计算

二次移动平均值要在一次移动平均值的基础上计算，计算公式为：

$$M_t^{[2]}=(M_t^{[1]}+M_{t-1}^{[1]}+\cdots+M_{t-n+1}^{[1]})/n$$

式中：$M_t^{[2]}$——第 t 周期的二次移动平均值。

【例 3-3】 根据【例 3-2】中的数据计算 $n=3$ 时的二次移动平均值，如表 3-5 所示。

表3-5　　　　　　　　某企业15个月的销售量、一次移动平均值和二次移动平均值　　　　　　单位：万台

月序 t	1	2	3	4	5	6	7	8	9	10	11	12	13	14	15
销售量 Y_t	7	11	6	10	10	12	13	15	14	16	18	17	18	19	19
$M_t^{[1]}$（$n=3$）	—	—	8	9	8.7	10.7	11.7	13.3	14	15	16	17	17.7	18	18.7
$M_t^{[2]}$（$n=3$）	—	—	—	—	8.6	9.5	10.4	11.9	13	14.1	15	16	16.9	17.6	18.1

将一次移动平均值与计算出的二次移动平均值进行比较，如图 3-4 所示，可以看出，二次移动平均值序列的曲线比一次移动平均值序列的曲线更加平滑。

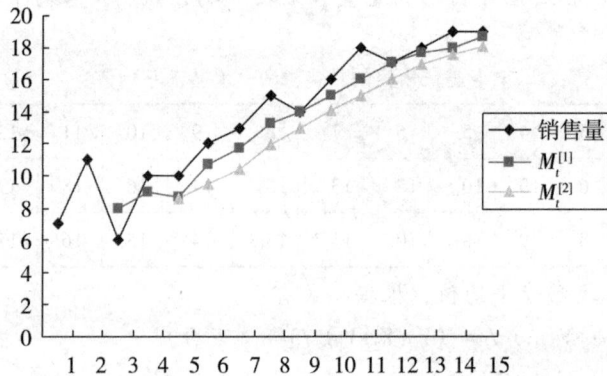

图3-4　实际数据序列与一次、二次移动平均值序列的对比

③利用移动平均值序列作预测

如果实际的时间序列数据没有明显的周期变动，近期的移动平均值序列没有明显的增长或下降趋势，就可以直接用最近一个周期的一次移动平均值，作为下一周期的预测值。如果实际的时间序列数据有明显的周期变动，近期的移动平均值序列有明显的增长或下降趋势，就不能直接用一次移动平均值作预测。这是因为，移动平均值的变化总是滞后于实际数据的变化。当预测对象有明显的增长趋势时，直接用一次移动平均值作预测则会使预测值偏低；当预测对象有明显的下降趋势时，直接用一次移动平均值作预测则会使预测值偏高。在这种情况下，如果预测对象变化趋势呈线性，就可以通过建立线性预测模型来预测。线性预测模型的一般形式为：

$$Y_{t+T}=a_t+b_t T$$

$$a_t=2M_t^{[1]}-M_t^{[2]}$$

$$b_t=(M_t^{[1]}-M_t^{[2]})\,2/(n-1)$$

式中：t——目前的周期序号；T——从目前到预测周期的周期间隔数；Y_{t+T}——第 $t+T$ 周期的预测值；a_t——线性预测模型的截距；b_t——线性预测模型的斜率，即每周期预测值的变化量。

【例 3-4】根据表 3-5 中的数据建立预测模型，预测第 17 个月的销售量，目前的月序为 15。

$a_{15} = 2M_{15}^{[1]} - M_{15}^{[2]} = 2 \times 18.7 - 18.1 = 19.3$

$b_{15} = (M_{15}^{[1]} - M_{15}^{[2]})[2/(3-1)] = 18.7 - 18.1 = 0.6$

故可得线性预测模型：

$Y_{15+T} = 19.3 + 0.6T$

第 17 个月的销售量预测值为：

$Y_{15+2} = Y_{17} = 19.3 + 0.6 \times 2 = 20.5$（万台）

（2）指数平滑法

指数平滑法是移动平均法的改进。其基本思路是：在预测研究中，越近期的数据越应受到重视，时间序列数据中各数据的重要程度由近及远呈指数规律递减，对时间序列数据的平滑处理应采用加权平均的方法。

①一次指数平滑值的计算

假设时间序列数据是一个无穷序列：Y_t，Y_{t-1}，Y_{t-2}，…，其加权平均值为：

$\beta_0 Y_t + \beta_1 Y_{t-1} + \beta_2 Y_{t-2} + \cdots + \beta_i Y_{t-i} + \cdots$

其中：$1 \geqslant \beta_i \geqslant 0$　　　$i = 0$，1，2，…

令　$\beta_i = \alpha(1-\alpha)^i$　（$i = 0$，1，2，…）

则　　$\sum \beta_i = \alpha + \alpha(1-\alpha) + \alpha(1-\alpha)^2 + \alpha(1-\alpha)^3 + \cdots$

$= \alpha[1 + (1-\alpha) + (1-\alpha)^2 + (1-\alpha)^3 + \cdots]$

$= \alpha/[1 - (1-\alpha)] = 1$

用 $\beta_i = \alpha(1-\alpha)^i$（$i = 0$，1，2，…）对时间序列数据加权，设加权平均值为 $S_t^{[1]}$，则有：

$S_t^{[1]} = \alpha Y_t + \alpha(1-\alpha)Y_{t-1} + \alpha(1-\alpha)^2 Y_{t-2} + \alpha(1-\alpha)^3 Y_{t-2} + \cdots$

$= \alpha Y_t + (1-\alpha)[\alpha Y_{t-1} + \alpha(1-\alpha)Y_{t-2} + \alpha(1-\alpha)^2 Y_{t-2} + \cdots]$

$= \alpha Y_t + (1-\alpha)S_{t-1}^{[1]}$

所以一次指数平滑值的计算公式为：

$S_t^{[1]} = \alpha Y_t + (1-\alpha)S_{t-1}^{[1]}$

式中：α——阿尔法因素或平滑常数，是新旧数据权重的一个分配比例，α 值越大，则新数据在 $S_t^{[1]}$ 中的权重越大。

α 取值的大小是影响预测数据效果的重要因素，一般要根据实际时间序列数据的特点和经验确定。如果时间序列数据的长期趋势比较稳定，则应取较小的 α 值（如 0.05~0.20）；如果时间序列数据具有迅速明显的变动倾向，则应取较大的 α 值（如 0.3~0.7）。

$S_t^{[1]}$ 的计算公式是一个递推公式，计算 $S_t^{[1]}$ 时，要先知道 $S_{t-1}^{[1]}$，计算 $S_{t-1}^{[1]}$ 时，要先知道 $S_{t-2}^{[1]}$，如此递推下去，计算 $S_1^{[1]}$ 时就需要有一个初始值 $S_0^{[1]}$。当实际数据比较多时，初始值对预测结果的影响不会很大，可以以第一个数据 Y_1 作为初始值；如果实际数据较少（如 20 个以内），初始值的影响就比较大，一般取前几个周期的数据平均值作为初始值。

如果实际时间序列数据的变动主要是随机变动而没有明显的周期变动和增长或下降趋势，我们就可以直接用最近一个周期的一次指数平滑值 $S_{t-1}^{[1]}$ 作为下一周期的预测值 Y_{t+1}'。如果求得的一次指数平滑值时间序列数据有明显的线性增长或下降趋势，与移动平均法相类似，由于一次指数平滑值序列相对于实际数据序列存在着滞后偏差，则必须在求二次指数平滑值的基础上建立预测模型。

②二次指数平滑值的计算与线性预测模型的建立

二次指数平滑值的计算是对一次指数平滑值序列再作一次指数平滑。二次指数平滑值的计算公式为：

$$S_t^{[2]}=\alpha S_t^{[1]}+（1-\alpha）S_{t-1}^{[2]}$$

式中：$S_t^{[2]}$——第 t 周期的二次指数平滑值。

求二次指数平滑值要先确定初始值，通常直接取 $S_0^{[2]}=S_0^{[1]}$，也可以取前几个指数平滑值的平均值作为二次指数平滑的初始值。

在二次指数平滑处理的基础上可建立线性预测模型：

$$Y_{t+T}=a_t+b_t T$$

其中：截距 $a_t=2S_t^{[1]}-S_t^{[2]}$

斜率 $b_t=（S_t^{[1]}-S_t^{[2]}）\alpha/（1-\alpha）$

式中：t——目前的周期序号；T——从目前到预测周期的周期间隔数；Y_{t+T}——第 $t+T$ 周期的预测值；a_t——线性预测模型的截距；b_t——线性预测模型的斜率，即每周期预测值的变化量。

【例3-5】根据【例3-2】中的数据用指数平滑法建立线性预测模型，计算数据如表3-6所示。

表3-6　　　　　　　　　实际数据及指数平滑法的计算数据　　　　　　　　　单位：万台

月序 t	1	2	3	4	5	6	7	8	9	10	11	12	13	14	15
Y_t	7	11	6	10	10	12	13	15	14	16	18	17	18	19	19
$S_t^{[1]}$	7.5	9.3	7.7	8.9	9.5	10.8	11.9	13.5	13.8	14.9	17.5	17.2	17.6	18.3	18.7
$S_t^{[2]}$	7.8	8.5	8.1	8.5	9	9.9	10.9	12.2	13	14	15.7	16.5	17	17.7	18.2

取指数平滑系数 $\alpha=0.5$，设初始值：

$S_0^{[2]}=S_0^{[1]}=（Y_1+Y_2+Y_3）/3=8$（万台）

$S_1^{[1]}=\alpha Y_1+（1-\alpha）S_0^{[1]}=0.5\times7+（1-0.5）\times8=7.5$（万台）

预测模型的截距 $a_{15}=2S_{15}^{[1]}-S_{15}^{[2]}=2\times18.7-18.2=19.2$

预测模型的斜率 $b_{15}=（S_{15}^{[1]}-S_{15}^{[2]}）\alpha/（1-\alpha）=18.7-18.2=0.5$

因此可得线性预测模型：

$$Y_{15+T}=19.2+0.5T$$

将上式与应用移动平均法求得的预测模型相比较，上式中的斜率明显地要小，这是由于指数平滑法更重视近期数据的变化趋势所造成的。

二次指数平滑预测模型仅适用于预测对象的变动趋势呈明显线性的情况。如果预测对象的变动趋势是非线性的，则应在求三次指数平滑值的基础上建立非线性预测模型。

③三次指数平滑值的计算与非线性预测模型的建立

三次指数平滑是对二次指数平滑值序列再作一次数值平滑。

三次指数平滑值的计算公式为：

$$S_t^{[3]}=\alpha S_t^{[2]}+（1-\alpha）S_{t-1}^{[3]}$$

式中：$S_t^{[3]}$——第 t 周期的三次指数平滑值。

求三次指数平滑的初始值可以直接取 $S_0^{[3]}=S_0^{[2]}$，也可以取前几个指数平滑值的平均值作为三次指数平滑的初始值。

在三次指数平滑处理的基础上可建立如下非线性预测模型：

$$Y_{t+T}=a_t+b_tT+c_tT^2$$

模型中系数的计算公式分别为：

$$a_t=3S_t^{[1]}-3S_t^{[2]}+S_t^{[3]}$$

$$b_t=\left[(6-5\alpha)S_t^{[1]}-2(5-4\alpha)S_t^{[2]}+(4-3\alpha)S_t^{[3]}\right]\alpha/2(1-\alpha)^2$$

$$c_t=(S_t^{[1]}-2S_t^{[2]}+S_t^{[3]})\alpha^2/2(1-\alpha)^2$$

【例3-6】某企业2014—2024年每年的销售量如表3-7所示，用指数平滑法建立预测模型并预测2025年和2026年的销售量。

表3-7　　　　　　　　　　　　实际数据及指数平滑法的计算数据　　　　　　　　　　单位：万台

年序 t	0	1	2	3	4	5	6	7	8	9	10	11
Y_t		225.2	249.9	263.2	293.6	318.9	356.1	363.8	424.2	466.5	582.0	750.0
$S_t^{[1]}$	246.1	239.8	242.9	249.0	262.3	279.3	302.5	320.9	351.9	386.3	445.0	536.5
$S_t^{[2]}$	246.1	244.2	243.8	245.4	250.5	259.1	272.1	286.8	306.3	330.3	364.7	416.2
$S_t^{[3]}$	244.5	244.4	244.2	244.6	246.4	250.2	256.8	265.8	277.9	293.6	315.0	345.3

通过作散点图分析，实际数据系列呈非线性递增趋势（如图3-5所示），故必须在三次指数平滑值的基础上建立非线性预测模型。

$$S_0^{[2]}=S_0^{[1]}=(Y_1+Y_2+Y_3)/3=246.1（万台）$$

$$S_0^{[3]}=(S_1^{[2]}+S_2^{[2]}+S_3^{[2]})/3=244.5（万台）$$

$$a_{11}=3S_{11}^{[1]}-3S_{11}^{[2]}+S_{11}^{[3]}=706.2$$

$$b_{11}=98.4$$

$$c_{11}=4.5$$

$$Y_{11+T}=a_{11}+b_{11}T+c_{11}T^2=706.2+98.4T+4.5T^2$$

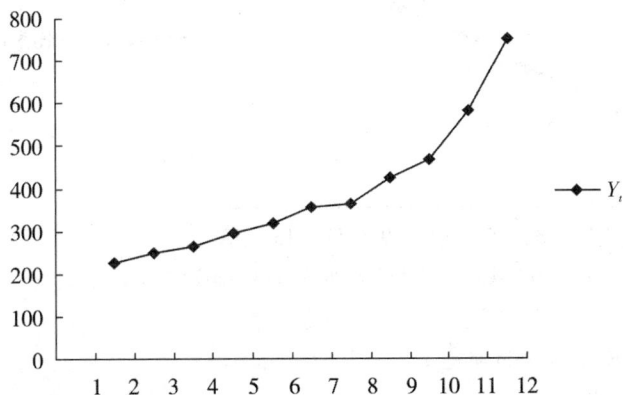

图3-5　实际数据散点图

2025年的销售量预测值为：

$$Y_{2025}=706.2+98.4+4.5=809.1（万台）$$

2026年的销售量预测值为：

$Y_{2026}=706.2+98.4\times2+4.5\times2^2=921$（万台）

3）因果关系预测

因果关系分析法是基于市场活动中存在着各种变量之间的因果联系而提出的。它包括一元线性回归、多元线性回归、一元非线性回归等多种模型。这里只讨论一元线性回归法。

一元线性回归，是指只有一个自变量对因变量产生影响，而且两者之间的关系可用回归直线来表示。

$Y=a+bx$

式中：Y——因变量，即预测对象；x——自变量，即影响因素；a、b是回归系数，为两个待定参数。

a与b的数值可用最小二乘法求解。求解公式为：

$$a = \frac{1}{n}\left(\sum Y - b\sum x\right)$$

$$b = \frac{\sum xY - \sum x\sum Y}{n\sum x^2 - \left(\sum x\right)^2}$$

【例3-7】根据【例3-2】中的数据用一元线性回归法预测第17个月的销售量。

Y表示销售量，x表示月份，建立一元线性回归预测模型，经过计算得：

$Y=0.9036x+6.4381$（$R^2=0.9024$）

实际数据序列与线性回归预测数据序列的对比情况如图3-6所示。

当$x=17$时：

$Y=0.9036\times17+6.4381=21.7993$（万台）

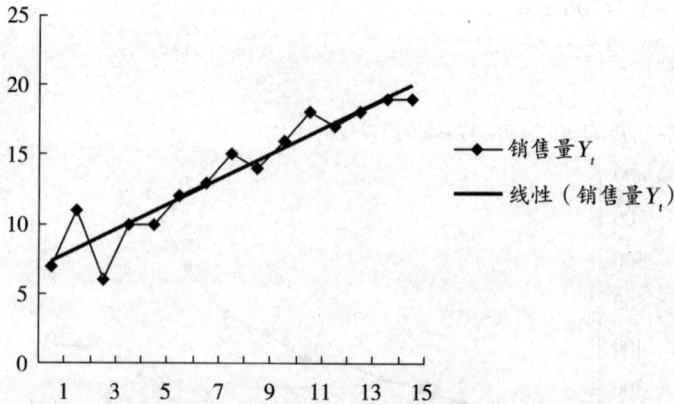

图3-6　实际数据序列与线性回归预测数据序列的对比

3.1.3　相关需求采购量的确定

1）物料需求计划

物料需求计划（Material Requirement Planning，MRP），是根据企业的主产品生产计划、主产品的物料单和结构文件及库存文件，分别求出主产品的所有零部件的需求时间和需求数量的方法。

　　物料需求计划为主生产计划设计出具体的订货时间表。主生产计划中包括了某件物品的生产数量，通常情况下以周为单位。物料需求计划在这个基础上，结合每件产品所需要的物料清单，制定出一份物料供应的时间表。这些物料可以是采购来的，也可以是内部制造的，物料需求计划的主要输出内容为：①物料需求的时间表；②采购物料订单发送的时间表；③内部制造的物料生产的时间表。

　　物料需求计划对主生产计划进行"扩展"，从而制订出原料供应的计划，它提供了物料的生产与订购的时间表，以确保有充足的原料供应。

　　物料需求计划的计算步骤如下：

　　（1）确定主产品需求计划。所谓主产品，是指企业提供给社会的主要产成品。例如，汽车制造厂的主产品就是汽车，电视机厂的主产品就是电视机。主产品的生产计划，是企业接受社会订货，或者计划提供给社会的主产品的数量和进度计划。这个计划主要是根据社会对主产品的订货计划生成的，但是也有的企业是靠市场预测和经营计划而生成。主产品的生产计划，就是社会对主产品的需求计划，它是企业生产和采购的主要依据。但是，企业生产和采购还有另外一个次要依据，就是维修企业对社会上处于使用状态的主产品进行维修保养所需要的零部件的需求计划。这些零部件的生产或采购也需要企业承担。

　　（2）确定主产品的物料单和结构文件。物料单，或者叫作零件清单，是生产一种产品所需要的所有物料的订货清单，其中也包括了物料被使用的顺序。主产品结构文件表示出装配主产品需要哪些零件、部件、原材料，各需要多少，哪些要自制，哪些要外购，自制或外购需要多长时间，即生产前置期或采购前置期有多长，这样逐层分解，一直到最底层的原材料层次，用一个自上而下的结构树来表示所有各层零部件的品种、数量和装配关系。最上层是0级，即主产品级，0级的下一层是1级，对应主产品的1级零部件，依次往下分解。每个方框标有三个参数：①组成零部件名；②组成零部件的数量；③相应的前置期（Lead Time，LT）。

　　由这个主产品结构文件可以统计得出这样一个完整的资料，即为了在某个时间之前生产出既定数量的主产品，分别需要提前多长时间生产什么零部件、生产多少，需要提前多长时间采购什么零部件和原材料、采购多少。把这些资料形成一个表，就是主产品零部件生产采购一览表。

　　（3）确定库存文件。所谓库存文件，就是主产品以及主产品所属所有零部件、原材料的现有库存量清单文件，即主产品零部件库存一览表。

　　（4）根据主产品的需求文件（包括维修所需零部件文件）、主产品结构文件和库存文件，推导求出物料需求计划。

　　根据MRP可以确定采购任务清单。MRP根据产品结构的不同层次和最后的物料清单层次决定物料清单需求。如果有些层次不同的主生产计划（MPS）元素产生了相同的需求，则可将每个时期相同的需求加以归类。这些需求被称为毛需求。实际上我们可能不需要订这么多物料，因为通过查看库存记录，我们可能会发现所需的部分物料还有库存，或者是已经订货但尚未送达。如果我们从毛需求量当中减去上述的这些数量，我们就得到了所需物料的净需求，也就是我们实际需要订货的数量，如图3-7所示。考虑到以往的订货过程，可得出净需求曲线，并建立起材料需求。材料需求是靠从供应商处采购来满足还是靠公司的生产部门自行生产来满足必须及时确定。

对每种物料来说：

毛需求量=需要制造的产品数量×用于制造一件产品所需的物料数量

净需求量=毛需求量-当前存货数量-已订货的数量

物料需求计划需要计算的两个关键因素是数量和时间。下面举例说明物料需求计划计算方法。假设一家公司组装一个餐桌需要用一个桌面和四个桌腿，所使用的物料单的格式通常如图3-8所示。每种物品都属于程序当中的某一"层次"。括号当中的数字表示制造一件成品所需的物料数量。成品的层次为0，层次为1的物料是直接用来构成层次为0的成品的。

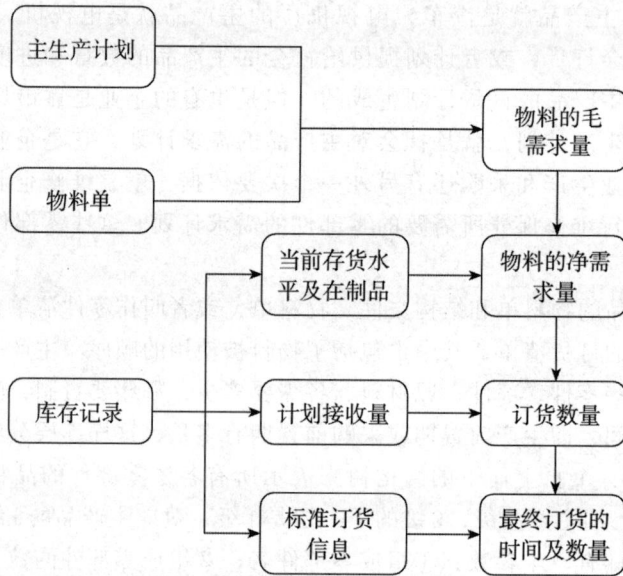

图3-7　物料需求计划计算方法简图

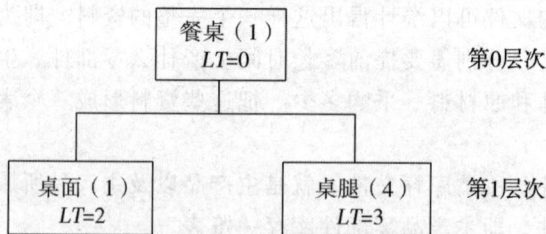

图3-8　一张餐桌的物料单简图

你会经常见到由物料单简化而成的结构图，就桌子来说，我们可以简化为：

第0层次

　餐桌

　　第1层次

　　　桌面（1）

　　　桌腿（4）

现在我们来假设，根据主生产计划，从6月21日开始的一周内需要制造6张餐桌。6张餐桌需要6个桌面和24个桌腿，这些物料都需要在6月21日对应的这一周组装之前准备好。同时假设组装桌子不需要一周时间，即前置期LT=0周。物料需求计划可以通过物料单的形式来对主生产计划进行扩展，从而得出所需物料的详细清单。库存记录显示，在5月24日对应的这周有4个桌腿存货，在6月7日对应的这周计划接收12个桌腿。

下面用表格说明计算过程，说明表3-8中的数据如何计算和填写。

表3-8 物料需求计划计算表

	A	B	C	D	E	F	G
1	物料需求计划						
2							
3		5月24日	5月31日	6月7日	6月14日	6月21日	6月28日
4	第0层次餐桌			（$LT=0$周）			
5	毛需求量					6	
6	期初存货						
7	计划接收量					6	
8	净需求量					6	
9	开始组装					6	
10							
11	第1层次桌面			（一张桌子需要1个桌面，$LT=2$周）			
12	毛需求量					6	
13	期初存货						
14	计划接收量					6	
15	净需求量					6	
16	发出订单			6			
17							
18	第1层次桌腿			（一张桌子需要4个桌腿，$LT=3$周）			
19	毛需求量					24	
20	期初存货	4	4	16	16	16	
21	计划接收量			12		8	
22	净需求量					8	
23	发出订单		8				

因为在6月21日之前餐桌没有期初存货，也没有已订货的数量，根据净需求量＝毛需

求量−当前存货数量−已订货的数量，所以在6月21日对应的这一周的毛需求量和净需求量相等，为6张，分别填在第5行和第8行。由于组装时间不超过一周，即前置期 $LT=0$ 周，所以在6月21日对应的这一周里开始组装，组装数量为6张，填写在6月21日对应的这一周第9行。组装完成后将接收到6张餐桌，交付客户，填写在6月21日对应的这一周计划接收量第7行中。

我们确定了桌子的开始组装时间和数量，也就确定了桌面的毛需求量和时间。桌面的毛需求量为6个，时间是在6月21日对应的这一周里，填在第12行。由于桌面的期初存货和已订货的数量为0，所以桌面的净需求量也为6个，时间是在6月21日对应的这一周里，填在第15行。桌面需要订货，前置期为2周，故在6月7日对应的这一周里需要发出6个桌面的订单，填在第16行。这样在6月21日对应的这一周里将会有6个桌面的计划接收量，填写在第14行。

同理，我们确定了桌子的开始组装时间和数量，也就确定了桌腿的毛需求量和时间。由于1张桌子需要4个桌腿，因此，6个桌子就需要24个桌腿，即桌腿的毛需求量为24个，时间为桌子的开始组装时间6月21日对应的这一周，填在第19行。根据库存记录，在5月24日对应的这周有4个桌腿存货，在6月7日对应的这周计划接收12个桌腿，分别填在第20行和第21行。根据净需求量=毛需求量−当前存货数量−已订货的数量，得到桌腿的净需求量=24−4−12=8（个），时间为6月21日对应的这一周，填在第22行。净需求的8个需要订货，前置期为3周，故需要在5月31日对应的这一周里发出8个桌腿的订单，填在第23行。这样在6月21日对应的这一周里将会有8个桌腿的计划接收量，填在第21行。

下面我们改变一下条件，还是上面的例子，组装桌子需要一周时间，即前置期 $LT=1$ 周，其他条件不变。物料需求计划计算会发生怎样的改变？下面用表格说明计算过程，说明表3-9中的数据如何计算和填写。

表3-9　　　　　　　　　　　　　物料需求计划计算表

	A	B	C	D	E	F	G
1	物料需求计划						
2							
3		5月24日	5月31日	6月7日	6月14日	6月21日	6月28日
4	第0层次餐桌			(*LT*=1周)			
5	毛需求量					6	
6	期初存货						
7	计划接收量					6	
8	净需求量					6	
9	开始组装				6		
10							

	A	B	C	D	E	F	G
11	第1层次桌面			*(一张桌子需要1个桌面，LT=2周)*			
12	毛需求量				6		
13	期初存货						
14	计划接收量				6		
15	净需求量				6		
16	发出订单		6				
17							
18	第1层次桌腿			*(一张桌子需要4个桌腿，LT=3周)*			
19	毛需求量				24		
20	期初存货	4	4	16	16		
21	计划接收量			12	8		
22	净需求量				8		
23	发出订单	8					

因为在 6 月 21 日之前，餐桌没有期初存货，也没有已订货的数量，根据净需求量=毛需求量−当前存货数量−已订货的数量，所以在 6 月 21 日对应的这一周的毛需求量和净需求量相等，为 6 张，分别填在第 5 行和第 8 行。由于组装时间为一周，即前置期 $LT=1$ 周，所以在 6 月 14 日对应的这一周里开始组装，组装数量为 6 张，填在 6 月 14 日对应的这一周第 9 行。经过 1 周组装，在 6 月 21 日对应的这一周将接收到 6 张餐桌，填在计划接收量第 7 行。

我们确定了桌子的开始组装时间和数量，也就确定了桌面的毛需求量和时间。桌面的毛需求量为 6 个，时间是在 6 月 14 日对应的这一周里，填在第 12 行。由于桌面的期初存货和已订货的数量为 0，所以桌面的净需求量也为 6 个，时间是在 6 月 14 日对应的这一周里，填在第 15 行。桌面需要订货，前置期为 2 周，故在 5 月 31 日对应的这一周里需要发出 6 个桌面的订单，填在第 16 行。这样在 6 月 14 日对应的这一周里将会有 6 个桌面的计划接收量，填在第 14 行。

同理，我们确定了桌子的开始组装时间和数量，也就确定了桌腿的毛需求量和时间。由于 1 张桌子需要 4 个桌腿，因此，6 个桌子就需要 24 个桌腿，即桌腿的毛需求量为 24 个，时间为桌子的开始组装时间 6 月 14 日对应的这一周，填在第 19 行。根据库存记录，在 5 月 24 日对应的这一周有 4 个桌腿存货，在 6 月 7 日对应的这一周计划接收 12 个桌腿，分别填在第 20 行和第 21 行。根据净需求量=毛需求量−当前存货数量−已订货的数量，得到桌腿的净需求量=24−4−12=8（个），时间为 6 月 14 日对应的这一周，填在第 22 行。净需求的 8 个需要订货，前置期为 3 周，故需要在 5 月 24 日对应的这一周里发出 8 个桌腿的订单，填在第 23 行。这样在 6 月 14 日对应的这一周里将会有 8 个桌腿的计划接收量，填在第 21 行。

到现在为止，我们只看到了两个层面的物料单，如果我们更加深入地分析，就可能会找出更多的层面。我们可以使用一套木材和五金工具来制成桌面，其中的木材包括四块橡木板、两块松木楔子以及四片贴面，而一块橡木板又可能包括两块30厘米×30厘米刨光板材，以此类推。图3-9展示了这样的更加具体的物料单当中的一部分，其中第2层次的物料用于构成第1层次的物料，而第3层次的物料又构成第2层次的物料，以此类推。一套完整的物料单会继续向下延伸，经过各个层次，最终到达商业组织通常从供应商那里购买的物料。此时，物料单上可能已经包括了几百甚至几千种不同的物料。

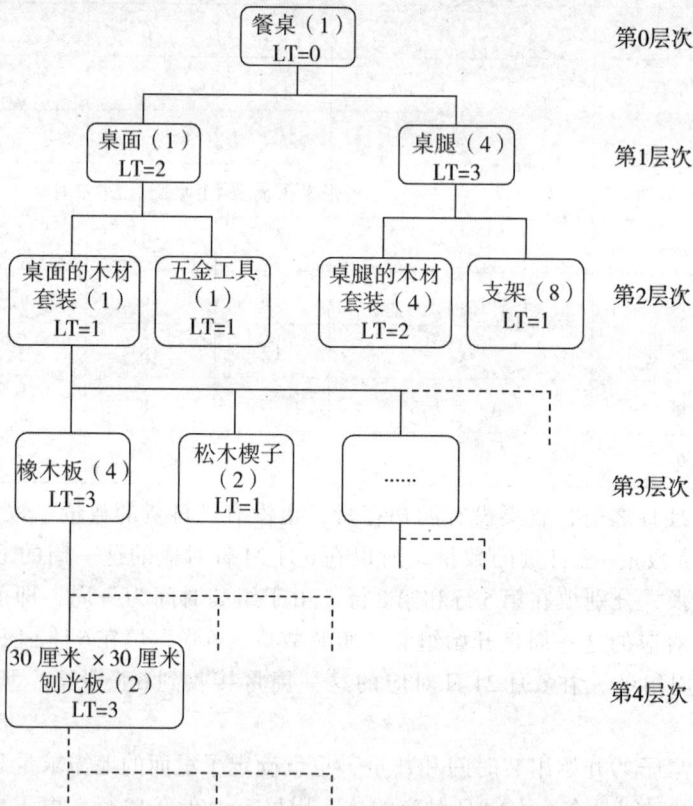

图3-9　一张餐桌的物料单扩展图

我们可以把物料需求计划的总体程序总结为如下步骤：

（1）通过主生产计划找出第0层次的物品的毛需求量。

（2）减去目前的存货以及计划交付的数量，从而得到第0层次的物品的净需求量。然后安排生产，以确保开始生产时对物料的净需求能够得到满足。

（3）如果还有更多层次的物料，就使用物料单把上一层次的装配单或订货单转换成当前层次的毛需求量。假如没有更多的层次，就可以直接跳到第（5）步。

（4）按次序对每种物料减去当前的存货数量以及计划交付的数量以求得净需求量，也就是订货数量；根据订货至交货周期及其他任何相关的信息来推算出这些订单应该发出的时间；回到第（3）步。

（5）加上任何必要的调整之后，最后确定订单和生产的时间表。

物料需求计划方法将物料供应与已知的需求直接对应起来，因此能够保证存货的数量刚好能够满足生产需求。与此相反，另一种独立需求法则采取持有足够高的存货的办法，以应对任何可能出现的需求。重要的一点是上述两种方法会产生完全不同的存货模式。采取物料需求计划时，存货通常情况下处于低水平，但是在送货以后、生产开始以前，存货水平会突然升高。此后，随着生产的进行，存货逐渐消耗，直到降至正常的较低的存货水平。而在采取独立需求法时，存货水平与生产计划无关，因此需要保持较高水平的存货以应对可能出现的需求。随着生产对存货的消耗，存货水平逐渐降低，但是随时都会进行补充。物料需求计划的一个显而易见的好处就是其较低的平均存货水平。

2）配送需求计划

配送需求计划（Distribution Requirement Planning，DRP）是库存管理的一种计划方法，它联系着配送系统和制造规划及控制系统，它阐明现有的存货状况，并且预测配送系统对制造生产计划和物料规划的需求。这里所讨论的DRP技术有助于企业提高连接市场需求和制造活动的能力，因为一个设计完好的DRP系统可以帮助管理层预测将来的需求，匹配物料的供给与需求，有效地应用存货满足客户的服务需求，并对市场的变化作出快速的调整。

（1）DRP和MRP

DRP和MRP一样都是需求管理的一部分，不同的是，DRP是由顾客的需求所决定的，企业无法或者很少能加以控制；而MRP是由生产计划所决定的，生产计划是由企业制订和控制的。从库存管理的角度来考虑，制造和装配完成之前的库存管理是由MRP进行的，而一旦制成品到了工厂的仓库，就由DRP来管理存货了。关于DRP和MRP的关系，从图3-10可以直观地看出来。

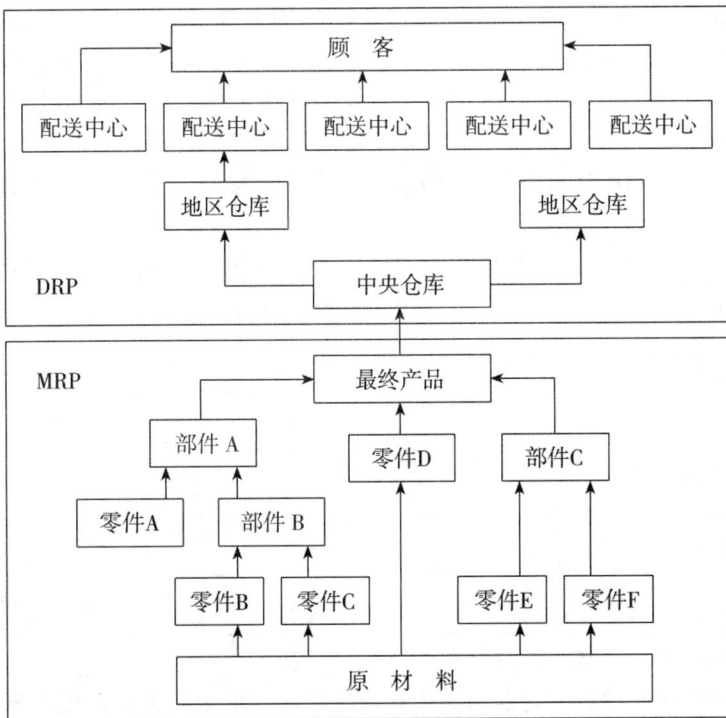

图3-10　DRP和MRP的关系及比较

DRP经常是和MRP一起使用的。MRP试图管理入库存货并使其达到最小化，特别是在需要大量物品的地方。需要组合的各项物品以及用于装配产成品的各项物品经常有着不同的前置期。因此，MRP是和主生产计划联系在一起的，主生产计划说明了每一天用于生产的物品和生产它们的顺序。这种计划作为预测实际需要的零部件和何时需要它们的基础。当主生产计划与每一件物品必需的前置期结合在一起时，就能够制订出一项说明每一件物品何时需要订购的计划。通过比较存货状态和满足生产计划所需的物品总数量，就能确定应订购的批量。

主生产计划精确反映了需要生产什么来满足市场上的顾客需求，MRP以主生产计划为依据使得存货最小化。如果生产计划与需求不符，公司将会出现一些物品过剩，而另一些物品太少的情况。

DRP的基本原理是更加精确地预测需求，挖掘需求信息以制订生产计划。以这种方式，公司通过一起使用MRP和生产计划能够使入库存货达到最小。出库（产成品）存货通过使用DRP达到最小。大多数的DRP模型比孤立的MRP模型应用更加广泛，它们也能够计划运输活动。

（2）DRP的应用过程

DRP最基本的工具是产品的明细表。这些明细表表述了离顾客尽可能近的产品环节的存货情况，是整个产品数据库的一部分，不断更新的关于存货和需求的信息在中央仓库和地区仓库之间周期性地或者即时地传递。这里，我们只考虑单个库存单位在地区仓库的明细表。

表3-10是某一个地区仓库的DRP明细表，从中可以看出DRP明细表的一般结构。第1行是需求预测的时间周期，最常见的是以每周为增量，当然可以使用每日或者每年。第2行是预测的需求数，它反映了来自顾客或者其他配送单位的需求。第3行是该仓库已定时接收货物数，这里，订货周期以及装卸所需的时间已经被考虑在内，该批货物在指定的时间已经可以被使用了。第4行是预计现有存货数，它表明了预测时间周期末的存货数量，表3-10中预测开始之前的存货数量为45。这一行是需要计算得出的，公式为：

预计现有存货数=上一时间周期末的存货数+已定时接收货物数−本周期的预测需求数

表3-10　　　　　　　　　　某地区仓库1的DRP明细表

预测时间周期/周		1	2	3	4	5	6	7
预测的需求数/个		20	20	20	10	30	30	20
已定时接收货物数/个			60			60		60
预计现有存货数/个	45	25	65	45	35	65	35	75
计划订货数/个				60		60		

注：安全储备：20个。订货批量：60个。订货周期：2周。

最后一行是计划订货数，它是为避免存货数量低于安全储备而向供给源提出的补给需求数；这里必须考虑订货周期的影响因素。实际上，计划订货和已定时接收货物在时间上相差一个订货周期。此外，DRP明细表还给出了安全储备、订货周期和订货批量，作为DRP计划中的参考数据。

所有的地区仓库的DRP明细表列出来以后，就可以将其中的计划订货数信息传送到中央仓库，得到中央仓库的DRP明细表。下面以一个中央仓库供给两个地区仓库为例，简单说明中央仓库DRP明细表的获得。表3-11为某地区仓库2的DRP明细表，表3-12为中央仓库的DRP明细表。

表3-11　　　　　　　　　　　　某地区仓库2的DRP明细表

预测时间周期/周		1	2	3	4	5	6	7
预测的需求数/个		15	15	15	20	15	15	15
已定时接收货物数/个			40		40			40
预计现有存货数/个	45	17	42	27	47	32	17	42
计划订货数/个		40		40			40	

注：安全储备：10个；订货批量：40个；订货周期：1周。

表3-12　　　　　　　　　　　　中央仓库的DRP明细表

预测时间周期/周		1	2	3	4	5	6	7
地区仓库1计划订货数/个				60		60		
地区仓库2计划订货数/个		40		40			40	
总需求数/个		40	0	100	0	60	40	0
已定时接收货物数/个				150			150	
预计现有存货数/个	100	60	60	110	110	50	160	160
计划订货数/个			150			150		

注：安全储备：50个。订货批量：150个。订货周期：1周。

由中央仓库的DRP明细表可以得到中央仓库的计划订货数。这些计划订货的数据就能作为制订主生产计划的依据，也就是说，主生产计划必须保证中央仓库的订货得到及时的满足（其中也必须考虑订货周期）。

（3）DRP明细表的调整

在DRP明细表中，每个时间周期的需求数是由以往的经验预测出来的。实际的需求一般会在预测值附近波动，这样经过几个时间周期，原DRP明细表中的内容就需要进行调整，尤其是计划订货的时间。表3-13的例子对此进行了说明，其中实际的需求数第1周为16个，第2周为26个，而预测的需求数是20个。第1周的实际需求比预测的减少，对计划订货时间还没有造成影响；但第2周的实际需求的增长使得原计划中第4周的订货提前到了第3周，同时以后计划订货的预测时间也相应地提前了1周。

表3-13　　　　　　　　　　　　DRP明细表的调整示例

预测时间周期/周		1	2	3	4	5
预测的需求数/个		20	20	20	20	20
已定时接收货物数/个		40		40		40
预计现有存货数/个	6	26	6	26	6	26
计划订货数/个			40		40	
第1周的实际需求：16个						
预测时间周期/周		2	3	4	5	6
预测的需求数/个		20	20	20	20	20
已定时接收货物数/个			40		40	
预计现有存货数/个	30	10	30	10	30	10
计划订货数/个		40		40		
第2周的实际需求：26个						
预测时间周期/周		3	4	5	6	7
预测的需求数/个		20	20	20	20	20
已定时接收货物数/个		40	40		40	
预计现有存货数/个	4	24	44	24	44	24
计划订货数/个		40		40		

注：安全储备：5个。订货批量：40个。订货周期：1周。

（4）DRP的优缺点

DRP的主要优点有：①对存货的有效管理使存货水平得到了降低，同时也减少了仓储的费用；②对主生产计划的指导协调了产品的制造和物流环节，降低了产品的成本；③降低了配送过程的运输费用；④提高了预算能力；⑤改善了服务水平，保证顾客的需求得到满足；⑥提高了存货对市场不确定性的反应的机动性。

同时DRP的应用也有很多的局限。其中最大的局限就是DRP需要对需求有相对准确的预测。如上所述，实际需求应该在预测值的附近波动，并且会导致需要对DRP明细表进行相应的调整，如果该波动范围过大的话，就可能导致存货不能满足实际需求或者低于安全储备。另外，DRP对订货周期的确切性有很大的依赖，而订货周期则受很多不确定因素的影响。

3.2　采购计划的制订

3.2.1　采购计划的概念

采购计划，是指企业管理人员在了解市场供求情况，认识企业生产经营活动过程和掌握物料消耗规律的基础上对计划期内物料采购管理活动所作的预见性安排和部署。

采购计划有广义和狭义之分。广义的采购计划是指为保证供应各项生产经营活动的物料需要量而编制的各种采购计划的总称。狭义的采购计划是指年度采购计划，即对企业计划年度内生产经营活动所需采购的各种物料的数量和时间等所作的安排和部署。采购计划是企业生产计划的一部分，也是企业年度计划与目标的组成部分。

采购计划可以从不同角度进行分类：

（1）按计划期长短，可以把采购计划分为年度物料采购计划、季度物料采购计划、月度物料采购计划等。

（2）按物料使用方向，可以把采购计划分为生产产品用物料采购计划、维修用物料采购计划、基本建设用物料采购计划、技术改造措施用物料采购计划、科研用物料采购计划、企业管理用物料采购计划等。

（3）按物料自然属性，可以把采购计划分为金属物料采购计划、机电产品物料采购计划、非金属物料采购计划等。

3.2.2　制订采购计划的目的

制订采购计划是企业整个采购工作的第一步。采购计划是为维持企业正常的经营活动，在某一特定时期内，确定应在何时购入何种物料的估计作业。采购计划对企业的生产经营活动具有重要作用，具体体现为：一是可以有效规避风险，减少损失。采购计划是面向未来的，企业在编制采购计划时，已对未来因素进行了深入的分析和预测，做到有备无患，既保证企业经营需要的物料，又降低库存水平，减少了风险。二是为企业组织采购提供依据。采购计划具体安排了采购物料的活动，企业管理者按照这个安排组织采购就有了依据。三是有利于合理配置资源，取得最佳经济效益。采购计划选择最优化的采购决策与实施计划，对未来物料供应进行科学筹划，有利于合理利用资金，最大限度地发挥各种资源的作用，以获得最佳效益。

企业的采购计划发挥上述作用，以达到如下目的：

1）预测物料需用的时间和数量，以保证供应连续进行

在企业的生产活动中，生产所需的物料必须能够在需要的时候可以获得，而且能够满足需要，否则就会因物料供应不上或供应不足导致生产中断。因此，采购计划必须根据企业的生产计划、采购环境等估算物料需用的时间和数量，在恰当的时候进行采购，以保证生产的连续进行。

2）配合企业生产计划与资金调度

制造企业的采购活动与生产活动是紧密关联的，企业的采购活动直接服务于生产活动。因此，采购计划一般要依据生产计划来制订，确保采购适当的物料来满足生产的需要。

3）避免物料储存过多，积压资金

在实际的生产经营过程中，库存是不可避免的，有时还是十分必要的。但库存是一种闲置资源，物料储存过多，不仅不会在生产经营中创造价值，反而还会造成大量资金沉淀，影响企业资金周转，增加企业的成本。正因为如此，准时化生产（JIT）和零库存管理已经成为一种先进的生产运作和管理模式。

4）使采购部门事先准备，选择有利时机购入物料

在瞬息万变的市场上，要抓住有利的采购时机并不容易。只有事先制订完善、可行的采购计划，才能使采购人员做好充分的采购准备，在适当的时候购入物料，而不至于临时"抱佛脚"。

5）确立物料耗用标准，以便控制物料采购数量及成本

通过以往经验和对市场的预测，并经过科学计算，采购计划应该能够较准确地确立所需物料的规格、数量、价格等标准，这样可以对采购成本、采购数量和质量进行控制。

3.2.3 编写采购计划的基础资料

编写采购计划需要有一定的基础资料，这些资料主要包括以下几个方面：

1）销售计划

销售计划是指规定企业在计划期内（年度）销售产品的品种、质量、数量和交货期，以及销售收入、销售利润等。它是以企业与客户签订的供货合同和对市场需求的预测为主要依据编制的。采购计划要为销售计划的实现提供物料供应的保证。因此，制订采购计划要以销售计划为主要的依据。

2）生产计划

生产计划是规定企业在计划期内（年度）所生产产品的品种、质量、数量和生产进度以及生产能力的利用程度。它是以销售计划为主要依据，加上企业管理人员的定量分析和判断编制而成的。生产计划用于确定企业在计划期内生产产品的实际数量及其具体的分布情况。生产计划依据销售数量，加上预期的期末存货，减去期初存货来拟订，公式为：

预计生产量=预计销售量+预计期末存货量−期初存货量

生产计划决定采购计划，采购计划又对生产计划的实现起物料供应保证作用。企业采购部门应积极参与生产计划的制订，提供各种物料的资源情况，以便企业领导和计划部门制订生产计划时参考。企业制订的生产计划要相对稳定，以免出现物料供应不上或物料超储积压的现象。

3）物料需用清单

生产计划只列出产品的数量，无法直接知道某一产品需要使用哪些物资，以及数量多少，因此必须借助物料需用清单。物料需用清单由研究发展部或产品设计部制成，根据此清单可以精确计算出制造某一产品的物料需要数量，物料需用清单所列的耗用量（即统称的标准用量）与实际用量相互比较作为用料管制的依据。生产数量不一定要等于销售数

量。同理，若物料有库存，则物料采购数量也不一定要等于根据物料需用清单所计算出来的物料需要量。因此，必须建立物料的存量管制卡，以表明某一物料目前的库存状况；再依据物料需要数量，并考虑采购物料的作业时间和安全存量标准，算出正确的采购数量，然后才开具请购单，进行采购活动。目前，很多企业采用计算机管理库存物料，对物料运用条形码编码，这样能够很快地掌握物料库存的动态，为制订采购认证计划提供物料库存情况。

3.2.4　采购计划的主要环节

制订采购计划需要具有丰富的采购计划经验、采购经验、开发经验、生产经验等的复合知识型人才，并且要和认证单位等部门协作进行。采购计划环节是整个采购运作的第一步，它包含两部分内容：采购认证计划的编制和采购订单计划的制订。

1）认证的环节

采购认证是指企业采购人员对采购环境进行考察并建立采购环境的过程。采购认证根据采购项目大小、期限长短等采取不同的认证方法。目前认证环节包括的内容主要有以下几个方面：

（1）准备认证计划

这是整个采购认证工作的起点，是采购计划的第一步，也是非常重要的一步，它主要包括以下五个方面的内容：

①熟悉认证的物资项目。

采购人员在拟订采购计划，与供应商接触之前，要熟悉认证的物料项目，包括该物料项目涉及的专业知识范围、认证的经验需求以及目前的供应状况。认证项目所涉及的专业知识范围是非常广泛的，包括机械、电子、军用品、工业用品、软件、设备等方面。采购人员在搞清采购项目属于哪个专业范围之后，就应尽快熟悉该领域的专业知识，这样才能做到在进行认证工作时得心应手。同时，了解物料的供应状况也很重要，因为有些物料在国内或者就近就可以找到货源，有些物料则需要到国外去采购。

②熟悉采购批量需求。

采购批量认证需求是启动整个供应程序流转的牵引项，要想制订比较准确的认证计划，首先要做的就是熟悉物料需求计划。物料需求计划确定了采购的规模、范围和时间。同时，还要熟悉采购环境。目前物料采购环境通常有两种情形：一种情形是在以前或者是目前的采购环境中就能够发掘到的物料供应，例如，以前接触的供应商的供应范围比较大，就可以从这些供应商的供应范围中找到企业需要的批量物料需求。另一种情形就是企业需要采购的是新物料，在原来形成的采购环境中不能提供，需要企业的采购部门寻找新物料的供应商。

③掌握余量需求。

随着企业生产经营规模的扩大，市场需求也会变得越来越大，旧的采购环境容量不足以支持企业的物料需求；或者是因为采购环境有了下降的趋势从而导致物料的采购环境容量逐渐缩小，这样就无法满足采购的需求。以上两种情况就会产生余量需求，这就产生了对采购环境进行扩容的要求。企业采购人员要在进行市场调查的基础上选择新的采购环境。采购环境容量的信息一般是由认证人员和订单人员来提供的。

④准备认证环境资料。

通常来讲,采购环境的内容包括认证环境和订单环境两个部分。有些供应商的认证容量比较大,但是其订单容量比较小;有些供应商的情况恰恰相反,其认证容量比较小,但是订单容量比较大。产生这种情况的原因来自认证过程本身是对供应商样件的小批量试制过程,这个过程需要强有力的技术力量支持,有时甚至需要与供应商一起开发;但是订单过程是供应商规模化的生产过程,其突出的表现就是自动化机器流水作业及稳定的生产,技术工艺已经固化在生产流程之中,所以订单容量的技术支持难度比起认证容量的技术支持难度要小得多。因此,我们可以看出认证容量和订单容量是两个完全不同的概念。企业对认证环境进行分析的时候一定要分清这两个概念。

⑤制定认证计划说明书。

制定认证计划说明书也就是把认证计划所需要的材料准备好,主要内容包括:认证计划说明书(物料项目名称、需求数量、认证周期等),同时附有开发需求计划、余量需求计划、认证环境资料等。下面用图3-11简单说明一下准备认证计划的过程。

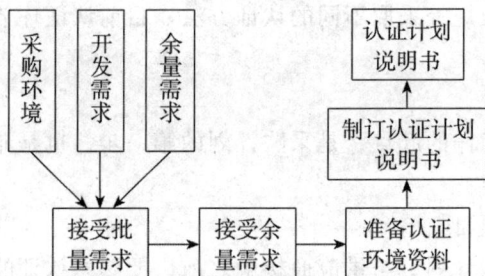

图3-11　准备认证计划的过程

(2)评估认证需求

这是采购计划的第二个步骤,其主要内容包括以下三个方面:

①分析物料开发批量需求。

进行物料开发批量需求的分析,需要分析物料数量上的需求和掌握物料的技术特征等信息。开发批量需求的样式是各种各样的,按照需求的环节可以分为研发物料开发认证需求和生产批量物料认证需求;按照采购环境可以分为环境内物料需求和环境外物料需求;按照供应情况可以分为可直接供应物料和需要定做物料;按照国界可分为国内供应物料和国外供应物料等。对于如此复杂的情况,计划人员应该对开发物料需求作详细的分析,必要时还应该与开发人员、认证人员一起研究开发物料的技术特征,按照已有的采购环境及认证计划经验进行分类。从以上可以看出,认证计划人员需要兼备计划知识、开发知识、认证知识等,具有从战略高度分析问题的能力。

②分析余量需求。

在进行余量需求分析时,要对余量需求进行分类。余量需求认证的产生来源主要有:一种情况是市场销售需求的扩大;另一种情况是采购环境订单容量的萎缩。这两种情况都导致了目前采购环境的订单容量难以满足物料采购的需求,因此需要增加采购环境容量。对于因市场份额扩大、销售增加等原因造成的余量,可以通过销售及生产需求计划得到各种物资的需求量及时间;对于因供应商萎缩造成的余量,可以通过分析现实采购环境的总体订单容量与原定容量之间的差额得到。这两种情况的余量相加即可得到总的需求容量。

③确定认证需求。

认证需求可以根据开发批量需求及余量需求的分析结果来确定。认证需求是指通过认证手段，获得具有一定订单容量的采购环境。

（3）计算认证容量

这是采购计划的第三个步骤，它主要包括以下四个方面的内容：

①分析项目认证资料。

企业需要采购的物料是多种多样的，例如机械、电子、软件、设备、生活日用品等物料项目，它们的加工过程各种各样，非常复杂。因此，不同的认证项目，其过程及周期是千差万别的。作为采购主体的企业，需要认证的物料项目可能是上千种物料中的某几种，熟练分析几种物料的认证资料是可能的，但是对于规模比较大的企业，分析上千种甚至上万种物料的难度则要大得多。企业的物料采购计划人员要尽可能熟悉物料采购项目的认证资料。

②计算总体认证容量。

在企业的采购环境中，供应商订单容量与认证容量是两个不同的概念，有时可以互相借用，但它们是有差别的。一般在认证供应商时，企业可以借助供应商档案了解供应商的情况，同时也可以要求供应商提供一定的资源用于支持认证操作，或者对一些供应商只做认证项目。总之，在供应商认证合同中，应说明认证容量与订单容量的比例，防止供应商只做批量订单，不愿意做样件认证。计算采购环境的总体认证容量的方法是把采购环境中所有供应商的认证容量叠加，对有些供应商的认证容量需要乘以适当的系数。

③掌握供应商承接认证量。

供应商的承接认证量对企业制订采购计划至关重要。供应商的承接认证量等于当前供应商正在履行认证的合同量。供应商认证容量的计算是一个相当复杂的过程，各种各样的物料项目的认证周期也是不一样的，一般是计算要求的某一时间段的承接认证量。最恰当、最及时的处理方法是借助电子信息系统，模拟显示供应商已承接的认证量，以便认证计划的决策使用。

④确定剩余认证容量。

某物料的剩余认证容量是所有供应商群体的剩余认证容量的总和，可以用下面的公式简单地计算：

物料剩余认证容量=物料供应商群体总体认证容量−承接认证量

这种计算过程也可以被电子化，一般 MRP 系统不支持这种算法，可以单独创建系统。认证容量是一近似值，仅作为参考，认证计划人员对此不可过高估计，但它能指导认证过程的操作。

采购环境中的认证容量不仅是采购环境的指标，而且也是企业不断创新、持续发展的动力源。源源不断的新产品问世是认证容量价值的体现，也由此能生产出各种各样的产品新部件。

（4）制订认证计划

这是采购计划的第四个步骤，它的主要内容包括以下四个方面：

①把需求与容量进行对比。

企业所处的采购市场是复杂的。在一般情况下，企业物料认证需求与供应商对应的认证容量之间会存在差异。如果企业物料认证需求小于供应商认证容量，则没有必要进行综合平衡，直接按照物料认证需求制订认证计划，组织物料采购就可以了；如果企业物料认证需求大大超出供应商认证容量，就要进行认证综合平衡。对于剩余认证需求需要制订采购环境之外的认证计划，寻找新的采购环境和新的供应商。

②进行综合平衡，调节余缺。

综合平衡就是指从全局出发，全面考虑企业生产经营、认证需求、认证容量、物料生命周期等要素，判断物料认证需求的可行性，通过调节物料认证计划来尽可能地满足认证需求，并计算认证容量不能满足的剩余认证需求，这部分剩余认证需求需要到企业采购环境之外的社会供应群体之中寻找容量。

③确定余量认证计划。

确定余量认证计划是指对于采购环境不能满足的剩余认证需求，应提交采购认证人员的分析并提出对策，与其一起确认采购环境之外的供应商认证计划。采购环境之外的社会供应商如没有与企业签订合同，那么制订认证计划时就要特别小心，要调查供应商的各种情况，并由具有丰富经验的认证计划人员和认证人员联合操作。

④制订认证计划。

企业经过上述工作后要制订出认证计划，这是衔接认证计划和订单计划的桥梁。只有制订好认证计划，才能根据该认证计划做好订单计划。

以下是认证物料数量以及开始认证时间的确定方法：

认证物料数量=开发样件需求数量+检验测试需求数量+样品数量+机动数量

开始认证时间=要求认证结束时间–认证周期–缓冲时间

2）采购订单的环节

（1）准备物料采购订单计划

这是订单环节的第一个步骤，它主要有以下四个方面的内容：

①预测企业的市场需求。

企业的市场需求是启动生产供应程序的原动力，要想制订比较准确的订单计划，首先必须掌握客户订单和市场需求计划。对客户订单和市场需求计划的进一步分解便得到生产需求计划。企业的年度销售计划一般在上一年的年末制订，并报送至各个相关部门，同时下发到销售部门、计划部门、采购部门，以便指导全年的供应链运转；根据年度计划制订季度、月度的市场销售需求计划。

②确定企业的生产需求。

企业的生产需求对采购来说可以称之为生产物料需求。生产物料需求的时间是根据生产计划确定的，通常生产物料需求计划是订单计划的主要来源。企业采购计划人员要深入生产实际，学习掌握生产计划以及工艺常识，以利于理解生产物料需求，确定企业生产需求。在 MRP 系统之中，物料需求计划是主生产计划的细化，它主要来源于主生产计划、独立需求的预测、物资清单文件、库存文件。编制物料需求计划的主要步骤包括：第一，决定毛需求；第二，决定净需求；第三，对订单下达日期及订单数量进行计划。

③准备物料采购订单环境资料。

制订物料采购订单计划中一项非常重要的内容是准备物料订单环境资料。物料采购订单环境是在订单物资的认证计划完成之后形成的，订单环境的资料主要包括：第一，订单物料的供应商信息;第二,订单比例信息(对多家供应商的物资来说,每一个供应商分摊的下单比例被称为订单比例,该比例由认证人员确定并给予维护);第三,最小包装信息;第四,订单周期(是指从下单到交货的时间间隔,一般是以天为单位的)。

企业一般采用计算机信息系统管理物资采购订单环境和供应商的有关情况。采购订单人员根据生产需求的物料项目,从计算机信息系统中查询了解该物料的采购环境参数及描述。

④制定物料采购订单计划说明书。

准备订单计划所需要的资料就是制定物料采购订单计划说明书,其主要内容包括:

第一,订单计划说明书(内容包括:物料名称、需求数量、到货日期等);第二,附有市场需求计划、生产需求计划、订单环境资料等。

(2)评估物料采购订单需求

物料采购计划中非常重要的一个环节是评估物料采购订单需求,只有准确地评估物料采购订单需求,才能为计算订单容量提供参考依据,以便制订出好的订单计划。它主要包括以下三个方面的内容:

①分析市场需求。

物料采购订单计划不仅仅来源于生产计划,它还需要考虑:第一,企业的生产需求,企业生产需求的规模大小直接决定了物料采购订单需求的大小,若超出企业的生产需求,采购物料就会造成库存积压;第二,兼顾企业的市场战略以及潜在的市场需求等;第三,需要分析企业接受订货计划的可信度。

因此,必须仔细分析市场签订合同的数量、还没有签订合同的数量(包括没有及时交货的合同)的一系列数据,同时研究其变化趋势,全面考虑订货计划的规范性和严谨性,再参照相关的历史订货数据,找出问题的所在。只有这样,才能对市场需求有一个全面的了解,才能制订出一个满足企业远期发展与近期实际需求相结合的订单计划。

②分析企业生产需求。

分析生产需求是评估订单需求首先要做的工作。分析生产需求,首先就需要研究生产需求的产生过程,其次再分析生产需求量和要货时间。这里仅通过一个企业的简单例子加以说明。某企业根据生产计划大纲,对零部件的清单进行检查,得到第一级组成部件的毛需求量。在第一周,现有的库存量是90件,毛需求量是60件,那么剩下的现有库存量=90件(现有库存量)−60件(毛需求量)=30件。第三周预计入库110件,毛需求量是60件,那么新的现有库存量=30件(原有库存)+110件(入库)−60件(毛需求量)=80件。每周都有不同的毛需求量和入库量,这样就产生了不同的生产需求,对企业不同时期产生的不同生产需求进行分析是很有必要的。

③确定订单需求。

根据对市场需求、客户订单和生产需求的分析结果,就可以确定订单需求。通常来讲,订单需求的内容是指通过订单操作手段,在未来指定的时间内,将指定数量的合格物料采购入库。

(3)计算物料采购订单容量

计算物料采购订单容量是采购计划中的重要组成部分。只有准确地计算订单容量,才能对比需求和容量,经过综合平衡,最后制订出正确的订单计划。计算订单容量主要有以下四个方面的内容：

①分析采购项目供应资料。

在物料采购过程中，物资和项目都是整个采购工作的操作对象。对于采购工作来讲，在目前的采购环境中，所要采购物料的供应商信息是非常重要的一项信息资料。如果没有供应商供应物料，那么无论是生产需求还是紧急的市场需求，一切都无从谈起。可见，有供应商的物料供应是满足生产需求和满足紧急市场需求的必要条件。从一个简单的例子来看，某企业需设计一个隔音系统，隔音玻璃棉是完成该系统的关键材料，经过项目认证人员的考察，该种材料被垄断在少数供应商的手中。在这种情况下，企业的计划人员应充分利用这些情报，这样在下达订单计划时就会有的放矢了。

②计算总体订单容量。

总体订单容量一般包括两方面内容：一是可供给的物料数量；二是可供给物料的交货时间。举一个例子来说明这两方面的结合情况：供应商鸿鹏公司在8月31日之前可供应9万个特种轴承（A型5万个，B型4万个），供应商兴安公司在8月31日之前可供应9万个特种轴承（A型4万个，B型5万个），那么8月31日之前A型和B型两种轴承的总体订单容量为18万个，其中：A型轴承的订单容量为9万个，B型轴承的订单容量为9万个。

③计算承接订单量。

承接订单量是指某供应商在指定的时间内已经签下的订单量。但是，承接订单量的计算过程较为复杂，下面以一个例子来说明一下：供应商鸿鹏公司在6月28日之前可以供给4万个特种轴承（A型2万个，B型2万个），若是已经承接A型轴承2万个，B型轴承1万个，那么对A型轴承和B型轴承已承接的订单量就比较清楚了（A型2万个+B型1万个=3万个）。有时供应商的各种物料容量之间可以借用，并且在存在多个供应商的情况下，其计算比较稳定。

④确定剩余订单容量。

剩余订单容量是指某物料所有供应商群体的剩余订单容量的总和。用下面的公式表示就是：

物料剩余订单容量=物料供应商群体总体订单容量-已承接订单量

计算过程也可以用计算机信息系统进行管理。

（4）制订订单计划

制订订单计划是采购计划的最后一个环节，也是最重要的环节。它主要包括以下四个方面的内容：

①对比采购需求与供应容量。

这是制订订单计划的首要环节，只有比较物料需求与供应容量的关系才能有针对性地制订订单计划。如果经过对比发现物料需求小于供应容量，即无论需求多大，供应容量总能满足需求，则企业要根据物料需求来制订订单计划；如果供应容量小于企业的物料需求，则要求企业根据容量制订合适的物料需求计划，这样就产生了剩余物料需求，需要对剩余物料需求重新制订认证计划。

②综合平衡。

综合平衡是指综合考虑市场、生产、订单容量等要素，分析物料订单需求的可行性，必要时调整订单计划，计算供应容量不能满足的剩余订单需求。

③确定余量认证计划。

在对比物料需求与供应容量的时候，如果供应容量小于物料需求，就会产生剩余需求。对剩余需求，要提交认证计划制订者处理，并确定能否按照物料需求规定的时间及数量交货。为了保证物料的及时供应，此时可以简化认证程序，并由具有丰富经验的认证计划人员进行操作。

④制订订单计划。

制订订单计划是采购计划的最后一个环节，订单计划做好之后就可以按照计划进行采购了。一份订单包含的内容有下单数量和下单时间两个方面。

下单数量＝生产需求量－计划入库量－现有库存量＋安全库存量

下单时间＝要求到货时间－认证周期－订单周期－缓冲时间

一般的采购计划表如表3-14所示。

表3-14　　　　　　　　　　　　　　　采购计划表　　　　　　　　　　　日期：

料　号	品名规格	适用产品	上　旬		中　旬		下　旬		库存量	订购量
			生产单号	用量	生产单号	用量	生产单号	用量		

3.3　采购预算的编制

3.3.1　采购预算的概念及编制原则

1）采购预算的概念

采购预算是一种以货币和数量表示的采购计划，它实现了采购计划的具体化，为采购资金的控制提供了明确的标准，有利于采购资金控制活动的开展。

传统采购预算的编制是将本期应购数量（订购数量）乘以该物料的购入单价，或者按照物料需求计划（MRP）的请购数量乘以标准成本，即可获得采购金额（预算）。为了使预算对实际的资金调度具有意义，采购预算应以现金为基础编制，也就是说，采购预算应以付款的金额来编制，而不以采购的金额来编制。预算的时间范围要与企业的计划期保持一致，绝不能过长或过短。长于计划期的预算没有实际意义，浪费人力、财力和物力，而过短的预算则又不能保证计划的顺利执行。企业所能获得的可分配的资源和资金在一定程度上是有限的，受到客观条件的限制，企业的管理者必须通过有效地分配有限的资源来提高效率以获得最大的收益。一个运营良好的企业不仅要赚取合理的利润，还要保证企业有良好的资金流，因此，良好的预算既要注重实际，又要强调财务业绩。下面通过举例来说明预算是如何影响资源在组织内部分配的。

某企业的每个部门都提交了它的年度预算，涉及部门一年内所要开展的种种活动和所需资金、人员等情况，高层管理人员和会计部门会根据年度财务计划来核定业务费用，使人员、资金、设备等与预测的需求相匹配。

预算会影响资源的分配，事实上它正是一种在相互竞争的需求中分配资源的工具，因此，它常常使部门的预算失真。

一方面，某些部门为了提高其在企业内的地位，获得更多的资源和人员，会将预算做大，从而掌控更多的人力、财力和物力，而这些在一定程度上也代表了权力和地位；另一方面，由于预算考虑的是不确定的未来，每一个部门主管都很明白那些不在其控制范围之内的外在因素，如环境变化、消费者偏好的改变等常常会影响甚至决定预算的最终成败，而管理者很有可能会根据预算与实际数据的比较来评定部门或者是个人的业绩。在这种情况下，保守或悲观的部门主管很有可能会提交一个保守的、收缩了的预算，而不是一份充满挑战性又切实可行的预算报告，从而将预算做小，最终应该得到相应的人力、物力和财力支持的部门反而没有取得与之相匹配的资源。预算编制本来就是一个协调和综合的过程，它要求企业各个部门、各个层次的管理者根据自己的专业知识以及以往的实践经验，由下到上、层层叠加，共同制定出一个总预算；如果由于内在竞争或者是心理上的保守而使预算失真，那么层层失真的叠加将会使总预算与真实预算发生明显的偏离，严重影响资源的合理分配，进而影响企业总的业绩。

为了确保预算能够规划出与企业战略目标相一致的可实现的最佳实践，必须寻找一种科学的行为方法来缓和这种竞争和悲观的倾向，管理者应当与部门主管就目标积极展开沟通，调查要求和期望，考虑假设条件和参数的变动，制订劳动力和资金需求计划并要求部门提供反馈。管理者应当引导部门主管将精力放到应对不确定情况的出现上，而不是开展所谓的"战备竞争"。

另外，为了使预算更具灵活性和适应性，以应对意料之外的可能发生的不可控事件，企业在预算过程中应当尽量做到：采取合理的预算形式；建立趋势模型；用滚动预算的方法，来减少预算的失误以及由此带来的损失。

2）预算的作用

一般说来，预算主要具有以下作用：

（1）保障战略计划和作业计划的执行，确保组织向良好的方向发展。

（2）协调组织经营资源。

（3）在部门之间合理安排有限的资金，保证资金分配的效率。

（4）通过审批和拨款过程以及差异分析控制支出。

（5）将目前的收入和支出与预算的收入和支出相比较，对企业的财务状况进行监控。

3）编制采购预算的原则

（1）实事求是编制采购预算

编制采购预算应本着实事求是的原则，一般以企业所确定的经营目标为前提，不盲目哄抬目标值；先确定销售预算，再确定生产计划，然后再确定采购计划。不要为了贪图低价，盲目扩大采购量，以避免造成库存积压。

（2）积极稳妥、留有余地编制采购预算

积极稳妥是指不要盲目抬高预算指标，也不要消极压低指标。既要保证采购预算指标的先进性，又要保证采购预算指标的可操作性，充分发挥采购预算指标的指导和控制作用。另外，为了适应市场的千变万化，采购预算应留有余地，具有一定的发展空间，以免发生意外时陷入被动，影响企业的生产经营。

（3）比质比价编制采购预算

企业在编制采购预算时，应广泛收集采购物料的质量、价格等市场信息，掌握主要采购物料信息的变化，要根据市场信息比质比价来确定采购物料。除仅有唯一供货单位或企业生产经营有特殊要求外，企业主要物料的采购应当选择两个以上的供货单位，从质量、价格、信誉等方面择优安排采购。企业在进行主要物料采购及有特殊要求的物料采购时，应当审查供应商资格；对已确定的供应商，应当及时掌握其质量、价格、信誉的变化情况。企业大宗原（燃）料的采购、基建或技改项目的主要物料以及其他金额较大的物资的采购等，具备招标采购条件的，应尽量安排招标采购。

3.3.2　采购预算的种类

预算的种类不同，所起的作用也不同。根据时间的长短，可以将预算分为长期预算和短期预算。长期预算是时间跨度超过一年的预算，主要涉及固定资产的投资问题，是一种规划性质的资本支出预算。长期预算对企业战略计划的执行有着重要意义，其编制质量的好坏将直接影响到企业的长期目标是否能够实现，影响到企业今后较长时间内的发展。企业的短期预算是企业一年内对经营、财务等方面所进行的总体规划的说明。短期预算是一种执行预算，对业务计划的实现影响重大。

根据预算所涉及的范围，可以将预算分为全面预算和分类预算。全面预算又称为总预算，是短期预算的一种，涉及企业的产品或服务的现金收支等各方面的问题。总预算由分类预算综合而成。分类预算种类多种多样，有基于具体活动的过程预算，有各分部门的预算（对于分部门来说，这一预算又是总预算，因此分类预算与总预算的划分是相对的）。

总预算根据其内容的不同分为财务预算、决策预算和业务预算三类。财务预算是指企业在计划期内有关现金收支、经营成果以及财务状况的预算，主要包括现金预算、预计利润表、预计资产负债表等；决策预算是指企业为特定投资决策项目或一次性业务所编制的专门预算，其目的是帮助管理者作出决策；业务预算则是指计划期间日常发生的各种经营性活动的预算，包括销售预算、成本预算、管理费用预算等。采购预算是业务预算的一种，其编制将直接影响企业的直接材料预算、制造费用预算等。

根据预算方式的不同可分为控制材料成本的预算和控制采购部门成本的预算。前一种预算方式主要包括采购材料预算和工具预算。采购材料预算主要是指每一类型的产品在下一个计划期（通常是一年）内需要的数量以及特定产品的期望价格水平。需求总量是从生产计划中估算出来的，而需支付的价格是根据客户来估算的。最终的估算结果一般要通过同资深的客户或采购部经理进行详细讨论后才能决定，以保证价格目标确立在一个合理的水平上。然而，价格目标有时是由生产管理来确定的。工具预算主要是指制造商生产某种产品所需要的与特定工具有关的耗费（如铸造模子）。大型公司为了维持某种设备的合法所有权，通常要购买各种特定工具。在一些公司中，客户们必须指明他们需要什么样的工具预算，哪些产品或供应商需要这样的预算；这些预算不能超支。采购部门的预算由于很容易决定，因此经常使用。采购预算表明了与工资报酬、社会保障、自动化系统、差旅、培训有关的是些什么费用，这时对差异报告要定时监控。

3.3.3 采购预算的编制步骤及注意事项

对于制造业来讲，通常业务部门的营销计划是年度经营计划的起点，然后才会制订生产计划。生产计划包括采购预算、直接人工预算及制造费用预算等。由此可见，采购预算乃是采购部门为配合年度的销售预测或生产数量，对需求的原料、物料、零件等的数量及成本所作的翔实的估计，以利于整个企业目标的达成。换句话说，采购预算如果单独编制，不但缺乏实际的应用价值，也失去了其他部门的配合，因此采购预算必须以企业整体预算制度为依据。

1）编制采购预算的影响因素

（1）物料标准成本的设定

在编制采购预算时，因为将来拟购物料的价格不容易预测，所以多以标准成本替代。若标准成本的设定缺乏过去的采购资料为依据，也无工程人员严密精确地计算其原料、人工及制造费用等组合生产成本，则标准成本的设定就有一定的困难。因此，标准成本与实际购入价格的差额，就会影响采购预算的准确性。

（2）生产效率

生产效率的高低将使预计的物料需求量与实际的耗用量产生误差。产品的生产效率降低，会导致原物料的单位耗用量提高，而使采购预算中的预计数量不够生产所需。过低的产出率导致经常需要进行业务更改，从而使零部件的损耗超出正常水平。所以，当生产效率降低时，采购预算必须将这部分额外的耗用量计算进去，才不会出现原材料预算资金的短缺现象。

（3）预期价格

在编制采购预算时，经常需要对物料价格涨跌幅度、市场景气度、汇率变动情况等加以预测，因为个人主观判断与事实的变化常有差距，常会造成采购预算的偏差（此外，季节性的供应状况、最低订购量等因素，将使采购数量超过正常的需求数量；而且企业财务状况的好坏也将影响采购数量（安全库存量）的多少以及采购预算（付款时间）的准确性）。

由于影响采购预算的因素有很多，故采购预算拟定之后，必须与产销部门保持经常的联系，并针对现实的状况作出必要的调整与修订，才能达成维持正常产销活动的目标，并协助财务部门妥善规划资金的来源。

2）采购中涉及的预算

采购部门涉及的主要预算有：

（1）原材料预算。原材料预算的主要目的是：确定用于生产既定数量的产品或者提供既定水平的服务的原材料的成本。原材料预算的时间通常是一年或更短。预算的依据是生产或销售的预期水平以及未来原材料的估计价格，这就意味着实际费用有可能偏离预算。因此，很多组织采用灵活的预算（灵活的预算要反映条件的变化，比如产品的增加或减少）来调整实际的采购支出。

良好的原材料预算具有如下作用：①确保原料需要时能够得到；②确定随时备用的原材料和零部件的最大价值和最小价值；③确定和评估采购支出的财务需求。

（2）MRO预算。MRO采购包含在经营管理过程中，但其并没有成为生产运作中的一部分。MRO 项目主要有办公用品、润滑油、机器修理用零部件等。MRO 项目的数目可能很大，对每一项都作出预算并不可行。MRO 预算通常按以往的比例来确定，然后根据库存和一般价格水平的预期变化来进行调整。

（3）资产预算。固定资产的采购支出通常占总支出的较大部分，良好的采购活动和谈判组织能为企业节省很多资金。通过研究资源市场以及与关键供应商建立密切的关系，可以为企业节省出很多资金。固定资产的预算不仅要考虑初始成本，还要考虑包括维护、能源消耗以及辅助零部件等成本的生命周期总费用。由于这些支出的长期性，通常用净现值算法进行预算和作出决策。

（4）采购费用预算。采购费用预算的内容包括采购业务中发生的各项费用。通常，这项预算是根据预期的业务和行政工作量来制定的。这些花费包括工资、供热费、电费、通信费、差旅费，以及购买办公用品等的费用。采购费用预算应该反映组织的总体目标。例如，如果组织的目标是减少间接费用，那么采购费用预算中的间接费用预算就应该反映出这一点。

3）采购预算的编制步骤

采购预算的编制同其他类型预算的编制过程一样，也包含以下几个步骤：

（1）审查企业以及部门的战略目标。采购预算的最终目的是保证企业采购目标的实现，企业在编制采购预算前，首先要审视本部门和企业总体的目标，以确保它们之间的相互协调。

（2）制订明确的工作计划。采购管理者必须了解本部门的业务活动，制订出详细的计划表，从而确定部门实施这些活动所需要的资源。

（3）确定所需的资源。有了详细的工作计划表，采购管理者就可以对支出作出切合实际的估计，从而确定为了实现目标所需要的人力、物力和财力资源。

（4）提出准确的预算数字。采购预算应当保证最高准确性。要实现最高准确性，可以通过以往的经验来推断，也可以借助数学工具和统计资料进行科学的分析和计算。

（5）汇总。汇总各分部门、各分单元的预算。最初的预算总是来自每个分单元，经过层层提交、汇总，最后形成总预算。

（6）提交预算。采购预算通常是由采购部门同其他部门共同编制的，采购预算编制后要提交企业财务部门及相关管理部门，为企业资金筹集和管理决策提供支持。

4）编制预算的注意事项

（1）改变绩效评估方式

为了鼓励采购部门提出更具挑战性的预算报告，企业有必要对采购部门的绩效评估方式进行改善。采购预算是在战略目标框架之内提出的，在从设置目标到提交预算这一连续的动态过程当中，不仅要仔细审查影响预算实现的内部不可控因素，还要详细研究外部不可控因素，并进一步识别出影响预算实现的关键成功因素。对于那些不可控因素，人力资源部门在进行行业绩效评估时，必须有所考虑，并向管理者提出建议。企业的高层管理者必须解决部门主管对绩效评估的后顾之忧，这就等于解开了束缚他们手脚的绳索，使他们的预算编制更趋于合理。

（2）采取合理的预算形式

现金流对于企业来说是最重要的，它是企业脉管中流淌的鲜血，时时都有新鲜血液的流动才能使组织充满活力。因此，企业内部各部门所采用的预算形式应把重点放在现金流上而不是收入或利润上。当然，最佳的预算形式最终还是取决于组织的具体目标。

（3）建立趋势模型

预算讲述的是未来，所有的代表期望行为的数字都是估计值，采购预算提供的是代表采购支出情况的数字预报。为了确保这些数字有最大价值，应当建立一个趋势模型。模型应以已有的数据资料为基础，具有时间敏感性，能够反映出材料需求、市场行情的变化。

（4）用滚动预算的方法

企业经营是一个连续不断的过程，只是为了管理方便才在时间上对其进行了划分。为了能够使预算与实际过程更紧密地结合在一起，预算应尽可能采用滚动的方法，在制定当期预算的时候应根据实际情况同时对下几期的业务进行预算，能够保证企业活动在预算上的连续性。预算活动的滚动性，要求采购部门的管理人员投入大量精力。工作过程可以分两步走：第一步是整体思考，要求管理者从总体战略出发，勾画出预算的框架，制订出必要的行动方案，如果预算结果出现偏差，则要及时修改；第二步进入细化阶段，采购部门管理者制定最终预算的细节。

无论是何种类型的预算，只要满足了上面的要求，就都可以最大限度地发挥其潜能，保障组织计划的顺利实施。

3.3.4　预算编制的方法

编制预算的方法有很多，主要的有概率预算、零基预算、弹性预算和滚动预算等，下面分别对这四种方法进行介绍：

1）概率预算

在编制预算过程中，涉及的变量较多，如业务量、价格、成本等。企业管理者不可能在编制预算时就十分精确地预见到这些因素在将来会发生何种变化，以及变化到何种程度，而只能大体上估计出它们发生变化的可能性（即概率），从而近似地判断出各种因素的变化趋势、范围和结果，然后，对各种变量进行调整，计算其可能值的大小。这种利用概率（即可能性的大小）来编制的预算，即为概率预算。概率预算必须根据不同的情况来编制，大体上可分为以下两种情况：

（1）销售量的变动与成本的变动没有直接联系

这时，只要利用各自的概率分别计算销售收入、变动成本、固定成本的期望值，然后即可直接计算利润的期望值。

（2）销售量的变动与成本的变动有直接联系

这时，需要用计算联合概率的方法来计算利润的期望值。

2）零基预算

零基预算是指在编制预算时，对于所有的预算项目均不考虑以往的情况，一切以零为起点，从实际出发研究、分析未来一定期间生产经营活动的需要和每项业务的轻重缓急，如实确定每项预算是否有支出的必要和支出数额大小的一种预算编制方法。

传统的调整预算编制的方法，是在上期预算执行结果的基础上，根据预算与实际的差异，分析产生差异的各种原因和考虑计划期的实际情况，加以适当调整，确定出计划期内有关项目的预算数。这种预算方法比较简单，但往往使原来不合理的费用开支继续存在下去，造成预算的浪费或是预算的不足。零基预算的编制方法与传统的预算编制方法截然不同。它在确定任何一项预算时，完全不考虑前期的实际水平，只考虑该项目本身在计划期内的轻重缓急，以零为起点确定预算支出的具体数字。零基预算的编制方法大致上可以分为以下三步：

（1）组织员工拟定预算目标

在编制零基预算时，要动员全体员工投入到拟定预算的工作中去，要求所有员工根据本企业的目标和本部门的具体任务，对可能发生的费用项目逐一考证其支出的必要性和需要额，对各项费用项目编写出方案来。

（2）对每一费用项目进行成本–效益分析

组建由企业的主要负责人、财务总监等人员参加的预算委员会，负责对各部门提出的费用项目进行成本–效益分析。这里所说的成本–效益分析，主要是指对所提出的每一个预算项目所需要的经费和所能获得的收益，进行计算、对比，以其计算、对比的结果来衡量和评价各预算项目的经济效益，然后，权衡其轻重缓急，分层次排出其先后顺序。

（3）分配资金，实施预算

将预算期可运用的资金在各费用项目之间进行分配。分配资金应首先满足那些必须支出的费用项目，然后，再将剩余资金在可以增减费用额的费用项目之间按成本效益率进行分配，实施预算方案。

零基预算的特点是不受基期实际数的束缚，一切费用预算额以零为起点，从工作内容需要出发，发挥企业各级管理人员的主观能动性，重新考虑每项预算支出的必要性及规模，并对资源进行有序分配，使预算更符合实际，充分调动企业各级管理人员的积极性和创造性，促进各级管理人员精打细算、量力而行，把有限的资金切实用到最需要的地方，以保证整个企业的良性循环，提高整体的经济效益。但该预算编制方法的一切支出均以零为起点来进行分析、研究，因而工作量相当大。而且，一个企业把许许多多不同性质的业务按照其重要性排出一张次序表来也绝非易事，其中不可避免地也会带有某些主观随意性。因此，在实际预算工作中，可以隔若干年进行一次零基预算，以后几年内则略作适当调整。这样既可简化预算编制的工作量，又能适当控制费用的发生。

3）弹性预算

弹性预算是在编制预算时，考虑到计划期间的各种可能变动因素的影响，编制出一套能适应多种业务量的预算。这种预算需要随着业务量的变化而作出相应的调整，具有伸缩性，因此称作弹性预算或变动预算。

弹性预算是以多种业务量水平为基础而编制的一种预算，因此，它比只以一种业务量水平为基础编制的预算（一般称之为固定预算或静态预算）具有更大的适应性和实用性。即使企业在计划期内的实际业务量发生了一定的波动，也能找出与实际业务量相适应的预算数，使预算与实际工作业绩可以进行比较，有助于有效地控制有关费用的支出。

编制弹性预算，首先要确定在计划期内业务量的可能变化范围。在具体编制工作中，对一般企业，其变化范围可以确定在企业正常生产能力的70%~110%，其间隔取为5%或10%，也可取计划期内预计的最低业务量和最高业务量为其下限和上限。

其次，要根据成本性态，将计划期内的费用划分为变动费用和固定费用。在编制弹性预算时，固定费用在相关范围内不随业务量的变动而变动，因而不需要按业务量的变动来进行调整。而对变动费用，则要按不同的业务量水平分别进行计算。

　　弹性预算一般用于编制弹性成本预算和弹性利润预算。弹性利润预算是对计划期内各种可能的销售收入所能实现的利润所做的预算，它以弹性成本预算为基础，在这里，采购管理者只需要了解一下即可，无须深入研究。

　　4）滚动预算

　　滚动预算又称连续预算，其主要特点是预算期随着时间的推移而自行延伸，始终保持一定的期限（通常为一年）。当年度预算中某一季度（或月份）预算执行完毕后，就根据新的情况进行调整和修改后几个季度（或月份）的预算，如此往复，不断滚动，使年度预算一直含有四个季度（或12个月份）的预算，其基本特征如图3-12所示。

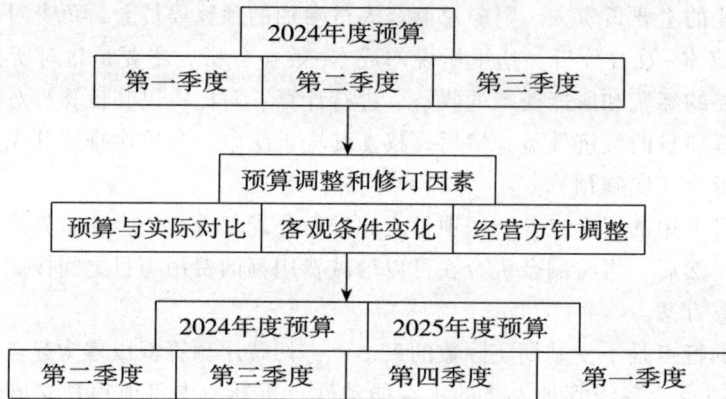

```
            ┌──────────────────┐
            │   2024年度预算    │
      ┌─────┼─────┬─────┬──────┐
      │第一季度│第二季度│第三季度│
      └─────┴──┬──┴─────┘
               ▼
      ┌──────────────────┐
      │  预算调整和修订因素  │
┌─────┼───────┬────────┬─────────┐
│预算与实际对比│客观条件变化│经营方针调整│
└─────┴───┬───┴────────┘
          ▼
      ┌──────────────┬──────────────┐
      │  2024年度预算 │  2025年度预算 │
┌─────┼──────┬──────┼──────┬──────┐
│第二季度│第三季度│第四季度│第一季度│
└─────┴──────┴──────┴──────┘
```

图3-12　滚动预算的基本特征

　　滚动预算的理论根据是：企业的生产经营活动是延续不断的，因此，预算也应该全面地反映这一延续不断的过程。另外，人们对未来客观事物的认识也是由表及里、由粗到细的过程，预算要适应人们对客观事物的认识。滚动预算的优点是：

　　（1）能保持预算的完整性和连续性，可从动态预算中把握企业的未来。

　　（2）预算在执行过程中可以结合客观情况，对预算不断调整与修订，使预算与实际情况能更好地适应，有利于充分发挥预算的指导与控制作用。

　　（3）预算期始终保持4个季度或12个月，使得企业经营管理人员能经常保持一种整体的、全盘的经营思想，保证企业各项工作有条不紊地进行。

🌢 本章小结和学习重点与难点

　　本章首先详细介绍了采购需求的确定方法，其次介绍了采购计划的基本概念、采购计划的主要环节、编制采购预算的原则，以及预算编制的方法和流程。

　　编制采购计划主要包括采购计划的制订和采购订单的确定两个方面的内容。

　　采购需求按性质可以分为相关需求和独立需求。独立需求是指某种物资的需求量是由外部市场决定的，与其他物资不存在直接的连带关系。相关需求是指某种物资的需求量与其他物资有直接的配套关系，当其他某种物资的需求量确定后，就可直接推算出来。

　　物料需求计划，是根据企业的主产品生产计划、主产品的物料单和结构文件及库存文件，分别求出主产品的所有零部件的需求时间和需求数量的方法。

　　配送需求计划，联系着配送系统和制造规划及控制系统，它阐明现有的存货状况，并且预测配送系统对制造生产计划和物料规划的需求。

采购计划，是指企业管理人员在了解市场供求情况、认识企业生产经营活动过程和掌握物料消耗规律的基础上对计划期内物料采购管理活动所作的预见性安排和部署。

采购预算是一种以货币和数量表示的采购计划，它实现了采购计划的具体化，为采购资金的控制提供了明确的标准，有利于采购资金控制活动的开展。

编制预算的方法有很多，主要的有概率预算、零基预算、弹性预算和滚动预算。

本章的学习重点是掌握采购需求的确定方法。

本章的学习难点是理解和掌握采购计划的制订和采购预算的编制方法。

◈ 前沿问题　　　采购计划制订和实施应注意的几个问题

采购计划是指项目中整个采购工作的总体安排。采购计划包括项目或分项采购任务的采购方式、时间安排，相互衔接以及组织管理、协调安排等内容。

1.在制订采购计划时，要把货物、工程和咨询服务分开

编制采购计划时应注意的问题有：采购设备、工程或服务的规模和数量，以及具体的技术规范与规格，使用性能要求；采购时分几个阶段或步骤，哪些安排在前面，哪些安排在后面，要有先后顺序，且要对每批货物或工程从准备到交货或竣工需要多长时间作出安排；一般应以重要的控制日期作为里程碑画出横条图或类似图表，如开标日、签约日、开工日、交货日、竣工日等，并应定期予以修订；货物和工程采购中的衔接；如何进行分包分段，分几个包/合同段，每个包/合同段中含哪些具体工程或货物品目。对于一个规模大、复杂、工期有限的项目，准备阶段一定要慎重研究并将整个项目划分成合理的几个合同段，分别招标和签订合同。在招标时对同时投两个标的标价要求提出一个折减百分比，可以节省筹备费（调遣费、临时工程费），也使同时对这一项目投几个标的公司中标的机会加大，业主的花费（付出的总标价）较少，对双方都有利。

2.及早做好采购准备工作

根据采购周期以及项目周期和招标采购安排的要求，一般来说，在采购计划制订完毕之后，下一步要做的工作就是编制招标文件（包括在此之前的资格预审文件），进入正式采购阶段。通常，最理想的安排是，在项目准备和评估阶段就要开始准备招标文件，同时进行资格预审，到贷款协议生效之前，就完成开标、评标工作，待协议一生效就可以正式签订合同。这样做可以避免因采购前期准备工作不充分，而影响采购工作如期进行。采购进度快慢主要取决于项目前期准备阶段采购计划和合同包的详细程度。同时，尽早编写招标文件，也对加快采购进度有相当大的促进作用。

3.选择合适的采购代理机构

采购代理机构的选择要根据项目采购的内容、采购方式以及国家的有关规定来确定。通常，属于国际竞争性招标的，要选择国家批准的有国际招标资格的公司承担。对属于询价采购、国内竞争性招标、直接采购的，要视情况而定，可以选择国际招标公司，也可以选择外贸公司作为代理，还可以由项目单位自行组织采购。项目单位在选择和确定采购代理机构时，要认真评比选择那些人员素质高、内部管理严密、服务态度好的，真正能够为项目单位工作和服务的代理机构，要签订明确的代理或委托协议书，规定双方的权利和义务。代理公司的确定最好能够在项目准备阶段完成，最迟也应在评估之前完成，以便能让代理公司尽早参与项目采购准备工作，同时项目单位还可以得到一些必要的帮助，以共同

完成采购工作。

案例探讨　　　　　　TW北斗芯片公司的需求预测

TW北斗芯片公司（以下简称"TW公司"）是一家专注于提供位置和时间基础信息的国家高新技术芯片设计企业，公司主要从事卫星导航定位芯片的设计研发，主要的生产制造环节都外包给国际知名供应商。该公司的产品广泛应用于车载导航、智能穿戴、新兴物联、智能电网等领域。

1.TW公司发展现状

随着国家对北斗定位行业的大力扶持及国内定位技术的不断发展，TW公司的定位芯片的技术水平已经达到国际领先水平。但随着定位芯片的广泛应用，竞争越来越激烈，特别是在消费品行业，定位芯片的需求量非常大，但产品的更新换代非常频繁。客户对产品的质量和交期都有严格的要求。在交期方面，消费类行业基本都希望在2周内交货，有些甚至希望直接交现货。TW公司作为一家定位芯片设计研发公司，产品具有以下特点：

（1）产品升级快，市场竞争激烈，要求不断地创新技术。

（2）产品价格变化快，客户对备库存都比较谨慎，因此经常受供需关系的影响，价格波动大。

（3）库存周转率要求高，如果大量堆积库存，可能不小心就变成呆滞库存。

（4）产品生产周期长，一般从晶圆流片到封装到测试，需要4.5~6个月。

总体来说，芯片产品生产周期长，价格波动大，产品交期短且终端产品升级换代快，市场存在的各种不确定性交织在一起，并且相互影响，是目前TW公司面临的问题。

2.TW公司的需求预测

（1）以市场为导向的需求预测

TW公司从2023年年底开始实行以市场为导向的需求预测，具体实施内容如下：

① 每个区域销售人员每个月从客户端收集接下来半年的需求预测数据。

② 各产品线的负责人根据销售部门收集到的需求预测数据，结合库存情况，给出生产计划。以两款芯片（一款通用芯片，一款客户定制芯片）2024年上半年的数据为例，来分析新的运营模式的实施效果。表3-15汇总了通用芯片C1 2024年上半年的预测和实际销售数量。

表3-15　　　　　　通用芯片C1 2024年上半年的预测与实际销售数量　　　　　单位：片

序号	时间（月）	预测	实际	预测误差	准确率（%）
1	2024年1月	415 000	460 810	45 810	111.04
2	2024年2月	215 000	245 152	30 152	114.02
3	2024年3月	347 000	340 040	-6 960	97.99
4	2024年4月	370 000	975 040	605 040	263.52
5	2024年5月	500 000	1 055 210	555 210	211.04
6	2024年6月	970 000	1 250 000	280 000	128.87

从分析的结果来看，2024 年 1—3 月，预测准确率较高，误差率在 15% 以内。但从 2024 年 4 月开始准确率出现非常大的偏差。主要原因是第二季度芯片行业的出货量出现一个小高峰，而销售人员收集的需求预测是提前几个月给出来的，客户没有见到明确的订单之前，给出的预测数据偏保守，这就导致第二季度出现比较大的偏差。从上面的数据分析可知，预测的周期越长，偏差就会越大。

分析完一款通用芯片，我们再来分析一款客户定制芯片 P1，这款芯片是专为客户定制的，单价较高。2023 年年底，客户给出该款定制芯片 2024 年上半年的预测数据（见表 3-16）。

表3-16　　　　　　　　定制芯片P1 2024年上半年的预测与实际销售数量　　　　　　　　　单位：片

序号	时间（月）	预测	实际	预测误差	准确率（%）
1	2024年1月	10 000	5 000	-5 000	50
2	2024年2月	10 000	0	-10 000	0
3	2024年3月	10 000	0	-10 000	0
4	2024年4月	20 000	0	-10 000	0
5	2024年5月	20 000	0	-20 000	0
6	2024年6月	20 000	0	-20 000	0

从客户的预测数据来看，该款定制芯片还是比较有前景的，但从分析结果可以看出，除了第一个月的预测还算准确，后面 5 个月完全没有订单。调查发现是由于市场变化太快，客户产品刚上市就被迫更新换代，导致 TW 公司 7.5 万片的库存成为呆滞料，直接损失达到百万元以上。

（2）以市场为导向的需求预测优化

以市场为导向的新的运营模式，为 TW 公司解决了很多问题，但仍然存在一些问题。归根结底主要有几个原因：市场不确定性大，预测的周期太长，没有采用有效的预测方法。根据分析结果，TW 公司再次优化了预测模型，并且在运营模式上做了以下调整：

① 每个区域销售人员每个月从客户端收集接下来半年的需求预测数据，但每个月会根据客户的销售数据的变化，动态更新。

② 公司根据收集到的预测数据，由最熟悉市场和客户情况的几位专家，根据市场、客户及库存情况，对预测数据进行调整，再形成生产计划，并且每个月都会根据最新情况的变化，进行滚动更新。

③ 客户定制产品按上面的方式预测形成半成品计划，等客户正式下订单，才做成成品，这样既不会形成呆滞料，又能迫使客户提前下订单，也不会让客户等待太久。

可以看出，TW 公司通过滚动式方法（缩短预测周期）和专家预测法（定性预测法中的德尔菲法）降低不确定性，从而降低预测误差。

表 3-17 列出了不同预测方法的准确率。

表3-17　　　　　　　通用芯片C1 2024年7月不同预测方法准确率　　　　　　　单位：片

序号	预测方法	预测	实际	准确率（%）
1	定性预测法	822 120	870 000	105.82
2	简单移动平均法	702 000	870 000	123.93
3	指数平滑法（α=0.1）	935 000	870 000	93.05
4	指数平滑法（α=0.01）	903 500	870 000	96.29

从表3-17的对比数据来看，TW公司采用定性预测法（德尔菲法）的准确率相对比较高，主要原因是预测的人员都是对市场、客户、产品、库存情况非常了解的专家，水平高，预测比较准确。简单移动平均法并不适用于这种类型产品的预测，原因是产品出货量呈现季度性。指数平滑法采用不同的平滑常数，所得到的预测结果有所差异。

根据上面的分析来看，TW公司目前采用定性预测法相对是比较准确的。如果要建立更加优化的模型，就需要收集更多的数据，并且根据实际情况进行不断调整，最终建立一个属于TW公司自己的最优预测模型。

3.结论

在传统的经营思维模式中，经营者往往更注重存货控制指标，而忽略需求预测这一环节。很多人对预测只有一个模糊的概念，而不知道供应链是一种纵向的管理模式，库存控制是否得当，是否达到最优，与需求预测的准确度是息息相关、密不可分的。企业要想做好供应链管理，就必须做好库存控制，具体策略如下：

（1）分析企业的实际情况，建立一个适合企业业务特点的需求预测模型。

（2）根据产品的需求特点进行分类，并依据产品的类型建立一套库存管理模型。

（3）对建立的模型及策略进行跟踪，定期检查，并根据检查的结果及时调整模型或策略。

（资料来源　吴乐凡，徐嘉昕．TW北斗芯片公司需求预测与库存控制研究［J］．企业科技与发展．2024（3）：189-191；195.有改动。）

思考题：

1.TW公司是如何进行需求预测的？

2.如何对以市场为导向的需求预测进行优化？

🔵 课后练习

（一）名词解释

物料需求计划　采购计划　采购预算

（二）填空题

1.采购需求的确定是制订＿＿＿＿＿＿的基础和前提。

2.采购需求按性质可以分为相关需求和＿＿＿＿＿＿，相关需求关系可以分为＿＿＿＿＿＿和＿＿＿＿＿＿两种。

3.＿＿＿＿＿＿是用分段逐点推移的平均方法对时间序列数据进行处理，找出预测对象的历史变动规律，并据此建立预测模型的一种时间序列预测方法。

4.DRP是由_____所决定的，企业无法或者很少能加以控制；而MRP是由_____所决定的，_____是由企业制订和控制的。

5.采购计划，包括两部分内容：一是_____；二是_____。

（三）单项选择题

1.某电冰箱制造厂下个月计划生产电冰箱1 000台，其采购部门需采购的1 000个压缩机属于（   ）的物料。

A.独立需求　　　　　B.离散需求　　　　　C.相关需求　　　　　D.以上都不是

2.关于MRP环境下树立的新的采购观念，下列叙述正确的是（   ）。

A.从供需双方共同管理变为供需双方各自管理

B.从参与生产和促进生产转变为单纯保证生产需要

C.采购作业不再强调制度化和程序化

D.采购作业从为补充库存而采购转变成为订单而采购

3.编写采购计划需要有一定的基础资料，这些资料不包括（   ）。

A.销售计划和物料需用清单　　　　　B.基本建设计划和科研计划

C.采购清单和采购预算　　　　　　　D.设备维修计划和技术改造计划

4.零基预算的优点是（   ）。

A.能够连续地反映企业的预算状况

B.工作量小

C.充分调动管理人员的积极性和创造性，把有限的资金切实用到真正需要的地方

D.避免了主观能动性

（四）多项选择题

1.采购需求主要预测技术包括（   ）。

A.定性预测　　　　　　　　　　　B.灰色预测

C.时间序列预测　　　　　　　　　D.因果关系预测

2.在编制采购预算时应遵循的原则有（   ）。

A.比质比价编制采购预算　　　　　B.积极稳妥、留有余地编制采购预算

C.实事求是编制采购预算　　　　　D.通过扩大采购量来降低成本

3.MRP的输入文件包括（   ）。

A.采购计划　　　　　　B.主生产计划　　　　　C.物料清单

D.库存文件　　　　　　E.生产计划　　　　　　F.结构文件

4.MRP的输出文件包括（   ）。

A.采购计划　　　　　　B.主生产计划　　　　　C.物料清单

D.库存文件　　　　　　E.生产计划

（五）简答题

1.简述物料需求计划的计算步骤。

2.简述DRP的优点和缺点。

3.简述预算的作用。

4.采购认证环节的内容主要包括哪些方面？

5.采购订单环节的内容主要包括哪些方面？

（六）论述题

1.论述 DRP 和 MRP 的关系并对其进行比较。

2.采购计划对企业的生产经营活动具有哪些重要作用？企业的采购计划要发挥这些作用，应达到哪些目的？

（七）计算题

日华有限公司制造的超市手推车包括1个车身和4个轮子，而车身包括1个车身组件和2个扶手组件。组装手推车费时1周，轮子的订货至交货周期为3周，组装车身费时1周，车身组件的订货至交货周期为2周，扶手组件的订货至交货周期为1周。该公司接到了一份订单，要求在8周内交付100辆手推车。目前的存货为20辆完工的手推车、10件车身以及100个轮子。车身组件和扶手必须以每100个一批为单位来订购。请为手推车的生产设计一个时间表。

第4章

库存
控制

学习目标

通过本章的学习，了解库存的分类、库存过程、库存费用的构成、库存控制原理等知识；掌握库存控制模型、定期订货法和定量订货法库存控制方法。

基本概念

库存控制　经济订货批量　确定型库存控制模型　随机型库存控制模型

引导案例　　　　　海大公司的库存管理

海大公司是一家专门经营进口医疗器械产品的公司，2024年，该公司经营的产品有26个品种，共有60个客户购买其产品，年营业额为6 800万元人民币。对于海大公司这样的贸易公司而言，因其进口产品交货期较长、库存占用资金量大，库存管理显得尤为重要。因此，海大公司决定采用ABC分类法进行库存管理。

海大公司按销售额的大小，将其经营的26种产品排序，划分为A、B、C三类。排序在前3位的产品占到总销售额的97%，因此，把它们归为A类产品；排在第4、5、6、7位的产品，每种产品的销售额在0.1%~0.5%之间，把它们归为B类；其余的产品（共占总销售额的1%左右），将其归为C类。对库存产品统计后得知：A类产品只占总库存的11.5%，其销售额占总销售额的97%；B类产品占总库存的15.4%，其销售额占总销售额的2%左右；C类产品占总库存的73.1%，其销售额占总销售额的1%左右。

在此基础上，海大公司对A类的3种产品实行连续性检查策略，即每天检查其库存情况。但由于该公司每月的销售量不稳定，所以每次订货的数量不相同。另外，为了防止预测的误差及工厂交货的不确定性，该公司还设定了一个安全库存量，根据相关资料，该类产品的订货前置期为2个月，即如果预测在8月份销售的产品，应该在6月1日下订单给供应商，才能保证产品在8月1日出库。

海大公司对B类产品的库存管理采用周期性检查策略。每个月检查库存并订货一次，目标是每月检查时库存商品应该保证以后两个月的销售量（其中一个月的数量被视为安全库存），另外在途还有一个月的预计销售量的产品。每月订货时，再根据当时剩余的实际库存数量，决定需订货的数量，这样就会使B类产品的库存周转率低于A类产品。

对C类产品，海大公司则采用了定量订货的方法。根据历史销售数据，得到产品的半年销售量，为该种产品的最高库存量，并将其两个月的销售量作为最低库存量。一旦库存达到最低库存量时就订货，将其补充到最低库存量。这种方法比前两种更省时间，但是库存周转率更低。

海大公司在对产品进行 ABC 分类以后，又对其客户按照购买量进行了分类。海大公司发现在 60 个客户中，前 5 位的客户购买量占全部购买量的 75%，将这 5 个客户定为 A 类客户；到第 25 位客户时，总购买量已达到 95%。因此，把第 6 位到第 25 位的客户归为 B 类，把第 26 位到第 60 位的客户归为 C 类。对于 A 类客户，实行供应商管理库存，一直保持与他们的密切联系，随时掌握他们的库存状况；对于 B 类客户，基本上可以用历史购买记录，以需求预测作为订货的依据；而对于 C 类客户，有的是新客户，有的一年也就购买一次，因此，只在每次订货数量上多加一些，或者用安全库存进行调节。

通过 ABC 分类以后，海大公司的库存管理效果主要体现在：降低了库存管理成本，减少了库存占用资金，提高了主要产品的库存周转率；避免了缺货损失、过度超储等情况；提高了服务水平，提升了客户的满意程度；树立了良好的企业形象，增强了企业的竞争力。

4.1 库存控制概述

所有的企业都是一个进、销（出）、存系统，其根本目的都是为客户提供产品和服务。生产企业是利用生产手段，将采购进来的原材料加工成产品而销售给客户；而流通企业是利用采购手段，把一些供应商手中的产品采购进来，再销售给用户。企业的业务模式，都是将从社会中输入的物资，转换成社会客户所需要的物资，再销售输出给社会中的客户，以满足他们的需要。在企业这个大进、销（出）、存系统中，又有很多小的进、销（出）、存系统。企业内部的采购、生产、销售等环节就是一个个小的进、销（出）、存系统。企业大进、销（出）、存系统是面对社会客户的需求，而小的进、销（出）、存系统是面对企业内部各个环节的需求的。为保证各系统的正常运行，库存（原材料库存、成品库存等）将起到衔接供需、缓冲供需脱节矛盾的重要作用，使企业的生产需求与客户的需求都能得到满足。每个环节周转库存的多少是需要控制的，即库存控制是在保障企业生产需求与客户需求的前提下，使库存物品的数量最少所进行的有效管理的技术经济措施。

4.1.1 库存的分类

按照不同的标准，库存可分为不同的类别。

1）按在生产和配送过程中所处的状态分类

（1）原材料库存：指企业已经购买，但尚未投入生产过程的存货。

（2）在制品库存：指经过部分加工，但尚未完成的半成品存货。

（3）产成品库存：指已经制造完成并正等待装运发出的存货。

不同状态的库存及其位置如图 4-1 所示。

2）按库存所处状态分类

（1）在库库存：指存储在企业仓库中的库存，是存货的主要形式。

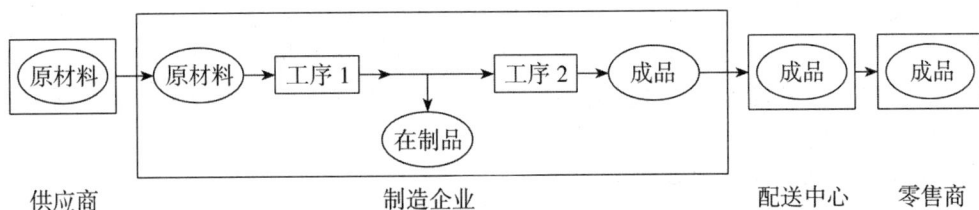

图4-1 不同状态的库存及其位置

（2）在途库存：指生产地和储存地之间的库存，这些物资或正在运载工具上，处于运输状态，或在中途临时储存地，暂时处于待运状态。如果运输距离长，运输速度慢，在途库存甚至可能超过在库库存。

3）按存货目的分类

（1）经常库存：也叫周转库存，是为了满足两次进货期间市场的平均需求或生产经营的需要而储存的货物。存货量受市场平均需求、生产批量、运输中的经济批量、资金和仓储空间、订货周期、货物特征等多种因素的影响。

（2）安全库存：指为防止需求波动或订货周期的不确定而储存的货物。安全库存与市场需求特性、订货周期的稳定性密切相关。市场需求波动越小或需求预测越准确，订货周期越确定，所需的安全库存就越少。如果企业能对市场作出完全准确的预测、订货周期固定，就可以不必保有这部分库存。

（3）促销库存：在企业促销活动期间，一般会出现销售量一定幅度的增长，为满足这类预期需求而建立的库存，称为促销库存。

（4）投机性库存：指以投机为目的而储存的物资。对一些原材料，如铜、黄金等，企业购买并储存的目的常常不是为了经营，而是为了进行价格投机。

（5）季节性库存：指为满足具有季节性特征的需要而建立的库存，如水果等农产品、空调、冬季取暖用煤、夏季防汛产品等。

这些库存的性质互不相同，因此所追求的目标也互不相同。如安全库存是有意识、有计划的储备，所以安全库存追求的目标，主要是要争取达到既定的储备数量，保护好物资的使用价值。在经济效益上的考虑，主要靠提高库容利用率、降低保管损耗来降低库存成本、节省费用。

周转库存是在生产或流通作业的各个环节上为保证上下各个作业环节能顺利开展而进行的临时性储备，是生产和流通的前提条件。周转库存追求的目标，是要提高库存周转率、降低库存成本、提高经济效益。而为提高经济效益最重要的一点，就是要进行库存量的控制。周转库存物资的数量不能少，也不能多，要努力追求一个合适的数量。这也是周转库存区别于其他库存的一个显著的特点，周转库存要进行库存量的控制，而其他库存则不需要进行库存量控制。因为周转库存都是为生产或流通环节服务的。为了降低成本、提高经济效益，企业都希望库存保持一个合适的水平。库存不能太小，因为库存太小了，则会产生缺货，影响生产或销售，直接影响企业的经济效益。库存也不能太大，因为太大了，要占用仓库，需要人保管，要承担一定的保管费用；另外，储存的物资，从价值形态上看，是一种资金的积压。而资金的积压，一是占用了流动资金，二是这些被占用资金还要付银行利息。这些费用就构成了企业的负担，增加了企业的生产成本或流通成本，降低了经济效益。而且超量库存还存在库存风险，因为库存积压品，在市场需求日新月异的今天，很容易成为过时滞销甚至淘汰产品，变成"死"库存。积压越多，费用越高，浪费越大，风险越高。所以，周转库存一定要进行库存量控制，才能使企业利润最大化。

4）按物品需求的重复程度分类

（1）单周期库存：指建储一次（消耗完了不再重新补充）的库存。实际上是指那些发生在比较短的一段时间内、存储时间不可能太长的物料需求。偶尔发生的物料需求，虽然经常发生但生命周期短且需求量不确定的物料需求，都属于单周期库存的范畴。单周期库存实质上涉及的是一次性订货量问题，因此单周期库存控制的关键在于确定一个合理的订货量，以保证既不会因订货量大于市场需求量而造成物料积压损失，又能防止因订货量小于市场需求而失去机会利润。

（2）多周期库存：指每次库存消耗完后需要重新购买补充的库存，属于相当长时间内稳定的、重复性的物料需求。一般而言，多周期库存问题较之单周期库存问题更加普遍。多周期库存控制的基本问题是回答每次订购多少物料和何时订购两方面的问题，前者为物料订货批量决策，后者为订货点决策。

4.1.2　库存过程

一个完整的库存过程，一般包括以下四个过程，我们研究一下，看它的哪些环节可以影响库存量的大小：

1）订货过程

一个库存过程的开始，总是先要采购订货。订货一般有一个时间过程，叫作订货过程。所谓订货过程，是指从决定订货起，到出差订货或发出订货单，然后进行订货谈判，直到订货成交、签订订货合同为止的一段过程。订货过程实现了商品所有权的转移，即将一定批量的物资的所有权由供方转移到自己手中的过程，因此订货过程是一个商流过程。订货过程在账面上成了自己的库存量，这种账面上的库存量又称"名义库存量"。它还不是我们仓库中的实际库存量。

2）进货过程

订货成交以后，就要进货，即把订货成交的货物用运输工具从供方所在地运进自己仓库的过程。进货过程是一个物流过程，即克服空间距离，将产品从供方转移到自己仓库里的过程。进货入库以后，所采购的物资就成为我们仓库中的实际库存量。因此进货过程实际上是增加了库存量。

3）保管过程

物资入库后就进入了仓库的物资保管过程，仓库保管员采用各种各样的保管措施，保持物资的使用价值不变，直到物资销售出去为止，因此保管过程也是保持库存物资数量不变的过程。保管过程也是一个物流过程。

4）销售过程（或供应过程）

物资保管一段时间以后，就要被销售，或者被领用而出库。出库过程是库存物资数量减少的过程。此过程既是商流过程，又是物流过程。因为这个过程既发生物资所有权的转移，又发生物资空间位置的转移。

4.1.3 库存费用的构成

在库存全过程中，全部经营活动所发生的费用大致可以分为以下几类：

1）订货费

订货费是在订货过程中发生的全部费用，包括差旅费、各种手续费、通信费、招待费以及因为订货而支付给订货人员的有关费用等。订货费与订货次数成正比，而与每次订货量的多少无关。

2）保管费

保管费是在保管过程中所发生的一切费用，如出入库时的装卸、搬运、验收、堆码、检验费用，保管用具用料费用，仓库房租、水电费，保管人员有关费用，保管过程中因货损货差等支付的费用，还包括被保管物资作为流动资金的积压应支付的银行利息费用等。保管费用的高低与被保管物资数量的多少和保管时间的长短有关。

3）缺货费

当用户来买货时，仓库没有现货供应，就叫缺货。缺货会造成缺货损失，也就是缺货费用。缺货对供应商、客户都会造成不同程度的经济损失。对供应商来说，失去了销售机会，减少了盈利收入；或违背了合同条约，遭受罚款；或加班加点，紧急补救；多次缺货，还会失去信誉，失去客户，从而失去市场竞争能力。对客户来说，增加了采购费用，需到别的地方采购，或停工待料，影响了正常的生产运营，甚至不得不停工改产。这些经济损失都可以折算为缺货费用。在最简单的情况下，可以认为缺货费与缺货量成正比，缺货量越大，缺货费越高。

4）补货费

补货就是指用户来买货，仓库没有现货供应，但是不让顾客空手而去，而是劝顾客仍然在这里订货，自己承诺马上去采购，待采购回来马上补货给顾客。这种先订货、后补货的做法，是很多经营者常用的做法。补货方式对经营者特别有利，它可以少占用库存、占用资金，因此经营成本特低、效益特高。但是要实现补货，也不那么容易，首先要有一批很信任自己的顾客。这就要求自己在经营时，有很好的客户关系，有很高的信誉。而要做到这一点，是需要花费费用的。例如，平时花在顾客上的感情费用、优惠服务费用等，这些就构成了补货费用。免费送货、优惠价格、优越的售后服务等都是补货费用的具体表现形式。

5）进货费与购买费

进货费用是在进货过程中发生的费用。在从供应点将所订的物资运到仓库的途中，要经过包装、装卸、运输、中转等活动，途中还可能有货损货差情况等。这些运杂费之和就是进货费用。它的特点是与进货的数量成正比。除进货费外，还有物资的购买费，用物资的购买单价来表示。物资的购买成本也与购买物资的数量成正比。

进货费与购买费的共同特点是都只与物资的数量有关。在计划期间订购量一定的情况下，两项总费用都与订购批量无关。因此，把这两项费用合起来称作固定成本。依据这种思想，把物资购买成本放在进货费中一起加以考虑，即进货费包括购买成本。

相应地，由于订货费、保管费、缺货费和补货费都与订货批量有关，批量不同，费用也不同，因此把它们称为可变成本。因为只有可变成本才与订货批量有关，在考虑计算订货批量时，只考虑可变成本，而不考虑固定成本。由以上分析可知，库存过程的全部费用应当包括订货费、保管费、缺货费、补货费以及进货费和购买费。在制定库存策略时，应综合考虑这些费用。

4.1.4 库存控制原理和方法

1）库存控制原理

从库存控制的四个过程来看，能影响库存量大小的只有订货、进货过程和销售供应过程。订货、进货过程使库存量增加，销售供应过程使库存量减少。要进行库存控制，既可以控制订货、进货过程，也可以控制销售出库过程。

如果通过控制销售过程来控制库存，意味着要对用户的需求进行限制性供应，这样自然会影响客户需求的满足度。这种情况一般适用于紧缺物资的进销存系统、供不应求物资。这一做法虽然是比较被动的，但是对于紧缺物资却不得不采用这种方法。而通过对订货和进货过程的控制来控制库存，是在保证用户需求的情况下，通过控制订货和进货的批量和频次来达到控制库存的目的。由于它保障了用户需要，所以它是可行的、主动的。但是它只适用于供大于求的物资市场情况，即什么时候想订货，就能订到货，想订多少就可以订到多少。本书只讨论这种通过控制订货和进货过程来控制库存的方法。

2）采购订货策略

通过控制订货和进货过程来控制库存的方法的基本思想，是要制定一个合适的采购订货策略。这种采购订货策略就是要对采购订货的时间、数量、操作方法等进行规范化控制，从而达到对整个库存水平进行控制的目的。

采购订货策略的基本内容包括三个方面：

（1）什么时候订货？即订货时机。

（2）订多少？即订货量。

（3）如何实施？即订货操作方法。

一个采购订货策略，既是一个采购策略，又是一个库存控制策略。

3）如何制定一个采购订货策略

这种采购订货策略制定的原理就是要针对各种具体的经营模式，考虑各种具体情况和约束条件，求出使得经营总费用最省的订货参数方案。

制定采购订货策略，主要要考虑三个方面的问题：

（1）需求者的需求分析

需求者的需求分析就是分析需求者的需求类型、性质和分布规律，要弄清：

① 它属于什么需求类别，是独立需求，还是相关需求？

② 它属于什么需求性质，是确定型，还是随机型？

③ 它属于什么需求分布，是正态分布，还是其他分布？

其中，需求的性质可以分为确定型和随机型两种。所谓确定型需求，就是单位时间内的需求量均匀稳定，而且是确定不变的需求。所谓随机型需求，是指单位时间内的需求量随机变化、时大时小，没有一个确定的值的需求。仔细分析起来，发现它的取值是在一个范围内变化，在这个范围内取值都以一定的概率出现。也就是说，我们不能知道它的确定的取值，但能知道它大概的取值范围和取值的可能性。我们把这种需求叫作随机型需求。随机型需求的变量叫作随机变量。随机变量必然服从一定的随机分布。在库存控制理论中，可以把它们的分布分成两类：正态分布和其他分布。正态分布的特征，就是需求量的数值分布在以其平均值为中心的一个对称区域内，中间密度大，越往两端密度越小，分布概率密度曲线呈钟形。除正态分布以外的各种分布，我们统统归于其他分布，其他分布的特点，是它们总可以用一个分布表来描述，这个表中能够列出所有各个值出现的概率。对于不同的需求分布，应当采用不同的库存控制模型。通常正态分布用得最多。

（2）经营者的经营方式

在库存控制理论中，把经营者的经营方式分为三种：

① 不允许缺货：就是用户的所有需求都能由仓库实行现货供应，不能缺货。不允许缺货，就意味着整个物资供应期间库存量不能等于或小于 0，库里总是有现货供应用户。

② 可以缺货：允许不保证对用户的现货供应。用户来买货，仓库中有现货，就供应，没有现货就不供应，不会实行欠账供应。缺货，就意味着整个物资供应期间库存量可以等于 0，但不能小于 0。

③ 实行补货：所谓补货，就是当用户来买货时，仓库中没有现货供应，但是不想丧失这次销售机会，就实行欠账供应，答应马上进货，待进货后马上予以补货。补货，就意味着整个物资供应期间，库存量能够等于 0，也能够小于 0，也就是仓库里有现货就供应用户，没有现货也供应，实行欠账供应，并采取赶紧进货的措施，待进货后再补货给用户，消除所欠的账。

这三种经营方式，每一种都还可能采取两种进货方式：①瞬时到货方式，即将一次所订货物一次全部到货，并且订货和进货过程不需要花时间（或可忽略），也就是即订即到，一次到货。②持时到货，是指一次所订货物按一定的进货速率逐渐进货，整个订货和进货过程需要持续一段时间，最起码要花一个以上单位时间，货物持续到达入库。

（3）合适的库存控制方法

在独立需求物资的订货点技术中，最基本的库存控制方法有两种，即定量订货法和定期订货法。它们都是订货点技术下的采购订货方法，但是各自的运行机制不同。定量订货法是基于物资数量的控制，而定期订货法是基于时间的控制。

4.2　库存控制模型

库存控制模型根据需求的性质，分为确定型库存控制模型与随机型库存控制模型。确定型库存控制模型的基本管理方法就是经济订货批量法（Economic Order Quantity，EOQ），下面先说明经济订货批量法。

4.2.1　经济订货批量法

1）经济订货批量的定义

库存控制方面一个标准的分析方法就是对存货的各种成本进行平衡，从而最终回答

"应该订购多少"这个问题。具体的做法是在理想化的存货体系中，计算出在总成本最小化的基础上的订购数量。这个具有优化性质的订货批量被称为经济订货批量。

产品的存货水平随着时间的变化而上下浮动，如图4-2所示。在A点上，订货到达，存货水平出现上升。随后，为了满足客户的需求，产品被售出，存货水平逐渐下降。在B点上，企业实施补货运作，向供应商发布订单，订购的货物在C点到达。这种特点颇具普遍性（有时会出现一些短期的变化），将会在存货体系中周而复始。有时由于突如其来的强大需求或者到货延迟的原因而出现库存缺货（如E点），我们可以在图上以负值的存货水平来表示。有时又由于始料未及的需求萎缩或者订货在不需要的时候提前到达而使得存货大幅上升（如图4-2中的C点和H点）。

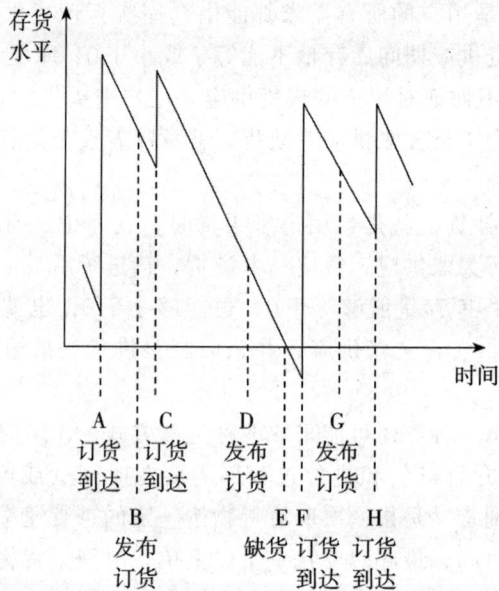

图4-2　时间基础上的存货水平变化图

我们可以对存货水平上下浮动的情况进行分析。由于实际情况太过复杂，我们不妨从简单之处着手，进行一些假设：

① 假定市场对产品的需求已知并具有延续性，而且在一段时间内不会发生变化；

② 假定成本已知，并且不会变化；

③ 假定不会出现缺货的情况；

④ 假定订货至交货周期为零，即在订单下达之际立刻到货。

在这个模型中还隐含着一些其他的假设条件，包括：

① 我们只对某一种产品进行分析，因此，我们无法通过以其他产品代替或者把几种产品集并成为一个订单的方式降低成本；

② 采购价格和再订货成本不会随着订货数量的大小而变化；

③ 每次运货均为同一订单；

④ 补货运作是即时的，因此，同一订单项下的所有货物都是同时到达的，并且可以立即投入使用。

这些假设条件中最为重要的一条莫过于需求已知，并且具有持久和不变的特点（如图

4-3所示）。这些假设条件看上去并不完全符合实际情况，但是，要认识到以下两点：第一，一切模型都是实际情况的简化，建立这些模型的目的是向我们展示一些有用的结果，而不是准确地模仿实际的情况。由经济订货批量法被广泛使用这一事实，我们可以得出这样的结论：在许多情况下，这个模型是有用的。虽然从数学的角度看来，这个结果也许并不十分严谨，但是，它是一个很好的估算，最起码也会具有一定的指导作用。第二，这是一个基本的模型，我们可以利用它在许多方面进行拓展。在后面的内容中，我们将把上述的假设条件去掉一部分，衍生出更为复杂的模型来。

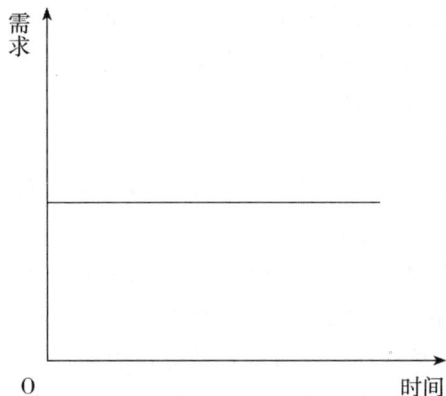

图4-3　需求恒定并且具有延续性

　　上述假设条件为存货水平的变化营造出了一个理性化的特点。需求具有持续性意味着存货水平是以平稳的方式逐步降低，而不是梯次降低。需求量的不变性意味着存货水平降低的速度是不变的。订货至交货周期等于零，意味着我们不需要在缺货之前下订单，因为在发布订单的时候，只要还有剩余存货，订货就会在这些存货告罄之前到达。这部分剩余存货永远不会被真正使用，而仅仅产生存货持有成本。缺货的情况不会出现的假设条件意味着存货水平永远不会下降到零以下，因此也就不会出现丧失销售机会的情况。最后，我们需要确定在成本最小化基础上的订货批量，从而严格按照经济订货批量发布订单。结果如图4-4所示。

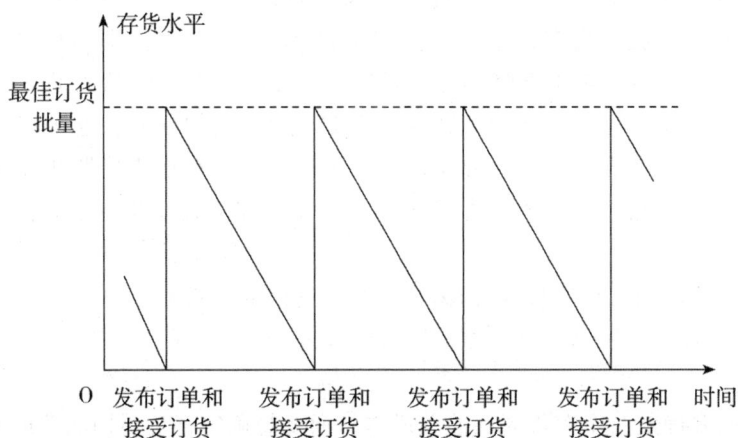

图4-4　固定订货批量下的存货水平

2）经济订货批量分析中涉及的成本和变量

经济订货批量分析中涉及一系列的成本和变量。

① 单位成本。对于供应商来说，单位成本指的是它们所要求的单位产品的价格；而对于实施采购的商业组织来说，单位成本指的是采购一个单位的产品所要支付的全部成本。

② 再订货成本，指的是在日常情况下发布订单的成本，再订货成本包括制作订单的费用、通信费用、使用设备的费用，以及加急送货、品质检验等相关费用。如果所涉及的产品是企业内部自制的，那么再订货成本就等于生产线的建立成本。

③ 持有成本，指的是在一段时间内在存货中持有某种产品的一个单位所产生的成本。存货成本的计算方式通常是以年为单位的，因此，存货持有成本通常也是以年为单位的。

④ 缺货成本，指的是由于出现缺货，无法满足客户需求而产生的成本。

从图4-4我们可以发现，在这个分析中还有另外的三个变量存在：

① 订货批量，指的是订单的规模。我们分析的目的在于确定最佳订货批量。

② 运作周期，指的是在两次连续的补货之间的时间。运作周期的长短与订货批量的大小有关系，批量较大的订单往往会导致较长的运作周期。

③ 需求，指的是在一定时间段内需要向外供给的产品数量（如每周30个单位的产品）。我们假设需求是持续的和恒定的。

我们可以控制的变量实际上只有一个，那就是订货批量，我们可以给它赋予任意值。一旦我们设定好了订货批量值，实际上也就同时锁定了运作周期。我们假设其他所有的变量都是不变的，并且不在我们的掌控之内，那么我们的目的就是，在这些常量的前提下，确定订货批量和运作周期的最优值。

3）经济订货批量的推导

推导经济订货批量有如下三个步骤：①确定一个存货周期的总成本；②用存货周期的总成本除以存货周期，得出单位时间总成本；③确定单位时间最小化的总成本。

如果我们从图4-4中取出一个存货周期来，我们就可以得到如图4-5所示的特点。在图中的某一点上，我们发布订单，订货批量为Q，该批订货立即到货并且以恒定的速度D投入使用。最终存货水平下降到零，这时就要求我们进行再次订货。在这两次订货之间，就是一个存货周期。这个存货周期的长度为T。我们已知在这个存货周期中，接收的订货数量为Q，使用的存货数量为$D×T$，并且，由于在存货周期初期和末期的时候存货水平均为零，因此，在这个存货周期中，接收的订货数量和使用的存货数量必定相等，即：

进入这个存货周期的存货数量=出离这个存货周期的存货数量

因此，

$Q=D×T$

首先，我们要确定一个存货周期的总成本，而要想确定存货周期的总成本，就要求我们把三个方面的总成本（单位成本、再订货成本和存货持有成本）相加，即：

每一个存货周期的总成本=总体单位成本+总体再订货成本+总体存货持有成本

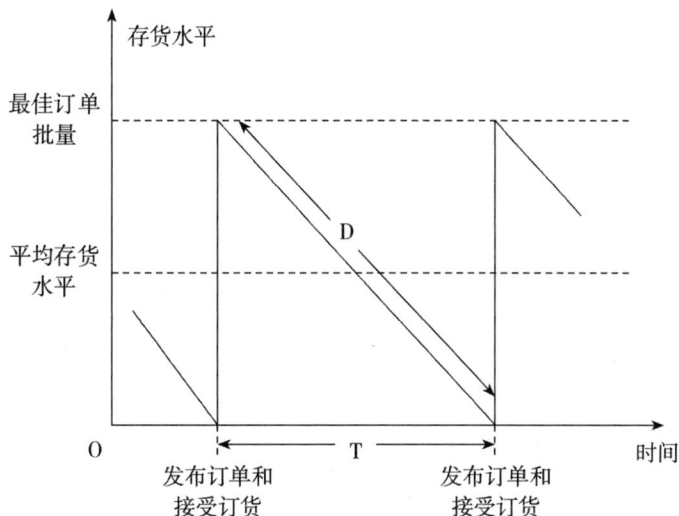

图4-5　存货周期的特点

而这三个方面的成本，可以通过以下方法进行确定：

总体单位成本=单位成本（U）×订货批量（Q）=$U \times Q$

总体再订货成本=再订货成本（K）×发布的订单数量（1）=K

总体存货持有成本=存货持有成本（C）×平均存货水平（$Q/2$）×存货周期（T）=（$C \times Q \times T$）/2

把这三个方面的成本相加，可以得出：

存货周期的总成本=$U \times Q + K + $（$C \times Q \times T$）/2

这样，我们就完成了第一步的分析工作。第二步要求我们用存货周期的总成本除以存货周期 T，可以得出：

单位时间总成本=TC=（$U \times Q$）$/T + K/T + $（$C \times Q$）/2

已知 $Q = D \times T$ 或者 $D = Q/T$，代入上述公式，得出：

$TC = U \times D + $（$K \times D$）$/Q + $（$C \times Q$）/2

需求和所有的成本都是固定的，因此，在等式右侧唯一的变量就是 Q 了。于是，我们发现，单位时间总成本是随着订货批量的变化而变化的，如图 4-6 所示。总体单位成本并不随着订货批量的变化而变化，因此是相对固定的。另外的两个方面的总体成本会随着订货批量的变化而变化，因此，在每一个单位时间内的成本具有可变化的特点，属于可变成本。具体说来，存货持有成本与订货批量呈线性关系，随着订货批量的增大而增大，而再订货成本则正好相反，随着订货批量的增大而减小。把这三个方面的成本相加，就得到单位时间总成本，在图中呈现出一个不规则的"U"形，并且在"U"形的底部有一个十分明显的最低点（即总成本的最小值）。这个最小值所对应的订货批量就是最佳订货批量，即经济订货批量。通过图 4-6 我们可以看到，如果所采用的订货批量小于这个最佳订货批量，就会由于再订货成本过高而导致整体的总成本上升；如果所采用的订货批量大于这个最佳订货批量，就会由于存货持有成本过高也同样导致整体的总成本上升。

第三步，我们要确定单位时间的最小化的总成本。为了求得单位时间的最小化的总成本，我们把总成本对订货批量求一阶导数，并把计算结果设为 0：

d（TC）$/d$（Q）=$-$（$K \times D$）$/Q^2 + C/2 = 0$

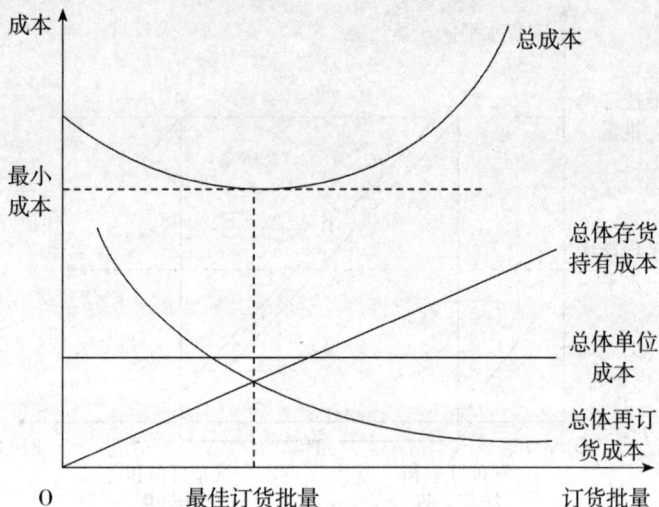

图4-6　成本与订货批量的变化关系图

解这个方程，就得出最佳订货批量或者经济订货批量 Q^*：

经济订货批量 $Q^*=\sqrt{2 \times K \times D/C}$

这就是我们分析所得出的最重要的结果，它回答了"我们究竟应该订购多少"这一问题。得出了这个结果，我们就可以计算最佳的存货周期了。我们已知 $Q=D\times T$，把 Q^* 作为 Q 代入方程式，得出最佳存货周期为：

最佳存货周期 $=T^*=Q^*/D=\sqrt{(2 \times K)/(D \times C)}$

我们还可以代入经济订货批量 Q^* 的值，计算出最小化的单位时间总成本 TC^*。我们已知：

$TC^*=U \times D+（K \times D）/\sqrt{2 \times K \times D/C}+（C \times \sqrt{2 \times K \times D/C}）/2$

由于总体单位成本是固定的，因此，我们只需要把精力集中在可变成本（VC）方面就可以了。

$VC=（K \times D）/Q+（C \times Q）/2$

代入经济订货批量 Q^*，可以得出最小化的可变成本：

$VC^*=K \times D \times \sqrt{C/2 \times D \times K}+C/2 \times \sqrt{2 \times K \times D/C}=\sqrt{K \times C \times D/2}+\sqrt{K \times C \times D/2}$

$\quad=\sqrt{2 \times K \times C \times D}$

如果我们把这个结果与经济订货批量进行比较，就会发现：

单位时间的最小化的可变成本 $=VC^*=C \times Q^*$

于是，单位时间的最小化的总成本就是固定成本和可变成本之和，即：

单位时间的最小化的总成本 $=TC^*=U \times D+VC^*$

从上面的等式，我们可以发现，在经济订货批量的前提下，再订货成本和存货持有成本是相等的，两者都等于 $\sqrt{K \times C \times D/2}$。

【例4-1】东华贸易公司每年以每个60元的价格采购某种产品9 000个。在整个过程中，处理订单和组织送货要产生125元的费用，每个产品所产生的利息费用和存储成本加起来需要9元。请问这种产品的最佳订货政策是什么？

需求 D=9 000个/年　　　　　　　　　单位成本 U=60元/个

再订货成本 K=125元/次　　　　　　　存货持有成本 C=9元/（个·年）

把上述这些已知条件的值代入经济订货批量公式，可以得出：

$Q^*=\sqrt{2 \times K \times D/C}=\sqrt{2 \times 125 \times 9\,000 \div 9}=500$（个）

最佳的订单间隔时间为：

$T^*=Q^*/D=500 \div 9\,000=0.0556$（年）$=0.667$（月）

相关的可变成本为：

$VC^*=C \times Q^*=9 \times 500=4\,500$（元/年）

总成本为：

$TC^*=U \times D+VC^*=60 \times 9\,000+4\,500=544\,500$（元/年）

由此，得出该产品的最佳订货政策为每个月订购500个单位的产品，每年总成本为544 500元。

4.2.2　确定型库存控制模型

所谓确定型库存控制模型，是指需求量、前置期都是确定的条件下的库存控制模型。前置期是指从发出订单到收到该批新订购货物之间所花费的时间，它与订单完成周期的含义是基本一致的。

确定型库存控制模型又可以分为以下两种模型：

1）不允许缺货、瞬时到货的采购控制模型

假设条件：①需求是连续的、均匀的，设需求速度 D 为常数；②当货物储存量降为零时，可以立即得到补充（即前置期很短，可以近似看作零）；③每次订货量不变，订货成本不变；④无缺货成本；⑤单位储存成本不变。

如图4-7所示，随着时间的推移，库存量以 D 的速度逐渐下降，经过时间 T 后，库存量用完，此时进货 Q^*，由于是瞬时到货，仓库的库存量立即上升为 Q^* 值。然后开始下一个周期，周而复始，形成多周期库存控制模型。

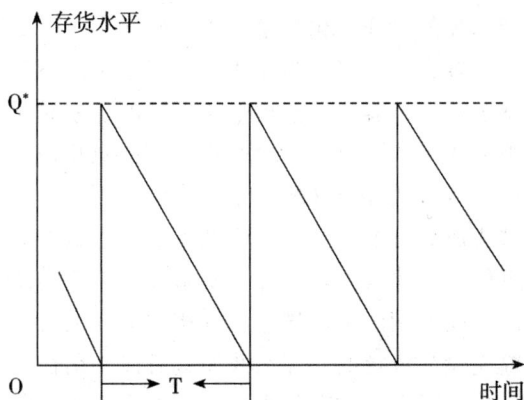

图4-7　不允许缺货、瞬时到货模型

对于这样的库存过程，为使存货总成本最小，订货批量必须适中，批量过大则增大了在库货物的储存成本；批量过小，增加了订货次数，也就增加了订货成本，必须设法找到一个经济订货批量（EOQ），使得总成本最小。

由 $TC=U \times D + (K \times D)/Q + (C \times Q)/2$，得：

经济订货批量 $=Q^* = \sqrt{2 \times K \times D/C}$

最佳存货周期 $=T^* = Q^*/D = \sqrt{(2 \times K)/(D \times C)}$

单位时间最小化的可变成本 $=VC^* = C \times Q^*$

单位时间最小化的总成本 $=TC^* = U \times D + VC^*$

上面的假设条件在现实中几乎不可能出现，下面进一步讨论第二个和第三个条件发生改变的情况。

①前置期不为零时的再订货水平。

上面我们假设了前置期即订货至交货周期为零，也就是只要发布订单，物料马上就会抵达，准备投入生产。然而，在现实条件下，这样的情况几乎不可能出现，并且在订货与交货之间存在着较大的时间延迟。这些延迟形成了前置期，即在发布订单与拿到订货之间所需要的时间。前置期出现的原因有以下几个方面：

第一，进行订单准备工作需要时间。当企业决定采购某些物品的时候，在最终形成订单、发送给客户之前，需要一定的时间。对于一些小批量的订单来说，这个过程所需要的时间不长，所涉及的行政环节也不多，而对于那些较大的订单而言，需要相当的时间对所采购的产品进行设计，履行招投标程序，准备资金等。

第二，把订单准确地传送给供应商的相关部门需要时间。

第三，供应商需要一定的时间。这主要指的是供应商在处理订单和准备所订购货物时所需要的时间。这部分时间长短不一，有时由于所订购的物品由库存供给所需要的时间很短，而有时由于所订购的物品需要进行专门设计和制造所需要的时间会很长。

第四，从供应商处把物料运送到目的地需要时间。对于本地的供应商来说，这可以是几个小时，而对于国际性的供应商来说，这部分时间则可以是几周，如果涉及特殊的和复杂的运输方式的话，甚至可以长达几个月。

第五，对运抵的货物进行处理需要时间。这部分时间指的是从收到货物到把这些货物处理好，准备投入使用所需要的时间，包括清点、检验、记录、编订目录和搬运等。

前置期短的可以是几分钟，长的可以是几年，在通常情况下往往是几天到几周。大家都希望订货至交货周期越短越好，客户希望他们所订购的货物越早到货越好，而供应商则希望始终保持高质量的服务水平，尽早交货给客户，不愿意积压大量的存货。随着电子商务的出现，那些常规订单中的行政环节被取消了，降低了再订货成本，使得来自供应商的更小批量、更高频率的供货成为可能。这样就降低了那些导致持有大量存货的需求波动和不确定性因素的影响，降低了总体成本。此外，实施满足客户需求的快速灵活性运作以及提高运输效率、缩短在途时间的做法也同样会收到相似的效果。

如果我们可以把前置期设为恒定的，那么我们就可以在前面所进行的分析中加入一个有用的部分。我们可以设想一下在标准存货水平基础上有限的订货至交货周期的影响。在需求恒定的条件下，从一个存货周期把存货转移到另外一个存货周期是没有任何意义的，每一个订单项下的货物都应该在现有存货刚好用完的时候抵达。为了做到这一点，应该在需要对货物进行补充之前的一个订货至交货周期的时间就实施订货（如图4-8所示）。做到这一点的最简单的方法就是设定再订货水平。当存货下降到再订货水平的时候，就需要发布订单了。这样，EOQ 就不会受到订货至交货周期的影响而保持不变。

我们可以通过下面的方法计算出再订货水平。在发布订单的时候，现有的存货必须是在订货抵达之前的这段时间里刚刚能够满足需求。由于需求和订货至交货周期都是恒定的，所以再订货至交货周期内满足需求的那部分存货也是恒定的。这样我们就得出：

再订货水平=前置期内的需求=前置期×单位时间内的需求

$ROL=LT \times d$

式中：$d=D/12$ 或 $d=D/50$ 为单位时间内的需求，即每月的需求或每周的需求。D 为年需求。这个简单的公式的意思就是，当存货水平下降到 $LT \times d$ 时，实施订货批量为 Q^* 的订货。

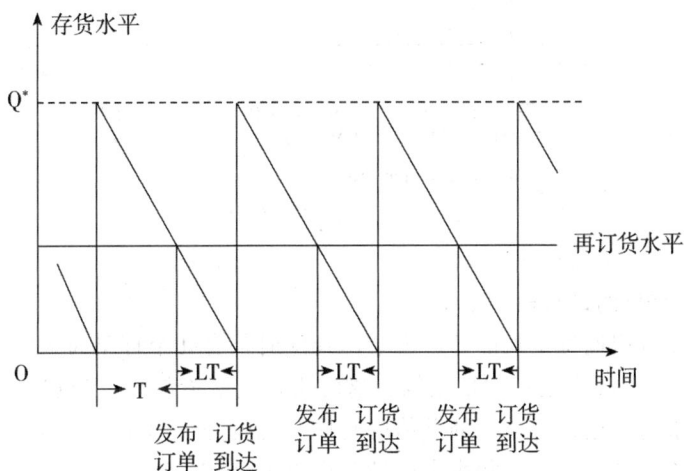

图4-8 前置期以及相应的再订货水平

【例4-2】某种产品的需求是稳定的，为每年 1 200 个，订货成本为 160 元，每个产品的存货持有成本为每年 2.4 元，前置期为 2 个月，请计算得出最佳订货政策。

由题可知：

$D=1\ 200$ 个/年 $\qquad K=160$ 元 $\qquad C=2.4$ 元/（个·年）

由上述的已知条件，可以计算出最佳订货批量和相应的运作周期：

$Q^*=\sqrt{2 \times K \times D/C}=\sqrt{2 \times 160 \times 1200 \div 2.4}=400$ （个）

$T^*=Q^* \div D=400 \div 1\ 200=0.33$ （年）（即 4 个月）

$LT=2$ 个月 $<T^*=4$ 个月

这种情况下的再订货水平为：

$ROL=LT \times d=2 \times 1\ 200 \div 12=200$ （个）

每当存货水平下降到 200 个的时候，我们就需要发布一个订货量为 400 个的订单。

在存货水平降至前置期内的产品需求水平时，需要再次订货，这种情况比较适用于那些前置期时间（LT）比存货周期时间（T）短的情况。现在的问题在于，如果订货至交货周期的时间大于运作周期的时间，就会出现总是有一个订单没有完成的情况（如图4-9所示）。这样当我们发布订单 B 的时候，订单 B 的前面就会有一个订单 A 尚未完结，并且应该在订单 B 到货之前抵达。这时，就要求在库存货和尚未交付的订货相加，能够满足在订单 B 到达之前的这段时间内的需求，因此，这两者的总和必须等于订单 B 的前置期内的需求。

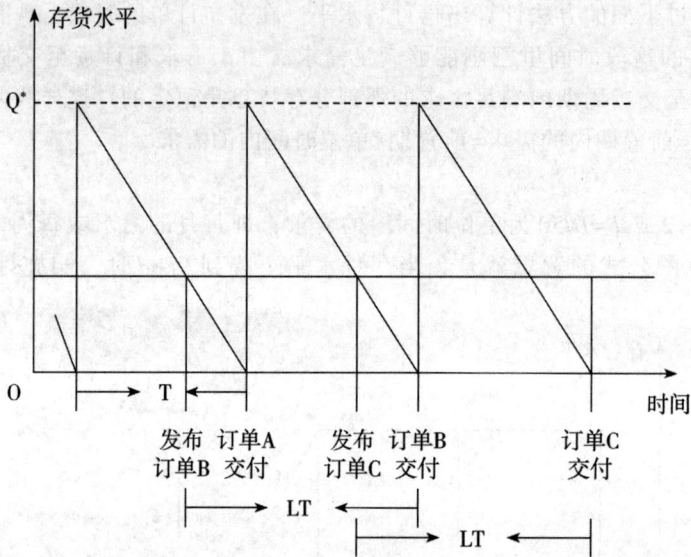

图4-9　在订货至交货周期时间大于运作周期时间情况下的时间安排

在库存货+未交付的订货=$LT\times d$

如果订货至交货周期特别长的话，就会出现随时都有几个订单尚未完结的情况。前置期的时间将在 n 个与 $n+1$ 个运作周期之间，这时再订货政策就是：当在库存货降低到订货至交货周期的需求与未送达订单量的差值的时候，也就是在库存货达到再订货水平时，就需要再次发布订单了，这时再订货水平的计算由以下公式来决定：

再订货水平（在库存货）=前置期的需求−未交付的订货量

$ROL=LT\times d - n\times Q^*$

式中：$n=\left[\dfrac{LT}{T}\right]$（即对 $\dfrac{LT}{T}$ 取整数）。

【例4-3】条件同上例，请计算得出前置期为 6 个月和 11 个月时的最佳再订货政策。

由上题可知：

$Q^*=\sqrt{2\times K\times D/C}=400$（个）

$T^*=Q^*/D=4$ 个月

$LT=6$ 个月$>T^*=4$ 个月

$d=D\div 12=1\,200\div 12=100$（个/月）

$n=[6/4]=1$

这种情况下的再订货水平为：

$ROL=LT\times d - n\times Q^*=6\times 100-1\times 400=200$（个）

每当存货水平下降到 200 个的时候，我们就需要发布一个订货量为 400 个的订单。

如果订货至交货周期为 11 个月，则 $n=[11/4]=2$。

这种情况下的再订货水平为：

$ROL=11\times 100-2\times 400=300$（个）

每当存货水平下降到300个的时候，我们就需要发布一个订货量为400个的订单。

②订货量增大、有价格折扣时。

以上模型所讨论的货物单价均是常量，得出的订货决策与货物单价无关。然而，在现实生活中，我们经常可以看到一种商品有所谓的零售价、批发价和出厂价，购买同一种商品也有可能因购买数量的不同而有不同的价格。一般情况下，购买数量越多，价格越低。如图4-10所示，产品单价随订货批量而变化。基本的单位成本是U_1，但是对于批量大于Q_1的订单，单位成本就会降到U_2，而对于批量大于Q_2的订单，单位成本就会降到U_3，以此类推。

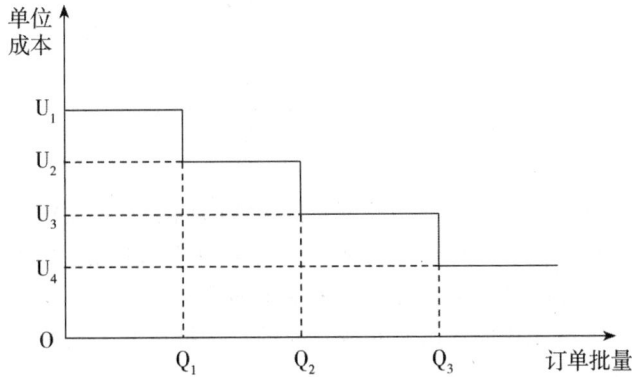

图4-10 订货批量基础上的单位成本的阶梯式变化

对应于每一个单位成本U，我们按照确定经济订货批量的方法，都可以画出一条以单位时间为基础的订货批量的总成本曲线图。各条总成本曲线之间没有交叉，相对独立，每一条曲线都只在相应的区间范围内有意义。U_1这条总成本曲线只在订货批量值位于O与Q_1之间时有意义，即U_1的实线部分适用于这个单位成本；批量超出了这个范围，这条曲线就不适用，即曲线的虚线部分不适用。U_2只在订货批量位于Q_1与Q_2之间时有意义，它始终要比U_1总成本曲线低。在前面两条总成本曲线的下面和订货批量Q_2和Q_3之间，画出第三条U_3总成本曲线。如果我们把这些有意义的部分连接起来，就得到了单位时间内的总成本曲线图，即图4-11中所显示的实线曲线——有效的总成本曲线。有效的总成本曲线有两个特点：第一，有效的总成本曲线在最小值的左边总是逐渐升高的。这就意味着最优总成本要么就是有意义的订货批量最小值，要么就在这个值的右侧。第二，最优总成本点仅可能出现在以下两个点：要么就是有意义的订货批量最小值，要么就是成本分界点。成本分界点是指位于有效总成本曲线左侧一端的分界点。

我们要确定在单位时间内总成本最小化基础上的订货批量。换言之，我们想要找到在有效总成本曲线上的最小值所对应的最佳订货批量值Q^*。我们只需要把有意义的订货批量最小值与位于这个最小值右侧的成本分界点进行比较，就可以准确地找出最低总成本点。与这个最低总成本点相对应的就是最佳订货批量值。

确定最低总成本的具体方法是：

第一，寻找有意义的经济订货批量。判断其是否是有意义的经济订货批量主要看计算的经济订货批量是否在有意义的订货批量范围之内，如图4-11中的B点。无意义的经济订货批量是在有意义的订货批量范围之外，如图4-11中的A、C、D点。

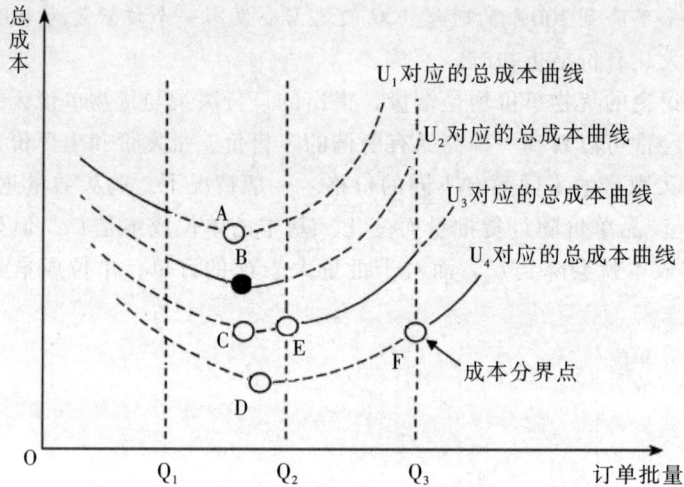

图4-11 不同单位成本基础上的有效的总成本曲线

第二，如果这个值没有意义，则计算其右侧曲线的成本分界点较低一端的总成本，即以成本分界点较低一端的订购量计算总成本，如图4-11中的E点、F点。

第三，对有意义的经济订货批量计算的总成本和每个成本分界点较低一端计算的总成本进行比较，从中确定最低总成本以及它所对应的订货批量值。其中总成本最小所对应的订货数量即为最佳订货批量 Q^*。

我们下面举两个具体例子。

【例4-4】一家小型超市每年销售某种饮料约732罐。订货成本是每次45元，储存成本为每年每罐15元。不同订货范围对应的单价见表4-1。

表4-1　　　　　　　　　　　　　不同订货范围对应的单价

订货范围（罐）	单价（元/罐）
1~49	22
50~79	20
80~99	18
100以上	17

试确定最优订货批量。

①计算通常的经济订货批量：

$$Q^* = \sqrt{2 \times K \times D/C} = \sqrt{2 \times 45 \times 732 \div 15} \approx 66 \text{（罐）}$$

②由于66罐落在50~79罐的订货范围内，66罐应按20元的单价进购，则一年进购732罐的总成本以每批66罐计，应是：

$$TC_{66} = 732 \times 20 + 732/66 \times 45 + 1/2 \times 66 \times 15 \approx 15\,634 \text{（元）}$$

由于存在更低的单价，应继续计算单价为18元和17元的总成本，以作出比较。若以18元进购，每次最小批量订购80罐，则每批订购80罐的总成本为：

$$TC_{80} = 732 \times 18 + 732/80 \times 45 + 1/2 \times 80 \times 15 \approx 14\,188 \text{（元）}$$

若以17元进购，每次最小批量订购100罐，则每批订购100罐的总成本为：

TC_{100}=732×17+732/100×45+1/2×100×15≈13 523（元）

由此可得，每批订购100罐时总成本最低，所以100罐是最佳经济订货批量。

【例4-5】某公司每年实际工作的时间是50周。该公司某种产品的需求是每周40个，订货成本（包括运输费用）为每订单100元，每年单位产品的存货成本为产品单位成本的30%。产品单位报价根据订货批量大小有不同程度的折扣，情况如下：当订货批量小于100个时，供应商的基本报价是100元，即不打折扣；当订货批量为100个及以上时，折扣为10%；当订货批量为200个及以上时，折扣为15%。请计算这种产品的最佳订货批量是多少。

已知的变量如下：

D=40×50=2 000（个/年）　　　　C=30%U元　　　　　　　K=100元/订单

①当Q在200个以上时，U_3=100×85%=85（元），C_3=85×30%=25.5（元）。

于是，经济订货批量EOQ_3=$\sqrt{2 \times K \times D/C}$=125（个），$EOQ_3$无意义。

成本分界点所对应的订货批量值为200，其总成本为：

TC_{200}=U_3×D+（K×D）/Q+（C_3×Q）/2=85×2 000+（100×2 000）/200+（25.5×200）/2
=173 550（元）

②当Q在100～200个时，U_2=100×90%=90（元），C_2=90×30%=27（元）。

于是，经济订货批量EOQ_2=$\sqrt{2 \times K \times D/C}$=122（个），$EOQ_2$有意义。

TC_{122}=U_2×D+（K×D）/Q+（C_2×Q）/2=90×2 000+（100×2 000）/122+（27×122）/2
=183 286（元）

③当Q在0～100个时，U_1=100元，C_1=100×30%=30（元）。

于是，经济订货批量EOQ_1=$\sqrt{2 \times K \times D/C}$=116（个），$EOQ_1$无意义。

成本分界点所对应的订货批量值为100，其总成本为：

TC_{100}=U_1×D+（K×D）/Q+（C_1×Q）/2=100×2 000+（100×2 000）/100+（30×100）/2
=203 500（元）

由此可得，订货批量为200个时总成本最低，所以200个是最佳订货批量。

实际上，根据图4-11可以看出，在算出有意义的经济订货批量之后，其左侧的成本分界点所对应的总成本即使不进行计算，也可以知道一定是高于有意义的经济订货批量的总成本。也就是TC_{100}即使不进行计算，也可以知道一定是高于TC_{122}的。只需将TC_{122}与TC_{200}进行比较，就可以确定最佳经济订货批量。这也是为什么先从订货批量大的开始计算经济订货批量的原因。

2）不允许缺货、持续到货的库存控制模型

本模型的假设条件，除进货需持续进行的条件以外，其余皆与前面的模型相同。当采购商进货批量比较大，或是供货商的交货能力比较低时，每次的订货不是一次全部到达，而是在一定时间内依次连续到达。库存量的变化不是由零瞬时增至最大，而是按一定速率逐渐增至最大，该模型的库存曲线图如图4-12所示，需求和成本都是已知的和恒定不变的，并且不会出现缺货的现象。供货商的单位时间供货速度为p，单位时间需求消耗存货的速度为d，这样存货增长速度就为$p-d$，在某个特定的时间点t_1，停止供货，在这种情况下，由于需求的原因，存货下降的速度变为d，在经过一段时间t_2以后，存货全部用完，就要求供货商重新开始供货了。

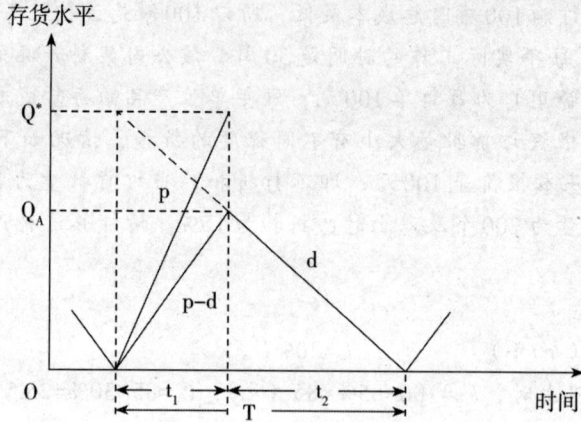

图4-12 不允许缺货、持续到货的库存控制模型

由 $TC=U×D+（K×D）/Q+\frac{1}{2}（pt_1-dt_1）C$

得 $TC=U×D+（K×D）/Q+\frac{1}{2}Q·C·\frac{p-d}{p}$

式中：$t_1=\frac{Q}{p}$ 为供货期。

为求得最小化的总成本，我们把总成本对订货批量求一阶导数，并把计算结果设为0：

$d（TC）/d（Q）=0$

解这个方程，就得出：

经济订货批量 $Q^*=\sqrt{\frac{2DK}{C}·\frac{p}{p-d}}$

最佳存货周期 $T^*=Q^*/D=\sqrt{\frac{2K}{DC}·\frac{p}{p-d}}$

供货期 $t_1=Q^*÷p$

最大库存量 $Q_A=Q^*÷t_1$

最优可变成本 $VC^*=（K×D）/Q^*+\frac{1}{2}Q^*·C·\frac{p-d}{p}=C·Q^*·\frac{p-d}{p}$

最优总成本 $TC^*=U×D+VC^*$

式中：p——单位时间供货量；d——单位时间需求量。

【例4-6】对于某种产品的需求是每日5个。生产这种产品的速度同样也是恒定不变的，为每日生产10个。产品的单价为50元，订货成本（包括运输费用）为每订单650元，存货持有成本为每年存货价值的30%。在这种情况下，最佳的订货决策是怎样的（一年按360天计算）？

已知条件如下：

$D=5×360=1\,800$（个） $d=5$个产品单位/日 $p=10$个产品单位/日

$U=50$元/个 $K=650$元/订单 $C=0.3×50=15$（元/个·年）

把这些已知条件代入最佳订货批量计算公式，我们可以得出最佳订货批量为：

$$Q^*=\sqrt{\frac{2DK}{C}\cdot\frac{p}{p-d}}=\sqrt{\frac{2\times1\,800\times650}{15}\times\frac{10}{10-5}}=558.57\approx559（个）$$

最佳存货周期 $T^*=Q^*/D=\sqrt{\frac{2K}{DC}\cdot\frac{p}{p-d}}=\sqrt{\frac{2\times650}{15\times1\,800}\times\frac{10}{10-5}}=0.31（年）=3.72（月）$

最优可变成本 $VC^*=C\cdot Q^*\cdot\frac{p-d}{p}=15\times559\times\frac{10-5}{5}=8\,385（元）$

最优总成本 $TC^*=U\times D+VC^*=50\times1\,800+8\,385=98\,385（元）$

通过计算得出，对于该种产品的最佳订货政策是每3.72个月订货559个产品，每年的总成本为98 385元。

4.2.3 随机型库存控制模型

所谓随机型库存控制模型，就是指在采购需求量、前置期以及订货完成时间等因素存在不确定性的条件下所采用的库存控制模型。

在一般情况下，管理者在进行采购决策时会面临种种不确定因素：订货完成周期内需求量可能超过或低于预测数，由于生产或运输故障导致前置期加长等。绝对的确定性是不大可能存在的，库存需求量、前置期以及订货完成时间等方面多多少少总会有一些变动，这些变动可以呈现出任何一种分布，如正态分布、泊松分布、Erlang分布等。本书只介绍前置期和需求量呈正态分布的情况。只要变异的程度在一定的范围之内（变异系数小于0.1~0.2），我们就可以将它当作确定型问题来处理。

在随机型采购控制模型中，EOQ的计算是十分复杂的，它是订购成本、储存成本与缺货成本的总期望值最小时的订货批量。而为了计算相关成本的数学期望必须了解需求的概率分布规律，并利用概率密度函数与分布函数进行一系列复杂的运算。相比确定型采购控制模型，随机型采购控制模型要决定的参数是再订货水平（ROL，也就是订货点库存量）和安全库存量。

在随机型库存控制模型中，当库存量低于或等于订货点库存量时就发出订货信号，每次订货量为ROL。订货点库存量公式如下：

$ROL=d\cdot LT+SS$

式中：ROL——订货点库存量；d——单位时间需求量；LT——前置期；SS——安全库存量。

订货点库存量的确定方法将在下节定量订货法中作详细介绍，下面先介绍其中关键的问题SS如何确定。使年缺货成本与安全库存的年储存成本的总期望值最小的安全库存量就是我们要求的最佳SS值。安全库存量在需求量和前置期发生变化时才予以考虑，并要控制在最低限度。

有三种情况可能会发生：①前置期不变，需求量发生变化；②前置期变动，需求量不变；③前置期与需求量均发生变化。

通常，在计算随机型采购模型的安全库存量时，设定需求量与前置期均服从正态分布。在此假设前提下，对上述三种情况进行详细讨论，确定安全库存SS。

1) 前置期不变，需求量变化

$SS=\alpha \cdot \sigma_d \cdot \sqrt{LT}$

式中：α——库存安全系数；σ_d——前置期内单位时间需求量的标准差；LT——前置期天数。

α 的计算可根据既定的服务水平（不缺货率），查正态分布表得出。表4-2列出了一些常用的服务水平所对应的安全系数。

表4-2 安全系数表

服务水平	安全系数	服务水平	安全系数
1.00	3.9	0.92	1.41
0.9990	3.1	0.91	1.34
0.9980	2.88	0.90	1.28
0.99	2.33	0.85	1.03
0.98	2.05	0.80	0.84
0.97	1.88	0.75	0.67
0.96	1.75	0.70	0.52
0.95	1.645	0.60	0.25
0.94	1.545	≤0.50	0
0.93	1.48		

σ_d 则根据下列公式计算：

$$\sigma_d=\sqrt{\sum_{i=1}^{n}(d_i-E_d)^2 q_i}$$

式中：d_i——前置期内第 i 天的实际需求量；E_d——日需求量的期望值（均值）；q_i——前置期内第 i 种日需求量出现的概率；n——n 种日需求量。

$E_d=\sum_{i=1}^{n} d_i \cdot q_i$，$E_d$ 可以根据统计数据对前置期内 i 种概率不同的需求量求期望值。

【例4-7】一家饮料配送中心对历史记录进行统计分析，得出某种饮料在前置期（备货期）20天内的日库存需求概率分布如表4-3所示。

表4-3 某种饮料在前置期20天内的日库存需求概率分布

日需求量d（吨）	30	40	60	70	80	90
概率q_i（%）	20	10	15	25	20	10

如果管理者愿意承担的缺货风险不超过3%，那么该配送中心应持有的安全库存量求解如下：

①确定 α，根据服务水平=1-缺货风险率=1-3%=97%，由表4-2（或正态分布表）可查得：

α=1.88

②计算 σ_d：

E_d=30×20%+40×10%+60×15%+70×25%+80×20%+90×10%=61.5

$$\sigma_d = \sqrt{\sum_{i=1}^{6}(d_i - E_d)^2 q_i}$$

$$= \sqrt{(30-61.5)^2 \times 20\% + (40-61.5)^2 \times 10\% + \cdots + (90-61.5)^2 \times 10\%} \approx 20.3$$

③计算安全库存 SS：

$SS = \alpha \cdot \sigma_d \sqrt{LT} = 1.88 \times 20.3 \times \sqrt{20} \approx 171$（吨）

2）需求量不变，前置期变动

$SS = \alpha \cdot \sigma_t \cdot d$

式中：α——安全系数，计算同前；σ_t——前置期的标准差；d——日需求量。

【例4-8】某家厂商的原材料库对材料A的日需求量为35件，前置期的变化数据统计如表4-4所示。

表4-4　　　　　　　　　　　　　　前置期的变化数据统计

前置期（天）	10	11	12	13	14	15
出现的概率（%）	10	20	35	20	10	5

在既定的服务水平98%的情况下，应保有多少安全库存？

①确定α，查表可知，服务水平为98%时，安全系数α=2.05。

②计算 σ_t：

E_t=10×10%+11×20%+12×35%+13×20%+14×10%+15×5%=12.15

$\sigma_t = \sqrt{(10-12.15)^2 \times 10\% + (11-12.15)^2 \times 20\% + \cdots + (15-12.15)^2 \times 5\%} \approx 1.28$

③计算安全库存 SS：

SS=2.05×1.28×35=92（件）

3）需求量与前置期均变动

$SS = \alpha \cdot \sigma_c$

式中：α——计算同前；$\sigma_c = \sqrt{E_t \cdot \sigma_d^2 + (E_d)^2 \cdot \sigma_t^2}$。

【例4-9】三阳公司销售一种按摩椅，根据历史数据，三阳公司得到前置期内日需求量的相关数据如表4-5所示，在服务水平不低于98%时，应保有多少安全库存？

表4-5　　　　　　　　　　　　　前置期内日需求量的相关数据

日需求量（件）	40	50	60	70	80	90
概　率	0.1	0.2	0.2	0.2	0.2	0.1
前置期（天）	5	6	7	8		
概　率	0.1	0.3	0.4	0.2		

E_d=40×0.1+（50+60+70+80）×0.2+90×0.1=65（件）

E_t=5×0.1+6×0.3+7×0.4+8×0.2=6.7（天）

$$\sigma_d = \sqrt{(40-65)^2 \times 10\% + (50-65)^2 \times 20\% + \cdots + (90-65)^2 \times 10\%} = 15$$

$$\sigma_i = \sqrt{(5-6.7)^2 \times 10\% + (6-6.7)^2 \times 30\% + (7-6.7)^2 \times 40\% + (8-6.7)^2 \times 20\%} = 0.9$$

服务水平为98%时，查表得安全系数 $\alpha=2.05$，则安全库存为：

$$SS = 2.05 \times \sqrt{6.7 \times 15^2 + 65^2 \times 0.9^2} \approx 2.05 \times 70 \approx 144 \text{ （件）}$$

4.3 定量订货法和定期订货法

4.3.1 定量订货法

定量订货法是由戴维斯（Davis）所创，美国物料试验协会（American Society for Testing Materials，ASTM）加以推荐，因此定量订货法又称为戴维斯法或ASTM法。

定量订货法是指在日常管理中不断地监控库存物料数量，当库存物料数量降低到预先设定的某一基准（订货点）时，发出订货通知并按订货批量（经济订货批量）补充订货的一种库存控制方法。定量控制的采购情况如图4-13所示。

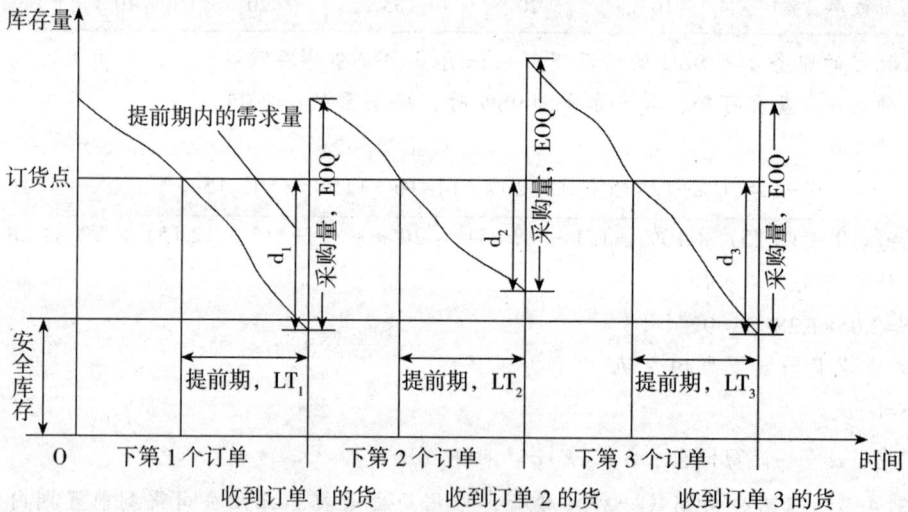

图4-13 定量控制的采购情况

定量订货法需要确定两个参数：订货点库存量和经济订货量 Q^*。前者影响服务水平，后者影响整个库存的平均水平。经济订货批量是指使库存持有成本、订货成本和缺货成本三者之和达到最小的采购量，其确定方法上节中已经介绍，这里不再重复。订货点库存量的确定存在如下四种情况：

1）需求确定、前置期确定情况下的订货点库存量确定

我们在上节中讨论确定型库存控制模型的时候，介绍了这种情况下订货点库存量确定的方法，这里也不再重复。

第一种情况是假设需求和前置期不变并且已知，但是，多数情况下需求和前置期并不确定，而是变化的，因此，必须建立安全库存以对缺货作出某种程度的预防。我们在上节

讨论随机型库存控制模型的时候，介绍了下面三种情况下安全库存的确定方法，下面要介绍在这三种情况下订货点库存量的确定方法。

2）前置期确定、需求不确定情况下的订货点库存量确定

在前置期确定、需求不确定的定量控制系统中，需要对需求的不确定情况进行具体的分析，假定前置期内每天的需求服从某种分布，例如正态分布。用 ROL 代表以单位产品计的订货点库存量；用 $\overline{d}$ 代表每天的平均需求量；用 LT 表示以天计的订货前置期；用 σ_d 表示前置期中每天需求的标准差。

订货点库存量的计算公式如下：

$$ROL=LT\cdot\overline{d}+\alpha\cdot\sigma_d\cdot\sqrt{LT}$$

式中：$\alpha\cdot\sigma_d\cdot\sqrt{LT}$——安全库存量。

【例 4-10】某公司某种原材料每天平均消耗量为 40 件，需求变动的标准差为 10，采购前置期为 12 天，如果该公司希望原材料不出现缺货的概率不小于 95%，假设前置期 12 天是确定的，则这种原材料应该将订货点库存量设置在什么水平才能保证不缺货的概率为 95%？

在这个例子中，$\overline{d}$=40 件，LT=12 天，σ_d=10 件，95% 的服务水平对应的安全系数 α=1.64，因此：

$$ROL=LT\cdot\overline{d}+\alpha\cdot\sigma_d\cdot\sqrt{LT}=12\times40+1.64\times10\times\sqrt{12}=537（件）$$

也就是说，当这种原材料的库存量降到 537 件的时候，该公司应该发出采购指令。

3）需求确定、前置期不确定的订货点库存量确定

实际上，除了需求的随机性外，前置期的随机特性也会导致缺货问题和影响库存系统的服务水平。如果前置期是不确定的，则需要有更多的安全库存来保证服务水平。为了分析前置期的变动对安全库存的影响，在这里，我们假设需求是确定的，而前置期是变动的且服从正态分布。用 ROL 代表以单位产品计的订货点库存量；用 d 代表每天的需求量；用 $\overline{LT}$ 表示以天计的平均采购前置期；用 σ_t 表示采购前置期的标准差。

订货点库存量的计算公式如下：

$$ROL=\overline{LT}\cdot d+\alpha\cdot\sigma_t\cdot d$$

式中：$\alpha\cdot\sigma_t\cdot d$——安全库存量。

【例 4-11】某公司某种原材料每天的需求量较为稳定，d= 60 个，但是这种原材料的采购前置期很不稳定，有时需要 5 天，而有时需要 15 天，通过对供应商的供货前置期进行统计检验得知前置期的分布服从正态分布，平均前置期为 8 天，前置期的标准差为 5 天，该公司希望这种原材料不出现缺货的概率不小于 95%，这种原材料的订货点库存量水平为多少？

在这个例子中，d=60 个，$\overline{LT}$=8 天，σ_t=5 天，95% 的服务水平对应的安全系数 α=1.64，因此：

$$ROL=\overline{LT}\cdot d+\alpha\cdot\sigma_t\cdot d=60\times8+1.64\times5\times60=972（个）$$

也就是说，当这种原材料的库存量降到 972 个的时候，应该发出采购指令。

4）需求不确定、前置期不确定的订货点库存量确定

实际中，非常普遍的现象是需求和前置期都是不确定的，尤其是一些国外采购的物品，由于是跨国运输，牵涉海关通关以及长距离运输，一些供应商的供货前置期经常是有波动的。从概率分布的意义上来分析两个分布乘积的分布不是很容易，而且在很多情况下

其分布是未知的，所以在这里我们给出一个近似的计算公式。

假设需求和前置期是相互独立的，用 ROL 代表以单位产品计的订货点库存量；用 $\bar{d}$ 代表每天的平均需求量；用 $\overline{LT}$ 表示以天计的平均订货前置期；用 σ_t 表示订货前置期的标准差；用 σ_d 表示需求的标准差，则订货点库存量为：

$$ROL=\overline{LT}\cdot\bar{d}+\alpha\cdot\sqrt{\overline{LT}\cdot\sigma_d^2+(\bar{d})^2\cdot\sigma_t^2}$$

式中：$\alpha\cdot\sqrt{\overline{LT}\cdot\sigma_d^2+(\bar{d})^2\cdot\sigma_t^2}$ ——安全库存量。

【例 4-12】某公司某种原材料每天的需求量和前置期都是不确定的，原材料每天平均消耗量为 40 个，需求量变动的标准差为 10 个，平均前置期为 8 天，前置期的标准差为 5 天，需求量和前置期的分布服从正态分布，该公司希望这种原材料不出现缺货的概率不小于 95%，这种原材料的订货点库存量水平为多少？

在这个例子中，$\bar{d}=40$ 个，$\sigma_d=10$ 个，$\overline{LT}=8$ 天，$\sigma_t=5$ 天，95% 的服务水平对应的安全系数 $\alpha=1.64$，因此：

$$ROL=\overline{LT}\cdot\bar{d}+\alpha\cdot\sqrt{\overline{LT}\cdot\sigma_d^2+(\bar{d})^2\cdot\sigma_t^2}=8\times40+1.64\times\sqrt{8\times10^2+40^2\times5^2}\approx651 \text{（个）}$$

也就是说，当这种原材料的库存量降到 651 个的时候，应该发出采购指令。

4.3.2 定期订货法

定期订货法是采用定期盘点库存的方法，并根据库存情况，结合下一计划期预计的需求情况确定每次的采购量。如果目前库存储备较少，或者预计需求将增加，可以适当地增加采购量；反之，则可以减少采购量。

在定期控制过程中，每两次采购的时间间隔是固定的，因此，此控制方式也被称为固定订货期法。与定量订货法相反，在定期控制过程中，订货批量通常是变化的。这种控制方式的关键是确定订货期。由于定期控制采用固定的订货间隔期，因此通常按月或季来划分。定期控制系统的采购情况如图 4-14 所示。

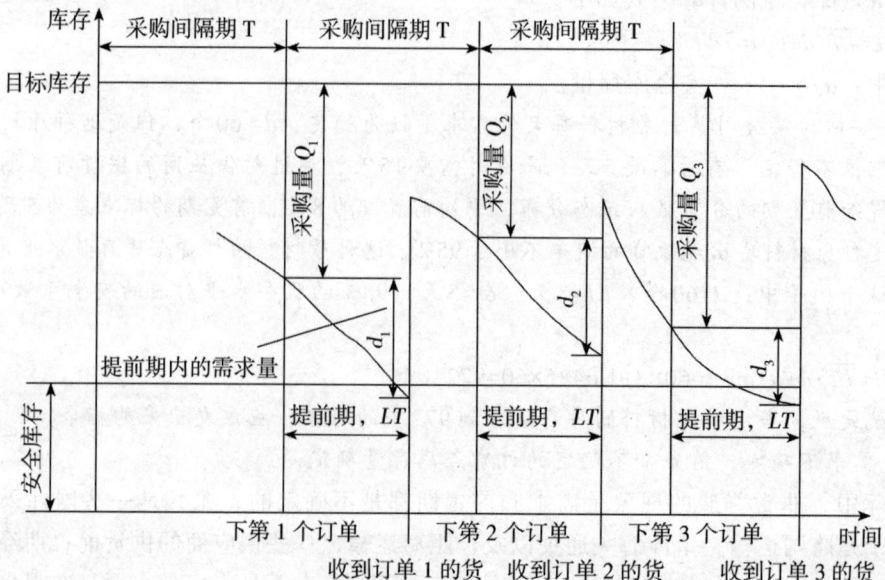

图4-14 定期控制系统的采购情况

在需求确定的情况下，采用连续检查控制方式或定期检查控制方式，其实际的库存控制策略是相同的，但在需求不确定的情况下，采用定期检查控制方式，其库存控制决策的基本机理不同于前面的系统，采用定期控制，每次的订货批量根据现有库存量不同，以及需求变化而变化。在定期控制过程中，库存控制决策需要确定的是采购间隔期（或采购周期）和目标库存水平。

1）采购间隔期的确定

确定订货间隔期通常需要依靠采购与计划人员的经验，并尽可能与计划的周期同步。常见的订货间隔期是月或者季度，以便于定期地进行盘点和物资采购。当然，根据经济订货批量计算出的经济订货次数也可以作为确定订货周期的参考因素。

$$经济订货次数 = \frac{年需求量}{经济订货批量}$$

$$订货周期 = \frac{12}{经济订货次数}（单位为月）$$

2）采购量的确定

由于定期控制系统的库存储备量的变化波动较大，因此，一旦订货周期确定后，日常的库存控制工作主要是确定每次的采购量，控制库存的总体水平。此时的采购量要满足两方面用途：一是满足采购间隔期加上采购前置期内的平均需求量；二是用于满足安全库存，即为了预防需求的变化和前置期的波动。具体的计算原则与不确定性定量控制系统的订货点计算原则相似，只在具体的计算处理上有些区别。如计算周期库存量时，不仅要满足采购间隔期的平均需求量，还要加上采购前置期内的平均需求量。

在定期订货系统中，在采购间隔期（T）进行订购，考虑固定前置期的情况，固定前置期为 LT。在这种情况下，需求是随机分布的，且均值为 $\bar{d}$。采购量 Q 为：

$Q = \bar{d}(T+LT) + \alpha \cdot \sigma_{T+LT} - I$

式中：σ_{T+LT}——盘点周期与前置期期间需求的标准差；I——现有库存水平（包括已采购而尚未到达的）。

在该模型中，假定需求服从正态分布，需求量（d）可以采用预测值，如果需要可以在每个盘点周期加以修改。

【例 4-13】某公司某种原材料每天需求量为 10 单位，标准差为 3 单位。采购间隔期为 30 天，前置期为 14 天。管理部门已经制定的需求政策是要满足 98% 的对库存物料的需求。在盘点周期开始时，库存中有 200 单位。问采购量应该是多少？

$Q = \bar{d}(T+LT) + \alpha \cdot \sigma_{T+LT} - I = 10 \times (30+14) + \alpha \cdot \sigma_{T+LT} - 200$

在计算这个式子之前，应先求出 σ_{T+LT} 和 α 的值。σ_{T+LT} 的值可以按照前面的方法求得，即一系列独立随机变量的总标准差等于方差之和的平方根，所以 $T+LT$ 期间的需求标准差等于各天需求方差之和的平方根：

$$\sigma_{T+LT} = \sqrt{\sum_{i=1}^{T+LT} \sigma_{di}^2}$$

因为每日需求是独立的且 σ_d 是固定的，所以：

$\sigma_{T+LT} = \sqrt{(T+LT)\sigma_d^2} = \sqrt{(30+14) \times 3^2} = 19.90$

对应98%服务水平的安全系数 $\alpha=2.05$

因此，采购量为：

$Q=\overline{d}(T+LT)+\alpha\cdot\sigma_{T+LT}-I=10\times(30+14)+2.05\times19.90-200=281$（单位）

所以，要满足98%的不出现缺货的概率，应当在该采购期采购281单位。

4.3.3 定量订货法和定期订货法的区别

首先，定期订货法和定量订货法的基本区别是驱动力量不同。定量订货模型是"事件驱动"，而定期订货模型是"时间驱动"，也就是说，在定量订货模型中，当到达规定的再订货水平后，才引发订货行为。这一事件有可能随时发生，主要取决于对该物资的需求情况。与之相对的是，定期订货模型只限于在预订时期期末进行订货，模型中唯一的驱动原因是时间的变化。

其次，两种系统要求的盘点方式不同。运用定量订货模型时（当库存量降低到预先设定的再订购点时），就进行订货，必须连续监控剩余库存量。因此，定量订货模型是一种永续盘存系统，它要求每次从库存里取出货物或者往库存里增添货物时，必须"刷新"记录以确认是否已达到再订购点。而在定期订货模型中，库存盘点只在盘点期发生。

再次，两种系统的其他区别见表4-6。

表4-6　　　　　　　　　　　　定期订货法和定量订货法的基本区别

项　　目	定量订货模型	定期订货模型
订货量	每次订货量相同（Q固定）	每次订货量不同（Q是变化的）
订单下达时间	库存量降到再订货点时	在订货期（盘点期）到来时
库存记录维护	每次出库或入库都要记录	只在盘点期记录
库存规模	比定期订货模型小	比定量订货模型大
维持系统所需时间	由于持续记录，所以较长	周期性强，持续时间短
物品类型	昂贵、关键或重要的物资	一般物资

（1）定期订货模型平均库存较大，因为要预防在盘点期（T）发生缺货的情况；定量订货模型没有固定盘点期。

（2）由于定量订货模型平均库存量较低，所以有利于贵重物资的库存。

（3）对于重要的物资如关键维修零件，定量订货模型更适用，因为该模型对库存的监控更加密切，这样可以对潜在的缺货更快地作出反应。

（4）由于每一次补充库存或货物出库都要进行记录，维持定量订货模型需要的操作时间更长。

最后，定量订货系统着重于订购数量和再订购点，每次每单位货物出库，都要进行记录，并且立即将剩余的库存量与再订购点进行比较。如果库存已降低到再订购点，则要进行批量为 Q 的订购；如果仍位于再订购点之上，则系统保持闲置状态直到出现下一次的出库需求。在定期控制过程中，库存控制决策需要确定的是采购间隔期（或采购周期）和目标库存水平，订货批量通常是变化的。

4.4 ABC分类管理法和CVA库存管理法

ABC分类管理法是一种比较简单、实用的库存物资分类管理方法。它将库存物资按重要程度分为特别重要的库存（A类）、一般重要的库存（B类）和不重要的库存（C类）三个等级，然后针对不同等级分别进行管理和控制。ABC分类管理法是实施储存合理化的基础，可以解决各类库存的结构关系、储存量、重点管理和技术措施等合理化问题。

1）ABC分类管理法的原理

ABC分类管理法的基本原理是：由于各种库存品的需求量和单价各不相同，其年耗用金额也各不相同。那些年耗用金额大的库存品，由于其占用组织的资金较大，对组织经营的影响也较大，因此需要加以特别的重视和管理。ABC分类管理法就是根据库存品的年耗用金额的大小，把库存品划分为A、B、C三类。A类库存品的年耗用金额占总库存金额的75%～80%，品种数却只占总库存品种数的15%～20%；B类库存品的年耗用金额占总库存金额的10%～15%，其品种数占总库存品种数的20%～25%；C类库存品的年耗用金额占总库存金额的5%～10%，其品种数却占总库存品种数的60%～65%，如图4-15所示。

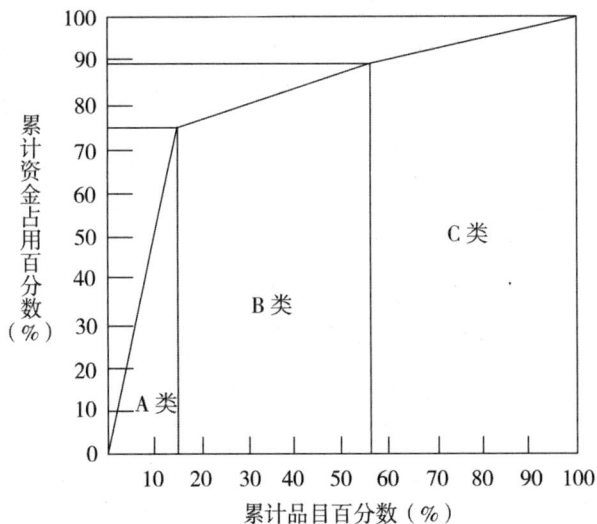

图4-15 ABC分类管理图

2）ABC分类管理法的应用

ABC分类管理法可分为数据收集、统计汇总、制作ABC分析表、绘制ABC分类管理图和确定管理方法等几个步骤。

下面举例阐述ABC分类管理法在企业库存管理中如何应用。

【例4-14】某企业全部库存商品共计3 418种，按每一品种年度销售额从大到小排成如表4-7所列的7档，统计出每档的品种数和销售金额。用ABC分类管理法确定分类，并给出各类库存商品的管理方法。

表4-7 产品销售明细表 金额单位：元

每种商品年销售额 X	品种数（种）	销售额
$X>6$	250	5 600
$5<X\leqslant6$	70	530
$4<X\leqslant5$	58	240
$3<X\leqslant4$	95	350
$2<X\leqslant3$	172	400
$1<X\leqslant2$	350	410
$X\leqslant1$	2 423	670

（1）数据收集，引用该例给定数据。

（2）统计汇总，根据该例给定数据，制作汇总表，见表4-8。

（3）根据ABC分类标准，制作ABC分析表，见表4-9。

（4）绘制ABC分类管理图，如图4-16所示。

表4-8 汇总表 金额单位：元

每种商品年销售额 X	品种数（种）	占全部品种的百分数（%）	品种累计（种）	占全部品种的累计百分数（%）	销售额	占销售总额百分数（%）	销售额累计	占销售总额的累计百分数（%）
$X>6$	250	7.3	250	7.3	5 700	68.0	5 700	68.0
$5<X\leqslant6$	70	2.1	320	9.4	610	7.3	6 310	75.3
$4<X\leqslant5$	58	1.7	378	11.1	240	2.8	6 550	78.1
$3<X\leqslant4$	95	2.8	473	13.9	350	4.2	6 900	82.3
$2<X\leqslant3$	172	5.0	645	18.9	400	4.8	7 300	87.1
$1<X\leqslant2$	350	10.2	995	29.1	410	4.9	7 710	92.0
$X\leqslant1$	2 423	70.9	3 418	100.0	670	8.0	8 380	100.0

表4-9 ABC分析表 金额单位：元

分类	品种数（种）	占全部品种的百分数（%）	品种累计百分数（%）	销售额	占销售总额的百分数（%）	销售额累计百分数（%）
A	320	9.4	9.4	6 310	75.3	75.3
B	675	19.7	29.1	1 420	16.7	92.0
C	2 423	70.9	100.0	670	8.0	100.0

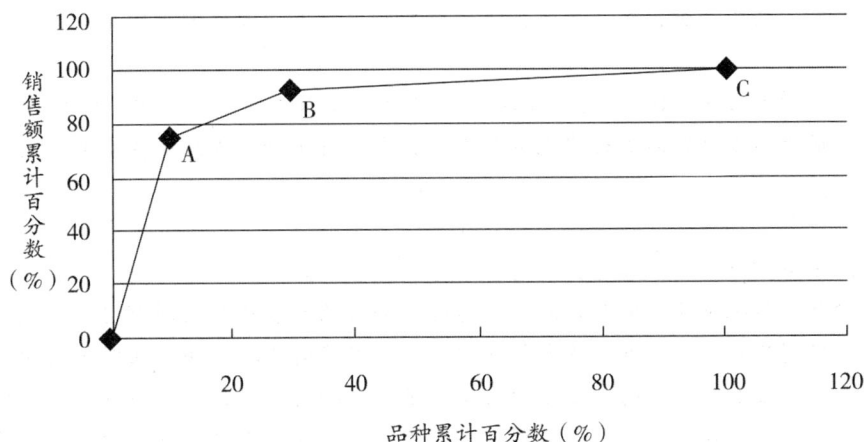

图4-16 ABC分类管理图

（5）确定管理方法。

①对于 A 类商品的管理方法是：每件商品皆加以编号；尽可能正确地预测需求量；少量采购，尽可能在不影响需求的情况下减少库存量；请供货单位配合，力求出货量平稳化，以降低需求变动，减少库存量；与供应商协调，尽可能缩短前置时间；采用定期订货的方式，对其存货必须作定期检查；必须严格执行盘点，每天或每周盘点一次，以提高库存精确度；对交货期限加强控制，在制品及发货也须从严控制；货品放置于易于出入库的位置；实施货品包装外形标准化，增加出入库单位；A 类商品的采购需经高层主管审核。

②对于 B 类商品的管理方法是：采用定量订货方式，但对前置时间较长，或需求量有季节性变动趋势的货品宜采用定期订货方式；每2～3周盘点一次；中量采购；采购需经中级主管核准。

③对于 C 类产品的管理方法是：采用复合制或定量订货方式以求简化手续；大量采购，以便在价格上获得优惠；简化库存管理手段；安全库存须较大，以免发生库存短缺；可交现场保管使用；每月盘点一次；采购仅需基层主管核准。

CVA 库存管理法又称关键因素分析法，主要由于 ABC 分类法中 C 类物品得不到足够的重视，往往导致生产停工，因此引进 CVA 库存管理法来对 ABC 分类管理法进行有益的补充，它将物品分为最高优先级、较高优先级、中等优先级、较低优先级四个等级，不同等级的物品，允许缺货的程度是不同的，如表4-10所示。

表4-10　　　　　　　　　　CVA库存管理法下库存品种及其管理策略

库存类型	特　点	管理措施
最高优先级	关键物品或者A类重点物品	不允许缺货
较高优先级	基础性物品或者B类存货	允许偶尔缺货
中等优先级	比较重要的物品或C类存货	允许合理范围内缺货
较低优先级	需要但可替代物品	允许缺货

CVA 库存管理法比起 ABC 分类管理法有着更强的目的性。在使用中要注意，人们往

往倾向于制定高的优先级，结果高优先级的物品种类很多，最终哪种物品也得不到应有的重视。

CVA库存管理法和ABC分类管理法结合使用，可以达到分清主次、抓住关键环节的目的。在对成千上万种物品进行优先级分类时，也不得不借用ABC分类管理法进行归类。

本章小结和学习重点与难点

本章比较全面地介绍了库存控制的基本原理与方法。

库存控制模型根据其主要参数的确定与否，分为确定型库存控制模型与随机型库存控制模型。确定型库存控制模型的基本管理方法就是经济订货批量法。在理想化的存货体系中，计算出在总成本最小化的基础上的订购数量。这个具有优化性质的订货批量被称为经济订货批量。所谓确定型库存控制模型，是指需求量、前置期都是确定的条件下的采购控制模型。前置期是指从发出订单到收到该批新订购货物之间所花费的时间，它与订单完成周期的含义是基本一致的。所谓随机型库存控制模型，就是指在采购需求量、前置期以及订货完成时间等因素存在不确定性的条件下所采用的采购控制模型。

定量订货法是指在日常管理中不断地监控库存物料数量，当库存物料数量降低到预先设定的某一基准（订货点）时，发出订货通知并按订货批量（经济订货批量）补充订货的一种库存控制方法。

定期订货法是采用定期盘点库存的方法，并根据库存情况，结合下一计划期预计的需求情况确定每次的采购量。

ABC分类管理法是一种比较简单、实用的库存物资分类管理方法。它将库存物资按重要程度分为特别重要的库存（A类）、一般重要的库存（B类）和不重要的库存（C类）三个等级，然后针对不同等级分别进行管理和控制。

CVA库存管理法又称关键因素分析法，它将物品分为最高优先级、较高优先级、中等优先级和较低优先级四个等级，不同等级的物品，允许缺货的程度是不同的。

本章的学习重点是掌握确定型库存控制模型与随机型库存控制模型。

本章的学习难点是理解和掌握定量订货法、定期订货法、ABC分类管理法。

前沿问题　　　　　　关于库存管理的六个误区

误区一：库存管理就是仓库管理。

从供应链的角度来看，库存无处不在，包括原材料库存、半成品库存、在制品库存、在途库存、成品库存、试制品库存、样品库存、不良库存……除此之外，还有一种新型库存：数字库存。它看不见摸不着，但有价值。

其实看不见的远不止这些。在信息时代，每一次实物盘点通常都会相应地反馈到系统中。系统中的库存不仅仅是简单的物品编号或产品编号，往往还绑定了交易数据（进出仓、移动、数量、日期、负责人等）等一系列信息和相关数据（在BOM中的位置、可替换产品信息等），这使得管理更加复杂。同时，这些数据也不是一成不变的，它们可能随时都在变化。如果大量的数据没有得到管理，很容易给供应链带来很大的麻烦。

如果我们把所有的股票串起来，会发现透过股票实际看到的是一个端到端的供应链。我们看到的是实物库存的流动、库存信息的流动以及由此产生的与库存相关的资金流。这是我们供应链的三个要素：物流、信息流和资金流。所以从广义上来说，库存管理就是从库存的角度来管理整个供应链，其重要性不言而喻。

误区二：不需要过多的内部沟通。

问题：比如新产品上市推广之类的事情没有及时通知到各个部门，比如仓库、销售等。当沟通不及时或者少的时候，事情的执行就会出现大量的纰漏，导致整体效率低下。这种情况往往是由于公司各个部门各自为政，部门经理不一起制订计划造成的。比如库存补货的数据和销售不一致，和财务也不一样。为什么？因为我们是独立的，许多人在处理同一件事情时采用不同的方法。

解决方法：首先公司要对库存管理这类事情制定统一的操作流程。怎么点？你从哪里开始？各部门在执行的时候要遵循统一的规则。其次，加强员工内部沟通，统一规划和部署公司多部门合作项目。

误区三：上系统就能解决库存问题。

问题：信息系统（如 ERP）的建设是供应链架构的重要组成部分。作为一个供应链架构师，你要清楚 ERP 能解决什么，不能解决什么。

首先，ERP 解决不了流程本身的问题；其次，流程设计和梳理是 ERP 实施的关键，也是供应链架构师的工作之一。ERP 对运营商来说更重要。运营商能否高效利用？

解决方法：首先要明白 ERP 带来的是效率的提升。过去人工操作的过程可以通过系统实现自动化，时效性大大提高。库存问题本身就是一个流程问题，所以 ERP 并不能解决流程带来的库存问题，但是可以帮助我们提高库存管理的效率和准确性。

比如以前需要人工计算库存，现在通过外部简单的扫描仪就可以输入 ERP，扫描的数据可以在系统中进行比较。当然，再好的制度和流程，都需要好的执行力。良好的 ERP实施需要供应链架构师的深度参与。流程、人、ERP 形成一个三角框架，这个框架上的任何一点出了问题，我们的 ERP 就会出问题。

误区四：库存周转率越高越好。

问题：提高存货周转率对企业有很多好处：可以减少企业经营所需的净营运资金，提高企业的资金利用率；还可以提升企业面对市场危机时抵御风险的能力，提高供应链的柔性。那么如何提高库存周转率呢？

解决方法：根据存货周转率的计算公式，提高库存周转率有两种方法：一是提高销售量；二是降低平均库存。提升销量的方法是提高上下游的协同效率，准确、快速、保质保量地满足销售端的需求。降低平均库存有三种方法：第一，减少安全库存；第二，提高发货频率；第三，减少呆滞库存。

但是，库存周转率并不是越高越好。它需要满足一定的前提条件，即库存周转率的提高不会导致客户交货满意度的降低，保持柔性的成本不会超过企业所能承受的成本压力。因此，库存周转率通常需要和其他几个指标一起衡量。

误区五：统一管理所有产品。

问题：C 类产品的短缺和 A 类产品一样糟糕。这个原因会导致 C 类库存过剩或者 A 类库存不足，因为只有区别对待不同类别的库存产品才能满足效率要求。所有产品的库存目标都一样。这种做法假设所有库存产品的消耗量和消耗速度都是一样的，这当然是错误的。设定这个目标的公司会花很多时间消化 C 类库存。安全库存数量是固定的，同样，这种做法假设所有库存产品的消耗量和消耗速度相同，导致库存计划效率低下。

解决方法：使用ABC分析法，将A类产品与B类、C类产品分开管理。只有这样，库存决策才能与真实的消费者需求挂钩。当应用安全时间代替安全库存时，安全时间会根据预测需求自动增加安全库存，而安全库存只是一个固定值，必须人为设置，不考虑需求变化。

误区六：新的管理方式是负担。

问题：这对于经营多年的经销商来说，无疑是个大问题。员工不愿意接受工作中的变化，也不太重视培训，缺乏提升自己的动力。

解决方法：培养不断进步的心态，尝试新事物。注重持续改进，而不是过分关注新的和不同的想法带来的投资回报。允许尝试低成本和低风险的做法，这将让员工知道你重视他们的意见和想法，不会因为他们在"试错"阶段的失败而惩罚他们。与关键客户合作，与前几年相比，新技术使客户更容易参与销售预测。这提高了预测管理和库存计划的准确性。公司与主要供应商共享采购计划而不信任供应商的日子已经一去不复返了。真正的协作需要大家进行开放的交流。

（资料来源　佚名. 关于库存管理的六个误区 [EB/OL]. [2022-08-16]. http://www.msnbrh.com/news/baike/748.html.）

🔴 **案例探讨**　　　　　　　　**S电厂煤炭库存规模的确定**

1）S电厂经济订货批量及订货周期的确定

（1）模型假设

①假定需求连续均匀，需求率为一常数D；

②假定进货的补充速率是均匀连续的，补充速率为p；

③不允许出现缺货现象。

（2）模型参数的确定

①需求率。根据对S电厂煤炭库存运作特点的分析，确定了高峰用电季节的时间段，查电厂600MV、1 000MV发电机组的设计参数，得到设计单机日额定耗煤量，根据电厂一期、二期发电机组台数，可以得到总的日额定耗煤量，同时电厂高峰时期发电机组的日平均负荷率按95%计算，最终，可以确定在高峰时期煤炭的需求量，约为5.11万吨/天。

②库存补充率。电厂船舶卸煤设备卸煤能力按3 000吨/小时设计（两台抓斗桥式卸船机同时作业，每台额定能力1 500吨/小时），一般在高峰用电季节两台卸船机不考虑检修，但不可能在任何时候都满负荷作业，在二期投产后，共有4台卸船机，卸货效率为5 600吨/小时。每天工作12小时。

③订购成本。由于煤炭每年的订购总量、船型可确定，每次进厂进行采样、制备和化验的费用都是一定的，所以年内订购成本基本上也是确定的。其主要构成是每次全国煤炭订货会签订合同前所做工作的费用，以及每次订货周期下订单费用，入场煤炭计量和质量检验的费用。一般订货会签订合同费用不超过10万元按10万元计，可在确定订货周期后分摊到每一次订货费用中，综合考虑合同签订费用、每次订货周期下订单费用以及入场煤炭计量和质量检验的费用，电厂煤炭的订购成本为2.5万元/次。

④库存持有成本。电厂煤炭保管的直接费用主要体现在煤炭的搬运和储存的人工机具的使用维护费用上，以及煤炭露天存放所造成的煤炭燃烧质量下降和煤炭存储数量减少上，保管的间接费用发生在库存周转的资金占用上。库存周转占用资金造成的保管间接费用在不确定因素较多的情况下较难估算。为便于研究和计算，这里只考虑易于计算的保管所发生的直接费用。

根据煤炭保管的特点，由于储煤场是露天的，受天气刮风和下雨的影响，电厂煤场储煤存在一定的损失量，一般按0.5%考虑。电厂储煤的发热量也会下降，一般按2.0%考虑。电厂煤炭的保管费用主要包括煤数量和质量下降所造成的费用，另外还有一些人工和机械费用，通过计算可以得出煤炭数量缺少费用为1.98元/吨（0.5%与购煤单价396元/吨相乘），质量下降费用为7.92元/吨（2.0%与购煤单价396元/吨相乘），每年人工和机械费用为0.25元/吨，所以电厂煤炭的年保管费用为10.15元/吨。保管费用和库存总量有关，又和库存的时间有关，所以在考虑时间因素的情况下，电厂煤炭库存的单位保管费用为0.02781元/天。

（3）经济订货批量及订货周期的计算

根据不允许缺货、持续到货的库存控制模型的经济订货批量公式，将上面确定的各个参数值代入公式，可以得出电厂在高峰时期的经济订货批量Q^*：

已知条件如下：

D=51 100×365=18 651 500（吨/年）　　　　　　　　d=51 100吨/天

p=5 600×12=67 200（吨/天）　　　　　　　　　C=10.15元/吨·年

K=25 000元/次

把这些已知条件代入最佳订货批量计算公式，我们可以得出最佳订货批量为：

$$Q^* = \sqrt{\frac{2DK}{C} \cdot \frac{p}{p-d}} = \sqrt{\frac{2 \times 18\,651\,500 \times 25\,000}{10.15} \times \frac{67\,200}{67\,200 - 51\,100}} = 619\,251（吨）$$

按每艘船舶载重量6万吨计算，每个周期需要10.1艘船舶，对其进行调整选择10艘船舶，则订货批量为60万吨。

在求出经济订货批量以后，计算最佳存货周期T^*：

最佳存货周期$T^* = Q^*/D$=600 000÷51 100=11.7（天）

为保障电煤供应，在此选择订货周期为11.7天。

同样在求出经济订货批量以后，可以根据最大库存时间点，计算送货期t_1：

$t_1 = Q^*/p$=600 000÷67 200=8.9（天）

取t_1=9天

在不考虑安全库存的情况下，订货周期中最大库存可以由下式计算得出：

$Q_A = t_1 \times (p-d)$ =144 900（吨）

2）S电厂安全库存的确定

安全库存是指对未来物资供应的不确定性、意外中断或延迟等起到缓冲作用而保持的库存。为了保障电力机组的安全运行，燃料煤的供应不允许出现缺货，因此应按电厂在峰值发电时的煤炭需求量来计算安全库存。煤炭的安全库存主要受到需求以及前置期偏差的影响。电厂每天的需求可以被视为固定的，按满负荷计算，此时前置期是不确定的。因为在电煤供应过程中，由于受到运输各个环节不确定因素的影响，使得船舶到港的均衡性较差，靠泊的时间间隔的偏差也较大，即订货前置期的变化率较大。电厂港口抵港船舶靠泊时间间隔服从 Erlang 分布，即前置期服从 Erlang 分布。安全库存 SS 计算公式如下：

$$SS = \alpha \times d \times \sigma_t = \alpha \times d \times [E(T) \times CV] = \alpha \times d \times (DW \div d) \times CV = \alpha \times DW \times CV$$

式中：α——Erlang 分布下的安全系数；σ_t——前置期的标准差；d——单位时间需求量；DW——船舶载重量；CV——Erlang 分布下的偏离系数。

取船舶载重量 $DW=6$ 万吨，Erlang 分布下偏离系数 $CV=0.477$。S 电厂燃料煤库存在高峰时期，不同的服务水平下应该持有的安全库存量如表 4-11 所示。

表4-11　　　　　　　　　　　不同的服务水平下的安全库存量

服务水平 (%)	安全系数	安全库存 (万吨)	服务水平 (%)	安全系数	安全库存 (万吨)
80	6.72	19.23	98	10.58	30.28
85	7.27	20.8	99	11.60	33.2
90	7.99	22.87	99.9	14.79	42.33
95	9.15	26.19	99.99	17.78	50.89

3）库存规模的确定

我们可以得到在有安全库存的情况下，电厂煤炭接卸港在高峰时期应该持有的最大库存量，也就是其库存的最大规模。

考虑安全库存下的最大库存量为：

$$Q^* = Q_A + SS$$

式中：$Q_A = t_1 \times (p-d) = 144\,900$（吨）$= 14.49$ 万吨

因此，在高峰时期对应不同服务水平应该设置的最大库存，即 S 电厂的库存规模大小如表 4-12 所示。

表4-12　　　　　　　　　　　不同服务水平下的库存规模

服务水平 (%)	安全库存 (万吨)	库存规模 (万吨)	服务水平 (%)	安全库存 (万吨)	库存规模 (万吨)
80	19.23	33.72	98	30.28	44.77
85	20.8	35.29	99	33.2	47.69
90	22.87	37.36	99.9	42.33	56.82
95	26.19	40.68	99.99	50.89	65.38

从表 4-12 可以清楚地看出，随着服务水平的提高，库存量呈现上升的趋势，但是当服务水平大于 99% 时，其幅度陡然增加，因此要想维持较高的服务水平，就要维持较高的库存量。在综合考虑供应保障能力，即服务水平以及经济因素后，需要选择合理的服务水平，进而确定合理的库存规模。

思考题：

1.S 电厂经济订货批量的确定属于确定性库存控制模型中的哪一种？

2.S 电厂库存规模的确定属于随机库存控制模型中的哪一种？

（资料来源　根据公开资料整理。）

课后练习

（一）名词解释

经济订货批量　再订货水平

（二）填空题

1.每一个存货周期的总成本等于总体_____成本、总体_____成本与总体_____成本的和。

2.一个完整的库存过程，可以包括_____、_____、_____、_____四个过程。

3.库存控制模型根据其主要参数的确定与否，可以分为____库存控制模型以及_____库存控制模型。

（三）单项选择题

1.预先确定一个订货点和一个订货批量，然后随时检查库存，当库存下降到订货点时，就发出订货通知，订货批量的大小每次都相同。这种采购模式被称为（　　　）。

A.定期订货法采购模式　　　　　　　　B.定量订货法采购模式

C.MRP 采购模式　　　　　　　　　　D.JIT 采购模式

2.预先确定一个订货周期和一个最高库存水准，然后以规定的订货周期为周期，周期性地检查库存，发出订货通知，订货批量的大小每次都不一定相同，订货量的大小都等于当时的实际库存量与规定的最高库存水准的差额。这种采购模式被称为（　　　）。

A.定期订货法采购模式　　　　　　　　B.定量订货法采购模式

C.MRP 采购模式　　　　　　　　　　D.JIT 采购模式

（四）多项选择题

1.库存按在生产和配送过程中所处的状态可分为（　　　）。

A.原材料库存　　　B.在制品库存　　　C.产成品库存　　　D.在库库存

2.在库存全过程中，全部经营活动所发生的费用大致可以分为（　　　）。

A.订货费　　　　　　　　B.保管费　　　　　　　　C.缺货费

D.补货费　　　　　　　　E.进货费　　　　　　　　F.购买费

（五）简答题

为什么对周转库存要进行库存量的控制？

（六）论述题

定量订货法与定期订货法有哪些区别？

（七）计算题

1.某种产品的需求是每年 2 000 个产品单位，每一个订单的成本是 100 元，每年的存货持有成本是产品单位成本的 40%，单位成本根据订货批量变化的规律如表 4-13 所示，在这种情况下，最佳的订货批量是多少？

表4-13 单位成本根据订货批量变化的规律

订货范围（罐）	单价（元/罐）
1~499	10
500~999	8
1 000以上	6

2.某零售商声称对于所经营的产品保证95%的服务水平。该零售商的存货是由供应商供给的，订货至交货周期是固定的，为4周。如果市场针对某一种产品的需求是呈正态分布的，平均需求量为每周100个，标准偏差为10个，那么这个零售商应该如何设定再订货水平？如果服务水平上调至98%，再订货水平将如何变化？

3.某公司发现，针对某种产品的需求呈正态分布，需求的平均值为每年2 000个，标准偏差为400个。产品的单位成本为100元，再订货成本为200元，存货持有成本为存货价值的20%，订货至交货周期为3周。请制定出在服务水平为95%的情况下的再订货策略，并计算出安全存货的成本是多少。

4.针对某种产品的订货至交货周期是呈正态分布的，其平均值为8周，标准偏差为2周。如果需求量是每周100个，请问如何设定订货策略，才能保证95%的存货周期服务水平？

5.针对某种产品的需求是呈正态分布的，需求的平均值为每个月400个，其标准偏差为每个月30个。此外，针对该种产品的订货至交货周期同样也是呈正态分布的，平均值为2个月，其标准偏差为半个月。请问，要想保证95%的服务水平，需要设定什么样的订购策略？如果再订货成本为400英镑，并且存货持有成本为每个产品每个月10英镑，那么最佳的再订货批量是多少？

第5章
供应商选择和关系管理

💧 学习目标

通过本章的学习，应了解企业供应商的选择、审核、评估和供应商关系管理等知识；掌握供应商管理的基本知识和工作要点。

💧 基本概念

供应商选择　供应商审核　供应商关系管理　供应商绩效评估

💧 引导案例　　　　　　　华为如何挑选供应商？

供应商管理是采购活动的重要组成部分，现代企业同供应商的关系，已经从传统意义上的买卖对立关系，逐渐发展到长期合作关系，甚至是战略伙伴关系。供应商的优劣对企业的生产经营活动影响巨大。华为对供应商的管理分为供应商认证、供应商选择、供应商绩效管理、供应商组合管理、供应商发展和供应商协同等。

1.供应商认证

在供应商认证方面，华为会根据不同的物料品类或者服务品类，建立供应商的最低资质标准，即准入门槛。首先，在供应商认证的时候，华为会考虑认证的供应商在不在黑名单之内。其次，在进行供应商认证时，华为特别强调关联关系的调查。

2.供应商选择

在华为，供应商选择方式有三种：第一种是招标；第二种是谈判；第三种是价格比较。

对重大的项目，华为是要严格地选择招标和谈判的。

在华为供应商的选择过程中，有一个重要的环节叫"采购项目立项策略汇报"，它有规范的汇报模板，采购项目立项策略汇报报告在CEG专家团内取得一致意见后，送采购决策评审组织进行决策评审。以招标为例，采购项目立项策略汇报包括：业务策略和采购策略是否相匹配，总体的招标策略是什么？标的该如何划分？候选供应商的短名单与选择方法、评标规则与份额如何分配、项目的目标以及定标的规则，甚至工作计划安排、风险和预防措施、如何管控等这些都涵盖在采购项目立项策略汇报之中，只有采购决策评审组织通过了立项策略汇报，才能进入实质的供应商选择的实施。

3.供应商绩效管理

供应商绩效管理，首先是建立绩效评估的标准，在华为有8个维度或者8个标准，它们分别是技术、质量、响应、交付、成本、环境、社会责任和网络安全。根据这8个标准，制订供应商绩效的评估计划，一般是根据供应商不同的类型选择季度绩效评估或者半年度绩效评估。针对同品类有可比性的供应商，都放在同一个项目进行评估，让评估的结果比较准确和客观。同时绩效评估结果要向供应商进行正式的沟通，并且在内部进行公示。供应商绩效评估的结果，会作为供应商选择和供应商组合管理的输入。对于低于70分的供应商，还要制订供应商的业务改进计划。

4.供应商组合管理

什么是供应商组合管理？简而言之，综合评价供应商的当前表现和未来潜力：当前表现包括它的商务表现和绩效表现；未来潜力，也就是对供应商能力要进行评估。供应商组合管理综合供应商的当前表现和未来潜力，对供应商进行分级管理，具体来讲可以分为战略供应商、优选供应商、可选供应商、限选供应商和淘汰供应商。

5.供应商发展

华为会以公司的战略目标去引导供应商进行发展。对主流供应商会拓展合作范围、提升绩效表现；对非主流的供应商，则会减少合作，甚至淘汰低资质的供应商。

6.供应商协同

什么是供应商协同？供应商协同是指通过连接供应商和采购方的电子商务平台，双方进行高效采购协同、验收协同、财务协同等交互活动。

（资料来源　谢智．华为如何挑选供应商？［EB/OL］．［2021-04-27］．https://mp.weixin.qq.com/.）

党的二十大报告强调"着力提升产业链供应链韧性和安全水平"，这对于维护国家经济安全、加快构建新发展格局、推动高质量发展具有重大战略意义。这意味着企业需要更加注重供应链的稳定性和可靠性，以确保关键原材料和零部件的稳定供应，保证企业生产的连续性和稳定性，减少供应链中断的风险。供应商的选择对于保证企业供应链的稳定性和可靠性尤为重要。

5.1　供应商选择

5.1.1　供应商调查与开发

1）供应商调查

供应商管理的首要工作，就是要了解供应商，了解资源市场。要了解供应商的情况，就是要进行供应商调查。

供应商调查，在不同的阶段有不同的要求。供应商调查可以分为三种：第一种是初步供应商调查；第二种是资源市场调查；第三种是深入供应商调查。

（1）初步供应商调查

初步供应商调查，就是对供应商的基本情况的调查，主要是了解供应商的名称、地址、生产能力，能提供什么产品、能提供多少、价格如何、质量如何、市场份额有多大、运输进货条件如何。

①初步供应商调查的目的。

初步供应商调查的目的，是了解供应商的一般情况。而了解供应商的一般情况的目的，一是为选择最佳供应商作准备，二是了解、掌握整个资源市场的情况，因为许多供应商基本情况的汇总就是整个资源市场的基本情况。

②初步供应商调查的特点。

初步供应商调查的特点，一是调查内容浅，只要了解一些简单的、基本的情况；二是调查面广，最好能够对资源市场中所有各个供应商都有所调查、有所了解，从而能够掌握资源市场的基本状况。

③初步供应商调查的方法。

初步供应商调查的基本方法，一般可以采用访问调查法，通过访问有关人员而获得信息。例如，可以访问供应商市场部的有关人员，或者访问有关用户，或者其他的知情人士。通过访问建立起供应商卡片，也可以制作调查表，由供应商填写相关内容来对供应商进行初步调查。

供应商卡片是一个好东西，由供应商填写，是采购管理的基础工作。我们在采购工作中，可以利用供应商卡片来对供应商进行选择。当然，供应商卡片也要根据情况的变化，经常进行维护、修改和更新。

企业在实行了计算机信息管理后，应将供应商管理纳入计算机信息管理之中。把供应商卡片的内容输入到计算机中去，利用数据库进行操作、维护和利用。计算机信息管理有很多优越性，它不但可以很方便地储存、增添、修改、查询和删除，而且可以很方便地统计汇总和分析，可以实现不同子系统之间的数据共享。计算机有处理速度快、计算量大、储存量大、数据传递快等优点，利用计算机进行供应商管理具有很多的优越性。

在初步供应商调查的基础上，要利用调查所得的资料进行供应商分析。初步供应商分析的主要目的，是比较各个供应商的优势和劣势，选择符合企业需要的供应商。

④供应商分析的主要内容。

• 产品的品种、规格和质量水平是否符合企业需要？价格水平如何？只有产品的品种、规格、质量水平都适合于企业，才算得上企业的可能供应商，才有必要进行下面的分析。

• 企业的实力、规模如何？产品的生产能力如何？技术水平如何？管理水平如何？企业的信用度如何？

企业的信用度，是指企业对客户、对银行等的诚信程度，表现为供应商对自己的承诺和义务认真履行的程度，特别是在产品质量保证、按时交货、往来账目处理等方面能够以诚相待、一丝不苟地履行自己的责任和义务。

对信用度的调查，在初步调查阶段，可以采用访问制，从大众中得出一个大概的、定性的结论。在详细调查阶段，可以通过大量的业务往来，来统计分析供应商的信用程度，这是可以得到的定量的结果。

• 产品是竞争性商品还是垄断性商品？如果是竞争性商品，则供应商的竞争态势如何？产品的销售情况如何？市场份额如何？产品的价格水平是否合适？

• 供应商相对于本企业的地理交通情况如何？进行运输方式分析、运输时间分析、运输费用分析，看运输成本是否合适。

在进行以上分析的基础上，为选定供应商提供决策支持。

（2）资源市场调查

①资源市场调查的内容。

初步供应商调查是资源市场调查的内容之一，但资源市场调查还应包括以下一些基本内容：

• 资源市场的规模、容量、性质。例如，资源市场究竟有多大范围？有多少资源量？多少需求量？是卖方市场还是买方市场？是完全竞争市场、垄断竞争市场，还是垄断市场？是一个新兴的、成长的市场，还是一个陈旧的、没落的市场？

• 资源市场的环境如何？例如，市场的管理制度、市场的法治建设、市场的规范化程度、市场的经济环境及政治环境等外部条件如何？市场的发展前景如何？

• 资源市场中各个供应商的情况如何，即我们前面进行的初步供应商调查所得到的情况如何？对众多的供应商的调查资料进行分析，就可以得出资源市场自身的基本情况，例如资源市场的生产能力、技术水平、管理水平、可供资源量、质量水平、价格水平、需求状况以及竞争性质等。

资源市场的调查目的，就是要进行资源市场分析。资源市场分析，对于企业制定采购策略以及产品策略、生产策略等都有很重要的指导意义。

②资源市场分析的内容。

• 要确定资源市场是紧缺性市场还是富余性市场，是垄断性市场还是竞争性市场。对于垄断性市场，我们将来应当采用垄断性采购策略；对于竞争性市场，我们应当采用竞争性采购策略，如采用投标招标制等。

• 要确定资源市场是成长性市场还是没落性市场。如果是没落性市场，则我们要趁早准备替换产品，不要等到产品被淘汰了再去开发新产品。

• 要确定资源市场总的水平，并根据整个市场水平来选择合适的供应商。通常我们要选择在资源市场中处于先进水平的供应商，选择产品质量优而价格低的供应商。

（3）深入供应商调查

深入供应商调查，是指对经过初步调查后，准备发展为自己的供应商的企业进行的更加深入仔细的考察活动。这种考察，是深入到供应商企业的生产线、各个生产工艺、质量检验环节，甚至管理部门，对现有的设备工艺、生产技术、管理技术等进行考察，看看所采购的产品能不能满足本企业所应具备的生产工艺条件、质量保证体系和管理规范要求。有的甚至要根据所采购的产品的生产要求，进行资源重组并进行样品试制，试制成功以后，才算考察合格。只有通过这样深入的供应商调查，才能发现可靠的供应商，建立起比较稳定的物资采购供需关系。

进行深入的供应商调查，需要花费较多的时间和精力，调查的成本较高，只在以下情况下才需要：

① 准备发展成紧密关系的供应商。例如，在进行准时化采购时，供应商的产品准时、免检、直接送上生产线进行装配。这时，供应商已经成了我们企业的一个生产车间。如果我们要选择这样紧密关系的供应商，就必须进行深入的供应商调查。

② 寻找关键零部件产品的供应商。如果我们所采购的是一种关键零部件，特别是精密度高、加工难度大、质量要求高、在我们的产品中起核心功能作用的零部件产品，我们在选择供应商时，就需要特别小心，要进行反复认真的深入考察、审核。只有经过深入调

查，证明确实能够达到要求时，才确定发展它为我们的供应商。

除以上两种情况以外，对于一般关系的供应商，或者是非关键产品的供应商，一般可以不必进行深入的调查，只要进行简单、初步的调查就可以了。

2）供应商开发

供应商开发，就是寻找、发现新的供应商，以建立适合企业需要的供应商队伍的过程。军队打仗需要粮草，企业生产需要物资，供应商就相当于企业的后勤队伍。供应商开发和管理实际上就是企业的后勤队伍的建设。企业开发新供应商通常有两方面的原因：一是现有供应商的综合服务水平不能满足企业的需求，需要开发新供应商来取代现有供应商或给现有供应商施加压力；二是企业不断开发新产品，现有供应商不能提供新产品所需的原材料或零部件，或者现有供应商的生产能力不足。开发供应商是一项很重要的工作，同时也是一个庞大复杂的系统，需要精心的策划与认真的组织。新供应商的开发工作应有计划地进行，并应在预定的日期之前开发成功。

（1）供应商信息来源

供应商越多，供企业选择的机会就越大。供应商信息的主要来源有：国内外采购指南；产品发布会；新闻传播媒体；产品展销会；行业协会会员名录、产品公报；各种厂商联谊会或同业协会；政府相关统计调查报告或刊物；其他各类出版物的厂商名录；整体性的媒体招商广告；同行试调——采购人员可到同行业的供应商店内试着调查；厂商介绍——对想要引进的商品向同行厂商询问，厂商可提供相关信息；供应商自己找上门介绍。

（2）供应商开发的操作流程

开发新供应商的一般步骤按先后顺序如下：

① 明确需求。这里所说的"需求"主要指：需求何时开发成功；需要何种原材料或零部件；年、月需求量为多少；要开发什么性质的企业作为供应商；要求供应商有什么样的生产能力、品质水平；要求是本地供应商还是远近皆可等。明确以上问题后，寻找供应商时目标就会明确得多。

② 编制供应商开发进度表。最好按开发供应商的步骤编制一份时间进度表，这样不仅可以使开发新供应商的具体工作明确化，而且也可以尽量减少计划日期被拖延的可能性。

③ 寻找新供应商的资料。明确对新供应商的需求后，便可依照编制的进度表进行开发的具体工作，寻找新供应商的资料是具体开发工作的第一步。获得新供应商信息的方式有很多，如网络搜索、展览会收集、他人介绍等。一般来说，通过各种方式可获得多家供应商的信息，然后要根据企业的要求进行初步筛选，选择3~5家供应商作为进一步接触的对象。

④ 初步联系。应使用适当的联系方法去跟供应商取得联系。一般来说，第一次应尽可能采用电话联系，应和相关业务人员明确表达自己的目的、需求并初步了解该供应商的产品。跟供应商电话联系取得初步的信息后，应根据供应商所在地的远近采取不同的行动。可以要求距离较近的供应商来企业面谈，应让供应商带上企业简介、相关的样品以提升会谈效果，面谈时不仅要尽可能多地从供应商那里得到信息，同时也要将企业对供应商的基本要求及对预购原材料的要求尽可能地向供应商表达清楚。如果是远距离供应商，则

草率地让供应商千里迢迢赶来显然是不合适的，合适的做法是让供应商用快递将资料和样品寄一些过来，我们可以从供应商提供的资料和样品中了解供应商的实力和工艺水准。此外，我们可以登录供应商的网站去了解供应商的信息。

⑤ 初步访厂。在对供应商正式审核前，如有必要且条件允许，则采购人员到供应商企业里去看看还是很有益的。这种访厂的目的是要初步得到该供应商的总体印象，虽然这种结果不十分精确，但它足以影响采购人员的下一步行动。现在，多数企业的供应商开发工作由一个包括工程、品质管理人员在内的开发团队去完成，如果采购人员不提前对供应商的工厂有一个初步了解，万一供应商的实际生产现场与资料描述的有很大差距，那么采购人员无疑会遭到团队内其他人员的抱怨甚至责难。

⑥ 报价。在初步掌握供应商的一些基本情况后，作为采购人员很想知道的就是供应商能够以什么样的价位提供物料，此时再要求供应商报价就比较合适。在供应商报价前，最好发一份询价单给所有要报价的供应商，并让供应商以相同的报价条件（币种、价格术语、交货地、付款条件等）报价，这样对采购人员开展比价工作会非常有利，同时也为采购人员还价提供了方便。

⑦ 正式工厂审核。在与供应商议价后，一般可获得采购方基本满意的价格。如果购买的是关键物料，则除特殊情况外都要安排正式的工厂审核，以利于采购方更准确、更详细地掌握供应商的工程技术能力、品质保证能力、财务状况等基本信息。采购方的审核人员一般由采购人员、品管人员、工程技术人员等组成，各部门人员的侧重点是不一样的，采购人员侧重于生产能力、付款方式、交货方式等，品管人员则注重品质系统、检验人员、检测器具及计量检测部门的权威检测报告，而工程技术人员所关心的则是设备、加工精度及工程能力等方面。在工厂审核中，既可以通过现场查看，又可以通过查阅相应的报表和记录，还可以通过现场提问的方式来进行。不管采取哪种方式，都应坚持实事求是的原则，既要严格把关又不能吹毛求疵。

⑧ 样品认证。如果供应商通过了采购方的正式工厂审核，则采购方会要求供应商提供适当数量的样品以供检验与装配，以据此确定供应商的产品是否能够被接受，这是开发新供应商过程中的重要环节。供应商在提供样品的同时，还应根据产品类别提交下列全部或部分资料：材质证明、安全证明、检验报告、符合证明书。采购人员收到供应商提供的样品后，一般须将供应商名称及样品的一些基本信息填入"样品认证表"中，并及时把样品在检测、装配过程中发现的问题反馈给供应商，以便让供应商对产品作进一步改进，有时甚至要把双方的工程技术人员召集在一起，沟通、讨论改善方案。

⑨ 批量试产。样品通过评审并不代表要向供应商下单进行批量采购，供应商的样品通常是经过精细打磨的，所以样品质量可靠并不意味着可以向供应商下单了。采购方应向供应商索要或订购适当数量的物料来进行批量试产，在大量的样品通过试产检测达到相关要求后，样品评估环节才算真正结束。用于试产的第一批订货数量不宜太大，一般为3 000~5 000件比较合适，当然不同行业中的企业情况有所不同。

⑩ 正式接纳为合格供应商。如果新供应商通过了采购方的正式工厂审核，并且样品检测评估达到了采购方的要求，则采购方可以接纳该供应商，并将其加入到合格供应商清单中去。

⑪ 订单转移。如果目前有供应商在供货，在新供应商开发成功后就要考虑订单如何

分配的问题。一般来说，新供应商的订单以逐步增加为宜，以避免新供应商在磨合期中产生的问题影响企业的正常生产。当新供应商供货时间超过 3 个月时，就可将新老供应商在各方面的表现进行比较，综合服务水平高的供应商应得到较多或大部分订单。

经过上述环节，就完成了供应商开发的整个流程。

5.1.2　供应商的选择标准

1）供应商选择的短期标准

选择供应商的短期标准一般有商品质量、采购成本高低、交付及时与否、整体服务水平、履行合同能力。采购单位可以通过市场调查获得有关供应单位的资料，并从这几个方面进行比较，依据比较结论作出正确决策。

（1）商品质量

采购物品的质量合乎采购单位的要求是企业生产经营活动正常进行的必要条件，是采购单位进行商品采购时首要考虑的因素。质量次、价格偏低的商品，虽然采购成本低，但实际上会导致企业总成本的增加，因为质量不合格的产品在企业投入使用的过程中，往往会影响生产的连续性和产成品的质量，这些最终都将会反映到企业的总成本中去。另外，质量过高并不意味着采购物品适合企业生产所用，因为质量过高，远远超过了生产要求的质量，对于企业而言就是一种浪费。因此，采购中对于质量的要求是符合企业生产所需，要求过高或过低都是错误的。评价供应商产品的质量，不仅要从商品检验入手，而且要从供应商企业内部去考察，如企业内部的质量检测系统是否完善，是否已经通过了 ISO 9000 认证等。

（2）成本高低

对供应商的报价单进行成本分析，是有效甄选供应商的方式之一。成本不仅仅包括采购价格，而且包括原料或零部件使用过程中或生命周期结束前所发生的一切支出。采购价格低对于降低企业生产经营成本、提高竞争力和增加利润有着明显的作用，因而它是选择供应商的一个重要条件。但是价格最低的供应商不一定就是最合适的，因为如果在产品质量、交货时间上达不到要求，或者由于地理位置过远而使运输费用增加，都会使总成本增加，所以总成本最低才是选择供应商时考虑的主要因素。

（3）交货及时与否

供应商能否按约定的交货期限和交货条件组织供货，直接影响企业生产和供应活动的连续性，因此交货时间也是选择供应商所要考虑的因素之一。企业在考虑交货时间时，一方面要降低原料的库存数量，另一方面又要降低断料停工的风险。影响供应商交货时间的因素主要有：①供应商从取得原料、加工到包装所需的生产周期；②供应商生产计划的规划与弹性；③供应商的库存准备；④所采购的原料或零部件在生产过程中所需要的供应商数目；⑤运输条件及能力。供应商交货的及时性一般用合同完成率或委托任务完成率来表示。

（4）整体服务水平

供应商的整体服务水平是指供应商内部各作业环节能够配合购买者的能力与态度，如各种技术服务项目、方便订购的措施、为订购者节约费用的措施等。评价供应整体服务水平的主要指标有以下几个方面：

① 安装服务。如空调的免费安装、电脑的装机调试等都属于供应商提供的安装服务。对于采购者来讲，安装服务是一大便利。通过安装服务，采购商可以缩短设备的投产时间或投入运行所需要的时间。

② 培训服务。对于采购者来讲，会不会使用所采购的物品决定着该采购过程是否结束。如果采购者对如何使用所采购的物品不甚了解，供应商就有责任向采购者传授所卖产品的使用知识。每一个新产品的问世都应该有相应的辅助活动（如培训或讲座）推出。供应商对产品售前与售后的培训工作情况，也会大大影响采购方对供应商的选择。

③ 维修服务。供应商对所售产品一般都会作出免费保修一段时间的保证。例如，我们到电子市场买一台电脑，我们通常会问卖方提供多长时间的保修。免费维修是对买方利益的保护，同时也对供应商提供的产品提出了更高的质量要求。这样，供应商就会想方设法提高产品质量，避免或减少免费维修情况的出现。

④ 升级服务。这也是一种非常常见的售后服务形式，现代信息时代的产品更需要升级服务的支持。信息时代的产品更新换代非常快，各种新产品层出不穷，功能越来越强大，价格越来越低廉，供应商提供免费或者有偿的升级服务对采购者有很大的吸引力，这也是供应商竞争力的体现。例如，各种各样的杀毒软件一般都要提供升级服务，只要购买了公司产品就可以随时在网上得到免费升级的服务。

⑤ 技术支持服务。这是供应商寻求广泛合作的一种手段。采购者有时非常想了解在其产品系统中究竟什么样参数的器件最合适，有时浪费大量的时间和费用也不一定能够找到合适的解决办法。这时，如果供应商向采购者提供相应的技术支持，就可以在替采购者解决难题的同时销售自己的产品。这种双赢的合作方式是现代采购工作中经常采用的。

（5）履行合同的承诺与能力

确定供应商履行合同的承诺与能力时要考虑以下几点：

① 要先确认供应商对采购的项目、订单金额及数量是否感兴趣。订单数量大，供应商可能生产能力不足，而订单数量少，供应商可能缺乏兴趣。

② 供应商处理订单的时间。

③ 供应商在需要采购的项目上是否具有核心能力。

④ 供应商是否具有自行研发产品的能力。

⑤ 供应商目前的闲置设备状况，了解其接单情况和生产设备的利用率。

2）供应商选择的长期标准

选择供应商的长期标准主要在于评估供应商是否能保证长期而稳定的供应，其生产能力是否能配合公司的成长而相对提高，是否具有健全的企业制度、与公司相近的经营理念，其产品未来的发展方向是否符合公司的需求，以及是否具有长期合作的意愿等。供应商的长期生产能力主要体现在以下几个方面：

（1）供应商的财务状况是否稳定

供应商的财务状况直接影响到其交货和履约的绩效，如果供应商的财务出现问题，周转不灵，就会影响供货进而影响企业生产，甚至出现停工的严重危机。虽然判断一家供应商的财务状况并不容易，但是可以利用资产负债表来考核供应商一段时期营运的成果，观察其所拥有的资产和负债情况；通过利润表，可以考察供应商一段时期内的销售业绩与成本费用情况。如果供应商是上市公司还可以利用公司的年度报表中的信息来计算各种财务比率，以观察其现金流动情况、应收应付账款的状况、库存周转率和获利能力等。

（2）供应商内部组织与管理是否良好

供应商内部组织与管理关系到日后供应商供货效率和服务质量。如果供应商组织机构设置混乱，采购的效率与质量就会因此下降，甚至会由于供应商部门之间的互相扯皮而导致供应活动不能及时、高质量地完成。另外，供应商的高层主管是否将采购单位视为主要客户也是影响供应质量的一个因素。如果供应商的高层没有将买主视为主要客户，在面临一些突发状况时，便无法取得优先处理的机会。

除此之外，还可以从供应商机器设备的新旧程度及保养状况看出管理者对生产工具、产品质量的重视程度以及内部管理的好坏。另外，可以参考供应商同业之间的评价及在所属产业的地位。对客户满意程度的认知、对工厂的管理、对原材料来源的掌控、对生产流程的控制，也是评估供应商内部管理水平的指标。

（3）供应商员工的状况是否稳定

供应商员工的状况也是反映企业管理中是否存在问题的一个重要指标。例如，员工平均年龄偏大，表明供应商员工的流动率较低，或供应商无法吸收新员工，从而缺乏新观念、新技术的引进。另外，供应商员工的工作态度及受培训的水平会直接影响到产出的效率，这些都是可以在现场参观时观察到的。

5.1.3　供应商选择的方法

选择合乎要求的供应商，需要采用一些科学和严格的方法。选择供应商，要根据具体的情况采用合适的方法。常用的方法主要有直观判断、考核选择、招标选择、协商选择和建立准入制度。

1）直观判断

直观判断法是指通过调查、征询意见、综合分析和判断来选择供应商的一种方法，是一种主观性较强的判断方法，主要是倾听和采纳有经验的采购人员的意见，或者直接由采购人员凭经验作出判断。这种方法的质量取决于供应商资料是否正确、齐全和决策者的分析判断能力与经验。这种方法运作方式简单、快速、方便，但是缺乏科学性，受所掌握信息详尽程度的限制，常用于选择企业非主要原材料的供应商。

2）考核选择

所谓考核选择，就是在对供应商充分调查了解的基础上，再经过认真考核、分析比较后选择供应商的方法。

考核选择的方法是根据供应商选择的短期和长期标准进行综合评估。综合评估就是把各个选择标准的得分进行加权平均计算而得到一个综合成绩。可以用下式计算：

$$S_K = \sum_{i=1}^{n} W_{si} P_{si} + \sum_{j=1}^{m} W_{lj} P_{lj}$$

式中：S_K——K 供应商的综合成绩；P_{si}——第 i 个短期选择标准的得分；P_{lj}——第 j 个长期选择标准的得分；W_{si}——第 i 个短期选择标准的权数；W_{lj}——第 j 个长期选择标准的权数。

权数由企业根据各个选择标准的相对重要性主观设定。S 作为备选供应商表现的综合描述，这个值越高的供应商表现越好。具体选择方法是：

（1）初步选取若干个备选供应商；

（2）分别给予各选择标准的重要程度权数，各权数的总和应为1；

（3）通过调查，对备选供应商分别予以评价；

（4）根据评分结果，对备选供应商的综合能力或综合服务质量进行计算；

（5）将备选供应商的计算结果进行比较，从而选取综合评分最高的供应商作为选择对象。

例如，假定有A、B、C、D、E五家备选供应商，对五家供应商进行比较，数据见表5-1。

表5-1　　　　　　　　　　　　　　　五家备选供应商数据

备选供应商		A	B	C	D	E	权重
短期选择标准	商品质量	100	100	90	80	90	0.5
	采购成本	100	80	70	60	80	0.2
	交付及时	90	90	100	100	90	0.1
	整体服务水平	100	100	90	80	70	0.1
	履行合同的承诺与能力	90	90	100	60	100	0.1
长期选择标准	供应商财务状况	90	90	100	90	90	0.5
	供应商内部组织与管理	90	80	90	80	70	0.3
	供应商员工的状况	90	90	90	60	90	0.2

根据表5-1，可计算出对每一家供应商的评价，具体计算如下：

A=100×0.5+100×0.2+90×0.1+100×0.1+90×0.1+90×0.5+90×0.3+90×0.2=188

B=100×0.5+80×0.2+90×0.1+100×0.1+90×0.1+90×0.5+80×0.3+90×0.2=181

C=90×0.5+70×0.2+100×0.1+90×0.1+100×0.1+100×0.5+90×0.3+90×0.2=183

D=80×0.5+60×0.2+100×0.1+80×0.1+60×0.1+90×0.5+80×0.3+60×0.2=157

E=90×0.5+80×0.2+90×0.1+70×0.1+100×0.1+90×0.5+70×0.3+90×0.2=171

计算结果表明，A供应商的综合评分最高，应为首选对象。

在得出各个供应商的综合评估成绩后，基本上就可以确定哪些供应商可以入选，哪些供应商被淘汰，哪些应列入候补名单。候补名单中的成员可以根据情况处理，可以入选，也可以落选。现在一些企业为了形成供应商之间的竞争机制，创造了一些做法，就是故意选2个或3个供应商，称作AB角或ABC角。A角作为主供应商，分配较大的供应量；B角（或再加上C角）作为副供应商，分配较小的供应量。综合成绩为优的中选供应商担任A角，候补供应商担任B角。在运行一段时间以后，如果A角的表现有所退步而B角的表现有所进步的话，则可以把B角提升为A角，而把原来的A角降为B角。这样无形中就造成了A角和B角之间的竞争，促使它们竞相改进产品和服务，使得采购企业获得更大的好处。

从以上可以看出，考核选择供应商是一项时间较长的、深入细致的工作。这项工作需要采购管理部门牵头负责，企业各个部门共同协调才能完成。当供应商选定之后，应当终止试运行期，签订正式的供应关系合同。进入正式运行期后，就开始了比较稳定、正常的供需关系运作。

3）招标选择

当采购物资数量大、供应市场竞争激烈时，可以采用招标方法来选择供应商。

4）协商选择

在潜在供应商较多、采购者难以抉择时，也可以采用协商选择方法，即由采购单位选出供应条件较为有利的几个供应商，同这些供应商分别进行协商，再确定合适的供应商。和招标方法相比较，协商选择方法因双方能充分协商，在商品质量、交货日期和售后服务等方面较有保证，但由于选择范围有限，不一定能得到最便宜、供应条件最有利的供应商。当采购时间紧迫、投标单位少、供应商竞争不激烈、订购物资规格和技术条件比较复杂时，协商选择方法比招标方法更为合适。

5）建立准入制度

企业在采购过程中必须对众多的供应商进行选择。设立供应商准入制度，目的是从一开始就筛选和淘汰掉不合格的供应商，节约谈判时间。供应商准入制度一般由采购业务部制定、商品采购小组审核、总经理签发后实施。

供应商准入制度的核心是对供应商资格的要求，包括供应商的产品质量、产品价格、资金实力、服务水平、技术条件、资信状况、生产能力等。这些条件是确保供应商供货能力的基础，也是将来履行供货合同的前提保证。这些基本的背景资料要求供应商提供，并可通过银行、咨询公司等中介机构加以核实。

在通过对供应商的考核并认定供应商资格达到基本要求后，采购人员应将企业对具体供货要求的要点向供应商提出，初步询问供应商是否能够接受。若对方能够接受，方可准入，并且将这些要点作为双方进一步谈判的基础。这些要点主要包括：商品的质量和包装要求，商品的配货、送货和退货要求，商品的付款要求等。

5.1.4　选择供应商时应注意的问题

1）自制与外包采购

一般情况下，外包的比率越高，则选择供应商的机会越大，并以能够分工合作的专业厂商为主要对象。通过外包，企业可以将精力集中于核心产品的生产上，避免了精力的分散。

2）单一供应商与多家供应商

单一供应商是指某种物品集中向一家供应商订购。这种购买方式的优点是供需双方的关系密切，购进物品的质量稳定，采购费用低；缺点是无法与其他供应商相比较，容易失去质量、价格更为有利的供应商，采购的机动性小，如果供应商出现问题则会影响本企业的生产经营活动。多家供应商是指向多家供应商订购所需的物品，其优缺点正好与单一供应商的情况相反。

3）国内采购与国际采购

选择国内的供应商，价格可能比较低，由于地理位置近，可以实现准时化生产或者零库存策略；选择国际供应商，则可能采购到国内企业按现有技术水平还无法生产的物品，提升自身的技术含量，扩大供应来源。

4）直接采购与间接采购

若是大量采购或者所需物品对企业生产经营影响重大，则宜采用直接采购，从而避免中间商加价，以降低成本；如果采购数量小或者采购物品对生产经营活动影响不大，则可通过间接采购，节省企业的采购精力与费用。

5.2　供应商审核及资质认证

供应商审核是供应商管理中的必要环节。供应商审核是了解供应商的优缺点、控制供应过程、促进供应商改进的有效手段，也是降低经营风险、保障持续供应的重要手段。

供应商审核是在完成供应市场调研分析、对潜在的供应商已作初步筛选的基础上对可能发展的供应商进行的。供应商质量体系审核则是供应商审核的一个重要方面。由于质量管理在企业管理中占据着特殊的重要地位，因而一般的公司往往将供应商质量体系审核单独列出，当然也可视情况将它当成是供应商审核的一部分与供应商审核一起进行。

5.2.1　供应商审核

供应商审核是在供应商认证前进行的，目的是确认、筛选出最好的供应商，优化供应商结构，提高竞争优势。

1）供应商审核的层次

就采购供应的控制层次来说，供应商审核可局限在产品层次、工艺过程层次，也可深入到质量保证体系层次甚至供应商的公司整体经营管理体系层次。

（1）产品层次的审核主要是确认、改进供应商的产品质量。实施办法有正式供应前的产品或样品认可检验，以及供货过程中的来料质量检查。

（2）工艺过程层次的审核主要针对那些质量对生产工艺有很强依赖性的产品。要保证供货质量的可靠性，往往必须深入到供应商的生产现场了解其工艺过程，确认其工艺水平、质量控制体系及相应的设备设施能够满足产品的质量要求。这一层次的审核包括供应商审核时工艺过程的评审，也包括供应过程中因质量不稳定而进行的供应商现场工艺确认与调整。

（3）质量保证体系层次的审核是就供应商的整个质量体系和过程，参照 ISO 9000 标准或其他质量体系标准而进行的审核。

（4）公司层次的评审是对供应商进行评审的最高层次，它不仅要考察供应商的质量体系，还要评审供应商经营管理水平、财务与成本控制、计划制造系统、信息系统和设计工程能力等各主要企业管理方面。

在实际中，对于那些普通型供应商，采购商一般只局限于产品层次和工艺过程层次的评审。但是如果采购商要挑选合作伙伴，情况就不一样了，特别是那些管理严格、技术先进的国际大公司，它们通常会大量采用质量保证体系和公司层次的评审来控制供应链体系。

2）供应商审核的方法

供应商审核的主要方法可以分为主观判断法和客观判断法。主观判断法是指依据个人的印象和经验对供应商进行判断，这种评判缺乏科学标准，评判的依据十分笼统、模糊；客观判断法是指依据事先制定的标准或准则对供应商进行量化的考核和审定，包括调查法、现场打分评比法、供应商绩效考评、供应商综合评审、总体成本法等方法。

（1）调查法。调查法是指事先准备一些标准格式的调查表格发给不同的供应商填写，收回后进行比较的方法。这种方法常用于招标、询价及供应信息的初步收集等。

（2）现场打分评比法。现场打分评比法是预先准备一些问题并格式化，然后组织不同部门的专业人员到供应商的现场进行检查确认的方法。

（3）供应商绩效考评。供应商绩效考评是指对已经供货的现有供应商在供货、质量、价格等方面的表现进行跟踪、考核和评比。

（4）供应商综合评审。供应商综合评审是针对供应商公司层次而组织的包括质量、工程、企划、采购等专业人员参与的全面评审，它通常将问卷调查和现场评审结合起来。

（5）总体成本法。总体成本法是一种以降低供应商的总体成本，从而降低采购价格为目的的方法。它需要供应商的通力合作，由采购商组织强有力的综合专家团队对供应商的财务状况及成本进行全面、细致的分析，找出降低成本的方法，并要求供应商付诸实施与改进，改进的效果则由双方共享。

3）供应商审核的程序

（1）市场调研，收集供应商信息

供应商审核是在对供应市场进行调研分析的基础上进行的。对供应市场调研，收集供应商的信息、资料是评审的前提。只有掌握了供应商翔实的资料，才能对供应商作出客观、公正的评审。在市场调研阶段，主要应该从供应商的市场分布，采购物品的质量、价格，供应商的生产规模等方面收集供应商的信息。

（2）确定供应商审核的主要指标

对于不同的供应商，审核的指标也不同，因此应该针对供应商的实际情况和本单位所采购物品的特性，对所要评审的供应商制定具体的评审指标。

（3）成立供应商审核小组

对于供应商，应视不同的采购物品成立相应的评审小组。对于一些标准品以及价值比较低的物品，可以用采购人员自行决定的方式，由采购人员组成评审小组。这种方式最简单，也最为快速、方便。对于非标准品、价值较大的物品，则可以成立跨功能小组或商品小组来执行评审的任务。所谓跨功能小组是指依据采购物品的性质，由采购部门、物料管理部门、工程及研发部门、主管或财务部门的人员共同组成的临时性的供应商审核组织。

（4）综合评分

供应商审核的最后一个环节是对供应商进行综合评分。针对每个评审项目，权衡彼此的重要性，分别给予不同的权数，评审小组决定了供应商的评审内容及权重后，可根据供应商反馈的调查表及实地调查的资料，编制出供应商的资格评分表。

4）供应商审核的内容

由于供应商自身条件各有优劣，所以必须有客观的评分项目作为选拔合格供应商的依据。因此，供应商审核应该制定详细的评审内容，通常包括下列各项：

（1）供应商的经营状况：供应商经营的历史、负责人的资历、注册资本金额、员工人数、完工记录及绩效、主要的客户和财务状况。

（2）供应商的生产能力：供应商的生产设备是否先进，生产能力是否已充分利用，厂房的空间距离如何，以及生产作业的人力是否充足。

（3）技术能力：供应商的技术是自行开发还是从外引进，有无与国际知名技术开发机构的合作，现有产品或试制样品的技术评估如何，产品的开发周期如何，技术人员的数量及受教育程度如何等。

（4）管理制度：生产流程是否顺畅合理，产出效率如何，物料控制是否自动化，生产计划是否经常改变，采购作业是否为成本计算提供良好的基础。

（5）质量管理：质量管理方针、政策如何，质量管理制度的执行及落实情况如何，有无质量管理制度手册，有无质量保证的作业方案，有无年度质量检验的目标，有无政府机构的评鉴等级，是否通过 ISO 9000 认证等。

5.2.2　供应商资质认证

1）供应商认证流程

供应商认证是供应商管理的一项重要内容。在供应商认证之前，供应商至少要满足 3 个方面的条件：供应商提交的文件已经通过认证，价格及其他商务条款符合要求，供应商审核必须合格。

新供应商认证往往需要经过企业高层管理者批准、财务部门调查，客户指定的需出具确认函件、供应商调查报告等文件。作为供应商，需要提供的信息包括工商文件（营业执照、资信等级证明、注册资本、经营范围）、行业资质和资格证书、产品质量文件、资源说明书（工厂分布、运输、技术支持、服务等级等）、客户名单、公司 SWOT 分析等。必要时可由资信调查公司对供应商进行财务状况、信用等级调查，也可以安排专门项目调查小组进行市场调查。

供应商认证流程主要由供应商自我评价、成立跨部门的评价小组、评价供应商等几个环节构成。

具体来说，供应商的认证流程如下：

（1）供应商自我认证。对供应商进行认证之前应要求供应商先进行自我评价。一般是先发信给供应商，让供应商先作出自我评价，然后再组织有关人员进行认证。

（2）成立供应商认证小组。收到供应商自我认证的资料后，应着手成立供应商认证小组。供应商认证小组应包括不同部门成员，主要有质量管理、工程、生产等部门。认证小组成立后应确认对供应商认证采取的形式和认证的指标体系。

（3）针对认证的内容，确定相应的指标评分体系。对供应商的认证要针对不同的供应商采取不同的评分体系。但一般情况下，供应商认证的评分体系包括领导班子和风格、信息系统及分析、战略计划、人力资源、过程控制、商务运作、客户满意程度、供应管理、销售管理、时间管理、环境管理等子系统。

（4）会同质量、工程、生产等部门进行现场调查。在对供应商的现场调查中，要了解供应商的管理机构设置情况，各个部门之间的分工及汇报流程；考察供应商质量控制与管理体系、生产工艺、顾客服务、环境体系等内容。在现场考察的同时应根据预先设置的评分体系，对子系统进行评价，并给出相应的分值。

（5）各部门汇总评分。进行现场考察后，各个部门应根据现场观察情况，结合供应商的相关文件、先前的市场调查情况、与供应商的客户和供应商的会谈情况，进行综合评分，得出供应商最终认证的总成绩。各部门进行汇总评分后，组织现场调查的部门应写出考察报告，呈报上级领导，并且将考察的资料进行备案并存档。

（6）将认证情况反馈给供应商。对供应商进行认证的最终结果应反馈给供应商，让供应商明确自己的不足之处，以便进行改进与提高。

（7）供应商认证跟踪。对供应商进行认证后，要进行跟踪。供应商的认证不仅是审查和评估的过程，还是一个反馈与跟踪的过程，要随时监测供应商的执行情况，不断督促供应商进行改进。总之，供应商的认证是一个长期的、动态的过程，是通过评估来确认和培养供应商的过程。

2）供应商认证的主要内容

（1）供应商的基本情况

供应商认证的基本情况的主要内容有以下几个方面：

① 企业的经营环境，主要包括企业所在国家的政治、经济和法律环境的稳定性，进出口是否有限制，货币的可兑换性，近几年来的通货膨胀情况，基础设施情况，有无地理限制等内容。

② 企业近几年的财务状况，主要包括各种会计报表、银行报表和企业经营报告等。

③ 企业在同行业中的信誉及地位，主要包括同行对企业产品质量、交货可靠性、交货周期及灵活性、客户服务及支持、成本等各项的评价。

④ 企业近几年的销售情况，包括销售量及趋势、人均销售量、本公司产品产量占行业总产量的比例。

⑤ 企业现有的紧密的、伙伴型的合作关系，包括与本公司的竞争对手、其他客户或供应商之间的关系。

⑥ 地理位置，主要包括与本公司的距离和海关通关的难易程度。

⑦ 企业的员工情况，主要包括员工的受教育程度、出勤率、流失率、工作时间、平均工资水平、生产工人与员工总数的比例等。

（2）供应商的企业管理情况

对供应商企业管理情况的认证要考虑以下因素：

① 企业管理的组织框架，各组织之间的功能分配，以及组织之间的协调情况。

② 企业的经营战略及目标、企业的产品质量改进措施、技术革新的情况、提高生产率及降低成本的主要举措、员工的培训及发展情况、质量体系及 ISO 9000 认证的情况、对供应商的管理战略及情况等。

（3）供应商的质量体系及保证情况

供应商质量体系及保证的主要内容有：

① 质量管理机构的设置情况及功能。

② 供应商的质量体系是否完整，主要包括质量保证文件的完整性与正确性，有无质量管理的目标与计划，质量的审核情况，与质量管理相关的培训工作如何等。

③ 企业产品的质量水平，主要包括产品质量、过程质量、供应商质量及顾客质量投

诉情况。

④ 质量改进情况，主要包括与顾客的质量协议，与供应商的质量协议，是否参与顾客的质量改进，是否参与供应商的质量改进，质量成本控制情况，是否接受顾客对其质量的审核等。

（4）供应商的设计、工程与工艺情况

这部分主要包括：

① 相关机构的设立与相应职责。

② 工程技术人员的能力，主要包括工程技术人员受教育的情况、工作经验、在本公司产品开发方面的水平、在公司产品生产方面的工艺水平等。

③ 开发与设计情况，主要有开发设计的试验、试验情况、与顾客共同开发的情况、与供应商共同开发的情况、产品开发的周期及工艺开发程序、对顾客资料的保密情况等。

（5）供应商的生产情况

供应商生产情况认证的主要内容包括生产机构、生产工艺过程及生产人员的情况，具体包括：

① 生产机构的设置情况及职能。

② 生产工艺过程情况，主要有工艺布置、设备（工艺）的可靠性、生产工艺的改进情况、设备利用率、工艺的灵活性、作业指导的情况、生产能力等。

③ 生产人员的情况，主要有职工参与生产管理的程度、生产的现场管理情况、生产报表及信息的控制情况、外协加工控制情况、生产现场环境与清洁情况等。

（6）供应商的企划与物流管理情况

① 相关机构的设立情况。

② 物流管理系统的情况，主要包括物流管理、物料的可追溯性、仓储条件与管理、仓储量、MRP系统等。

③ 发货交单情况，主要包括发货交单的可靠性、灵活性，即时供应能力，包装及运输情况，交货的准确程度。

④ 供应商管理情况，主要有供应商的选择、审核情况，供应商考评的情况，供应商的分类管理情况，供应商的改进与优化情况等。

（7）供应商的环境管理情况

① 环境管理机构的设置及其管理职能。

② 环境管理体系，主要有环境管理的文件体系、环境管理的方针与计划等。

③ 环境控制的情况，主要有环境控制的运作情况、沟通与培训情况、应急措施、环境监测情况、环境管理体系的审核情况。

（8）供应商对市场及顾客服务支持的情况

① 相关机构的设置情况。

② 交货周期及条件，主要有正常交货的周期、紧急交货的周期、交货与付款的条件、保险与承诺。

③ 价格与沟通情况，主要包括合同的评审、降低价格与成本的态度、电子邮件与联系手段、收单与发货沟通的情况。

④ 顾客投诉与服务情况，主要包括顾客投诉的处理程序、顾客投诉处理的情况与反

馈时间、顾客的满意程度、售后服务机构、顾客数量等。

5.2.3　供应商质量体系审核

供应商质量体系审核通常是依据 ISO 9000 标准制定相应的审核检查表，由采购员和品质工程师共同实施。参与质量体系审核的人员应当了解 ISO 9000 标准的要求并具有内审资格。

供应商质量体系审核也可以用于供应商年审，一般由采购部门会同品质部门根据实际情况每年制订一份供应商质量体系审核计划并知会供应商认可后付诸实施。审核作为供应商整体改进计划的一部分，应针对那些需要提升质量体系的供应商，每年不宜超过 10 家。

审核原则上必须在供应商生产现场进行，审核范围应集中在供应商工厂与本公司产品相关的行政及生产区域，审核结果按不同的目的可作为供应商审核的评审依据或提交反馈给供应商，要求供应商限期改进。

质量体系审核的主要内容包括：

（1）管理职责：总则、顾客需求、法规要求、质量方针、质量目标与计划、质量管理体系、管理评审。

（2）资源管理：总则、人力资源、其他资源（信息、基础设施、工作环境）。

（3）过程管理：总则、与顾客相关的过程、设计与开发、采购、生产与服务运作、不合格品（项）的控制、售后服务。

（4）监测、分析与改进：总则、监测、数据分析、改进。

小资料 5-1

ISO 9000 族
标准简介

5.3　供应商关系管理

供应商关系管理（Supplier Relationship Management，SRM）是站在企业盈利的角度，通过供应商细分，将与自己发生业务往来的供应商划分归类，对不同重要性的供应商建立不同的商业规则，使得企业能够对不同重要性的产品和服务供应商可以按照相应的商业规则进行行业务安排与考评，以便实现企业发展目标的管理方法。

良好的供应商关系管理对于生产企业增强成本控制、提高资源利用率、改善服务和增加收益起到了巨大的推动作用。实施有效的供应商关系管理可以大大节约时间和财力，更大程度地满足顾客的需要，为顾客创造价值。为了在竞争中立于不败之地，越来越多的生产企业都在通过科学的供应商关系管理来获得在国际市场领先的竞争优势。供应商关系管理的优势主要包含以下几个方面：

（1）降低成本。企业从供应商推荐材料的使用方面，可以获得很多成本的降低；另外，通过与供应商良好的沟通可以降低产品开发成本、质量成本、交易成本、售后服务成本等。有关资料表明，运行供应商关系管理的解决方案可使企业采购成本削减 20% 左右。

（2）减少风险。企业及时、安全地获得关键性原材料，可以降低企业及供应链中的潜在供应风险和不确定性。通过开展供应商关系管理，企业可通过供应商开发新的产品、技术，从而降低其未知技术领域的风险；同时，供应商的资产投资专用于双方合作领域，企业的投资风险也将得以降低。

（3）规模经济。在某些领域，采购方企业研究开发的庞大费用使其望而却步，企业无法单独承担起开发和生产的全过程，采购方可以通过把没有能力投资的部分技术转包给专业供应商，这样可以在加强供应商力量的同时，通过合理分配技术投资任务，专注于开发核心技术，在其核心领域追求卓越从而达到规模经济的效果。

（4）互补技术和专利。与供应商共同研究开发，双方技术人员相互协作，使双方的技术和发明专利互补应用于生产。这种思路使得采购企业和供应商联手进行技术创新成为可能，可以协助企业比竞争对手更快、更早地向市场推出新产品。

（5）提高客户满意度。供应商关系管理使企业产品质量、交货时间、供货准时率等方面得到了很大程度的改善，从而大大提高了顾客的满意度和忠诚度。

5.3.1 供应商关系

供应商关系是指采购方基于不同的管理目标、不同的市场条件，与供应商之间建立并保持的供求竞争或合作的业务联系的性质和形态。

1）供需之间"竞争模式"

传统的企业与供应商之间的关系是一种短期的、松散的、竞争对手的关系。在这样一种基本关系之下，采购方和供应商的交易如同"0-1"对策，一方所赢是另一方所失，与长期互惠相比，短期内的优势更受重视。采购方总是试图将价格压到最低，而供应商总是以特殊的质量要求、特殊服务和订货量的变化等为理由尽量提高价格，哪一方能取胜主要取决于哪一方在交易中占上风。例如，在采购方的购买量占供应商销售总量的百分比很大，采购方可方便地从其他供应商那里得到所需物品，改换供应商不需要花费多少转换成本等情况下，采购方均会占上风；反之，则有可能是供应商占上风。

竞争模式的主要特征：

（1）采购方以权势压人来讨价还价。采购方以招标的方式挑选供应商，报价最低的供应商被选中；而供应商为了能够中标，有可能报出低于成本的价格。

（2）供应商名义上的最低报价并不能带来真正的低采购成本。供应商一旦被选中，就会以各种借口要求采购方企业调整价格，因此，最初的低报价往往是暂时的。

（3）技术、管理资源相互保密。由于采购方和供应商之间是受市场支配的竞争关系，所以双方的技术、成本等信息都小心加以保护，不利于新技术、新管理方式的传播。

（4）双方的高库存、高成本。由于关系松散，双方都会用较高的库存来缓解出现需求波动或其他意外情况时的影响，而这种成本的增加，实际上最后都转嫁到了消费者身上。

（5）不完善的质量保证体系。以次品率来进行质量考核，并采取事后检查的方式，导致查到问题时产品已投入市场，仍要不断地解决问题。

（6）采购方的供应商数目很多。每一种物料都有若干个供应商，供应商之间的竞争使采购方从中获利。

竞争模式的缺陷：由于采购方和供应商之间的讨价还价，双方缺乏信息交流，成本难以下降，质量也不能很好地满足要求，难以适应快速响应市场的要求。

2）供需之间"合作模式"

另一种与供应商的关系模式，即合作模式，在当今受到了越来越多企业的重视。在这种模式之下，采购方和供应商互相视对方为"伙伴"，双方保持一种长期互惠的关系。

合作模式的主要特征：

（1）供应商的分层管理。采购方将供应商分层，尽可能地将完整部件的生产甚至设计交给第一层供应商，这样采购方企业的零件设计总量大大减少，有利于缩短新产品的开发周期。这样还使采购方可以只与数目较少的第一层供应商发生关系，从而降低了采购管理费用。

（2）双方共同降低成本。采购方与供应商在一种确定的目标价格下，共同分担成本，共享利润。采购方充分利用自己在技术、管理、专业人员等方面的优势，帮助供应商降低成本。由于通过降低成本供应商也能获利，所以调动了供应商不断改进生产过程的积极性，从而有可能使价格不断下降，在市场上的竞争力不断提高。

（3）共同保证和提高质量。由于买卖双方认识到不良产品会给双方都带来损失，所以能够共同致力于提高质量。一旦出现质量问题，采购方就会与供应商一起通过"5W"等方法来分析原因，解决问题。由于双方建立起了一种信任关系，互相沟通产品质量情况，所以采购方甚至可以不对供应物料进行检查就直接使用。

（4）信息共享。采购方积极主动地向供应商提供自己的技术、管理等方面的信息和经验，供应商的成本控制信息也不再对采购方保密。除此之外，供应商还可以随时了解采购方的生产计划、未来的长期发展计划以及供货计划。

（5）JIT式的交货。也就是说，只在需要的时候按需要的量供应所需的物品。由于买卖双方建立起了一种长期信任的关系，不必为每次采购谈判和讨价还价，不必对每批物料进行质量检查，而且双方都互相了解对方的生产计划，这样就有可能做到JIT式的交货，而这种做法使双方的库存都大为降低，从而得益。

（6）采购方只保有较少数目的供应商。一般一种物料只有1~2个供应商，这样可以使供应商获得规模优势。当来自采购方的订货量很大，又是长期合同时，供应商甚至可以考虑扩大设施和设备能力，并考虑将新设备建在采购方附近，这样几乎就等于采购方的一个"延伸"组织。

合作模式的缺陷：

（1）如果一种材料只有1~2个供应商，那么供应中断的风险就会增加。

（2）保持长期合同关系的供应商缺乏竞争压力，从而有可能缺乏不断创新的动力。

（3）JIT式的交货方式有中断生产的风险。

3）供需之间"既竞争又合作模式"

企业与供应商的关系是一种经过长期合作，将表现优秀的相同供应商稳定下来形成的一种既合作又竞争的关系。在这样的关系下，采购方和供应商的交易是长期存在的，但相同供应商之间仍维持一种竞争关系，只是竞争的范围缩小了。这种稳定的关系能够让供应商更愿意为企业的长远发展建言献策。同时又保持了一定的竞争压力，而不会由于单一的关系，造成一荣俱荣、一损俱损的局面。

既竞争又合作模式的主要特征：

（1）采购方只保有较少数目的供应商。一般一种物料有3~5个供应商，这样可以使供应商获得适当的规模优势。每个供应商只接企业每次订单的一定百分比，每次订单的百分比变动是根据之前交货的考评情况而定的。

（2）由于是长期的合作关系，产品质量会得到相比于公开竞价模式更高水平的保证，价格也相对稳定。

（3）技术、管理资源不再相互保密，有利于新技术、新管理方式的相互传播。

（4）JIT式的交货。这方面与合作模式下相同，也是只在需要的时候按需要的量供应所需的物品。但它并不像合作模式下不必对每批物料进行质量检查那样，而是会进行一定程度的抽检。

这种模式既克服了竞争模式下不稳定带来的缺陷，又克服了依靠单一供应商可能存在的经营中断风险和竞争不激烈导致的技术停滞问题。当然它也无法充分享受以上两种模式所固有的优点。

以上三种模式都有它们所适应的市场条件，根据不同的市场条件选择相适应的模式才是科学的选择。

5.3.2 供应商细分

供应商细分是指在供应市场上，采购者依据采购物品的金额、采购物品的重要性以及供应商对采购方的重视程度和信赖性等因素，将供应商划分为若干个群体。供应商细分是供应商关系管理的先行环节，只有在供应商细分的基础上，采购方才有可能根据细分供应商的不同情况实行不同的供应商关系策略。

根据不同的方法，可以对供应商进行如下细分：

1）公开竞价型、网络型、供应链管理型

公开竞价型是指采购商将所采购的物品向若干供应商公开地提出采购计划，各个供应商根据自身的情况进行竞价，采购商依据供应商竞价的情况，选择其中价格低、质量好的供应商作为该项采购计划的供应商，这类供应商就被称为公开竞价型供应商。在供大于求的市场中，采购商处于有利地位，采用公开竞价选择供应商，对于产品质量和价格有较大的选择余地，是企业降低成本的途径之一。

网络型供应商是指采购商在与供应商长期的选择与交易中，将在价格、质量、售后服务、综合实力等方面比较优秀的供应商组成供应商网络，通常由4~6个相同产品或服务供应商组成。企业的某些物品的采购只在供应商网络中进行，但每个供应商的每次接单比例会根据上次交货的考评而有变动。供应商网络的实质就是采购商的资源市场，采购商可以针对不同的物资组建不同的供应商网络。供应商网络的特点是采购商与供应商之间的交易是一种长期性的合作关系，但在这个网络中应采取优胜劣汰的机制，定期评估、筛选，适当淘汰，同时吸收更为优秀的供应商进入。

供应链管理型是指在供应链管理中，采购商与供应商之间的关系更为密切，采购商与供应商之间通过信息共享，适时传递自己的需求信息，而供应商根据实时的信息，将采购商所需的物资按时、按质、按量地送交采购商。

2）重点供应商和普通供应商

根据采购的80/20规则可以将供应商细分为重点供应商和普通供应商，其基本思想是针对不同的采购物品应采取不同的策略，同时采购工作精力分配也应各有侧重，相应地，对于不同物品的供应商也应采取不同的策略。根据80/20规则，可以将采购物品分为重点采购品（占采购价值80%、占采购数量20%的采购物品）和普通采购品（占采购价值20%、占采购数量80%的采购物品）。可以将供应商划分为重点供应商和普通供应商，即占80%采购金额的20%的供应商为重点供应商，而其余只占20%采购金额的80%的供应商为普通供应商。对于重点供应商，应投入80%的时间和精力进行管理与改进，这些供应商提供的物品为企业的战略物品或需集中采购的物品，如汽车厂需要采购的发动机和变速器以及一些价值高但供应保障不力的物品。而对于普通供应商则只需要投入20%的时间和精力，因为这类供应商所提供的物品对企业的成本、质量和生产的影响较小，如办公用品、维修备件、标准件等物品。

在按80/20规则进行供应商细分时，应注意几个问题：

（1）按80/20规则细分的供应商并不是一成不变的，随着企业生产结构和产品线调整，需要重新进行细分。

（2）对重点供应商和普通供应商应采取不同的策略。

3）短期目标型、长期目标型、渗透型、联盟型、纵向集成型

短期目标型是指采购商与供应商之间的关系是交易关系，即一般的买卖关系。双方的交易仅停留在短期的交易合同上，各自所关注的是如何谈判、如何提高自己的谈判技巧使自己不吃亏，而不是如何改善自己的工作，使双方都获利。当交易完成后，双方关系也就终止了。双方只有供销人员有联系。

长期目标型是指采购商与供应商保持长期的关系，双方有可能为了共同利益对改进各自的工作感兴趣，并在此基础上建立起超越买卖关系的合作。长期目标型的特征是建立一种合作伙伴关系，双方工作重点是从长远利益出发，相互配合，不断改进产品质量与服务质量，共同降低成本，提高共同的竞争力。合作的范围遍及公司内部的多个部门。例如，由于是长期合作，采购商对供应商提出新的技术要求，而供应商目前还没有能力，在这种情况下，可以对供应商提供技术、资金等方面的支持。

渗透型供应商关系是在长期目标型基础上发展起来的。其指导思想是把对方公司看成是自己的一部分，因此对对方的关心程度又大大提高了。为了能够参与对方的活动，有时会在产权关系上采取适当措施，如互相投资、参股等，以保证双方利益的共享与一致性。同时，在组织上也采取相应的措施，保证双方派员参与对方的有关业务活动。这样做的优点是可以更好地了解对方的情况，供应商可以了解自己的产品是如何起作用的，容易发现改进方向，而采购方可以知道供应方是如何制造的，也可以提出改进的要求。

联盟型供应商关系是从供应链角度提出的，其特点是在更长的纵向链条上管理成员之间的关系，双方维持关系的难度提高了，要求也更高。成员的增加，往往需要一个处于供应链上核心地位的企业出面协调成员之间的关系，这个企业被称为供应链核心企业。

纵向集成型供应商关系是最复杂的关系类型，即把供应链上的成员整合起来，像一个企业一样，但各成员是完全独立的企业，决策权属于自己。在这种关系中，要求每个企业在充分了解供应链的目标、要求，以及充分掌握信息的条件下，能自觉作出有利于供应链整体利益的决策。有关这方面的知识，更多的是停留在学术讨论上，而实践中的案例很少。

4）商业型、重点商业型、优先型、伙伴型

根据供应商分类模块法可以将供应商分为商业型、重点商业型、优先型、伙伴型四种。供应商分类模块法是依据供应商对本单位的重要性和本单位对供应商的重要性进行矩阵分析，并据此对供应商进行分类的一种方法。这种方法可以由矩阵图表示，如图5-1所示。

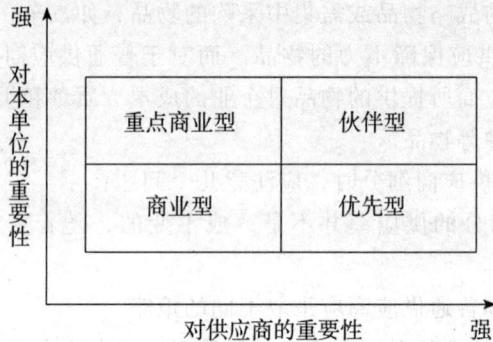

图5-1 供应商分类模块法

在供应商分类的模块中，如果供应商认为本单位的采购业务对于它们来说非常重要，供应商自身又有很强的产品开发能力等，同时该采购业务对本单位也很重要，那么这些采购业务对应的供应商就是"伙伴型"；如果供应商认为本单位的采购业务对于它们来说非常重要，但该项业务对于本单位并不是十分重要，这样的供应关系无疑有利于本单位，是本单位的"优先型"；如果供应商认为本单位的采购业务对它们来说无关紧要，但该采购业务对本单位是十分重要的，这样的供应商就属于"重点商业型"；对于那些对于供应商和本单位来说均不是很重要的采购业务，相应的供应商可以很方便地选择更换，那么这些采购业务对应的供应商就是普通的"商业型"。表5-2概括了不同供应商关系特征与具体发展要求。

表5-2 供应商关系特征与具体发展要求

供应商类型	商业型或优先型供应商	重点商业型供应商	伙伴型供应商	
			供应伙伴	设计伙伴
关系特征	运作联系	运作联系	战术考虑	战略考虑
时间跨度	1年以下	1年左右	1~3年	1~5年
质量	顾客要求	•顾客要求 •顾客与供应商共同控制质量	•供应商保证 •顾客审核	•供应商保证 •供应商早期介入设计及产品质量标准 •顾客审核
供应	订单订货	年度协议+交货订单	顾客定期向供应商提供物料需求计划	电子数据交换系统
合约	按订单变化	年度协议	•年度协议（1年） •质量协议	•设计合同 •质量协议等
成本价格	市场价格	价格+折扣	价格+降价目标	•公开价格与成本构成 •不断改进，降低成本

5）供应商关系谱

供应商关系谱是将供应商分为不可接受的供应商、可考虑的供应商以及 5 级不同层次的已配套的供应商，如表 5-3 所示。

表5-3　　　　　　　　　　　　　　　　　供应商关系谱

	层　次	类　型	特　征	适合范围
供应商关系	5	自我发展型的伙伴供应商	优化协作	态度、表现好的供应商
	4	共担风险的供应商	强化合作	
	3	运作相互联系的供应商	公开、信赖	
	2	需持续接触的供应商	竞争游戏	表现好的供应商
	1	已认可的供应商	现货买进关系	方便、合理的供应商
		可考虑的供应商		潜在供应商
		不可接受的供应商		不合适

第一层次为"触手可及"的关系，因采购价值低，供应商对本单位显得不很重要，因而无须与供应商或供应市场靠得太紧密，只要供应商能提供合理的交易即可。处理这类供应商关系可采取现货买进方式。

第二层次要求企业对供应市场有一定的把握，如了解价格发展趋势等，采购的主要着力点是同供应市场保持持续接触，在市场竞争中买到价格最低的商品。

第三层次要求双方在运作中相互联系，其特征是公开、互相信赖。一旦这类供应商选定，双方就以坦诚的态度在合作过程中改进供应、降低成本。通常这类供应商提供的零部件对本单位来说属于战略品，但供应商并不是唯一的，本单位有替代的供应商可选择。对这类供应商可以考虑长期合作。

第四层次是一种共担风险的长期合作关系，其重要的特征是双方都力求强化合作，通过合同等方式将长期关系固定下来。

第五层次是互相配合形成的自我发展型供应商关系。这种关系意味着双方有着共同的目标，必须协同作战，其特征是为了长期的合作，双方要不断地优化协作，最具代表性的活动就是供应商主动参与到本单位的产品开发业务中来，而本单位也依赖供应商在其产品领域内的优势来提高自己产品开发的竞争力。

6）按供应商的规模和经营品种分类

按供应商的规模和经营品种进行供应商细分的方法也可用矩阵图来表示，如图 5-2 所示。

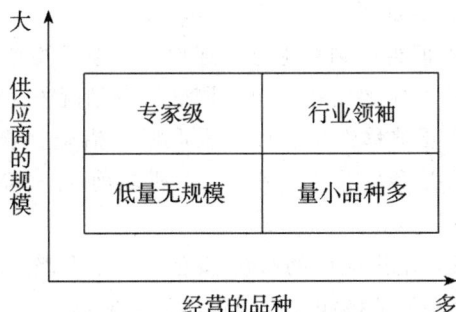

图5-2　按供应商的规模和经营品种分类

在这种分类方法中，"专家级"供应商是指那些生产规模大、经验丰富、技术成熟，但经营品种相对少的供应商，这类供应商的目标是通过竞争来占领市场。"低量无规模"的供应商是指那些经营规模小、经营品种少的供应商。这类供应商生产经营比较灵活，但增长潜力有限，其目标仅定位于本地市场。"行业领袖"供应商是指那些生产规模大、经营品种也多的供应商，这类供应商财务状况比较好，其目标为立足本地市场，并且积极拓展国际市场。"量小品种多"的供应商虽然生产规模小，但是其经营品种较多，这类供应商的财务状况一般不是很好，但是它们有潜力，可培养。

7）按与供应商的采购业务关系重要程度分类

按与供应商的采购业务关系重要程度可分为战略供应商（Strategic Suppliers）、优先供应商（Preferred Suppliers）、考察供应商（Provisional Suppliers）、消极淘汰（Exit Passive）供应商、积极淘汰（Exit Active）供应商和身份未定（Undetermined）供应商。当然，不同公司的分法和定义可能略有不同。

（1）战略供应商是指那些对公司有战略意义的供应商。例如，它们提供技术复杂、生产周期长的产品，它们可能是唯一供应商。它们的存在对公司的存在至关重要。更换供应商的成本非常高，有些甚至不可能。对这类供应商应该着眼长远，培养长期关系。

（2）优先供应商是基于供应商的总体绩效，如价格、质量、交货、技术、服务、资产管理、流程管理和人员管理等方面，公司倾向于使用优先供应商。优先供应商提供的产品或服务可在别的供应商处得到，这是与战略供应商的根本区别。优先供应商待遇是挣来的，如机械加工件，有很多供应商都能做，但公司优先选择供应商A，把新生意给这个供应商，就是基于A的总体表现。

（3）考察供应商一般是第一次提供产品或服务给公司，公司对其表现还不够了解，于是给一年左右的期限来考察。考察完成，要么升级为优先供应商，要么降为淘汰供应商。当然，对于优先供应商，如果其绩效在某段时间下降，也可调整为考察供应商，"留校察看"，给它们机会提高，然后要么升级，要么降级。

（4）消极淘汰供应商不应该再得到新的生意，但公司也不积极把现有生意移走。随着主产品完成生命周期，这样的供应商就自然而然被淘汰出局。对这种供应商要理智对待。如果绩效还可以的话，不要破坏平衡。从采购方来说，重新选择供应商可能成本太高。这样，双方都认识到维持现状最好。当然，有些情况下，产品有可能成为"鸡肋"，供应商不怎么盈利（或不愿意继续供货），采购方也不愿物色新供应商。那么，供应商的力量就相对更大，对你的产品的重视度不足，绩效可能不够理想。这对采购方来说绝对是个挑战，维持相对良好的关系就更重要。

（5）积极淘汰供应商不但得不到新生意，连现有生意都得移走。这是供应商管理中最极端的例子。对这类供应商一定要防止"鱼死网破"的情况发生。因为一旦供应商知道自己现有的生意要被移走，有可能采取极端措施，要么抬价，要么中止供货，要么绩效变得很差。所以，在扣动扳机之前，一定要确保你的另一个供货渠道已经开通。

（6）身份未定供应商的身份未定。在分析评价之后，要么升级为考察供应商，要么定义为消极淘汰或积极淘汰供应商。

小资料5-2

西门子对供应商的分类

5.3.3　供应商绩效考评

供应商绩效考评是对现有供应商的日常表现进行定期监控和考核。传统上，虽然我们一直也在进行供应商的考核工作，但是一般都只是对重要供应商的来货质量进行定期检查，而没有一整套的规范和程序。随着采购管理在企业中的地位越来越重要，供应商管理水平也在不断提升，原有的考核方法已不再适应企业管理的需要。

1）供应商绩效考核的目的、原则、范围及准备工作

（1）供应商绩效考核的目的。供应商绩效管理的主要目的是确保供应商供应的质量，同时在供应商之间进行比较，以便继续同优秀的供应商进行合作，淘汰绩效差的供应商。在对供应商进行绩效管理的同时也可以了解供应存在的不足之处，并将其反馈给供应商，促进供应商改善其业绩，为日后更好地完成供应任务打下良好的基础。

（2）供应商绩效考核的原则。供应商绩效考核的基本原则是：①供应商绩效管理必须持续进行，要定期地检查目标达到的程度。当供应商知道会被定期评估时，自然就会致力于改善自身的绩效，从而提高供应质量。②要从供应商和企业自身各自的整体运作方面来进行评估，以确立整体的目标。③供应商的绩效总会受到各种外在因素的影响，因此对供应商的绩效进行评估时，要考虑到外在因素带来的影响，不能仅仅衡量绩效。

（3）供应商绩效考核的范围。针对供应商表现的考核要求不同，相应的考核指标也不一样。最简单的做法是仅衡量供应商的交货质量；成熟一些的除考核交货质量外，也跟踪供应商的交货表现；较先进的系统则进一步扩展到供应商的支持与服务、供应商参与本公司产品开发的表现等，也就是由考核订单履行过程延伸到产品开发过程。

（4）供应商绩效考核的准备工作。要实施供应商考核，就必须制定一套供应商考核办法或工作程序，作为有关部门或人员实施考核的依据。实施过程中要对供应商的表现如质量、交货、服务等进行监测记录，为考核提供量化依据。考核前还要选定被考核的供应商，将考核做法、标准及要求同相应的供应商进行充分沟通，并在本公司内与参与考核的部门或人员做好沟通协调。供应商考核工作常由采购人员牵头组织，品质、企划等人员共同参与。

2）供应商绩效考核的指标体系

为了科学、客观地反映供应商供应活动的运作情况，应该建立与之相适应的供应商绩效考核指标体系。在制定考核指标体系时，应该突出重点，对关键指标进行重点分析，尽可能地采用实时分析与考核的方法，要把绩效度量范围扩大到能反映供应活动的信息上去，因为这要比做事后分析有价值得多。评估供应商绩效的指标主要有质量指标，供应指标，经济指标，支持、配合与服务指标等。

（1）质量指标

供应商质量指标是供应商考评的最基本指标，包括来料批次合格率、来料抽检缺陷率、来料在线报废率、来料免检率等，其中，来料批次合格率是最为常用的质量考核指标之一。这些指标的计算方法如下：

来料批次合格率=（合格来料批次÷来料总批次）×100%

来料抽检缺陷率=（抽检缺陷总数÷抽检样品总数）×100%

来料在线报废率=（来料总报废数÷来料总数）×100%

其中，来料总报废数包括在线生产时发现的废品。

来料免检率=（来料免检的种类数÷该供应商供应的产品总种类数）×100%

此外，还有的公司将供应商质量体系等也纳入考核，比如供应商是否通过了 ISO 9000 认证或供应商的质量体系审核是否达到一定的水平。还有些公司要求供应商在提供产品的同时，要提供相应的质量文件，如过程质量检验报告、出货质量检验报告、产品成分性能测试报告等。

（2）供应指标

供应指标又称为企业指标，是同供应商的交货表现以及供应商企划管理水平相关的考核因素，其中最主要的是准时交货率、交货周期、订单变化接受率等。

准时交货率=（按时按量交货的实际批次÷订单确认的交货总批次）×100%

交货周期指自订单开出之日到收货之日的时间长度，常以天为单位。

订单变化接受率是衡量供应商对订单变化灵活性反应的一个指标，是指在双方确认的交货周期中可接受的订单增加或减少的比率。

订单变化接受率=（订单增加或减少的交货数量÷订单原定的交货数量）×100%

值得一提的是，供应商能够接受的订单增加接受率与订单减少接受率往往不同，前者取决于供应商生产能力的弹性、生产计划安排与反应快慢以及库存大小与状态（原材料、半成品或成品），后者主要取决于供应商的反应、库存（包括原材料与在制品）大小以及对减单可能造成损失的承受力。

（3）经济指标

供应商考核的经济指标总是与采购价格、成本相联系。质量与供应考核通常每月进行一次，而经济指标则相对稳定，多数企业是每季度考核一次。此外，经济指标往往都是定性的，难以量化。经济指标的具体考核点有：

① 价格水平：往往将本公司所掌握的市场行情与供应价格进行比较或根据供应商的实际成本结构及利润率进行判断。

② 报价是否及时，报价单是否客观、具体、透明（分解成原材料费用、加工费用、包装费用、运输费用、税金、利润等，说明相对应的交货与付款条件）。

③ 降低成本的态度及行动：是否真诚地配合本公司或主动地开展降低成本的活动，是否制订改进计划、实施改进行动。

④ 分享降价成果：是否将降低成本的好处也让利给本公司。

⑤ 付款：是否积极配合响应本公司提出的付款条件与办法，开出的发票是否准确、及时、符合有关财税要求。

有些单位还将供应商的财务管理水平与手段、财务状况以及对整体成本的认识也纳入考核。

（4）支持、配合与服务指标

同经济指标一样，考核供应商在支持、配合与服务方面的表现通常也是定性考核，每季度一次。相关的指标有反应与沟通、合作态度、参与本公司的改进与开发项目、售后服务等。

① 反应表现：对订单、交货、质量投诉等反应是否及时、迅速，答复是否完整，对退货、挑选等是否及时处理。

② 沟通手段：是否有合适的人员与本公司沟通，沟通手段是否符合本公司的要求（电话、传真、电子邮件以及文字处理所用软件与本公司的匹配程度等）。

③ 合作态度：是否将本公司看成是重要客户，供应商高层领导或关键人物是否重视本公司的要求，供应商内部（如市场、生产、计划、工程、质量等部门）沟通协作是否能整体理解并满足本公司的要求。

④ 共同改进：是否积极参与或主动参与本公司相关的质量、供应、成本等改进项目或活动，或推行新的管理方法等，是否积极组织参与本公司召开的供应商改进会议、配合本公司开展的质量体系审核等。

⑤ 售后服务：是否主动征询本公司的意见、主动访问本公司、主动解决或预防问题。

⑥ 参与开发：是否参与本公司的各种相关开发项目，如何参与本公司的产品或业务开发过程。

⑦ 其他支持：是否积极接纳本公司提出的有关参观、访问事宜，是否积极提供本公司要求的新产品报价与送样，是否妥善保存与本公司相关的文件等并不予泄露，是否保证不与影响到本公司切身利益的相关公司或单位进行合作等。

5.3.4 供应商的激励机制

要保持长期的供需双赢的合作伙伴关系，对供应商的激励是非常重要的，没有有效的激励机制，就不可能维持良好的供应关系。在激励机制的设计上，要体现公平、一致的原则。给予供应商价格折扣和柔性合同，以及赠送股权等，使供应商和企业共同分享成功，同时也使供应商从合作中体会到供需合作双赢机制的好处。

（1）价格激励。价格对企业的激励是显然的。高的价格能增强企业的积极性，不合理的低价会挫伤企业的积极性。供应链利润的合理分配有利于供应链企业间合作的稳定和运行的顺畅。

（2）订单激励。供应商获得更多的订单是一种极大的激励，在供应链内的企业也需要更多的订单激励。一般来说，一个制造商拥有多个供应商，多个供应商的竞争来自制造商的订单，更多的订单对供应商来说是一种激励。

（3）商誉激励。商誉是一个企业的无形资产，对企业极其重要。商誉来自供应链内其他企业的评价和其在公众中的声誉，它反映了企业的社会地位。

（4）信息激励。在信息时代，信息对企业而言意味着生存。企业获得更多的信息意味着企业拥有更多的机会、更多的资源，从而获得激励。如果能够快捷地获得合作企业的需求信息，企业就能够主动采取措施提供优质服务，必然使合作方的满意度大为提高。这对与合作方建立起信任关系有着非常重要的作用。信息激励机制的提出，也在某种程度上克服了由于信息不对称而使供需双方企业相互猜忌的弊端，消除由此带来的风险。

（5）淘汰激励。淘汰激励是一种负激励。为了使供应链的整体竞争力保持在一个较高的水平，供应链必须建立对成员企业的淘汰机制，同时供应链自身也面临淘汰风险。淘汰弱者是市场规律之一，保持淘汰对企业或供应链都是一种激励。对于优秀企业或供应链来讲，淘汰弱者使其获得更优秀的业绩；对于业绩较差者，为避免被淘汰的危险，它更需要上进。

在供应链系统内形成一种危机激励机制，让所有合作企业都有一种危机感。这样一来，企业为了能在供应链管理体系获得群体优势的同时自己也获得发展，就必须承担一定的责任和义务，对自己承担的供货任务，在成本、质量、交货期等方面负有全方位的责任。这对防范短期行为和"一锤子买卖"给供应链群体带来的风险起到了一定的作用。危机感可以从另一个角度激励企业发展。

（6）新产品/新技术的共同开发。新产品/新技术的共同开发和投资也是一种激励机制，它可以让供应商全面掌握新产品的开发信息，有利于新技术在供应链企业中的推广和供应商市场的开拓。将供应商、经销商甚至用户结合到产品的研究开发工作中来，按照团队的工作方式展开全面合作。在这种环境下，合作企业也成为整个产品开发中的一分子，其成败不仅影响制造商，而且也影响供应商及经销商。因此，每个人都会关心产品的开发工作，这就形成了一种激励机制，对供应链上的企业起到激励作用。

（7）组织激励。在一个较好的供应链环境下，企业之间合作愉快，供应链的运作也通畅，少有争执。也就是说，一个良好组织的供应链对供应链内的企业都是一种激励。减少供应商的数量，并与主要的供应商保持长期稳定的合作关系，是企业使用组织激励的主要措施。

本章小结和学习重点与难点

本章全面地介绍了供应商管理体系，论述了供应商管理在采购管理中的重要地位。本章主要介绍了供应商选择、供应商审核及资质认证、供应商关系管理等概念，分别详细阐述了供应商调查与分析的内容与方法、选择供应商的标准和方法、供应商细分、供应商绩效考核，以及激励机制等内容。

供应商调查可以分为三种：第一种是初步供应商调查；第二种是资源市场调查；第三种是深入供应商调查。

选择供应商的短期标准一般是商品质量合适、采购成本低、交付及时、整体服务水平高、履行合同的能力强。选择供应商的长期标准主要在于评估供应商是否能保证长期而稳定的供应，其生产能力是否能配合公司的成长而相对提高，是否具有健全的企业制度、与公司相近的经营理念，其产品未来的发展方向是否符合公司的需求，以及是否具有长期合作的意愿等。

供应商审核是在完成供应市场调研分析、对潜在的供应商已作初步筛选的基础上对可能发展的供应商进行的，其目的是确认、筛选出最好的供应商，优化供应商结构，提高竞争优势。

企业供应商认证流程主要由供应商的自我评价、成立跨部门的评价小组、评价供应商几个环节构成。

供应商质量体系审核通常是依据ISO 9000标准制定相应的审核检查表，由采购员和品质工程师共同实施。

评估供应商绩效的指标主要有质量指标，供应指标，经济指标，支持、配合与服务指标等。

供应商细分是指在供应市场上，采购者依据采购物品的金额、采购物品的重要性以及供应商对采购方的重视程度和信赖度等因素，将供应商划分为若干个群体。

本章的学习重点是掌握供应商选择方法。

本章的学习难点是理解和掌握供应商关系管理。

💧 **前沿问题**　　　　　　　　　供应商关系的转变

供应商关系的转变是一个复杂且多维的过程，它受到多种因素的影响，包括技术进步、市场环境变化、企业战略调整、交易成本理论、全球竞争环境等。供应商关系主要有如下几个方面的转变：

1.供应商关系演变的阶段

我国供应商关系的演变经历了四个阶段，包括缺乏竞争的特殊关系阶段、零和的竞争关系阶段、双赢的供应商关系阶段和战略伙伴关系阶段。这一演变过程反映了从计划经济到市场经济的转变，以及市场在资源配置中作用的增强。

2.供应链管理趋势

供应链管理趋势包括区块链技术提高透明度、数据分析和预测、供应商协作等。这些趋势表明，供应商关系正在从简单的交易关系演变为更深层次的战略伙伴关系，强调信息共享、合作和协同工作。

3.制造商与供应商的关系

制造商与供应商的关系正从对抗型关系向合作型关系转变。这种转变体现在供应链上制造商与供应商的关系，从众多供应商、短期合同为特征的对抗型关系到较少供应商、长期合同为特征的合作型关系的转变。

4.数字化转型的影响

数字化转型促进了供应商与买方之间的关系从交易中心向战略合作伙伴的转变。技术的进步使供应商能够提供增值服务，如数据分析、预测维护和定制解决方案等。

5.供应商管理的转型

在全球化与数字化的双重驱动下，供应商关系管理（SRM）正从简单的交易行为演变为企业战略核心。这种转变体现在采购职能从"后台"到"董事会"的跨越式发展，以及供应商创造的价值在产品总价值中的占比持续提升。

6.供应链行业的三大趋势

供应链行业将围绕数字化、建设复原力和可持续性三个关键趋势发生重大变革。这些趋势将进一步推动供应商关系的转变，使其更加灵活、敏捷和可持续。

💧 **案例探讨**　　　　　　供应商管理转型：从交易到价值创造

走进现代企业的采购部门，你很难再看到传统印象中堆积如山的订单和永无休止的价格谈判。取而代之的是数字化的管理平台、战略层面的供应商协作会议，以及专注于价值创造的跨部门团队。这种转变印证了采购职能从"后台"到"董事会"的跨越式发展。

联合利华的创新实践生动诠释了这一转变。通过建立创新平台 Unilever Foundry，他们成功整合了内部的营销、研发、采购等职能部门，同时吸引外部创业者和初创企业共同参与创新。这种开放式创新模式不仅带来了技术突破，更重要的是重新定义了供应商关系的边界。

在这个转型过程中，外包趋势的加速发展起到了关键推动作用。越来越多的企业选择将非核心业务外包，导致供应商创造的价值占比持续提升。相关研究显示，在许多行业中，供应商贡献的价值已超过产品总价值的60%。这一现实使得供应商关系管理的重要性达到了前所未有的高度。

然而，战略转型并非一蹴而就。企业需要在理论与实践之间找到平衡点，将先进的管理理念转化为切实可行的行动方案。这需要建立系统的评估框架，发展新的管理能力，同时保持足够的灵活性以应对市场变化。

1.供应商战略管理的科学方法：深度解析Kraljic矩阵

在供应商管理的诸多理论工具中，Kraljic矩阵无疑是最具影响力的框架之一。Kraljic矩阵的核心在于通过"供应风险"和"利润影响"两个维度，将供应商分为四个象限。这种分类方法看似简单，实则蕴含深刻的管理智慧。以快递零售企业Getir的啤酒供应商管理为例，其供应商布局清晰展示了矩阵的实战价值。

在Getir的供应商版图中，喜力作为最大的啤酒供应商，位于战略象限。这不仅因为其显著的业务体量，更重要的是其品牌价值和市场影响力。相比之下，百威英博虽然也是全球顶级啤酒制造商，但由于在Getir的业务占比较小，被定位在杠杆象限。这种精准的供应商定位为差异化管理策略提供了清晰指引。

策略的关键在于理解每个象限的特点和管理重点。对于战略象限的供应商，企业需要建立深度合作关系，共同创新，实现双赢。而对于杠杆象限的供应商，则可以利用充分的市场竞争来获取更优惠的条件。至于瓶颈象限的供应商，关键是确保供应稳定性，同时积极寻找替代方案。对于非关键象限的供应商，则适合采用标准化的管理流程，降低管理成本。

然而，矩阵的应用绝非静态的分类练习。市场环境瞬息万变，供应商的位置也在不断变化。聪明的采购管理者会定期重新评估供应商定位，及时调整管理策略。更重要的是，要学会利用矩阵来规划供应商发展路径，主动引导供应商向更有利的方向发展。

一个常见的误区是过分关注成本因素而忽视了长期价值创造。真正的战略管理要求在控制成本的同时，更要注重与供应商的协同发展。这种平衡往往决定了供应商关系管理的最终成效。

事实证明，成功的供应商战略管理往往体现在细节中。它需要采购团队具备深厚的行业洞察力、准确的判断能力，以及出色的沟通协调技巧。只有将科学的方法论与丰富的实践经验相结合，才能在复杂的供应商关系中游刃有余。

2.构建高效的供应商评估与选择体系

在现代供应链管理中，科学的供应商评估与选择系统往往成为企业核心竞争力的重要来源。

供应商评估的第一步是设计完善的RFI（信息征询）流程。这不是一份简单的调查问卷，而是一个系统性的信息收集过程。优秀的RFI应该涵盖供应商的基本资质、技术能力、财务状况、创新潜力等多个维度。特别值得注意的是，在设计RFI时要注意避免"查询疲劳"——过多或重复的问题可能会影响供应商响应的质量。

Apple公司的供应商治理结构提供了一个极具启发性的范例。该公司建立了完整的供应商行为准则，涵盖劳工人权、环境可持续性、健康安全等多个方面。更重要的是，Apple不仅仅停留在制定标准上，还通过定期的供应商责任教育活动和研讨会，确保供应商充分理解并遵守这些要求。这种前瞻性的管理方式确保了供应链的可持续发展。

在评估指标的设计上，现代企业需要超越传统的"质量-成本-交付"框架。创新能力、可持续发展表现、风险管理水平等新兴指标正变得越来越重要。一个完整的评估体系应该包含以下关键维度：价格表现方面要关注价格竞争力、价格稳定性、发票准确性等要素。交付表现则需要评估合同履约率、准时交付率以及供应商的物流效率。产品质量不仅要考察产品本身的品质，还要评估供应商的创新能力和行业适应性。服务效率主要体现在响应速度、问题解决能力、沟通质量等方面。合规性指标则需要根据具体行业特点来设定。

基于数据的决策方法已成为现代供应商评估的重要特征。通过建立科学的评分体系，企业可以更客观地评估供应商的综合表现。这种评分系统不应过于复杂，但必须能够准确反映供应商的核心能力和潜在风险。

值得注意的是，评估体系本身也需要持续优化。市场环境的变化、技术的进步、法规的更新都可能要求企业及时调整评估标准和方法。保持评估体系的动态更新，才能确保其持续的有效性。

在实践中，许多企业发现构建跨职能团队参与供应商评估特别重要。来自不同部门的专业人士能够从各自的专业角度提供有价值的见解，从而确保评估的全面性和准确性。这种多维度的评估方法有助于企业作出更明智的选择。

3.供应商关系管理的双轨制：平衡反应与战略

在当今快速变化的商业环境中，企业面临着一个独特的挑战：如何在保持快速响应能力的同时，又能维持长期战略发展。这就像一位优秀的象棋手，既要能应对当前局面，又要着眼全局。供应商关系管理也同样需要这种双轨思维。

被动响应式管理往往是多数企业的起点。这种方法的特点是问题出现时才采取行动，具有较高的灵活性。就像一位经验丰富的危机处理专家，能够快速处理突发事件。这种方法在处理日常运营问题时确实有其优势：决策快速、流程简单、适应性强。

然而，仅仅依靠被动响应是远远不够的。正如一位世界级的制造商所言："当你只是在救火时，就永远没有时间去预防火灾。"战略管理方法的重要性正在于此。它要求企业主动规划、预测潜在风险，并建立长期的合作机制。

以 Apple 的供应商管理为例。该公司不仅建立了完善的供应商行为准则，更重要的是通过定期的教育培训和持续改进计划，帮助供应商不断提升能力。这种前瞻性的管理方式不仅预防了潜在问题，还创造了持续的竞争优势。

在实践中，成功的企业往往能够在这两种方法之间找到恰当的平衡点。它们建立了分层的管理体系：对于战略性供应商，采用深度合作的模式，共同投资未来；对于一般供应商，则保持适度的灵活性，随市场变化调整合作方式。

关键在于理解不同情境下的最佳选择。例如，在面对供应链中断时，快速响应能力至关重要；而在开发新产品或开拓新市场时，战略性合作则显得更为重要。成功的管理者能够根据具体情况灵活运用这两种方法。

经验表明，建立有效的双轨制管理体系需要注意以下几个关键点：首先是建立清晰的分类标准，明确哪些供应商需要战略管理，哪些适合反应式管理。其次是构建相应的组织能力，包括快速响应机制和长期发展规划能力。最后是发展适应性文化，使组织能够在不同模式之间自如切换。

值得注意的是，数字化转型正在为双轨制管理提供新的可能。先进的供应商管理系统能够实时监控供应商表现，预警潜在风险，同时提供决策支持。这使得企业能够更加精准地平衡短期响应和长期发展。

在跨文化背景下，这种平衡显得尤为重要。不同的文化背景往往意味着不同的商业习惯和期望。成功的跨国企业往往能够根据不同地区的特点，灵活调整其管理方式，既保持全球统一的标准，又尊重本地的特色。

4.打造卓越的供应商管理的治理体系

在供应商关系管理的实践中，一个完善的治理体系往往是成功与失败的分水岭。这就像是一座大厦，治理框架就是其中的骨架，决定了整个建筑的稳定性和可扩展性。现代企业正在采用被称为"5P"的治理框架，这一框架展现了供应商管理的新境界。

People（人员）是整个框架的核心。在 Unilever 的案例中，我们看到了跨职能团队的重要性。他们的创新平台不仅整合了采购、研发、市场等不同职能部门的专业人才，更创造性地将外部创业者纳入生态系统。这种开放式的人才整合模式，打破了传统的部门壁垒，释放了创新潜能。

Proficiency（能力）体现在资源配置和能力建设上。Apple 公司在这方面树立了标杆。通过系统的供应商培训计划，他们不仅传递标准和要求，更重要的是帮助供应商建立持续改进的能力。这种投资虽然短期看来是成本，长远来看却是战略性的价值创造。

Promotion（推广）关注的是内外部沟通机制的建立。有效的沟通不仅仅是信息的传递，更是价值观和目标的对齐。成功的企业往往建立了多层次的沟通机制，从日常运营到战略规划，都有相应的沟通渠道和平台。

Payoff（收益）强调的是价值创造和效益评估。现代的供应商关系管理已经超越了简单的成本节约，转而关注总体价值的创造。这需要建立科学的效益评估体系，既要关注短期的财务指标，也要重视长期的战略价值。

Program（项目）则聚焦于具体实施计划的制订和执行。成功的企业往往能够将战略目标转化为可操作的项目计划，并通过有效的项目管理确保目标的达成。这需要强大的执行力和灵活的调整能力。

在数字化时代，治理体系的运作正在发生深刻变革。数据分析、人工智能等技术的应用，使得供应商管理更加精准和高效。然而，技术终究是工具，关键还在于如何利用这些工具更好地服务于管理目标。

文化因素在国际化采购中的影响不容忽视。一个优秀的治理体系必须能够适应不同的文化背景，在保持标准统一的同时，给予适当的灵活性。这种平衡需要深刻的文化理解和敏锐的商业直觉。

持续改进机制是治理体系的重要组成部分。市场环境在不断变化，供应商关系管理的方式也需要与时俱进。定期的评估和调整确保治理体系始终保持其有效性和适用性。

最终，一个成功的供应商治理体系应该能够推动组织从被动响应向主动管理转变，从交易性关系向战略性伙伴关系升级，从而在竞争激烈的市场中建立持续的竞争优势。

5.供应商关系管理的未来展望

展望未来，供应商关系管理将继续向着更加智能、更有韧性的方向发展。人工智能、区块链等新技术的应用将为供应商管理带来新的可能。但技术终究是工具，核心还是要回归到价值创造这个本质问题上来。

　　成功的供应商关系管理需要平衡多个维度：效率与风险、标准化与灵活性、全球化与本地化。这种平衡不是一成不变的，而是需要根据市场环境和企业战略的变化不断调整。只有那些能够敏锐感知变化并快速调整的企业，才能在竞争中保持优势。

　　对于企业管理者来说，重要的是要建立起符合自身特点的供应商管理体系。这个体系应该能够支持企业的战略目标，适应市场的变化，同时保持操作的可行性。这需要管理者具备战略眼光、专业知识和实践智慧的统一。

　　在这个充满挑战与机遇的时代，供应商关系管理将继续扮演越来越重要的角色。那些能够真正理解并善用这一工具的企业，必将在未来的竞争中赢得先机。

　　（资料来源　佚名．供应商管理转型手册：从交易到价值创造［EB/OL］．［2024-11-25］．https://mp.weixin.qq.com/.)

案例探讨

格力电器的供应商管理

　　思考题：

1.Kraljic 矩阵的核心是什么？

2."5P"的治理框架是什么？

课后练习

（一）名词解释

供应商细分　供应商关系管理

（二）填空题

1.选择供应商的短期标准一般是商品质量合适、＿＿＿＿＿、交付及时、＿＿＿＿＿、履行合同的能力强。

2.供应商认证流程主要由＿＿＿＿＿、＿＿＿＿＿、评价供应商等环节构成。

3.供应商管理最主要的两个内容是＿＿＿＿＿和＿＿＿＿＿。

4.供应商调查可以分为三种：第一种是＿＿＿＿＿；第二种是＿＿＿＿＿；第三种是＿＿＿＿＿。

5.评估供应商绩效的指标主要有＿＿＿＿＿，＿＿＿＿＿，＿＿＿＿＿，＿＿＿＿＿等。

（三）单项选择题

1.以下不属于供应商选择的长期标准的是（　　）。

A.供应商的财务状况是否稳定

B.供应商内部组织与管理是否良好

C.供应商在需要采购的项目上是否具有核心能力

D.供应商员工的状况是否稳定

2.以下四种供应商类型，在质量方面由顾客审核并签订质量协议的是（　　）。

A.商业型供应商　　　B.伙伴型供应商　　　C.优先型供应商　　　D.重点商业型供应商

3.（　　）是最为常用的质量考核指标之一。

A.来料免检率　　　B.退货率　　　C.交货破损率　　　D.来料批次合格率

4.初步供应商调查的特点是（　　）。

A.内容深入　　　B.需实地考察　　　C.成本高　　　D.调查面广

5.（　　）用于选择企业非主要原材料的供应商。

A.直观判断法　　　　B.考核选择法　　　　C.招标选择法　　　　D.协商选择法

6.选择供应商首要考虑的因素是（　　）。

A.产品质量　　　　B.采购成本　　　　C.交付条件　　　　D.服务水平

（四）多项选择题

1.依据供应商对本单位的重要性和本单位对供应商的重要性分析，供应商可以分为（　　）。

A.伙伴型供应商　　　　B.行业领袖型供应商　　　　C.优先型供应商

D.重点商业型供应商　　　　E.商业型供应商

2.按80/20规则分类，供应商可以分成（　　）。

A.重点供应商　　　　B.专家级供应商　　　　C.普通供应商

D.行业领袖供应商　　　　E.量小品种多供应商

3.按供应商的规模和经营品种分类，供应商可以分为（　　）。

A.重点供应商　　　　B.专家级供应商　　　　C.普通供应商

D.行业领袖供应商　　　　E.量小品种多供应商　　　　F.低量无规模供应商

4.评估供应商绩效的指标主要有（　　）。

A.质量指标　　　　　　　　B.供应指标

C.经济指标　　　　　　　　D.支持、配合与服务指标

5.企业开发新供应商的原因包括（　　）。

A.现有供应商的综合服务水平不能满足企业的需求

B.现有供应商不能提供新产品所需的原材料或零部件

C.现有供应商的生产能力不足

D.现有供应商无法与本企业建立合作伙伴关系

（五）简答题

1.企业的供应商应如何分类管理？

2.同一种材料的供应商到底应该有几个？为什么？

3.评价供应商应该用哪些指标？请建立指标体系并进行分解。

4.试举例说明应如何保持与供应商的良好关系。

5.进行供应商分析的主要内容有哪些？

（六）论述题

1.通过本章的学习，总结先进的企业在处理供应商的关系方面有哪些共同的值得借鉴的经验。

2.概括地讲，企业与供应商间的关系有三种：一是竞争型交易关系；二是伙伴型交易关系；三是既竞争又合作交易关系。你认为在中国的现实条件下，企业应该重点发展哪种关系，为什么？

第6章

供应链库存管理

学习目标

通过本章的学习，应了解供应链库存管理的原因及存在的问题；掌握 VMI 和 JMI，能运用库存管理的方法来解决具体的供应链库存问题。

基本概念

供应链库存管理　VMI　JMI

引导案例　　2023年西门子医疗与某大型医院的VMI合作

西门子医疗（Siemens Healthineers）是全球领先的医疗技术公司，专注于提供医疗影像、实验室诊断和数字化医疗解决方案。某大型医院是一家综合性三甲医院，年接诊量超过百万人次，对医疗设备的供应效率和库存管理要求极高。

随着医疗设备种类增多和供应链复杂性增加，医院面临库存成本高、设备短缺风险大等问题。为此，双方决定引入 VMI（供应商管理库存）模式，优化供应链管理。

1.实施过程

（1）数据共享与系统集成

西门子医疗与医院的信息系统（如 ERP、库存管理系统和医疗设备管理系统）实现无缝对接。通过物联网（IoT）技术，实时监控医疗设备的使用状态、故障率和维护需求。医院将设备使用数据、库存水平和需求预测实时共享给西门子医疗。

（2）需求预测与智能补货

西门子医疗利用人工智能（AI）和机器学习（ML）技术，分析历史数据、季节性需求变化以及设备使用频率，生成精准的需求预测模型。基于预测结果，系统自动生成补货订单，确保关键设备（如 CT 机、MRI 设备和超声设备）的库存始终处于最优水平。对于高价值设备，采用"按需补货"模式，减少库存积压。

（3）库存优化与动态调整

西门子医疗负责管理医院的库存，定期评估库存水平，并根据实际需求动态调整补货计划。针对紧急需求（如突发公共卫生事件），建立快速响应机制，确保关键设备能够及时供应。通过优化库存布局，减少仓储空间占用和物流成本。

（4）绩效监控与持续改进

双方建立了一套完整的 KPI 体系，包括库存周转率、设备缺货率、补货及时率等指标。双方定期召开会议，分析 VMI 系统的运行效果，并根据反馈优化预测模型和补货策略。通过数字化平台，实时监控供应链各环节的绩效，确保透明化和高效协同。

2.成果

（1）库存成本显著降低

医院的库存持有成本降低了20%~30%，释放了大量资金用于其他医疗项目。通过优化库存布局，仓储空间利用率提升了15%。

（2）设备可用性大幅提升

关键医疗设备的缺货率降低了50%以上，确保了医疗服务的连续性。高价值设备的库存周转率提高了25%，减少了资源浪费。

（3）运营效率显著提高

自动化补货流程减少了人工干预，供应链管理效率提升了30%。通过实时数据共享和智能预测，补货周期缩短了40%。

（4）患者服务质量改善

设备供应更加及时，减少了因设备短缺导致的诊疗延误。通过IoT技术，设备的维护和更换更加精准，提升了设备的使用寿命和可靠性。

（5）合作关系更加紧密

西门子医疗与医院的合作从传统的供应商-客户关系转变为战略合作伙伴关系。双方在供应链协同、数据共享和技术创新方面建立了长期合作机制。

西门子医疗与某大型医院的VMI合作，通过数据共享、AI预测、IoT监控和自动化补货，实现了库存管理的智能化和高效化。这一合作不仅降低了库存成本，提升了设备可用性和运营效率，还为医疗行业的供应链管理树立了新的标杆。

（资料来源　根据公开资料整理。）

6.1　供应链库存管理概述

6.1.1　供应链库存管理的概念

供应链（Supply Chain）是指生产及流通过程中，涉及将产品或服务提供给最终客户活动的上游与下游企业所形成的网链结构，即由物料获取、物料加工，并将成品送到客户手中这一过程所涉及的企业和企业部门组成的一个网络。绝大多数供应链是由制造和分销网络组成的，通过原材料的输入转化为中间产品和最终产品，并把它们分销给客户。

供应链管理（Supply Chain Management，SCM）在国内外日益受到人们的关注和重视，由于库存成本占供应链成本的比例很大，许多企业开始探讨供应链环境下的库存管理问题。库存作为缓冲存在于供应链的各个环节，包括供应商、制造商、分销商和零售商所保存的原材料、半成品以及产成品。

供应链库存管理是指将库存管理置于供应链之中，以降低库存成本和提高供应链市场反应能力为目的，从点到链、从链到面的库存管理方法。供应链库存管理的目标服务于整条供应链的目标，通过对整条供应链上的库存进行计划、组织、控制和协调，将各阶段库存控制在最小限度，从而削减库存管理成本，减少资源闲置与浪费，使供应链上的整体库存成本降至最低。

供应链各个环节的集成决定了供应链库存管理的成败，因此，在供应链环境下，库存不再局限于单个企业之内，企业与企业之间的库存存在密切的联系，这要求我们必须用系统、整体的观点来看待供应链库存。供应链库存不仅仅是满足供需、维持生产和销售连续性的措施，更重要的是作为供应链上的一种平衡机制，提高供应链各个环节的协同、响应能力以及整个供应链的运作效率，增强竞争力。有效的库存管理可以弥补供应链的薄弱环节，达成企业间的无缝链接，因此，对于供应链库存的科学管理具有重要的意义。

供应链的特点决定了供应链模式下的库存管理不同于传统的企业库存管理。供应链是一个通过对信息流、物流、资金流的控制，把供应商、制造商、分销商、零售商直到最终用户连成一个整体的网链结构模式，具有复杂性、动态性和集成性等特点。在供应链环境下，库存管理的重点在于各个环节之间的库存信息共享和库存活动协同，这样才能把供应链上的企业凝聚成一个整体来运作，从而降低成本，提高效率，实现共赢。一般来说，供应链库存管理具有如下特征：

1）虚拟性

在传统的库存管理中，企业往往依据自身的局部信息来制定库存决策，几乎没有同其他企业进行信息交流。而在供应链中，为了实现成员企业间的无缝链接，彼此要密切进行信息沟通和交流，用库存信息的流通来替代库存物料的流通，从而减少不必要的库存费用。因此，供应链库存管理的重点在于库存信息的管理，而不仅仅是物料的管理。

2）复杂性

供应链库存管理的复杂性是由供应链自身的结构决定的。一条供应链上的成员企业通常涵盖不同的行业，覆盖不同的地区，甚至跨越不同的国家，不同行业、不同地区、不同国家的企业都有各自不同的特征，给供应链上企业之间的沟通增加了难度。一条条的供应链又相互交织形成一个密切联系的网络结构，这些最终导致了供应链库存管理的复杂性。

3）动态性

供应链各个环节上的库存会处于一个不断的变动过程之中，这是由供应链的不确定性决定的。在供应链运作过程中，有很多不确定性因素，比如市场需求的不确定性、供应商供货的不确定性、产品质量的不确定性等，这些都会造成库存的动态变化。此外，供应链核心企业战略目标的调整，以及个别成员企业局部利益和供应链整体利益的冲突也会加剧供应链库存管理的动态性。

6.1.2　供应链库存形成的原因

供应链库存形成的原因主要包括两个方面：一方面是满足正常的生产运作的需要；另一方面是供应链的不确定性。

1）满足正常的生产运作的需要

供应链库存以原材料、在制品、半成品、成品的形式存在于供应链的各个环节中，如图6-1所示，企业为了满足供应链各个环节的需求、保证生产的正常进行必须持有一定的库存。

2）供应链的不确定性

供应链库存与供应链的不确定性存在很大的关系，如图6-2所示，供应链的不确定性使企业为了正常的生产运作需要而持有超出生产需要的额外库存。

供应链的不确定性表现在两个方面：衔接不确定性和运作不确定性。

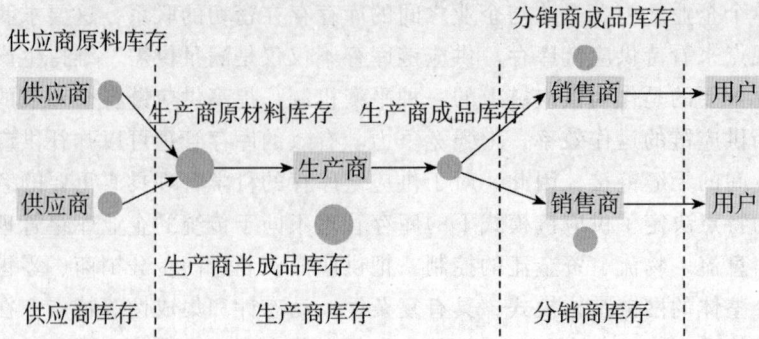

图6-1 供应链库存

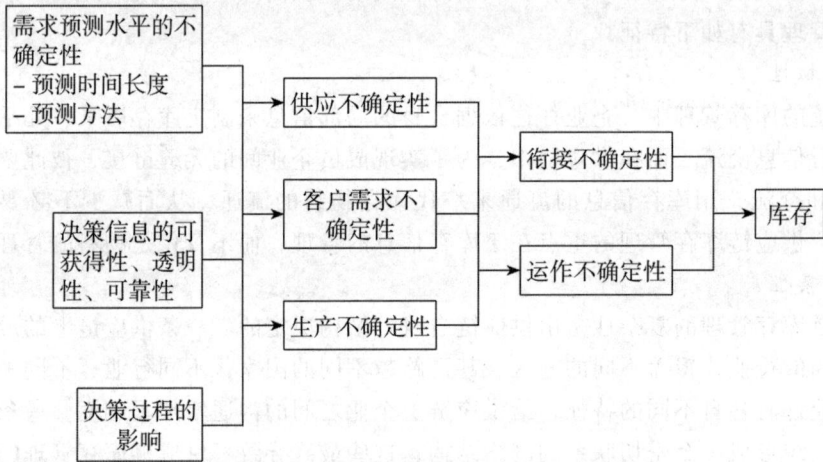

图6-2 供应链的不确定性与库存

（1）衔接不确定性（Uncertainty of Interface）

衔接不确定性主要表现在合作性上，发生在企业之间或者部门之间。由于供应链中的企业是相互平等的市场主体，彼此之间并非从属关系，各自有着不同的目标，并谋求自身利益的最大化，因而企业之间的信息不完全共享，相互合作也是有限的，由此导致了供应链的不确定性。这些不确定性反过来又对供应链的有效集成造成了障碍，使企业之间难以相互配合，无法建立起有效的供应链合作关系。

衔接不确定性表现在两个方面：供应的不确定性和需求的不确定性。

① 供应的不确定性。供应的不确定性源于供应商的不确定性，体现在供应前置期的不确定性、供应数量和质量的不确定性等方面。供应不确定性的原因是多方面的，如供应商的生产系统发生故障而延迟生产；在向下游节点运输的过程中，意外的交通事故导致的运输延迟；自然灾害或社会、政治事件等企业不可抗力的原因引起的延迟等。

② 需求的不确定性。需求的不确定性与对产品的需求预测紧密相连（如"牛鞭效应"），需求的不确定性源于顾客不确定性、顾客需求的随机性（这里的顾客包括最终的市场消费者客户，也包括供应链下游的节点），表现在需求的时间和需求的数量不确定等方面。需求不确定性的原因主要有市场的变化、需求预测的偏差、顾客购买能力的波动、从众心理和个性特征等。例如，在预测方面，通常的需求预测方法都有一定的模式或假设条件：假设需求按照一定的规律运行或表现一定的规律特征，但是任何需求预测方法都存在

这样或那样的缺陷，因此无法确切地预测需求的波动和顾客的心理性反应。在供应链中，不同节点企业之间需求预测的偏差将进一步加剧供应链的需求放大效应及信息的扭曲。

（2）运作不确定性（Uncertainty of Operation）

企业运作不确定性主要体现在生产能力的不稳定性上，这种不稳定性主要来源于生产企业的生产系统自身的不可靠性、机器的故障、计划制订与执行的偏差等。

生产系统由人和机器设备组成，人的工作效率和机器设备的稳定程度都具有不确定性。生产计划是一种根据当前的生产系统状态和未来情况对生产过程所作出的计划，是用计划的形式表达模拟的结果，用计划来驱动生产的管理方法。由于生产过程的复杂性，生产计划不能精确地反映企业的实际生产条件和生产环境的改变，因此不可避免地造成计划与实际执行的偏差；同时，由于生产的社会化、专业化和高新技术的应用，现代企业的生产活动复杂性进一步提高，每个企业都不可能脱离其他企业而单独存在，企业间存在着密切的协作关系，并且即使在同一企业内部各生产车间、各部门信息传递失真的现象也是不可避免的，引起生产企业本身生产的不确定性。

在这些不确定性中，最终产品的市场需求的不确定性是供应链不确定性集中和突出的表现。市场需求的不确定性将给供应链企业的生产决策和物流决策带来障碍，企业为了实现对不确定需求的及时响应不得不保持大量库存，从而导致过高的物流成本，若将库存量维持在低水平则有可能使客户服务水平降低，并给企业生产系统带来风险。

6.1.3　供应链库存管理存在的问题

目前供应链管理环境下的库存管理存在以下几个方面的问题：

1）缺乏供应链的整体观念

供应链的整体绩效取决于供应链各个节点的绩效，但是供应链各节点都是独立的，都有各自独立的目标与使命，企业整体观念不足，没有很好地协调各方活动，而是采取各自的独立行动，导致供应链整体库存负担的增加和供应链效率的低下。

2）供应链的结构设计未考虑库存的影响

在进行供应链结构设计时，如要在一条供应链中增加或关闭一个工厂或分销中心，一般是先考虑固定成本与相关的物流成本，至于网络变化对运作的影响因素，如库存投资、订单的响应时间等常常是放在第二位的。实际上这些因素对供应链的影响是不能低估的。

3）产品设计忽视供应链的影响

现代产品设计与先进制造技术的出现使产品的生产效率大幅度提高，而且具有较高的成本效益，但是在引进新产品时，如果不进行供应链的规划，也会产生如运输时间过长、库存成本高等问题而无法获得成功。

4）忽视不确定性对库存的影响

供应链运作中存在许多不确定因素，为减少因不确定性而增加的供应链库存，就需要了解不确定性的来源和影响程度。但很多公司并没有认真研究和跟踪不确定性的来源和影响，错误估计供应链中物料的流动时间（前置期），造成有的物品库存增加，而有的物品库存不足的现象严重。

5）库存控制策略简单化

无论是生产性企业还是物流企业，库存控制的目的都是保证供应链运作的连续性以及应对不确定需求。不确定性在不断地变化，决定了库存控制策略也必须是动态的。

例如，有些供应商在交货与质量方面可靠性好，而有些则相对差些；有些物品的需求可预测性大，而有些物品的可预测性小一些。库存控制策略应能反映这种情况，并能体现供应链管理的思想。但是目前供应链库存控制策略没有综合考虑诸多影响因素，过于简单化。

6）缺乏合作与协调性

供应链是一个整体，需要协调各方活动才能取得最佳的运作效果。协调的目的是满足一定的服务质量要求，使信息可以无缝地、流畅地在供应链中传递，从而使整个供应链能够和客户的要求步调一致，形成更为合理的供需关系，适应复杂多变的市场环境。

例如，当客户的订货由多种产品组成，而各产品又由不同的供应商提供时，客户要求所有的产品都一次性交货，这时企业必须对来自不同供应商的交货期进行协调。如果组织间缺乏协调与合作，会导致交货期延迟和服务水平下降，同时库存水平也由此而提高。组织之间存在的障碍也有可能使库存控制更加困难，因为各自都有不同的目标、绩效评价尺度、不同的仓库，也不愿意共享资源去帮助其他部门。

要进行有效的合作与协调，组织之间需要一种有效的激励机制。在企业内部一般有各种各样的激励机制加强部门之间的合作与协调，但是当涉及企业之间的激励时，就会困难重重。另外，信任风险的存在更加深了问题的严重性，相互之间缺乏有效的监督机制和激励机制是供应链企业之间合作不稳固、库存不合理的重要原因。

7）信息传递系统效率低

在供应链中，各个供应链节点企业之间的需求预测、库存状态、生产计划等都是供应链管理的重要数据，这些数据分布在不同的供应链组织之间，要做到有效地快速响应客户需求，必须实时地传递，为此需要对供应链的信息系统模型做相应的改变，通过系统集成的办法，使供应链中的库存数据能够实时、快速地传递。

但是目前许多企业的信息系统并没有很好地集成起来，信息传递效率低。低效率的信息传递系统，信息提取和传输延迟，这在一定程度上影响了库存的精确度，而且时间越长，预测误差就越大，制造商对最新订货信息的有效反应能力就越弱，需要的库存量就越多，前文讲过，这是"牛鞭效应"产生的重要原因。

6.1.4 供应链库存管理的改进方向

基于供应链库存管理的特点和供应链库存管理存在的问题，应从以下几个方面改进并完善供应链库存管理：

1）树立供应链整体观念

要在保证供应链整体绩效的基础上对各种直接或间接影响因素进行分析。要在信息充分共享的基础上，通过协调各企业的效益指标和评价方法，使供应链各成员企业对库存管理达成共识，从大局出发，树立"共赢"的经营理念，自觉协调相互需求，建立一套供应链库存管理体系，使供应链库存管理的所有参与者在绩效评价内容和方法上取得一致，充分共享库存管理信息。

2）精简供应链结构

供应链结构对供应链库存管理有着重要的影响，供应链过长，或供应链上各节点之间关系过于复杂，是造成信息在供应链上传递不畅、供应链库存成本过高的主要原因之一。

优化供应链结构是保证供应链各节点信息传递协调顺畅的关键，是搞好供应链库存管理的基础。因此，应尽量使供应链结构向扁平化方向发展，精减供应链的节点数，简化供应链上各节点之间的关系。

3）有效集成供应链各环节

集成供应链上的各环节，就是在共同目标基础上将分散的各环节组成一个"虚拟组织"，通过使组织内成员信息共享、资金和物资相互调剂来优化组织目标和整体绩效。通过将供应链上各环节集成，可以在一定程度上克服供应链库存管理系统过于复杂的缺点。

4）采取有效的供应链库存管理策略

目前，对供应链库存管理策略的研究和实践有许多，常见的主要有4种策略：供应商管理库存（VMI）策略，联合库存管理（JMI）策略，共同预测、计划与补给（CPFR）策略及多级库存管理与优化（MS）策略。

本书将分两节介绍供应商管理库存和联合库存管理。

6.2　供应商管理库存

在20世纪80年代中期，国外的一些知名的大公司如宝洁和沃尔玛，就开始合作开展一种名为"供应商管理库存"的计划，经过一段时期的合作，效果显著，供应商按时发货，库存降低，库存周转率提高，现在这种方法已经被广泛地应用于医院、零售业、电信业和钢铁行业等。

6.2.1　供应商管理库存概述

1）VMI的概念

中华人民共和国国家标准《物流术语》中对供应商管理库存（VMI）的定义为：供应商管理库存是供应商等上游企业基于其下游客户的生产经营、库存信息，对下游客户的库存进行管理与控制。实施VMI的双方无论是供应商和制造商之间、供应商和零售商之间还是制造商和零售商之间，其实都是供应链上游企业和下游企业之间的关系。

VMI是一种供应链集成化运作的决策代理模式，以双方都获得最低成本为目标，在一个共同的框架协议下把用户的库存决策权代理给供应商，由供应商代理分销商或批发商行使库存决策的权力，并通过对该框架协议经常性的监督和修正使库存管理得到持续的改进。

VMI是一种合作伙伴式的管理理念。为了快速响应下游企业"降低库存"的要求，上下游企业间通过建立合作伙伴关系，主动提高向下游企业交货的频率，使上游企业从过去单纯执行用户的采购订单变为主动为用户分担补充库存的责任。在加快上游企业响应下游企业需求速度的同时，也使下游企业减少了库存量。这时的库存管理不再是单个的供应商、生产商的个体管理模式，而是合作伙伴共同参与库存管理，这样它们就会对库存管理提出并实施一套共同的架构，随后各节点企业就会基于此架构达成一致的原则，并在此基础上实现供应链的共同管理。理想的VMI是一种基于合作伙伴关系，强调信息共享、利益共享、风险分担的库存管理实现模式。

VMI作为建立供应链的一种有效方式，形成了物流、资金流、事务流和信息流的集成应用，为科学管理供应链上的库存设计了一套合理的解决方案。

2）VMI的运行模式

在VMI系统中，核心企业（供应链中至关重要的企业）既可以在供应链的上游，也可以在供应链的下游，而当在下游时它既可以是供应链的中间环节，也可以在供应链的末端。显然，不同情况下，VMI的运作模式是不同的，主要有四种情况：供应商-制造商（核）（如图6-3所示）、供应商-零售商（核）、第三方物流企业参与、核心企业（一般为制造商）-分销商（或零售商）。

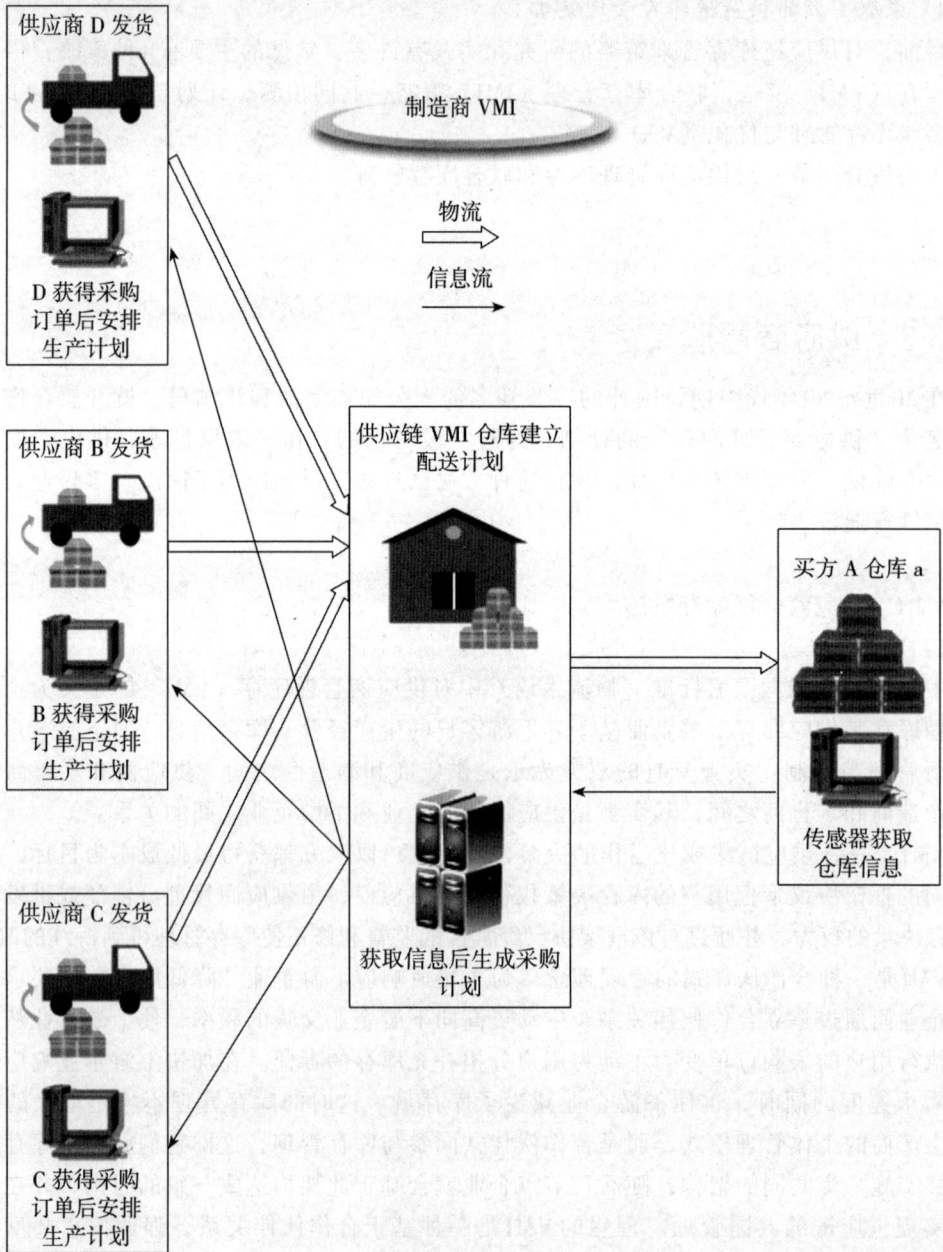

图6-3　供应商-制造商VMI运行模式图

（1）供应商-制造商（核）运作模式

在这种运作模式下，除了以制造商为核心企业外，一般还有如下特点：生产规模比较大，制造商的生产一般比较稳定，即每天对零配件或原材料的需求量变化不是很大；要求供应商每次供货数量比较小，一般满足1天的零配件需求，有的甚至是几个小时；供货频率要求较高，有时甚至要求一天2~3次的供货频率；为了保持连续的生产，一般不允许发生缺货现象，即服务水平要求达到99%以上。

由于这种模式中的制造商必定有几十家甚至上百家的供应商为其供应零配件或原材料，如果让每一个供应商都要在制造商的附近建立仓库的话，显然是不经济的，因此，可以在制造商的附近建立一个VMI中心，如图6-4所示。

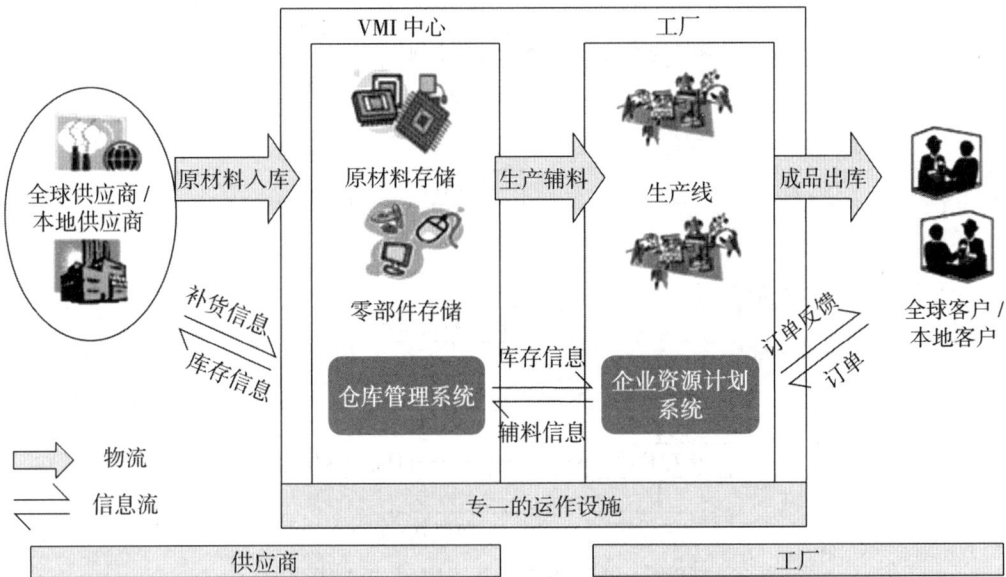

图6-4　VMI中心

加入VMI中心具有以下效果：

① 缓冲作用。由于一个客户要面对N个供应商，假如客户对供货频率要求较高，那么可能会出现多个供应商同时将货物送达的情况，如果事先没有安排，势必会出现混乱的卸货场面，严重影响生产秩序，给企业的正常工作带来不便。有了VMI中心，可以以专业的配送方式避免以上现象，起到缓冲作用。

② 增加了深层次的服务。在没有VMI中心时，供应商彼此都是独立的，送达的货物都是彼此分开的，当有了VMI中心后，它会在发货之前先提供拣货的服务，VMI中心会按照生产企业的要求把零配件按照成品的比例配置好，然后再发送给生产商，这样就提高了生产商的生产效率。

VMI在正常实施的时候，不仅仅要求供应商与VMI中心之间交换库存信息，还包括生产计划、需求计划、采购计划、历史消耗、补货计划、运输计划、库存情况等信息。生产商与VMI中心之间的信息交换是完全的、实时的、自动的。

当需求突然发生变化时，比如由于生产商的销售突增，VMI中心中的库存不能及时满足生产商的需求时，这时VMI的实施结构会相应改变。VMI中心直接把补货计划发给供应商的信息系统，这时供应商直接向生产商进行补货，从而节约了时间与成本。我们把供应商这种不经过 VMI 中心而直接向生产商进行补货的行为称为越库直拨（Cross-Docking）。

（2）供应商-零售商（核）运作模式

当零售商把销售等相关信息通过 EDI 传输给供应商后（通常是一个补货周期的数据，如 3 天，甚至 1 天），供应商根据接收到的信息进行对需求的预测，然后将预测的信息输入物料需求计划系统（MRP），并根据现有的企业内的库存量和零售商仓库的库存量，生成补货订单，安排生产计划，进行生产。生产出的成品经过仓储、分拣、包装，运送给零售商，如图 6-5 所示。

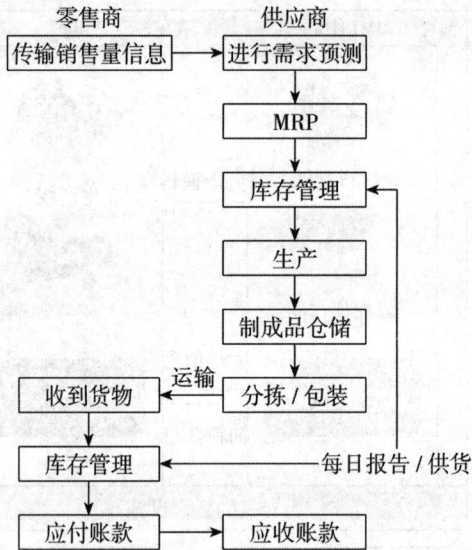

图6-5　供应商-零售商VMI运作模式图

（3）第三方物流企业参与模式

在实际实施过程中，有时需要第三方物流服务提供商的参与，原因如下：

在供应商-生产商模式下，不论对生产商还是供应商来说，其核心竞争力主要体现在生产制造上，而不是物流配送上。显然，让供应商或者生产商去管理 VMI 中心都是不经济的。

在供应商-零售商模式下，由于零售商的零售品范围比较广，供应商和零售商的地理位置相距较远，直接从供应商处向零售商补货的前置期较长，不利于进行准确的需求预测和应对突发状况。解决这一问题的折中方案就是供应商在零售商附近租用或建造仓库，由这个仓库负责直接向零售商供货。

基于上述原因，让一家专业化程度较高的企业来管理这个 VMI 中心或仓库是最合适不过了，而这时最理想的对象就是"第三方物流企业"。况且供应链管理强调的是，在供应链上的各个企业应该充分发挥自己的核心竞争力，这对第三方物流企业来说正好满足这种库存运作模式的要求，充分利用和发挥其特点与优势。当第三方物流企业加入时，VMI 运作模式相应改变为如图 6-6 所示。

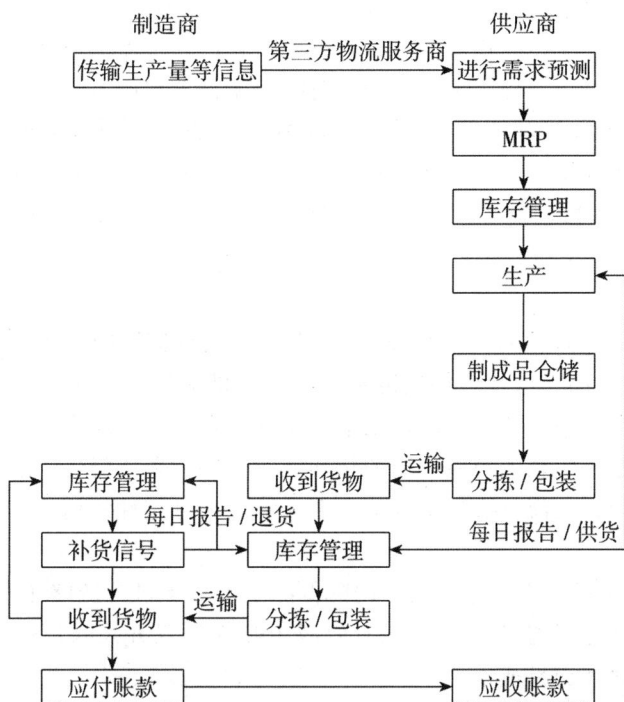

图6-6　第三方物流企业参与模式下VMI运行模式图

（4）核心企业-分销商运作模式

这种模式由核心企业充当VMI中的供应商角色，它的运作模式与前两种大致相同，由核心企业收集各个分销商的销售信息并进行预测，然后按照预测结果对分销商的库存进行统一管理与配送。由于这种模式下的供应商只有一个，所以不存在要在分销商附近建立仓库的问题。核心企业可以根据与各个分销商之间的实际情况，统一安排对各个分销商的配送事宜。

3）VMI的优势

（1）对供应商

① VMI下双方信息的共享，使得供应商可以获得下游企业的必要经营数据，直接接触真正的需求信息。

② VMI能使供应商利用这些需求信息调节库存水平，合理安排生产，提高由预测驱动的物料管理活动的准确性。

③ 减少分销商的订货偏差，减少退货。

④ 供应商与下游客户发展长期合作的战略关系，进行有效沟通，这有利于供应商在激烈的竞争中提高竞争优势，增强市场竞争力。

（2）对客户

① 有效利用外部资源，集中精力发展核心能力。VMI使客户更加有效地利用企业外部资源，将其从库存陷阱中解放出来，客户不需要占用库存资金，不需要增加采购、进货、检验、入库、出库、保管等一系列的工作，能够集中更多的资金、人力、物力用于提升其核心竞争力。

② 降低成本，提高服务质量。与企业自己管理库存相比，供应商在对自己的产品管理方面更有经验，更专业化；供应商可以提供包括软件、专业知识、后勤设备和人员培训等一系列的服务，使客户服务水平提高的同时降低库存管理成本。

③ 降低了缺货风险，避免库存积压。在VMI的基础上，供应商可以实时了解企业库存的消耗变动情况，并结合合理预测进行及时的物资补充，降低客户的缺货风险；根据市场需求量的变化，及时调整生产计划和采购计划，既不造成超量库存积压，又不占用资金、增加费用。

（3）对供应链

除了对企业和供应商有益之外，VMI还有利于整条供应链的优化。

① 优化供应链库存。从整个供应链来看，作为供应链上游企业的供应商，既是物流的始发点，又是资金流的开始，同时还是信息流的端点，由供应商拥有下游企业库存管理的权利，可以建立起下游企业与供应商的长期合作伙伴关系，稳定供应链的上下游，促进供应商与下游企业间的交流，实现交货前置期的缩短和可靠性的增加，降低供应链的整体库存水平。

② 降低供应链库存成本。库存成本的降低除了得益于供应链整体库存水平降低之外，VMI双方合作伙伴关系的建立，还可以有效减少和降低双方采购订单、发票、付款、运输、收货等交易时间和交易成本。

③ 提高供应链的柔性。VMI还可以大大缩短供需双方的交易时间，使上游企业更好地控制其生产经营活动，提高供应链的整体响应速度，提高整个供应链的柔性。

4）VMI的不足

（1）VMI中供应商和零售商协作水平可能受到各种因素的限制，如软件的情况。

（2）VMI对于企业间的信任程度要求较高。

（3）VMI中的框架协议虽然是双方协定的，但供应商处于主导地位，决策过程中缺乏足够的协商，难免造成失误。

（4）VMI的实施减少了库存总费用，但在VMI系统中，库存费用、运输费用和意外损失（如物品毁坏）不是由用户承担，而是由供应商承担。由此可见，VMI实际上是对传统库存控制策略进行"责任倒置"后的一种库存管理方法，这无疑加大了供应商的风险。

因此，在实施VMI时需要对其优势和不足进行全面综合的分析。

6.2.2 VMI的实施

1）VMI实施的原则

（1）合作性原则。VMI模式的成功实施，客观上需要供应链上各企业在相互信任的基础上密切合作，其中，信任是基础，合作是保证，供应商和客户都要有较好的合作精神，才能够相互进行较好的合作。

（2）互利性原则。VMI追求双赢的实现，即VMI主要考虑的是如何降低双方的库存成本，而不是考虑如何就双方成本负担进行分配的问题，通过该策略使双方的成本降低。

（3）互动性原则。VMI要求双方在合作时采取积极响应的态度，以实现反应快速化，努力消除因信息不畅而引起的库存费用过高的状况。

（4）目标一致原则。VMI的实施，要求企业在观念上达到目标一致，并明确各自的责任和义务，具体的合作事项都通过框架协议明确规定，以提高操作的可行性。

（5）持续改进原则。持续改进使供需双方能共享利益并消除浪费。

2）VMI的实施条件

VMI的实施首先需要具备五个关键条件：

（1）必须拥有核心企业。在整个供应链中起至关重要作用的企业要拥有整个合作的主体地位。

（2）合作企业相互信任。由于VMI要求取得供方的支持，因此双方必须保持必要的信任。

（3）信息系统平台的建立。VMI模式下的企业都必须建立起可靠的信息平台。

（4）共享平台。在建立起可靠的信息平台基础上，将关键计划信息通过平台共享。

（5）信息分析和预测。企业需要提供足够的运营数据作分析与预测。

3）VMI实施的准备

VMI实施的准备主要是指针对实施VMI所必需的一些支持，主要是技术支持，包括ID代码、EDI/Internet、条码及条码应用标识符、连续补给程序等。

（1）ID代码

供应商要有效地管理客户的库存，必须对客户的商品进行正确识别，为此需要对客户商品进行编码，通过获得商品的标识（ID代码）并与供应商的产品数据库相连，以实现对客户商品的正确识别。

（2）EDI/Internet

供应商要有效地对客户的库存进行管理，采用EDI进行供应链的商品数据交换是一种安全可靠的方法。为了能够实现供应商对客户的库存进行实时掌握，供应商必须每天都能了解客户的库存补给状态。而采用基于EDIFACT标准的库存报告清单能够提高供应链的运作效率，每天的库存水平（或定期的库存检查报告）、最低的库存补给量都能自动地生成，这样大大提高了供应商对库存的监控效率。客户的库存状态也可以通过EDI文件的方式通知供应商。在VMI系统中，供应商有关装运与发票等工作都不需要特殊的安排，主要的数据是顾客需求的物料信息记录、订货点水平和最小交货量等，客户要做的是能够接受EDI订单确认或配送建议，以及利用该系统发放采购订单。

（3）条码

为了有效地实施VMI管理系统，应该尽可能地使供应商的产品条码化。条码是ID代码的一种符号，是对ID代码进行自动识别且将数据自动输入计算机的方法和手段，条码技术的应用解决了数据录入与数据采集的"瓶颈"问题，为VMI提供了有力的支持。

（4）连续补给程序

连续补给程序策略将客户向供应商发出订单的传统订货方法变为供应商根据客户库存和销售信息决定商品的补给时间和数量，这是一种实现VMI管理策略的有力工具和手段。为了快速响应客户"降低库存"的要求，供应商通过和客户建立合作伙伴关系，主动提高向客户交货的频率，使供应商从过去单纯地执行客户的采购订单变为主动为客户分担补充库存的责任，在加快供应商响应客户需求速度的同时，也使客户库存水平降低。

4）VMI的实施步骤

（1）确定目标

根据企业的不同情况，VMI的目标的确定可以从以下几个方面着手：①降低供应链上产品库存，抑制"牛鞭效应"；②降低买方企业和供应商成本，提升利润；③增强企业的核心竞争力；④提升双方合作程度和忠诚度。

（2）建立客户情报信息系统

实施VMI，首先要改变订单的处理方法，供应商和客户一起确定供应商的订单业务处理过程中所需要的信息和库存控制参数，然后建立一种订单的处理标准模式，最后把订货、交货和票据处理各个业务功能集成在供应商处。要有效地管理客户库存，供应商必须能够获得客户的有关信息。通过建立客户情报信息系统，供应商能够掌握需求变化的相关情况，把由客户进行的需求预测与分析功能集成到供应商的系统中来。

（3）建立销售网络管理系统

供应商要很好地管理客户库存，就必须建立起完善的销售网络管理系统，保证自己的产品需求信息和物流畅通，为此，必须保证自己产品信息的可读性和唯一性，解决产品分类、编码的标准化问题，解决商品存储运输过程中的识别问题。目前，我国大部分的企业都实施了MRPⅡ或ERP系统，这些软件系统都集成了销售管理的功能。通过对这些功能的扩展，可以建立完善的销售网络管理系统。

（4）建立供应商与客户的合作框架协议

实施VMI的双方要达成一致的目标，就要明确各自的责任和义务，事先对实施的具体细节用一个框架协议确定下来，确定应用模式、订单的业务处理流程，设定库存控制方式、信息的传递方式、费用如何分摊等。这个框架协议由双方共同监督实施，双方根据VMI具体运行状况，经过协商对框架协议条款进行修改，消除不合理环节，减少浪费。此外，还要对相关的违约责任进行规定，如供应商错发货或延迟供货引起的损失和费用如何承担；如果用户信息系统出错，提供的错误信息导致供应商出错，损失和费用如何分摊；如果用户取消订货但由于信息系统或沟通渠道的原因，导致供应商已经送货，谁对这批存货负责等。

（5）组织结构的变革

实施VMI后，为了适应新的管理模式，需要对组织结构进行相应的调整。供应商要建立一个VMI职能部门，负责对VMI服务（负责库存控制、库存补给等）的监控和维持与客户之间的关系。

5）VMI实施的评估

在实施初始阶段，必定会有诸多意外和不确定性因素的存在，这样就会导致VMI在开始实施时可能无法实现预期的目标，所以需要设立一个VMI的评估体系对VMI的实施情况进行评估，然后对其进行调整和完善，以便在长期内全面地实施VMI，同时还需要制定一个评估的时间周期，并且保证双方企业采用一致的评估口径和基准，这样才能保证对VMI的实施效果有比较客观的评估。

具体评估过程如下：

（1）确定评估的目标对象。

（2）确定评估的指标。主要根据 VMI 给供应商和客户带来的利益进行设立，如产品库存水平满意度（0~100%）、节约成本满意度（0~100%）、产品的到货率、双方企业合作与信任满意度（0~100%）、双方企业各个核心竞争力保护满意度（0~100%）等。这些指标可能通过 VMI 的工作人员根据实施过程的调查综合评定得出。

（3）确定评估指标的权重。权重代表评估指标在 VMI 中的重要程度。

例如，在设定权重的过程中，因为 VMI 最直接、最明显的作用就是减少库存和节约成本，可以将产品库存水平满意度的权重和节约成本满意度的权重设得较高，如分别为 30% 和 30%，产品的到货率的权重可以为 20%，而双方企业合作与信任满意度权重以及双方企业各个核心竞争力保护满意度权重可以为 10% 和 10%。这些指标权重可以通过管理专家或企业的高层管理人员根据企业的战略目标综合评定得出。

（4）评价的等级与量化数据。一般来说，评价的等级可设为 4 级：优、良、中、差。而等级的量化数据是与等级相对应的，例如，优：100~80；良：79~70；中：69~60；差：59~0。

通过评估系统对 VMI 实施前后进行比较，如果实施 VMI 后的效果比较理想，就可以进入下一个阶段，继续实施 VMI；如果得出的评估结果不满意，就必须对 VMI 的实施进行完善和调整，直到得出理想的结果。

6.2.3　实施 VMI 应注意的问题

在实施 VMI 的过程中，供应商与客户都会不可避免地面临一些问题，这些问题是对成功实施 VMI 的挑战。供应链企业在实施 VMI 的过程中，需要注意以下几方面的问题：

1）信任问题

VMI 的成功实施依赖于相互之间的信任，客户要信任供应商，不要过多地干预，尤其是在利益分配上，相信供应商是站在整体角度看问题的，是为了供应链整体争取最大利润和谋求长远发展的；供应商也要相信客户，相信客户提供的各种信息是真实的。只有相互信任，才能通过交流解决实施过程中面临的各种问题，使双方受益。

2）技术问题

VMI 要求库存控制和计划系统都必须是实时的、准确的，只有采用先进的信息技术，才能保证数据传递得及时和准确。比如，采用 EDI/Internet 技术将销售点信息和配送信息分别传输至供应商和零售商，利用条码技术和扫描技术来确保数据的准确性。但是采用这些技术的费用较高，可能会导致成本的增加。

3）库存所有权问题

实施 VMI 之前在客户收到货物时货物所有权也随之转移了，而在实施 VMI 后，供应商一直拥有库存的所有权直至货物被售出。由于供应商对库存管理的责任和成本都增加了，因此在制定利益分配机制时要充分考虑这一点，以使双方共享供应链的总利润。

4）资金支付问题

例如，货款支付的具体时间问题就属于资金支付问题。

在实践中，推行 VMI 远比想象的要复杂。在 VMI 推行的实际过程中会面临许许多多的困难，但是只要合作双方本着利益共享、风险共担的原则，积极努力地推行就一定会成功，最终一定会使双方实现"共赢"的目标。

6.3 联合库存管理

通过一段时间的实施，VMI被证明是比较先进的库存管理办法，但它也有许多局限性。为了克服VMI系统的局限性和规避传统库存控制中的"牛鞭效应"，联合库存管理（Jointly Managed Inventory，JMI）应运而生，它是一种在VMI的基础上发展起来的供应商与用户权利责任平衡和风险共担的库存管理模式。JMI与VMI的根本区别在于：在VMI中供应商可以了解到客户的存货数据并负责维护客户所需的存货数量，并通过流程管理来实现，其中补货是由卖方通过定期的现场盘点来进行的；而JMI的管理团队是由客户与卖方的员工组成的，通常团队成员地处相互邻近的地理区域以便经常性召开见面会。

6.3.1 联合库存管理概述

1）JMI思想

JMI用于解决供应链系统中由于各节点企业的相互独立库存运作模式导致的需求放大问题，强调双方同时参与，共同制订库存计划，任何相邻节点需求的确定都是供需双方协调的结果，保持供应链相邻的两个节点之间的库存管理者对需求的预期一致，从而消除需求变异放大现象。联合库存管理强调供应链中各企业之间的互利合作，上游企业和下游企业权利责任平衡和风险共担，体现了战略联盟的新型合作关系。联合库存管理把供应链系统管理集成上游和下游两个协调中心，通过协调管理，供需双方共享信息，库存连接成的供需双方从供应链整体的观念出发，同时参与，共同制订库存计划，实现供应链的同步化运作，并建立合理的库存管理风险的预防和分担机制、合理的库存成本和运输成本分担机制、与风险成本相对应的利益分配机制和有效的激励机制，避免节点企业的短视行为和局部利益观，从而提高供应链运作的稳定性。

2）联合库存管理模式的四种实现形式

联合库存管理在实际应用时，主要有四种实现形式：货存供方的联合库存管理形式、货存需方的联合库存管理形式、货存第三方的联合库存管理形式、客户铺底的联合库存管理形式。

货存供方的联合库存管理形式是在供应商管理库存策略基础上进行创新发展的一种模式。该形式是需求方通过向供应方支付定金，或者预付货款，或者提供保证金等形式，获得预定的某个时间的一定数量的货物所有权。该批货物在当前并没有实际交付需求方，而是存放于供应方，由供应方负责管理。根据双方约定，或者需求方按照约定的前置期提出交付请求时，由供应商按照需求方的需求计划进行补给，并承担货物交付前和交付过程中所发生的质量、数量、交付期等风险。该方式需求方拥有货物所有权，但货物存放于供应方，由供应方管理，供应商要按照需求计划进行补给，因此货物所有权与管理权相对分离。这种形式在供需双方合作关系比较密切，供应方的供应能力较强，需求方需求量较明确，能进行连续补给，实现按单生产的情况下具有优势。

货存需方的联合库存管理形式是供应方将货物存放于需求方，供应方拥有所有权，由双方或供应方负责管理，供应方按照需求计划进行连续补给。该方式有利于需求方实现按单定制化生产，及时满足顾客的多样化需求。供应方可以获得稳定的订单，进行补库式生产，有效地规避生产过程中的"牛鞭效应"。供应方采用定量订货模式，通过规模化运作有效降低物流成本。需求方可以获得稳定的供应，实现就近连续补给，及时满足小批量、多频次的补货要求。这种形式在大型制造企业之间、地区总代理制销售企业之间、企业生产和销售时效性强的情况下具有优势。

货存第三方的联合库存管理形式是第三方来管理供给和需求，管理双方的供需关系的一种机制。它实质上是一种业务外包形式。该形式把库存管理的部分功能代理给第三方公司，第三方物流在信息和资源方面与双方高度共享，使整个供应链无缝衔接，同时能有效解决双方的合作信任问题。

客户铺底的联合库存管理形式是供应方通过对客户进行评价，选择市场能力强且信用良好的客户建立紧密合作关系，将一定规模的货物以"铺底"的形式交付给客户进行管理和流通。在合作期间内，供应方免费将铺底货物提供给客户，客户则对铺底货物负责管理，承担人为损失风险。

3）JMI的优势

（1）信息优势

信息作为一项稀缺资源对企业发展非常重要，JMI通过在上下游企业之间建立起一种战略性的合作伙伴关系，实现了企业间库存管理上的信息共享，这样既保证供应链上游企业可以通过下游企业及时准确地获得市场需求信息，又可以使各个企业的活动都围绕着顾客需求的变化而开展。

（2）成本优势

JMI实现了从分销商到制造商再到供应商之间在库存管理方面的一体化，可以让三方都能够实现准时化采购，准时化采购不仅可以减少库存，还可以加快库存周转速度，缩短订货和交货前置期，从而降低企业的采购成本。

（3）物流优势

JMI打破了传统的各自为政的库存管理局面，体现了供应链的一体化管理思想，强调各方的同时参与，共同制订库存计划，共同分担风险，能够有效地消除库存过高现象以及"牛鞭效应"。

（4）战略联盟的优势

JMI的实施是以各方的充分信任与合作为基础展开的，企业之间利益共享、损失共担，JMI的有效实施既加强了企业间的联系与合作，又保证了这种独特的由库存管理而带来的企业间的合作模式不会轻易地被竞争者模仿，为企业带来了竞争优势，强化了战略联盟的稳固性。

6.3.2 JMI的实施策略

1）建立供需协调管理机制

为了发挥联合库存管理的作用，供需双方应从合作的精神出发，建立供需协调管理机制，明确各自的目标和责任，建立合作沟通的渠道，为供应链的 JMI 提供有效的机制。建立供需协调管理机制需要从以下几个方面着手：

（1）确立共同合作目标

要建立联合库存管理模式，首先供需双方必须本着互惠互利的原则，确立共同的合作目标。为此，要理解供需双方在市场目标中的共同之处和冲突点，通过协商形成共同的目标，如客户满意度、利润的共同增长和风险最小化等。

（2）确定联合库存的协调控制方法

JMI 中心担负着协调供需双方利益的角色，起协调控制器的作用，因此需要对库存优化的方法进行明确确定。这些内容包括库存如何在多个需求商之间调节与分配，库存的最大量和最低库存水平、安全库存的确定，需求的预测等。

（3）建立信息沟通的渠道

系统信息共享是供应链管理的特色之一。为了提高整个供应链的需求信息的一致性和稳定性，减少由于多重预测导致的需求信息扭曲，应提升供应链各方对需求信息获得的及时性和透明性，为此应建立一种信息沟通的渠道或系统，以保证需求信息在供应链中的畅通和准确性。要将条码技术、扫描技术、POS 系统和 EDI 集成起来，并且要充分利用网络优势，在供需双方之间建立畅通的信息沟通桥梁和联系纽带。

（4）形成利益的分配与激励机制

要有效运行基于协调中心的库存管理，必须建立一种公平的利益分配制度，并对参与协调库存管理中心的各个企业（供应商、制造商、分销商或批发商）进行有效的激励，防止机会主义行为的产生，增加协作性和协调性。

2）充分利用信息系统

为了发挥联合库存管理的作用，在供应链库存管理中应充分利用目前各合作方的信息系统，并加以集成从而实现信息的实时准确交互。但各方的信息系统可能不兼容，因此应采用一些新技术把各个系统有机地结合起来，作为一个共同的信息交互平台，各方的数据可以在这里进行格式转换。

3）建立快速响应系统

快速响应系统在美国等西方国家的供应链管理中被认为是一种有效的管理策略，产生于 20 世纪 80 年代末的美国服装行业，目的在于缩短和减少供应链中从原材料到客户过程的时间和库存，最大限度地提高供应链的运作效率。

美国的 Kurt Salmon 协会调查分析认为，实施快速响应系统后供应链效率大有提高，缺货大大减少，通过供应商与零售商的联合协作保证 24 小时供货；库存周转速度提高 1~2 倍；通过敏捷制造技术，企业的产品中有 20%~30% 是根据客户的需求而制造的。快速响应系统需要供需双方的密切合作，因此协调库存管理中心的建立为快速响应系统发挥更大的作用创造了有利的条件。

4）充分发挥第三方物流的作用

第三方物流企业可以负责从供方到需方的物流管理，尤其是联合仓库的管理；通过第三方物流公司和供需双方交流互通信息，就交易规则与库存中心进行谈判，并定期协调库存中心之间的行为。把供应链中联合库存的工作交给第三方物流公司，能够极大地提高整个供应链的效率和服务水平，从而达到供应链优化，实现整个价值网络快速增值的目标。

使用第三方物流来进行联合库存管理，可以使企业获得诸多好处：使企业集中于核心业务、获得一流的物流咨询服务、降低供应链库存持有水平、降低成本。

6.3.3　JMI绩效评价

要实现供应链环境下有效的联合库存管理并进行供应链库存管理优化，绩效评价是不可缺少的工作。

1）JMI绩效评价的作用

对联合库存控制绩效评价，可以产生以下作用：

（1）追踪JMI任务目标的实现程度，并对其执行情况作出不同层次的量度，以现有库存控制水平为基础，制定相应标准，从而能够事先对库存进行控制。

（2）根据库存控制绩效评价结果判断JMI计划和任务的可行性与准确性。

（3）根据绩效评价进一步对供应链库存控制进行改善，从而提出新的库存控制目标与控制方法。

（4）根据绩效评价判断现有库存管理对整体（或局部）供应链作出的贡献，衡量供应链本身的竞争能力，以制定今后的发展战略规划。

2）JMI绩效评价的原则

（1）以价值为中心原则。采用能反映供应链管理模式下库存控制流程的绩效指标体系，在界定和衡量管理绩效时力求精确，以有价值的结果为中心来对绩效进行界定。

（2）总体性原则。拟定供应链库存控制系统的总体目标，重点对关键绩效指标进行分析。

（3）关联性原则。绩效评价指标要能反映整条供应链库存控制情况，而不仅仅是反映单个节点企业库存控制情况。将库存控制绩效指标的维度与满足供应链内部与外部的需要联系起来，采用供应商、制造商及客户之间关系与供应链外部客户的满意程度相结合的指标，以反映整体供应链库存服务水平。

在绩效评价中，可根据实际运作情况，将一些超出库存控制要求的工作绩效也包括进来，这些工作价值超出了库存管理工作之必需或带来了更大的价值增值，例如，控制在制品库存水平时，促进了生产作业物流流程的改善，或在优化仓库利用率时，改进产品包装以节约包装材料成本等。

3）JMI绩效评价指标体系

根据联合库存管理的基本特征和目标，联合库存管理绩效评价指标应该能够恰当地反映供应链整体库存控制状况以及上下节点企业之间的运营关系，而不是单独地评价某一节点企业的库存运营情况。联合库存管理绩效评价可以选取成本、质量和整合3个一级指标，进一步包括资金占用、仓库利用、响应性、安全性、准确性、客户服务水平、供应链成员合作水平7个二级指标以及18个三级指标，从而形成一个比较完整的供应链库存管理绩效评价指标体系。

（1）成本指标

成本指标衡量的是供应链库存管理所产生的资源消耗。成本管理是供应链库存管理的最基本任务，成本的高低直观反映了供应链库存管理绩效在市场中的竞争水平。供应链库存管理所消耗的成本不仅指各种库存管理活动费用的支出，还包括其他各种资源的使用费用。供应链库存成本指标包括资金占用和仓库利用两个二级指标。

资金占用包括订货成本、缺货成本、存储成本、运输成本、搬运（或装卸）成本和库存信息传递成本。订货成本是指供应链向外订货所产生的一系列费用，包含了从订单的确认到最终到货整个过程。订货成本主要包括订货手续费、电话费、传真费、差旅费、押运费以及收货、货物验收、入库费用和货款支付手续费等。需要注意的是，供应链内部企业之间的订购费用不包含在订货成本之中，而是归于库存信息传递成本。缺货成本是指整条供应链上由于缺货所产生的损失费，如内部缺货造成的生产损失、外部缺货造成的销售损失和信誉损失、弥补缺货的加班补贴费用以及改变运输方式所付出的费用等。存储成本是指在供应链内保持存货而发生的成本，即货物从供应链上游入库到供应链下游出库期间所发生的所有费用。这里的存储成本不仅包括存货占用成本、保险费以及保管人员薪金，还包括在供应链内部各个环节之间的货物装卸搬运费用和运输费用等。运输成本是供应链各节点企业之间以及供应链对外部客户的运输成本。库存信息传递成本是指供应链上伴随着产品运动而产生的信息沟通的费用。供应链上成员企业之间的协同合作需要进行信息的传递，比如，在产品的发送、分拣、接收和储存中都伴随着信息的沟通。随着信息技术和设备的不断应用与改进，库存信息传递成本在库存成本中所占的比例越来越大。

仓库利用是指对仓库中各种资源的利用程度，主要用仓容利用率和设备利用率来衡量。仓容利用率是指仓库的有效利用程度，主要通过仓库在面积和容积等方面的利用情况来反映仓库资源是否得到有效利用。如果仓容利用率是一个很低的水平，代表供应链库存管理存在着资源浪费，仓容利用率的合理化是提高仓库有效利用的重要途径之一。随着仓库的立体化和自动化程度的提升，仓库的存储设备也在不断更新和升级，其单件购买成本也呈现越来越高的趋势，提高仓库设备的利用率成了库存管理者必须关注的问题。同仓容利用率相似，设备利用率是指仓库设备在设备数量、工作时间和工作能力等方面的有效利用程度。

（2）质量指标

质量指标用于衡量供应链库存管理的运作质量。供应链库存管理除控制好库存管理的成本外，另一项重要的任务就是实现库存活动的高效运作。供应链库存质量体现在响应性、安全性和准确性三个方面。

响应性是指货物在供应链内停留时间的长短，用库存周转率和订单处理速度来衡量。库存周转率通常是指企业在一定时期内销售库存成本同平均库存成本的比率，用来反映存货的流动性是否合理。在供应链环境下，库存周转率体现了供应链各个成员企业对市场的响应能力，对供应链的库存管理有非常重要的意义，提高库存周转率可以提高供应链各个环节的衔接程度，提高整个供应链库存管理的柔性。订单代表着客户的需求信息，订单处理的快慢对提高供应链库存管理效率至关重要。订单处理速度指的是从客户下订单到最终交货为止的整个过程中，订单在供应链上被分解、合并、分拣、运输和跟踪所花费的时间。

安全性是指仓储货物的完整性，用库存物资损毁率来表示。保证库存货物的完整无缺是库存的最基本功能，主要体现在数量和品种有无损减，质量上是不是完好。

准确性是影响仓储作业活动质量的主要因素，主要用物资收发正确率、分拣正确率和订单处理正确率来衡量。物资收发正确率是指物资出入库时收发正确的数量占总出入库量的比例，收发正确不仅指货物的种类、数量、金额不出现差错，还需要核对货物接收或发出的时间、发货目的地等。一旦由于工作人员审核不严格，发生了货物的错发或者错收，会给企业的收益和声誉带来严重的后果，甚至是无法估量的损失。分拣正确率是指一定时期内分拣准确数量占总分拣数量的比例。分拣活动是库存管理中最基本的活动之一，是提高库存管理绩效的重要途径。高的分拣正确率一方面可以提高库存效率，节省大量的人力和物力，更为重要的是可以缩短物资的在库时间，保证库存物资在供应链上的通畅。订单处理正确率是指一定时期内正确处理的订单数量占总订单数量的比例。供应链的库存活动伴随着货物的出库和入库，必定涉及纷繁的订单，各种各样的订单在处理过程中很容易产生错误，从而导致后续环节如分拣、配送等活动出现错误，严重影响库存管理的绩效。

（3）整合指标

供应链库存管理整体绩效最优才是真正的最优。供应链库存管理就是要打破链上企业各自为政的管理格局，实现一加一大于二的整体效益。因此，对于供应链库存管理绩效的评估，必须考虑供应链上各企业间的协同整合。高水平的客户服务要求供应链成员企业在追求库存低成本的同时考虑库存高效率，是促成供应链库存管理低成本与高质量协调平衡的重要因素。而最终要实现供应链的整合离不开成员企业间的密切合作，通过加强供应链各个环节之间的合作，有利于提高库存活动的效率，同时节约库存成本。因此，整合指标包含客户服务水平和供应链成员合作水平两个二级指标。

客户服务水平由准时交货率和订货满足率来衡量。准时交货率用来反映供应链库存在规定时间满足客户交货需求的能力，是供应链库存运营绩效的重要衡量指标。准时交货率低，表明供应链配套的库存能力达不到客户要求，换句话说对库存过程的组织管理跟不上供应链运行的步调；高的准时交货率则表明供应链库存的各个环节紧密协调，整体库存管理水平高。准时交货率一般用准时交货次数占总交货次数的比例来衡量。订货满足率反映了供应链的连续供货能力，具体表示为立即满足的客户订货量占客户总的订货量的比例。订货满足率是供应链生产和销售连续性的重要保证，订货满足率越高，客户的满意度也就越高。

供应链成员合作水平用供应链一致性、库存联通性、库存标准化和平均合作年数来体现。供应链一致性表示的是供应链上各节点在制订库存计划时的一致程度，如目标一致、库存策略一致，体现了成员企业间的协调统一性。供应链上的企业都是独立的企业法人，有各自的目标利益，如果不加强各个环节的沟通，建立供应链的一致性，供应链的库存绩效必定无法实现整体最优。库存联通性是指供应链上货物和库存信息在成员企业间的流动畅通程度。供应链的库存管理绩效在很大程度上依赖于库存信息在上下游企业之间的有效沟通。影响信息畅通的因素有很多，比如，各个成员企业的差异性、库存信息系统的不完善、供应链衔接的不确定性。提高供应链企业之间的信息沟通的频率和深度，有利于消除"牛鞭效应"，减少不必要的货物流程，降低储存和物资流通成本。库存标准化用来体现供应链上合作企业库存模式、库存活动流程的匹配性。加强供应链库存的标准化，可以优化库存流程，提高库存效率，有效地解决自动化库存设备的整合与优化问题，通过提高供应链整体的集成化和自动化来改善库存管理绩效。平均合作年数用来反映供应链成员企业的合作关系的稳定性，通常情况下，合作年数越多，代表着合作关系越稳定。稳定的合作关系不仅可以增强企业彼此之间的信任，提高库存的效率，还有利于简化库存业务程序，降低库存管理的成本。

6.3.4　JMI的保障措施

1）建立第三方物流合作与约束机制

信息化是联合库存正常运行的关键。建立第三方物流合作关系，通过第三方物流对供应链上信息与资源的有效掌控，及时发送各种信息给各个部门，有效避免因各部门独立运作而带来的信息沟通不畅、各个环节脱节等问题。

第三方物流对信息整体协调和控制是战略层面的创新与改革，但在具体实施过程中，仍要以完善的信息技术作保证，对数据信息严密设置，建立备份系统，以保证资源管理在任何情况下都可以正常运行。

2）建立供应商评价与考核机制

整条供应链最上游是供应商，建立完善的供应商管理体制对整个供应链的有效运作起到了重要作用。建立供应商的评价和考核机制，需要实施具体操作方案，例如，对供应商的产品质量、交货期、工作质量、价格、进货费等指标进行考核。考核需要量化的指标和数据，并对各个指标施以权重。最后得出各个供应商的综合得分。为保持严密性，尽量减少人员的参与，对信息采取不公开政策。同综合得分高、信誉好的企业建立长期合作关系，对综合得分低、信誉差的企业进行跟踪调研，甚至排除。定期对供应商进行评价和考核，能及时了解供应商的信誉度和原材料质量优劣，避免采购人员与供应商的私下合作。

3）建立客户合作伙伴关系管理机制

建立客户关系的三级管理，第一级对客户进行研究，确立合作伙伴关系的战略定位。对不同的客户采取不同的合作策略。第二级从潜在的合作伙伴中选择目前可以合作的企业，哪些企业有潜力在未来进入合作伙伴集合中，即确定合作伙伴基础数据库的构成。对长期合作的大客户进行跟进管理与合作。第三级根据不同类型的合作关系，建立正式的评估绩效的指标体系，并且根据不同类型的客户设计合作伙伴关系的优化策略。

4）建立内部人员约束机制

人员的管理是所有管理得以实现的基础，所以必须对员工进行严格的管理。建立约束机制保障供应链的正常运行，不会因为人员内部原因影响供应链的运转。

小资料6-1

采购经理人指数

建立员工审核机制，对员工的学历、能力、工作表现进行核查，录入档案进行动态管理。定期对其表现记录进行不断的更新，建立相应的奖惩措施。建立内部人员的约束机制，尤其是关键部门，严格保证供应链流程的信息保密。

◆ 本章小结和学习重点与难点

本章系统介绍了供应链库存管理的概念、供应链库存形成的原因、供应链库存管理存在的问题及改进的方向，并重点介绍了供应商管理库存（VMI）和联合库存管理（JMI）

两种供应链库存管理策略。

库存作为缓冲存在于供应链的各个环节，包括供应商、制造商、分销商和零售商所保存的原材料、半成品以及产成品。

供应链库存管理是指将库存管理置于供应链之中，以降低库存成本和提高供应链市场反应能力为目的，从点到链、从链到面的库存管理方法。供应链库存管理的目标服从于整条供应链的目标，通过对整条供应链上的库存进行计划、组织、控制和协调，将各阶段库存控制在最小限度，从而削减库存管理成本，减少资源闲置与浪费，使供应链上的整体库存成本降至最低。

供应链库存形成的原因主要在于两个方面：一方面是满足正常的生产运作的需要；另一方面是供应链的不确定性。

供应链的不确定性表现在两个方面：衔接不确定性和运作不确定性。

VMI是供应商等上游企业基于其下游客户的生产经营、库存信息，对下游客户的库存进行管理与控制。

联合库存绩效评价可以选取成本、质量和整合3个一级指标，进一步包括资金占用、仓库利用、响应性、安全性、准确性、客户服务水平、供应链成员合作水平7个二级指标以及18个三级指标，从而形成一个比较完整的供应链库存管理绩效评价指标体系。

VMI的运作模式主要有四种情况：供应商–制造商（核）、供应商–零售商（核）、第三方物流企业的参与、核心企业（一般为制造商）–分销商（或零售商）。

JMI是一种在VMI的基础上发展起来的供应商与用户权利责任平衡和风险共担的库存管理模式。

联合库存管理主要有四种实现形式：货存供方的联合库存管理形式、货存需方的联合库存管理形式、货存第三方的联合库存管理形式、客户铺底的联合库存管理形式。

本章的学习重点是VMI和JMI。

本章的学习难点是VMI的不同运作模式。

🌢 前沿问题　供应链库存管理新技术——共同预测、计划与补给

VMI和JMI被证明是比较先进的库存管理方法，但VMI和JMI存在一些缺点。随着现代科学技术和管理技术的不断提升，VMI和JMI也得到了改进，出现了新的供应链库存管理技术，即CPFR（Collaborative Planning Forecasting & Replenishment，共同预测、计划与补给）。CPFR有效地克服了VMI和JMI的不足，成为现代库存管理新技术。CPFR是一种协同式的供应链库存管理技术，该方式主要通过信息管理系统对企业间可以共享的信息进行管理，从而能够精准地预测库存量，减少库存量的盈余，从而大大地降低各方的管理成本，也能够更进一步地提高企业的管理服务水平。

CPFR模式的目标是通过优化供应链的运作，实现以下几个方面的效益：

（1）提高供应链的效率：通过共享信息和协同规划，减少供应链中的不必要环节和时间浪费，提高生产和配送效率。

（2）提高供应链的响应速度：通过共享预测信息和实时补货机制，对市场需求的变化能够及时作出反应，减少缺货或积压库存的风险。

（3）降低供应链的库存成本：通过共享需求预测和协同补货，准确掌握市场需求，避

免过度备货和积压库存，降低库存成本。

（4）提高客户满意度：通过准确的需求预测和及时的补货机制，能够更好地满足客户需求，提高客户满意度。

CPFR最大的优势是能及时准确地预测由各项促销措施或异常变化带来的销售高峰和波动，从而使销售商和供应商都能做好充分的准备，赢得主动。同时CPFR采取了一种"双赢"的原则，始终从全局的观点出发，制定统一的管理目标以及方案实施办法，以库存管理为核心，兼顾供应链上的其他方面的管理。因此，CPFR能实现伙伴间更广泛深入的合作，主要体现了以下思想：①合作伙伴构成的框架及其运行规则主要基于消费者的需求和整个价值链的增值。②供应链上企业的生产计划基于同一销售预测报告。销售商和制造商对市场有不同的认识，在不泄露各自商业机密的前提下，销售商和制造商可交换它们的信息和数据，来改善它们的市场预测能力，使最终的预测报告更为准确、可信。供应链上的各企业则根据这个预测报告来制订各自的生产计划，从而使供应链的管理得到集成。③消除供应过程的约束限制。这个限制主要就是企业的生产柔性不够。一般来说，销售商的订单所规定的交货日期比制造商生产这些产品的时间要短。在这种情况下，制造商不得不保持一定的产品库存，但是如果能延长订单周期，使之与制造商的生产周期相一致，那么生产商就可真正做到按订单生产及零库存管理。这样制造商就可减少甚至去掉库存，大大提高企业的经济效益。

CPFR模式的建立和运行离不开现代信息技术的支持。CPFR信息应用系统的形式有多种，但应遵循以下设计原则：现行的信息标准尽量不变，信息系统尽量做到具有可缩放性、安全、开放性、易管理和维护、容错性、鲁棒性等特点。

CPFR的实施包括以下三个阶段：

（1）需求规划阶段。在这个阶段，各个合作伙伴将聚焦于销售需求的预测和规划。它们收集和分享销售数据、市场趋势和相关的供应链信息，并进行分析。基于这些数据和分析结果，合作伙伴共同制订销售预测计划，作为后续合作的基础。

（2）供应计划阶段。在这个阶段，合作伙伴将根据销售预测和需求计划，制定供应策略和补充计划。它们需要制定供应策略，包括确定供应数量、交货时间和供应链中各个环节的责任分工。在制定供应策略的过程中，合作伙伴需要进行协商和合作，确保供应链的畅通和库存的合理管理。

（3）补货阶段。在这个阶段，合作伙伴结合实际销售与预测安排补货。它们需要确保在需求变化的情况下，能够及时进行补充和调整。

CPFR模式主要包括以下几个方面的内容：

（1）信息共享

信息共享是CPFR模式的核心。供应链各参与方需要共享包括销售数据、库存信息、需求预测、市场趋势等相关信息，以便更准确地进行规划、预测和补货决策。信息共享可以通过电子数据交换（EDI）、供应链管理系统（SCM）等信息技术手段实现。

（2）协同规划

协同规划（Collaborative Planning）是指供应链各环节之间共同制定供应链的战略和计划，包括销售预测、产能规划、采购计划等。通过共同制定规划，可以避免信息不对称和错误传递，减少库存波动和供需不平衡的问题。

（3）协同预测

协同预测（Collaborative Forecasting）是指供应链各参与方基于共享的信息，通过统计模型、时间序列分析等方法，共同预测市场需求和销售趋势。通过协同预测，可以减少预测误差和波动，提高对市场需求预测的准确性。

（4）协同补货

协同补货（Collaborative Replenishment）是指供应链各参与方基于共享的信息以及协同的规划和预测，共同制定补货策略和决策。通过协同补货，可以实现根据市场需求和库存水平进行及时补货，避免缺货或积压库存的问题。

（5）工作流程整合

CPFR 模式还需要对供应链的工作流程进行整合和优化，确保信息的顺畅流动和决策的及时执行。这包括流程标准化、流程自动化以及各环节之间的沟通和协调等。

（资料来源　佚名. 阐述供应链管理中的CPFR模式的概念及内容 ［EB/OL］. ［2023-12-09］. https://wenku.baidu.com/view/364258a90366f5335a8102d276a20029bc646371.html.）

🔘 案例探讨　　基于VMI模式的M服装公司库存管理策略优化

近年来，对于服装行业来说，产品的生命周期越来越短，创新的速度越来越快，已经逐渐成为服装行业发展的新趋势。在诸多因素影响下，众多服装企业陷入了库存管理危机，对企业的资金周转和经营产生了重大影响。由于服装行业的特征，服装企业库存管理存在一定难度，企业的供应链管理好坏受到企业库存管理水平的直接影响，对于企业本身来说是不小的挑战。

1.M公司简介

M公司是一家致力于休闲服装产品销售的上市企业，以学生和具有青春活力的年轻人作为主要的受众群体。M公司主打A和B两个知名服装品牌，A品牌定位于年轻群体，严格把控产品质量，针对学生和青年一代的特点设计出具有青春活力的、符合青年群体审美口味的时尚服饰；B品牌则是针对青年一代的白领人群，该品牌主打精致休闲、时尚外出、商务三个系列的产品。

随着M公司发展规模的不断扩大，与之而来的是对于库存管理更高的要求，伴随而来的是服装企业普遍存在的库存问题。

2.M公司库存管理存在的问题

（1）库存模式问题

M公司采用的是零售商管理库存的模式。首先，在结合"虚拟经营"战术之下，M公司的代工厂将货物发送给加盟商之后，便默认是由加盟商进行库存管理，便可以将风险和收益都转移给加盟商。而需求在这段时间内会随着外界环境的变化而发生变化，比如突发公共卫生事件，或是经济发展不景气等情况下，导致整个过程中加盟商的存货风险较大，容易导致整个供应链的瘫痪，危及M公司的经营。其次，零售商管理库存模式之下，供应链上各个节点的企业往往是各自独立的。加盟商需要保持一定的库存量来应对顾客需求，生产商同样需要保持一定的库存来缩短订货提前期，导致各个节点保持一定量的存货，而这样就容易形成"牛鞭效应"，这会导致在供应链上的存货累积。

（2）信息传递问题

M公司信息传递效率低下。由于上下游之间存在各自为政的现象，上游的生产商无法了解到下游加盟商的销售数据、存货状况，而下游加盟商也无法了解到上游生产商的物流状况，容易造成区域性缺货的现象。由于M公司的每个业务流程都有其相应的信息采集系统，而这些信息采集系统在数据整合方面存在滞后性问题，后台管理不能够及时跟上，导致这些数据只能运用于普通的运营操作和数据分析而不能达到产品设计、销售量预测的目的，导致企业的产品设计往往脱离实际，信息系统效率低下，也无法快速响应客户的需求。

（3）供应链效率问题

从服装供应链角度来说，面对复杂的市场环境和激烈的竞争压力，企业之间的合作意识却非常淡薄，从产品设计到实际到达加盟店进行销售往往需要很长的时间，这与国外先进企业之间存在很大的差距。由于M公司采用虚拟经营的模式，在这种模式的约束下，M公司并不需要对于后端的物流配送以及前端的加工流通方面进行过多的管控，在M公司供应链上存在相应的物流配送服务迟钝，与国外领先的服装企业ZARA相比，M公司在生产加工和物流配送方面存在很大的不足。ZARA在新品完成研发之后只需要2天的时间就能够把货物运输到相应的门店进行销售，但是M公司则需要至少7天的时间才能够完成上述过程，造成供应链效率低下。

3.M公司实施VMI模式的意义与条件基础

（1）实施VMI模式的意义

VMI模式的实施可以减少人为的需求异动，以保有更少的库存达到企业正常运营的水平；VMI模式通过实时的数据共享功能，使得M公司能够及时有效地获取所需要的库存信息和销售信息，从而解决信息传递的问题。

M公司通过实施VMI模式能够更加有效、更加快速地对市场需求变化作出反应，制订及时的库存管理和促销计划，对于整个供应链来说可以有效地提高库存管理水平，使得客户满意度上升。

供应链上存在"牛鞭效应"，导致M公司供应链上库存保有水平较高，造成库存成本上升。通过实施VMI进行数据实时共享使得供应链上的企业能够获得更加真实的数据资源，更精准地预测需求。

（2）VMI模式实施的条件基础

库存管理的问题一直是困扰M公司发展的难题，M公司的高层就库存管理问题达成统一意见，项目实施过程阻力较小。M公司拥有完整的软件开发设计团队，能保证信息管理系统的建设。公开资料显示，M公司在挂牌上市后将筹集到的15%的资金用于信息系统的开发，基本实现业务流程的网络化管理，实现数据的互联互通，加快信息流交互。

由于服装行业面临复杂的市场环境，供应商之间也存在激烈的竞争，供应商为了获取订单，合作意识有所提高，实施VMI模式既有利于M公司解决现有的库存管理难题，也为供应商提供了长期稳定的订单。

4.M公司VMI库存管理实施方法

（1）建立供应商评估体系

选择合适的供应商是应用VMI模式的重要方面。只有建立相应的评估体系对供应商进行评估，才能够保证 VMI 实施过程协调有序地开展。在决定供应商评估机制时应着重考虑以下几个方面的内容：①注重供应商的资金能力。②注重准时交付的能力。③注重评价供应商的稳定程度。

（2）项目团队组建

VMI 是一种新型的供应链视角下的库存管理思想，在实施的过程中要打破传统库存管理思想的局限性。M 公司在供应商管理库存模式实施过程中，虽然是由供应商进行库存管理，但是在 VMI 方案实施的过程中需要公司内部高层的参与，还需要有公司的采购、财务等部门来筹划整个实施过程，各个参与主体之间进行合作，VMI 实施才能更有保障。M 公司需要成立专门的项目管理团队，通过联合采购、物流、销售、财务、研发等部门，实现跨部门合作，发挥各自专长，保障 VMI 项目的正常运作。

（3）建立有效的顾客情报信息系统

在 VMI 的实施改造过程中，准确而有效的信息交流是极其重要的。要实现供应商管理库存，M 公司必须对供应链下游的加盟商、直营店的需求进行准确的预测。在 M 公司原先的模式中，虽然也运用了相应的 POS 系统、ERP 系统对库存管理过程进行辅助，但是只能够进行正常的运营操作，缺乏相应的数据分析条件，故应该在顾客情报信息系统加入相应的顾客信息，对 POS 系统、ERP 系统进行相应的辅助，保证对收集到的信息可以进行有效的数据分析。只有建立有效的顾客信息库，供应商才能掌握需求变化的情况，对加盟店的需求才能进行整体的把握，统筹加盟店的订货时间。

（4）订立 M 公司和供应商的合作协议

订立 M 公司和供应商之间的合作协议能够避免企业之间的利益冲突，减少一些不必要的纠纷矛盾。通过订立契约的方式规范双方的合作行为，使得双方目标一致，实现供应链上的利益最大化。关于 M 公司和供应商之间的合作协议主要包括以下几点内容：①明确利益相关方的责任。下游加盟商和直营店提供未来 6 个月的销售预测数据，M 公司根据市场供求的状况对数据进行实时更新，保证数据的真实性；而供应商必须保证根据自身的库存情况对 M 公司进行相应的补货；第三方物流公司则负责将货物配送到制造商代工厂进行加工以及加工之后把相应的产品送到加盟店、直营店中。②对物料所有权和交货方式进行明确。在合作协议中必须规定存放在供应商仓库里的物资的所有权都归 M 公司，管理 VMI 仓库的供应商只是对物料的非正常损耗承担赔偿责任；与此同时，在合作协议中对订货的批量和付款的周期需要加以明确，这对协议各方来说都是很好的保证。③对信息系统的对接问题加以明确。由于 M 公司在采用供应商管理库存模式下必须就信息系统和合作各方进行共享，因此必须就采用何种信息系统在合作协议中加以明确。

（资料来源　冯一昕. 基于 VMI 模式的服装公司库存管理策略优化——以 M 公司为例［J］. 中国物流与采购，2021（16）：86-88.）

案例探讨

佳友公司的联合库存管理

💧 课后练习

（一）名词解释

供应链库存管理　　VMI　　JMI

（二）填空题

1.联合库存管理在实际应用时，主要有四种实现形式：_____；_____；_____；_____。

2.供应链库存形成的原因主要在于两个方面：一方面是_____；另一方面是_____。

3.VMI的运作模式主要有四种情况：_____，_____，_____，_____。

（三）单项选择题

1.在VMI系统中，库存费用、运输费用和意外损失由（   ）。

A.供货商承担   B.用户承担

C.所有上游企业分摊   D.供货商和用户分摊

2.在下列JMI绩效评价指标中，用于衡量供应链库存管理的运作质量的指标是（   ）。

A.响应性、安全性和准确性   B.资金占用和仓库利用水平

C.客户服务水平   D.供应链成员合作水平

3.实现VMI最大的受益者是（   ）。

A.用户   B.批发商   C.供应商   D.物流企业

4.（   ）的主要思想是供应商在用户允许下设立库存，确定库存水平和补给策略，拥有库存控制权。

A.自动库存补给法   B.共同库存管理法

C.联合库存法   D.VMI

5.供应链中各节点共同制订库存计划，任何相邻节点需求的确定都是供需双方协调的结果，这样的库存控制方法被称为（   ）。

A.联合库存管理   B.供应商管理库存

C.供应商一体化   D.有效客户响应

（四）多项选择题

1.供应链库存管理的目标，是通过（   ），使供应链上的整体库存成本降至最低。

A.削减库存管理成本

B.减少资源闲置与浪费

C.对整条供应链上的库存进行计划、组织、控制和协调

D.服从于整条供应链

2.VMI实施的原则有（   ）。

A.合作性原则   B.互利性原则   C.互动性原则

D.目标一致原则   E.持续改进原则

3.VMI的运作模式主要有（   ）。

A.供应商–制造商（核）   B.供应商–零售商（核）

C.第三方物流企业参与   D.制造商（核心企业）–分销商

4.联合库存管理的实现形式主要有（   ）。

A.货存供方的联合库存管理形式   B.货存需方的联合库存管理形式

C.货存第三方的联合库存管理形式 C.客户铺底的联合库存管理形式

（五）简答题

1.供应链库存形成的原因是什么？

2.VMI的优势和不足是什么？

3.JMI的思想是什么？与VMI的区别是什么？

（六）论述题

如何对联合库存管理绩效进行评价？

第7章

采购质量管理与绩效评估

💧学习目标

通过本章的学习，了解采购质量管理的内容；掌握采购质量管理的基本方法；掌握采购质量管理保证体系的主要内容。了解采购绩效管理的意义；掌握影响采购绩效评估的因素及采购绩效评估采用的指标；了解采购绩效评估的人员与方式和采购绩效改进的途径。

💧基本概念

采购质量管理　采购绩效评估　采购效果　采购效率

💧引导案例　　　　　　　　采购绩效衡量攻略

衡量采购绩效是展示采购部门价值的关键。准确衡量有助于发现节约、优化成本，并确保计划与企业目标一致。虽然许多公司在确定和实施有效的衡量流程上遇到阻碍，但以下6种策略可以改变企业的采购绩效衡量方式，助力企业取得更好的成果。

1.确定明确的关键绩效指标

采购KPIs应与企业目标战略一致，并考虑运营效率。常见的采购KPIs包括实现的节约、成本规避、供应商交货时间、合同合规率、应急采购比例、供应商拒绝率和采购投资回报率（ROI）。选择正确的KPIs需要深入了解采购目标，以及它们如何与企业的宗旨和愿景相协调。

2.利用技术进行数据分析

积极采用技术，尤其是复杂的数据分析工具和先进的采购管理软件，可以为采购绩效的精准衡量带来新的可能性。这些技术使采购团队能够获得实时洞察，快速识别趋势，并持续评估绩效。通过这些技术，采购绩效衡量不仅变得更加准确和重要，也为采购专业人员提供了实现长期变革和战略目标的工具。

3.与行业标准对比

将企业的采购绩效与行业规范和最佳实践进行比较，是识别改进领域的一种有效方法。这意味着要将企业的采购流程、KPIs和结果与行业领导者进行对比。这种比较可以帮助企业发现业务中的弱点，突出优势，并深入了解可能改善采购功能的策略和流程。此外，这种方法不仅支持持续改进，还有助于设定符合行业标准的现实目标。通过主动进行基准测试，企业可鼓励团队不断进步，吸收行业领导者的最佳实践，并将其应用于自己的具体情况。

4.供应商绩效管理

由于供应商是采购成功不可或缺的一部分，因此必须评估其绩效。实施供应商绩效管理计划可以衡量它们的可靠性、效率、成本效益和合同遵守情况。关键指标包括响应时间、质量验收率和准时交货率。有效的供应商绩效管理确保供应商与企业目标一致，加强供应商关系，提升整体采购绩效。

5.重视总拥有成本

考虑总拥有成本（TCO）有助于全面评估采购的效率和效果。这促使企业深入审查采购流程，发现超出初始价格的成本节约机会。这种方法强调了追求长期效益而非仅关注短期成本削减。通过考虑TCO，企业可以识别那些在购买时不明显，但随时间可能产生重大影响的成本，如物流费、维护费用和潜在的停机时间或效率低下。以TCO为中心的方法也促进了从价格导向到价值导向的采购转变，帮助企业实现成本节约，并在采购策略中实现可持续性、质量和可靠性目标。

6.收集员工和利益相关者的反馈

获取利益相关者和采购人员的反馈对于评估和提升企业采购绩效非常重要。反馈提供了关于采购流程有效性、技术实用性和供应商关系质量的宝贵信息。通过定期反馈会议、访谈或调查，企业可以识别改进领域，确保采购实践满足用户期望和需求。包括员工、供应商、最终用户和决策者在内的多样化利益相关者反馈，为采购职能提供全面视角，支持决策和战略规划。积极让利益相关者参与反馈流程可以增进关系，建立信任，并促进透明沟通的氛围。

衡量采购绩效，不能只依赖传统指标和成本节约，企业应采取上述综合策略。这些方法能深入揭示采购的效率和战略价值，不仅提升采购绩效，也增强企业的竞争力和整体成功。

（资料来源 佚名. 采购绩效衡量攻略：6大策略助你一臂之力［EB/OL］. ［2024-12-27］. https://t.cj.sina.com.cn/articles/view/3561522011/d448835b00101afhe .）

采购质量管理是采购管理工作的重要内容。采购质量管理水平的高低直接影响到物料使用部门能否生产出合格的产品，消费者能否购买企业的产品，这是企业生死攸关的大问题。

7.1 采购质量管理

采购质量管理的重点是对供应商的质量管理，传统的采购政策和程序往往基于这样一个观点，即采购方和供应商之间的竞争关系是双方关系的核心，供应商对质量进行改进是因为担心其他的供应商会提供更高的质量、更优惠的价格、更好的运输条件以及更优质的服务来吸引采购方，而且采购方更换供应商是不需要付出代价的，多货源的订货方式既可以保证供应的安全，又可以对供应商加以控制。从采购质量的角度来看，质量无疑是采购供应主要考虑的标准，找到高质量的供应商很难，而要找到能不断改进质量的供应商就更难。实际上，这需要采购部门的人员在进行广泛调查的基础上才能够找到，才能与供应商一起努力，不断地改进质量。

采购质量管理的目标就是保证采购物料的质量符合规定的要求，就是要保证采购的物料能够达到企业生产所需要的质量要求，保证企业用其生产出来的产品个个都是质量合格的产品。保证质量，也要做到适度。质量太低，当然不行，但是质量太高，一是没有必要，二是必然造成价格升高，增加购买费用，也是不划算的，所以要求物资采购要在保证质量的前提下尽量采购价格低廉的产品。

要实现保证质量的目标，采购质量管理工作的主要内容包括三个方面：一是采购部门本身的质量管理；二是对供应商的评估、认证，以及产品的验收、把关等工作；三是采购质量管理保证体系的建立与运转。

7.1.1 采购质量管理的内容

1）采购技术规格

技术规格描述了产品技术方面的要求，技术规格一般由企业技术部门、产品设计部门确定，它是企业进行生产的依据或标准，也是企业质量检验部门所遵循的标准。

产品设计是产品质量的基础，在产品的开发过程中，产品性能、规格越来越复杂，也越来越难以改动，而且，后期的改动会造成成本成倍增加。因此，采购功能必须被纳入产品早期开发过程。

在新产品开发过程中，大型的制造商通常从以下方面与供应商进行沟通与合作：

（1）采购设计

采购人员是新产品设计小组的一员，他们根据采购的标准对设计提出意见，把采购目标市场的信息纳入新产品的设计阶段。

（2）供应商早期的参与

通过与供应商的合作经历，可以找出优秀的供应商并与其合作，邀请这些供应商对新产品设计提出意见，对材料的选择提出建议，从而使设计不至于因为今后的更改而耗费更多的成本。

（3）派驻工程师

例如，一些大的制造商派工程师到供应商处，专门解决各种问题，有的供应商向采购方派驻工程师，时间可长可短，目的是解决开发过程中出现的设计和制造问题。

任何一个组织在开发新产品时，采购员起到了侦查员的作用，他们比开发者和工程师与供应商的联系更密切。采购员在开发的早期阶段加入，有助于更好地理解产品的功能和结构。把供应商及早引入，实践证明能够有效地降低成本和改进产品（见表7-1）。

表7-1　　　　　　　　　把供应商纳入新产品开发资金节约表（%）

产品设计阶段	设计的复杂程度或产品的独特性		
	低	中等	高
初步设计	2~5	10~25	30~50
设计更改	1~3	3~15	15~25
为提高质量重新设计	10	15~30	40~60

注：表中数字反映的是成本节约的百分比。

2）采购需求规格

规格是描述产品各方面要求的各种形式的结合体，需求规格一般由产品设计部门、使用部门或采购质量专职管理机构共同确定，它是供应商进行生产的依据或标准，也是企业来料检验部门所遵循的标准。

采购部门必须保证产品需求规格能在供应商处得到满足，同时必须确保供应商能遵守交货时间、交货质量和价格等其他协议，因此采购方必须进行全面质量管理。采购需求规格是首先要确定的问题。

使用产品的部门必须先明确需求，需要什么规格的产品，其应当准确、详细地描述产品的规格，使采购部门清楚产品的特性，以利于更好地向供应商采购。采购部门不能随意改动产品的规格，但是可以向需求部门提出更好选择的建议。

一种产品的规格可以用多种形式进行描述，因此，采购需求规格就是指产品的描述方式，也可以是几种描述方式的综合，通常包括以下几种方式：

（1）品牌

品牌是指产品的牌子，它是销售者给自己的产品规定的商业名称，包括名称、标志、商标，品牌实质上代表着供应商对交付给采购者的产品特征、利益和服务的一贯性的承诺。如果采购方对购买的一件产品使用效果很满意，以后往往会再购买同样品牌的产品。

但是，购买品牌产品可能成本比较高，采购方会选择非品牌的替代品，而且在采购时过分强调品牌，会导致潜在供应商数量的减少，丧失众多供应商竞争带来的价格降低或改进质量的机会。

（2）至少同等规格

在政府采购的招标或采购方的发盘中，经常会有这样的情况，规定一种品牌或厂商的型号，然后注明"至少同等规格"。在这种情况下，采购方把责任留给了投标者，让他们去制定同等或更高的质量标准，自己不必再花费精力去制定详细的产品规格。

（3）工程图样

通过尺寸图等工程图样也是描述规格的一种方法，它可以和其他资料配合使用，这种方法特别适用于购买非通用零部件，例如建筑、电子行业的一些产品，这种方法是规格描述中最准确的一种，适用于购买那些生产中需要的精密度非常高的产品。检验部门则按工程图样来测量尺寸和进行其他方面的检验。

（4）市场等级描述

例如，小麦和棉花的采购就属于等级采购，评级工作必须由权威部门来完成，通过此方式采购到满意的产品。

（5）样品

这种采购方法是检查一件欲购产品的样品，通过视觉来判断产品是否能接受，例如木材的品种、颜色、外观、气味。它适用于那些难以用文字、图样表达其特性的物料。例如，塑胶件的外观标准就常需用样品来配合工程图样加以规定。

（6）技术文件

技术文件常用于那些难以用图样表达或难以呈送样品（或样品不易保存）的物料。例如，常用的工程塑料颗粒，就无法用图样来描述，也不便用样品；化学药水（剂）的规格也使用技术文件来规定。

（7）国际（国家、行业）标准

规格包含产品规格的标准化，以及标准产品的型号、尺寸等。规格描述包括：物理或化学特性描述；物料和制造方式描述；性能表现描述。

很多标准件（如螺钉、螺母等）不需要画图，也不需要样品，只需写明所需的大小及供应商应遵守的国标号即可。另外，如果某供应商生产的产品在行业中处于领先地位，样品经试用后又完全能满足生产要求，那么可能就会把供应商提供的图样或技术标准作为今后来料检验的标准。

3）采购标准化

所谓标准，就是对具有多样性和重复性的事物，在一定范围所作的统一规定，并经过一定的批准程序，以特定的形式颁布的规范和法规。制定标准和贯彻标准的活动过程被称为标准化。

按标准化的适用范围，可分为工业标准和企业标准。工业标准指的是为简化产品品种、规格，统一产品规格、质量以及性能而制定的一系列规范、规定。如产品系列的确定，零部件标准化、通用化范围的规定，主要产品技术标准的制定等，即为工业标准。这类标准是行业或全国通用的，分别称之为行业标准（专业标准）、国家标准，这是每个企业必须严格执行的，也是采购活动的主要依据和手段。企业标准是在国家或行业标准的基础上，由采购企业自己制定出的规格，在采购工作中采购部门也可以把企业标准寄给行业的主要的几个供应商，在最终采用前征求它们的意见。

采购标准包括国际标准、国家标准、行业标准和企业标准。采购标准化意味着可以简化采购工作量，意味着采供双方就明确的尺寸、质量、规格所达成的协议。通过加强采购的标准化工作，可以减少采购的品种，降低库存，从而降低最终产品的成本。

7.1.2 质量管理的规划

采购部门在质量（品质）管理方面的作业要点可分为事前规划、事中执行与事后考核三大部分，每个部分的详细内容见表7-2。

表7-2　　　　　　　　　　　　　　品质管理作业要点

事前规划	事中执行	事后考核
·制定品质标准并进行规格描述 ·买卖双方确认规格及图样 ·了解供应商的承制能力 ·买卖双方确认验收标准 ·要求供应商实施品质管理制度（品质管理认证等级） ·准备校准检验工具或仪器	·检查供应商是否按照规范施工 ·提供试制品以供品质检测 ·派驻检验员抽查在制品的品质 ·检查品质管理措施是否落实	·解决买卖双方有关品质的分歧 ·严格执行验收标准 ·提供品质异常报告 ·要求卖方承担保证责任 ·淘汰不合格供应商

1）事前规划

事前规划的重点在产品规格的制定、供应商的选择和合约控制等方面。

（1）制定产品规格

就制定规格而言，要同时考虑设计、生产、商业及行销四种不同的因素。设计需求的考虑是在尽可能不改变原设计的情况下，获得符合需求的原料；生产因素的考虑即为配合机器设备的操作要求，选择适当规格的物料；行销因素的考虑则着重在消费者的接受程度，譬如环保要求及购买力等；而考虑到商业性采购因素时，采购人员必须进行下列几项调查：①研究品质的需求状况；②确定品质需求已经完整且明确地在规格说明中规定了；③调查供应商合理与相对的成本；④确定品质要求表述成通用的规格，以便让有潜力的供应商都能参与竞争；⑤决定合适的品质是否可由现有供应商来提供；⑥确定监督与测试的方法，维护良好的品质水准。

某些原料和零部件在上述方面的调查比较容易，但是有些就比较复杂，如新产品的规格。在一些公司中，把品质工程师安排在采购部门中，担任幕僚的工作，协助分析一些复杂的问题。当有技术性的品质问题产生时，品质工程师与采购人员会共同审查产品规格，并将适当的品质需求推荐给产品设计工程师，进行适当的修改。

规格恰当与否是采购成败的关键因素之一，关于规格制定的有关知识已在本书有关章节中有所介绍。

在进行国内采购时，凡有国家标准可用者，原则上不应使用其他规格采购；如无国家标准可用时，则可考虑使用国内各公会或协会、委员会所制定的标准。在进行国外采购时，凡有国际通用规格可采用者，不得使用其他规格采购。

（2）选择供应商

采购在品质管理事前规划阶段的另一个重点是供应商的选择。许多公司能够把它们的原料品质问题减至最低，就是因为它们在开始时就选择了有能力而且愿意合作的供应商，因此品质水准得以维持并提升。关于供应商的选择和管理已在前面章节中进行了详细的阐述。

企业与供应商之间应通过合约控制来保证产品质量符合要求，具体措施见表7-3。

表7-3　　　　　　　　　　　　　　合约控制的主要内容

协议名称	目　的	具体内容
质量保证协议	明确规定供应商应负的质量保证责任	•信任供应商的质量体系 •随发运的货物提交规定的检验/试验数据以及过程控制记录 •由供应商进行100%的检验/试验 •由供应商进行批次接收抽样检验/试验 •实施本企业规定的正式质量体系 •由本企业或第三方对供应商的质量体系进行定期评价 •内部接收检验或筛选
验证方法协议	与供应商就验证方法达成明确的协议，以验证是否符合要求	•规定检验项目 •检验条件 •检验规程 •抽样方法 •抽样数据 •合格品判断标准 •供需双方需交换的检测资料 •验证地点

协议名称	目 的	具体内容
解决争端协议	解决供应商和本企业之间的质量争端，就常规问题和非常规问题的处理作出规定	• 常规问题，即不符合产品技术标准的一般性质量问题 • 非常规问题，即产品技术标准范围之外的质量问题或整批不合格或安全特性不合格等 • 疏通和制定本企业和供应商之间处理质量事宜时的联系渠道和措施等

2）品质管理的执行

品质管理不只是生产与品质管理部门的责任，采购部门也必须恪尽职守，不仅要检查供应商是否按照规范施工，还要派驻检验员抽查供应商在制品的品质，并提供试制品以供品质检测，以及检视供应商的品质管理措施是否落实，确保采购品的品质没有异常状况。

采购部门执行品质管理必须有所依据，这也就是与供应商签订合作契约中的主要部分。在契约书中必须提到"品质保证协定"，这份协定主要是买卖双方为确保交货物品的品质，相互规定必须实施的事项，并根据这些事项执行品质检验、维持与改善，对于双方的生产效率与效益均有益处。

在品质保证协定中，首先要把品质规格的内容说明清楚，包括有关材料、零件的标准规格、工作图、品质规格检验标准与方法，以及其他特殊规格。其次，双方必须成立能充分实施品质管理的组织，在采购、制造、检验、包装、交货等作业环节，建立彼此相关的标准作业程序，以便于双方能按照作业标准来完成合作事宜。对供应商的品质检验作业应包括下列三个阶段：

（1）进料检验。供应商为了提供买方所需物品而从外部购入的材料、零件，必须实施验收，当买方想了解进货的品质时，应提供相关资讯，也就是买方应追踪供应商购料的品质，以确保最终产品的品质。

（2）流程中的品质管制。买方对于供应商加工及设备的保养、标准化作业的实行及其他必要的项目实施检查，防止流程中发生不良产品。可以派驻厂检验员抽查在制品的品质及监视供应商是否按照规范施工。

（3）制成品出货的品质管制。采购部门在供应商进行大量生产以前，可以要求供应商提供样品供工程人员进行品质检测。供应商在制成品出货时，必须按照双方谈好的标准实施出货检验，并且要附上相关材料，使品质管理做到环环相扣。

一般而言，买方对于供应商运送来的物料，会先进行检验才可入库。然而，若事先对供应商的品质管理做得好，就可以省略此步骤而直接入库，节省部分的人力与检验成本。当然，这种做法是建立在彼此对品质管理都非常严谨而且合作无间的基础上的。目前盛行的全面质量管理就是试图要达到这样的水平。

大部分的买方对于进货的物品仍实施检验，在进货检验中，有以下几项重点：①制定抽样检验的标准与程序，作为双方配合的依据。②根据检验标准、规格等，针对供应商交货的物品进行检验、比对，以决定合格、退回修改或退回废弃。③在检验时，发现有不合格的地方，应要求供应商迅速调查原因，并报告处理对策。

3）品质管理的考核

采购部门对于供应商品质管理的考核，在于严格执行验收标准，并提供品质异常报告，要求卖方承担保证责任，设法解决买卖双方有关品质分歧的问题。考核的结果可作为淘汰不合格供应商的依据。因此，买卖双方在签订合作契约之前，要保持正确的品质管理信念，并了解彼此的要求，共同研讨相关的规范。下列 10 项品质管理原则是买卖双方在制定品质保证协定时应该遵守的重要准绳：

（1）买方和卖方具有相互了解对方的品质管理体制并协力实施品质管理的责任。

（2）买方和卖方务必互相尊重对方的自主性（双方对等、相互尊重）。

（3）买方有责任提供给卖方有关产品的充分信息。

（4）买方和卖方于交易开始之际，对于有关质量、价格、交货期、付款条件等事项，须订立合理的契约。

（5）卖方有责任保证产品具有买方使用上可满足的品质，必要时，有责任提供必要的客观资料。

（6）买方和卖方在订立契约时，务必制定双方可接受的评价方法。

（7）买方和卖方对于双方之间的各种争议解决方法及程序，务必于订约时确定。

（8）买方和卖方应相互站在对方的立场，交换双方实施品质管理所必需的信息。

（9）买方和卖方，为了双方的合作能够更圆满顺利，对于订购作业、生产管理、存货计划等，应经常妥善维护。

（10）买方和卖方于交易之际，都应充分考虑最终消费者的利益。

买卖双方根据上述品质管理的原则建立彼此认同的品质规范，并依据这项协定进行日后的考核与评价。考核的重点依产品的不同而不同，但是大都以不良品率或不良品数作为考核品质绩效的基础，此外，处理品质问题的态度与解决的时效、品质提升计划的配合以及执行成效也都是考核的重点。

每次进货的检验结果应该于月底编制"品质月报表"，并提供品质异常报告，作为对供应商奖惩的依据。

品质考核的目的在于通过对供应商的奖惩，期望品质能日益精良，对于绩效优秀的厂商，提前付款、订购量提高以及当有新产品开发时，将其列入优先考虑的合作对象；对于绩效差的厂商则降低订购量，加强沟通，扣款，甚至淘汰。

7.1.3　采购质量控制

采购质量管理就是对采购质量的计划、组织、协调和控制，通过对供应商质量评估和认证，从而建立采购管理质量保证体系，保证企业的物资供应活动的总称。它的实质是通过企业的一系列采购管理工作来保证和提高采购产品的质量。

采购质量保证就是为使用部门确信由采购方采购的产品质量满足规定要求的全部有计划、有系统的活动。采购质量保证是针对采购产品的使用部门而言的，目的在于确保使用部门对采购产品的质量信任。换句话说，采购质量保证也就是采购部门对采购产品的质量所提供的担保，保证使用部门使用的物料符合规定，从而生产出合格的最终产品。采购质量保证这个概念是对使用部门来说的，是在组织内部对采购部门以外的其他部门使用的。

采购质量管理与采购质量保证在定义上是不同的，但在本质上是一致的，因为它们的目的都是让使用部门能够使用符合规格的产品。采购质量管理是手段，采购质量保证是目的，采购质量保证必须以采购质量管理为前提。

1）采购质量控制的内容

采购质量控制就是为保持采购产品的质量所采取的作业技术和有关活动，其目的在于为使用部门提供符合规格要求的满意产品。采购质量控制这个概念是在采购部门内部以及采购部门与其他部门、供应商之间使用的。采购质量控制的重点是对供应商的控制，采购质量控制是指采购物料的质量要求能保证得到满足并且能够客观地得到证明，这就意味着采购方和供应商之间的每一项业务，对下述问题的意见取得一致：

（1）对交易的基本要求。

（2）怎样实现这些要求。

（3）检验工作要符合规范。

（4）出现问题时的处理方法。

总的来说，采购质量控制就是使企业所有的采购活动符合规定的质量目标，使企业采购的产品满足规定的质量水平。采购质量控制需要组织内部各个部门以及供应商之间相互沟通并且协调一致，一旦确定了质量标准，采购的产品都必须处于这个标准的控制之下。为了达到这个标准，采购质量管理部门必须承担四个方面的职责：采购质量标准的制定、评估、控制和保证。

采购质量标准就是要保证采购的产品能够达到企业生产所需要的质量要求，保证企业用之生产出来的产品个个都是质量合格的产品。保证质量也要做到适度。质量太低，当然不行；但是质量太高，一是没有必要，二是必然造成价格高，增加购买费用，也是不划算的。所以，要求物资采购要在保证质量的前提下尽量采购价格低廉的产品。

采购质量保证其中一个重要的标准是供应商的选择，供应商将会提供什么样的产品？该产品的设计如何？技术性能怎样？采用什么样的质量标准？这些问题都是至关重要的。

采购质量保证是指采购质量控制所采用的方法和程序，也就是系统地检查产品的功能和生产过程以保证产品能够符合规定的质量要求。组织内部的采购质量评估活动通常被称为审核；组织外部的采购质量评估活动被称为认证。

采购质量保证可以通过与供应商签订质量保证协议来进行。质量保证协议的作用，一是对供应商提出质量保证要求，二是通过对供应商的适当控制来保证采购产品的质量。对质量保证协议的要求如下：

（1）与供应商达成明确的质量保证协议。

（2）质量保证协议中提出的质量保证要求应得到供应商的认可。

（3）质量保证协议中提出的质量保证要求应适当，充分考虑其有效性、成本和风险等方面的因素。

质量保证协议中提出的质量保证要求包括下列内容：

（1）信任供应商的质量体系。

（2）随发运的货物提交规定的检验、试验数据以及过程控制记录。

（3）由供应商进行全检。

（4）由供应商进行批次接收抽样检验与试验。

（5）由供应商实施组织规定的正式质量体系，在某些情况下，可涉及正式的质量保证模式。

（6）由公司或第三方对供应商的质量体系进行评价。

（7）内部接收检验或分类。

2）采购质量管理保证体系

用于采购质量控制的方法和程序的综合就是采购质量管理保证体系，采购质量管理保证体系通常记录在企业的质量手册中，质量手册中主要包括采购质量标准的制定、评估、控制和保证，采购质量控制方法，供应商的选择评估以及考核等一些内容。

采购质量管理保证体系包括下列内容：

（1）明确的采购质量目标、采购质量计划和采购质量标准。

（2）严格的采购质量责任制。

（3）专职的采购质量管理机构。

（4）采购管理业务标准化和管理流程程序化。

（5）高效、灵敏的采购信息反馈系统。

（6）供应商的质量保证活动。

供应商的质量保证活动是采购质量管理保证体系的重点，也是开展全面质量管理的一个重要组成部分。供应商的质量保证活动主要包括三个方面的内容：

首先是基于预防的质量管理方法，要认真准备订单说明书，充分的准备是采购工作成功的一半，说明书中要有详细的设计部门提供的技术参数以及包装、运输等方面的说明。要对供应商进行初步的资格认定，了解供应商的交付能力；然后由专门小组对供应商的质量体系进行调查，形成调查报告，对在调查中发现的问题进行讨论并就改进方法达成一致意见；对改进方法记录文件要定期进行检查。要进行样品检验，供应商提供的样品要经过设计部门的检验，作为衡量供应商的标准。下一步是让供应商进行试生产，对供应商的生产过程进行审查，审查的重点在于供应商的过程控制和质量控制，双方就审查过程中发现的问题交换意见，达成共识，然后产品正式投产。双方签订质量协议，其目的是保证产品质量满足供需双方达成的要求。通过上述方法，采购方可以实行抽检，甚至免检，减少进货成本，这也是质量成本的主要来源。

其次是对供应商进行定期验证、检查和评估。产品审查可以发现供应商各方面运转良好的程度，例如采购方的拒收率，拒收率可以反映产品的质量水平。工艺审查是通过对供应商的工艺系统调查来判断其工艺是否满足标准要求，通常审查4M（人员——Men；材料——Materials；设备——Machines；方法——Methods），它是检查操作者是否用适当的设备和技术保证生产出合格的产品。系统审查是将质量体系与外部标准进行比较，标准可以是企业自行制定的，或者是权威认证机构制定的，如ISO 9000标准。

采购方可以与供应商签订采购物资验证方法的协议。这个协议的作用在于对供应商提供产品的验证方法作出明确规定，防止由于验证方法不一致所产生的对产品质量评价的不一致而引起的质量争端。对验证方法协议的要求：一是与供应商达成明确的验证方法协议；二是协议中规定的质量要求和检验试验与抽样方法应得到双方认可和充分理解。验证方法协议的内容如下：

（1）检验或试验依据的规程（规范）。

（2）使用的设备工具和工作条件。

（3）判断的依据（允收标准）。

（4）双方交换检验和试验数据方面的协议和方法。

（5）双方互相检查、检验或试验方法、设备、条件和人员技能方面的规定。

最后是实施供应商质量保证，要明确供应商在哪些方面进行了质量保证。采购部门要加强质量管理，明确是谁负责与供应商保持联系，谁负责选择供应商，与供应商的沟通口径必须一致。采购部门要树立质量第一的思想，同时供应商要及时得到质量信息的评估和反馈，通常是以评估报告的形式进行的。

全面质量管理是一种关注顾客满意度的管理哲学和体系，在全面质量管理中，顾客可以是企业内部的，也可以是外部的，在供应链管理中，任何在供应链上接受产品的人都是顾客。全面质量管理同样适用于采购质量管理，要提高采购质量，同样离不开有关部门和人员的通力合作，因此，企业的员工必须不断为改进采购质量而努力，要将采购质量与整个企业的业务活动融合在一起，要以顾客的满意度作为采购质量管理的目标，要加强与供应商的合作与管理。

7.2 采购绩效评估概述

评价企业采购行为是一件令人苦恼的事，而对于大多数工业企业而言，这又是一个不得不关注的重要问题，一个很难明确地阐述的问题。一个最主要的原因是到目前为止仍然没有一个切实可行的方法，将这种方法应用于不同类型的企业会产生相同的结果。同时，能否产生一种被广泛接受的方法也具有很高的不确定性。本章将讨论形成这种状况的原因。经理们主要是依靠自己的经验和眼光，建立一套程序和系统来监控企业采购部门的采购效果和采购效率。

本章的任务之一就是探讨一种共同的方法来解决这个问题，在此需要强调以下几点：

• 为什么要对采购行为进行评估？这样做能够给企业带来什么样的利益？

• 在评估采购行为时主要会涉及一些什么问题？

• 评估的内容是什么？

• 应当采取什么样的方法和技术？

• 怎样使一个评价体系能够贯彻执行？

• 怎样确定采购流程的基准？

7.2.1 采购绩效评估的概念

采购工作在一系列的作业程序完成之后，是否达到了预期目标，企业对采购的商品是否满意，是需要经过考核评估之后才能下结论的。商品采购绩效评估就是建立一套科学的评估指标体系，用来全面反映和检查采购部门工作实绩、工作效率和效益。

对采购绩效的评估可以分为对整个采购部门的评估和对采购人员个人的评估。对采购部门绩效的评估可以由企业高层管理者来进行，也可由外来客户来进行；而对采购人员的评估常由采购部门的负责人来操作。

对采购绩效的评估是围绕采购的基本功能来进行的。采购的基本功能可以从两方面进行描述：①把所需的商品及时买回来，保证销售或生产的持续进行；②开发更优秀的供应源，降低采购成本，实现最佳采购。

7.2.2　采购绩效评估给企业带来的利益

通过采购绩效评估不仅可以清楚采购部门及个人的工作表现，而且可以发现存在的差距，奖勤罚懒，提升工作效率，以促进目标的早日实现。

1）确保采购目标的实现

各个组织采购目标各有不同，例如，政府采购的采购单位除注重公平公正，降低采购成本外，还偏重防止徇私舞弊；而民营企业的采购注重盈利，采购工作除了维持正常的产销活动外，非常注重采购成本的降低。因此，各个组织需要针对采购所追求的主要目标加以评估，并督促目标的实现。

2）提供改进绩效的依据

采购绩效的评估可以提供一个客观的标准来衡量采购目标是否达成，同时也可以衡量采购部门目前的工作表现如何。正确的绩效评估，有助于发现采购作业的缺陷所在，据以拟定改进措施，借此收到以评促改、以评促建之功效。

3）作为个人或部门奖励的参考

良好的绩效评估，能将采购部门的绩效独立于其他部门而突出显示，并反映采购人员的个人表现，作为各种人事考核的参考资料。依据客观的绩效评估，从而达到公平、公正的奖励，鼓舞采购人员的士气，使整个部门团结协作、形成合力。

4）协助甄选采购人员与培训

根据绩效评估结果，可以针对现有采购人员的工作能力缺陷，拟订改进计划，安排参加专业性教育培训。如果在评估中发现整个部门缺乏某种特殊人才，可由公司另行甄选或对外招募。

5）改善部门之间的关系

采购部门的绩效与其他部门能否密切配合是分不开的，所以，采购部门的职责是否明确，表单、流程是否简单、合理，付款条件及交货方式是否符合公司管理制度，各部门的目标是否协调一致等，均可通过绩效评估予以判断，并可改善部门之间的合作关系，增强企业整体的运行效率。

6）提高采购人员的士气

有效且公开的绩效评估制度，将使采购人员的努力成果获得适当回报与认定。采购人员通过绩效评估，将与业务人员或财务人员一样，对公司的利润贡献有客观的衡量尺度，成为受到肯定的工作伙伴，对工作士气提高大有帮助。

7）增强业务的透明度

定期报告制定的计划内容和实际执行的结果可以使客户们能够核实他们的意见是否被采纳，这可以向客户提供建设性的反馈意见；并且，通过向管理部门提供个人和部门的业绩，有利于增强采购部门的被认可程度。

8）能够产生更好的激励效果

合理设计的评价体系可以满足个人激励的需要，可以有效地用于确定建设性的目标、个人的发展计划和奖励机制。

7.2.3 影响采购绩效评估的主要因素

影响采购绩效评估的因素有很多，但其中最重要的还是企业的高级管理人员对采购工作的重视程度，企业高级管理人员对采购业务的不同期望会对所采用的评估方法和技术产生重要影响。

不同企业在采购绩效的评估方面是不同的。导致这种状况的直接原因是各企业管理风格、组织形式、采购职责分配不同，而不是由企业的具体特征造成的。影响采购绩效评估的因素主要有以下四种：

1）把采购看作一种业务管理活动

评估采购业务的绩效主要取决于与现行采购业务有关的一些参数，比如订货量、订货间隔期、积压数量、安全库存量、保险库存量、采购供应率、现行市价等。

2）把采购看作一种商业活动

采购业务是一种商业活动，管理人员主要关注采购所能实现的潜在节约额。采购部门的主要目的是降低价格以减少成本的支出。采购时要关注供应商的竞争性报价，以便保持一个令人满意的价位。采购绩效评估采用的主要参数是采购中的总体节约量、市价的高低、差异报告、通货膨胀报告等。

3）把采购看作综合物流的一部分

采购往往被看成是综合物流的一部分。企业采购管理人员也清楚追求价格有一定的缺点，它可能导致次优化决策。太关注价格会引诱客户因小失大。降低产品的价格通常会使供应商觉得产品的质量可能会同步降低，并会降低供应的可信度。因此，企业采购管理人员要向供应商介绍产品质量改进目标情况，尽量缩短到货时间并提高供应商的供货可靠度。

4）把采购看作一项战略性经营策略

采购在很大程度上决定了企业的核心业务以及提高企业的竞争力方面，因为采购业务积极地参与到了产品是自制还是购买决策的研究中，地区性供应商卷入到了国际竞争之中。在这种情况下，企业采购管理人员评估采购绩效主要考虑以下几个方面：基本供应量的变化数量、新的有联系的供应商的数量以及依据已实现的节约额对采购价格底线的贡献大小等。

在企业结构体系中，由于采购部门所处的地位不同，用于评估采购绩效的方法也有很大的区别。如表7-4所示，当把采购看作一项业务管理活动时，采购绩效的评估方法主要是从特征上进行定量的管理性分析；当把采购看作一项经营策略时，这时会采用更加定性的和评判性的方法。在这种情况下，通常使用复杂的程序和指导体系来监控采购过程，提高采购效率，防止采购计划偏离特定的环境。

哪些因素可能决定采购绩效评估模式呢？由于外在因素的影响，那些把采购看作一项商业策略的企业必须思考这个问题。这些外在因素主要有：价格和毛利上的压力、丧失市场份额的压力、材料成本显著降低的要求、采购市场上价格的剧烈波动等。这些问题迫使企业必须关注高水平的采购绩效。另外，一些内在因素也会影响企业高级管理人员对采购业务所持有的观点，主要的内在因素有：公司实行的综合物流程度、引进和应用现代质量概念的程度、材料管理领域的计算机化程度等。

表7-4　　　　　　　　　　　　　　管理层如何看待采购

可替代的观点	采购业务的等级地位	绩效评定方法
把采购看作一项业务管理活动	在组织中地位低	订单数量、订货累计额、供应到货时间管理、授权、程序等
把采购看作一项商业活动	向管理人员报告	成本节约额、ROI测量、通货膨胀报告、差异报告
把采购看作综合物流的一部分	采购同其他与材料相关的业务构成统一的整体	成本节约额、货物供应的可靠程度、废品率、供应到货时间的缩短量
把采购看作一项战略性经营策略	采购者进入最高管理层	成本分析、早期介入的供应商数量、自制还是购买决策、供应基本定额的减少量

由此可知，由于每个企业采购绩效的影响因素及评价方法不同，因此用一种统一的方法和评估体系来评估采购绩效是不可能的。

通过对这些方面的研究，我们可以了解到采购活动是否在朝着正确的方向发展。仅仅比较公司之间采购活动的某一方面是没有多大用处的，只有通过所有方面的对比，才可以表明竞争对手之间采购活动在各自公司中所处的相对位置。

小资料7-1

美国CAPS调查报告的内容

7.3　采购绩效评估的指标体系与标准

7.3.1　采购绩效评估的指标体系

采购绩效评估需要对采购行为进行评价。采购行为是指在耗费公司最少资源的前提下，采购业务实现预定目标的程度。采购行为是由两个因素决定的，即采购效果（Purchasing Effectives）与采购效率（Purchasing Efficiency）。

采购效果是指通过特定的活动，实现预先确定的目标和标准额的程度。它涉及企业采购行为活动的预期目标和实际效果之间的关系。采购效果与预先确定目标的实现程度有关。一项策略或活动要么有效果要么没效果，目标或实现或没实现，目标可以用期望达到的水平表示。能够更高地实现目标被认为是更有效果的。采购效果与采购业务的目标有关。采购业务的整体目标是：从最合适的地方，采购最好的、价格最合理的材料，并以最优质的服务及时地运送到最佳的地点；同时，采购业务要有助于产品和生产过程的革新，减少公司整体供应风险。

采购效率是指为了实现预先确定的目标，计划耗费和实际耗费之间的关系。采购效率与实现预期目标所需要的资源以及实现这一目标的相关活动有关，因此必然涉及计划成本和实际成本之间的关系。采购效率与为实现公司预先确定的目标所需要的资源有关，采购效率涉及采购业务的组织和管理。组织和管理越规范，资源的功能发挥得越充分，采购目标的实现就越有效率。

因此，衡量和评估采购部门及人员的采购业务依据下面四个方面进行：①采购价格/成本；②采购质量；③采购时间；④采购组织。这些方面之间的关系如图7-1所示。

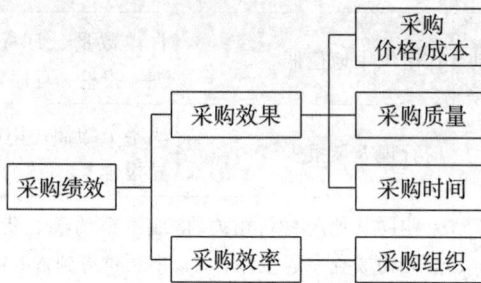

图7-1 采购绩效衡量的几个方面

1）采购价格/成本绩效指标

采购价格/成本绩效是企业最重视及最常见的衡量方面，主要是指支付材料和服务的实际价格和平均价格、标准成本之间的关系。采购价格/成本可以衡量采购人员议价能力以及供需双方力量的消长情况。采购价格/成本绩效指标通常有下列几种：

（1）实际价格与标准成本的差额

实际价格与标准成本的差额是指企业采购商品的实际价格与企业事先确定的商品采购标准成本的差额，它反映企业在采购过程中实际采购成本与采购标准成本的超出或节约额，可以监控采购材料和服务的成本支出的变化情况。

（2）实际价格与过去移动平均价格的差额

实际价格与过去移动平均价格的差额是指企业采购商品的实际价格与已经发生的商品采购移动平均价格的差额，它反映企业在采购过程中实际采购成本与过去采购成本的超出或节约额。通过此指标可以监控和评估供应商价格的分布以及价格增长情况，监控采购价格，防止价格失控。

（3）使用时的价格与采购时的价格之间的差额

使用时的价格与采购时的价格之间的差额是指企业在使用材料时的价格与采购时的价格差额。它反映企业采购材料物资时是否考虑市场价格的走势，如果企业预测未来市场的价格走势是上涨的，企业应该在前期多储存材料物资；如果企业预测未来市场的价格走势是下跌的，企业不应该多储存材料物资。

（4）物资采购比价

物资采购比价是将当期采购价格与基期采购价格之比率与当期物价指数与基期物价指数之比率相互比较。该指标是动态指标，主要反映企业材料物资价格的变化趋势。只要实行物资采购比价管理，就可以取得明显的经济效益。

2）采购质量绩效指标

采购质量绩效指标主要是指通过供应商的质量水平以及供应商所提供的产品或服务的质量表现来反映采购人员的绩效，它包括来料质量水平、供应商质量体系、错误采购次数等方面。

（1）来料质量

来料质量包括批次质量合格率、来料抽检缺陷率、来料在线报废率、来料免检率、来料返工率、退货率、对供应商投诉率及处理时间等。这些指标可以表明企业能够从供应商处获得无缺陷物资的程度。

（2）质量体系

质量体系包括通过 ISO 9000 认证的供应商比例、实行来料质量免检的供应商比例、来料免检的价值比例、实施 SPC 的供应商比例、PSC 控制物料的比例、开展专项质量改进的供应商数目及比例、参与本公司改进小组的供应商人数及供应商比例等。

同时，采购的质量可由验收记录及生产记录来判断。验收记录指供应商交货时，为企业所接受（或拒收）的采购项目数量或百分比；生产记录是指交货后，在生产过程中发现质量不合格的项目数量或百分比。

进料验收指标=合格（或拒收）数量÷检验数量

若以进料质量控制抽样检验的方式进行考核，拒收或拒用比率愈高，显示采购人员的绩效愈差。

（3）错误采购次数

错误采购次数是指一定时期内企业采购部门因工作人员失职等原因造成错误采购的数量，它反映企业采购部门工作质量的好坏。

3）采购时间绩效指标

这项指标用以衡量采购人员处理订单的效率及对供应商交货时间的控制。延迟交货，可能形成缺货现象；提早交货，也可能导致买方发生不必要的存货储存费用或提前付款的利息费用。

（1）紧急采购费用

紧急采购费用是指因紧急情况采用紧急运输方式的费用。用紧急采购费用与正常运输方式的费用差额进行考核。

（2）停工待料损失

停工待料损失是指原材料供应不及时，造成停工，由此造成的生产车间作业人员工资及有关费用的损失。除了直接费用或损失外，还有许多间接损失。例如，经常停工待料，造成顾客订单流失、员工离职，以及对恢复正常作业的机器必须做的各项调整（包括温度、压力等）；紧急采购会使购入的价格偏高，质量欠佳，连带也会产生赶工时间，必须支付额外的加班费用。这些费用与损失，通常都没有被估算在此项指标内。

（3）订单处理的时间

订单处理的时间是指企业在处理采购订单的过程中所需要的平均时间，它反映企业采购部门的工作效率。

（4）对需求材料进行及时、准确处理的控制

它的衡量指标有采购管理的平均订货时间、订货数量、订购累计未交付额。

（5）供应商及时供货控制

它的衡量指标有供应商供货的可靠性、物资短缺数量、已交货数量/尚未交货数量、JIT 交货的数量。对这些参数进行测量可以使我们了解到物资的流动控制水平。

（6）交货数量控制

在某些情况下，采购活动对决定和控制有效的存货水平所需要的费用负责。衡量的指标有存货周转率、已交货/未交货数量、平均订货规模、在途存货总量等。

依据材料的质量和交货的可靠程度，可以使用对供应商和卖方评级的方法来监控和改善供应商活动。

4）采购组织绩效指标

采购效率通过采购组织绩效指标来衡量。采购组织包括实现采购业务目标所要使用的重要资源，即：

（1）采购人员

它的衡量指标有采购人员的人数、年采购额、年人均采购额。其中采购人员的人数是指企业专门从事采购业务的人数，它是反映企业劳动效率指标的重要因素。

（2）采购管理

它主要指采购部门的管理方式，包括采购策略的质量和有效性、行动计划、报告程序等，还涉及管理风格和交流体系。它的衡量指标有采购部门的费用、新供应商开发数、年采购金额占销售收入的百分比和采购计划完成率。采购部门的费用是一定时期采购部门的经费支出，它是反映采购部门经济效益的指标。新供应商开发数是指企业在一定期间采购部门与新的供应商的合作数。年采购金额占销售收入的百分比是指企业在一个年度里商品或物资采购总额占年销售收入的比例，它反映企业采购资金的合理性。采购计划完成率是指一定期间内企业商品实际采购额与计划采购额的比率，它反映企业采购部门采购计划的完成情况。

（3）采购程序和指导方针

这主要是指采购程序和采购人员、供应商的工作指令的有效性，目的是保证采购工作以最有效的方式进行。

（4）采购信息系统

这一主题与改善信息系统绩效所付出的各种努力活动有关。这些活动应该支持采购人员和其他部门人员的日常工作，并且能够产生与采购活动和绩效有关的管理信息。

采购绩效衡量的四个方面之间相互作用。例如，如果在较低的价格方面施加了太大的压力，可能会最终影响材料的质量；相反，如果对材料具有很高质量要求，最终会导致材料价格偏高。

7.3.2　采购绩效评估的标准

有了绩效评估指标之后，必须考虑将何种标准设为与目前实际绩效比较的基础。一般常见的标准有以下几种：

1）历史绩效

选择公司历史绩效作为评估目前绩效的基础，是相当可行、有效的做法，但是只有当公司的采购部门，无论是组织、职责还是人员等，均没有重大变动的情况下，才适合使用此项标准。

2）预算或标准绩效

如果历史绩效难以取得或采购业务变化比较大，可以使用预算或标准绩效作为衡量的基础。标准绩效的设定，要符合下列三项原则：

（1）固定标准。预算或标准绩效一旦建立，就不能随意变动。

（2）挑战标准。它是指标准的实现具有一定的难度，采购部门和人员必须经过努力才能完成。

（3）可实现标准。可实现标准是指在现有内外环境和条件下经过努力，确实可以达到的水平，通常依据当前的绩效加以衡量设定。

3）行业平均标准

如果其他同行业公司在采购组织、职责以及人员方面与本企业相似，则可与其绩效进行比较，以判别彼此在采购工作绩效上的优劣。数据资料既可以使用个别公司的相关采购结果，也可以应用整个行业绩效的平均水准。

4）目标绩效标准

预算或标准绩效是代表在现状下应该达到的工作绩效，而目标绩效则是在现状下，必须经过一番特别的努力，否则无法完成的较高境界。目标绩效代表公司管理当局对工作人员追求最佳绩效的期望值。

7.4 采购绩效评估的程序与方法

7.4.1 采购绩效评估的程序

采购绩效评估的一般流程可以用图7-2表示。采购绩效评估通常被看成一个循环，这个循环分为以下步骤：绩效计划、绩效实施、绩效评估、绩效反馈与改进以及绩效评估结果的运用。

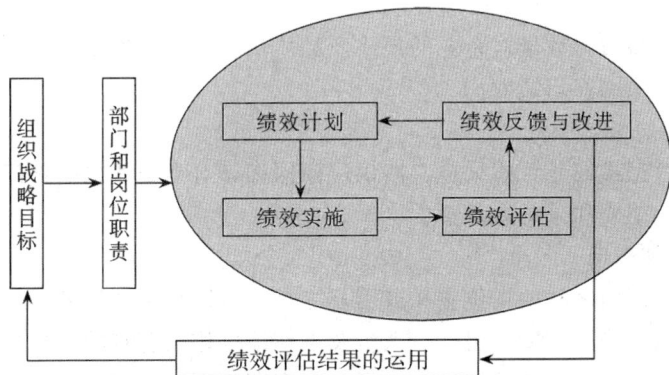

图7-2 采购绩效评估的一般流程

（1）绩效计划。它是整个考核的起点。企业的战略要落实，必须先将战略分为具体的任务或目标，落实到各个部门和岗位。这一步主要包括根据企业战略目标明确部门和个人职责、制定部门和个人的目标、确定考核指标与标准、选择考核人员等。

（2）绩效实施。在制订好绩效计划之后，被评估者就开始按照计划开展工作。在工作过程中，管理者要对被评估对象的工作进展进行指导和监督，对发现的问题及时予以解决，并随时根据实际情况对绩效计划进行修订、调整。

（3）绩效评估。绩效评估可以根据具体情况和实际需要进行月评估、季度评估、半年评估和年度评估。绩效评估是一个按事先确定的工作目标及其衡量标准，考查部门或员工实际完成工作情况的过程。值得注意的是，绩效评估不只是在月末、季末、半年末和年末进行，而是与其他几个流程相结合的。

（4）绩效反馈与改进。绩效评估并不是为工作表现打出一个分数就结束了，负责人还要与部门或员工进行一次甚至多次交谈，使部门或员工了解组织和高层管理人员对它们的期望，了解自己的绩效，认识到有待改进的方面，然后针对需要改进的地方提出改进计划。

（5）绩效评估结果的运用。当绩效评估完成之后，不可将评估结果束之高阁、置之不理，而要将其与其他相应的管理环节相衔接，主要有以下管理接口：部门或个人奖金的分配、部门员工的调配与晋升、通过反馈沟通提升绩效、培训再提升。

参与采购绩效评估的人员和部门包括：

1）采购部门主管

采购主管对所管辖的采购人员最为熟悉，而且所有工作任务的指派以及工作绩效的优劣，都在其直接监督之下，因此，由采购主管负责评估，可以注意到采购人员的表现，体现公平客观的原则。但是，让主管进行评估会包含很多个人情感因素，有时因为"人情"而使评估结果出现偏颇。

2）财务部门

当采购金额占公司总支出的比例较高时，采购成本的节约对公司利润的贡献非常大，尤其在经济不景气时，采购成本节约对资金周转的影响也十分明显。财务部门不但掌握公司产销成本数据，对资金的获得与付出也进行全盘监管，因此，财务部门也可以对采购部门的工作绩效进行评估。

3）工程部门或生产部门主管

当采购项目的品质与数量对企业的最终产品质量与生产影响重大时，也可以由工程或生产主管人员评估采购部门绩效。

4）供应商

有些企业通过正式或非正式渠道，向供应商探询其对本企业采购部门人员的意见，以间接了解采购作业绩效和采购人员素质。

5）专家或管理顾问

为避免公司各部门之间的本位主义或门户之见，可以特别聘请外部采购专家或管理顾问，针对企业全盘的采购制度、组织、人员及工作绩效作出客观的分析与建议。

对采购人员进行工作绩效评估的方式可分为定期和不定期两种。

定期评估配合公司年度人事考核制度进行，有时难免落入俗套。一般而言，以"人"的表现，如工作态度、学习能力、协调精神、忠诚程度等为考核内容，对采购人员的激励以及工作绩效的提升，并无太大作用。如果能以目标管理的方式，即从各种绩效指标当中，选择年度重要性比较高的项目为考核重点，可能比较客观公正。由于使用这种方法时人们会刻意追求考核目标的提高而忽略其他方面，因此对目标选择的要求比较高，要求目标选择全面。

至于不定期的绩效评估，则是以特定项目方式进行。这种评估方式，特别适用于新产品开发计划、资本支出预算、成本降低方案等。

7.4.2　采购绩效评估的方法

采购绩效评估方法直接影响评估计划的成效和评估结果的正确与否。常用的评估方法有：

1）模糊综合评价法

对采购绩效评估指标体系进行分层，构造出多级模糊综合评价模型，来对企业采购行为进行多层次的评价。

2）时间序列分析

根据过去的行为来推断将来的行为，采购绩效的评价以历史数据为基础，并假设过去活动中的某种趋势将会在未来几年内持续下去。

3）采购基准法

采购基准法是指同行业不同公司之间的比较，以一个特定背景的采购组织作为比较的依据。

4）排序法

在直接排序法中，主管按绩效表现从好到坏的顺序依次给员工排序，这种绩效表现既可以是整体绩效，也可以是某项特定工作的绩效。

5）两两比较法

两两比较法是指在某一绩效标准的基础上把每一个员工都与其他员工相比较来判断谁"更好"，记录每一个员工和任何其他员工比较时被认为"更好"的次数，根据次数的高低给员工排序。

6）等级分配法

等级分配法能够克服上述两种方法的弊病。这种方法由评估小组或主管先拟定有关的评估项目，按评估项目对员工的绩效作出粗略的排序。

整个过程可以自我完善。在实施制定的标准和计划后，要对产生的结果重新进行审视，对已经形成的标准和方法不断地进行提炼和改进。这样，数据的收集、分析与方案的提炼、改进就形成了一个精确复杂的循环。

7.5　改进采购绩效的途径

当前，国内企业与国外企业基本在同样的游戏规则下展开竞争，而且大部分产品已进入微利时代，优胜劣汰不可避免。在这种大背景下，采购部门所承担的责任越来越重，这就迫使采购人员想办法提高绩效。同时，具有丰富经营知识和经营经验的专家，深入到经营现场和采购人员密切配合，运用科学方法，根据一定的指标体系，对商品采购绩效作出定量评价或定性分析，以便企业对商品采购活动进行改进。具体改进采购绩效的途径有：

1）营造商品采购绩效改进的工作氛围

如果采购组织内部存在激烈的矛盾，采购人员与供应商之间互相不信任，缺乏合作诚意，采购人员首先感觉到的是"如履薄冰，处处小心行事"，本来全部精力应投在工作上，但实际上确实分散了注意力。因此，任何采购组织，包括供应商，融洽、和谐、舒畅的工作气氛是搞好各项工作的基础。采购人员要经常把自己的业绩与高水平同行相比，特别是有过跨国采购经验的高级职员，他们的经验值得借鉴学习。采购组织的管理职能部门，应定期将采购人员的业绩进行评估，并进行排名，再配以相应的奖励制度，使采购业务不断改善。

2）通过强化内部管理来提升商品采购绩效

管理的根本是管人。一个企业最宝贵的资产是它的雇员，而不是价值上亿元的先进设备或雄伟气派的厂房，再先进的设备若没有合格的人去操作也不过是一堆废铜烂铁。我们时常听到这样一句话：科技以人为本。与其他部门相比较，采购部门对人的依赖性更大，采购工作的大部分内容是人与人的交往。

从管理角度去提升商品采购绩效主要有以下几个方面：①在企业内建立合格的采购队伍（团队），提供必要的资源；②选聘合格人员担任采购人员，给予必要的培训；③给采购部门及采购人员设立有挑战性但又可行的工作目标；④对表现突出的采购人员给予物质上及精神上的奖励。

3）通过应用科学技术来提升商品采购绩效

传统通信技术，如电话、传真、信函等虽已被使用了几十年甚至上百年，但在今天仍发挥着重要作用。科学技术的发展为这些古老的通信手段增添了新的生命力。新技术，如电子邮件、电子数据交换、电子商务采购等则令采购作业方式紧随时代的步伐。

（1）电话

电话是除了面对面交谈之外最直接、最迅捷的沟通方式。

（2）信函

特快专递的出现给日常的采购工作带来了不少的便利，如向供应商索要的少量样品、需交付给供应商的盖有文控中心（受控）章的工程图纸或技术文件都可通过特快专递获得或交付到对方的手里。

（3）建立企业内部网及使用国际互联网

国际互联网为采购人员展示了一个巨大的虚实结合的市场，合理利用它会有效提升采购业绩。电子商务采购虽然还有很多方面亟待完善，在短期内还不能完全取代传统采购方式的地位，但它必将成为一种主要的采购方式。

（4）普及微型计算机及推行物料需求计划系统

推行物料需求计划系统对提升整个企业的管理水平有至关重要的作用，谁也不相信一个连MRP系统都没有的企业是一个现代化的企业。MRP系统中的数据不仅全面，而且实时性好，许多采购人员所需的数据，如采购历史数据、一种物料有多个可供采购选择的合格供应商、供应商的基本情况、采购前置时间、采购申请单、收货状态、库存量、供应商货款的支付状况等均可从MRP系统中查询到。这些数据对采购人员（特别是新进企业的采购人员）十分重要。没有这些数据就无法作出适宜有效的采购决策，甚至无法开展工作。MRP系统的推行与采购有很大关系的另一方面是供应商的货款支付。在没有MRP系统的企业中，采购人员要花很多时间在"该不该付款及何时付款"及与财务人员的沟通上；有了 MRP 系统就大不一样，什么时候付款、可不可以付款，这些问题 MRP 系统会自动提示财务人员，采购人员可以从系统中查到某供应商的某笔款项没有支付，也可免去月底对账，从而把采购人员从付款这项本属于财务部门的工作中解放出来。MRP 系统的使用，对规范采购作业、提升采购绩效有着不可替代的作用。

（5）使用条形码及与供应商进行电子数据交换（EDI）

不难发现，越来越多的产品的包装上使用了条形码，这一串排列整齐的小线条可能包含了物料名称、物料编号、价格、制造商等信息，工作人员只需要用读码器扫描一下，便可得到这些信息，并自动输入到计算机中。对于采购来说，条形码在收货时特别有用，不仅迅速快捷，而且避免了手工输入容易出错的缺点。

与供应商之间建立电子数据交换，可大大地缩短采供双方的时空距离，从而更容易将企业内部的优秀管理延伸到供应商，把供应商作为企业的一个部门来管理。

4）通过与供应商开展更好的合作来实现采购绩效的提升

采购部门的合作对象——供应商的表现，在很大程度上制约着采购绩效的提升，而供应商的表现与采购双方之间是一种什么关系又有很大的联系。一般来说，与企业建立了长期合作伙伴关系的供应商能有较好的表现，这种供应商能较好地配合企业的定价计划。

与供应商联手实现降低采购成本的途径有：

（1）与供应商共同制订可行的成本降低计划

如果供应商的利润已达到一个非常合理的水平，要求供应商降价的前提是供应商自己的成本能降低。企业欲达到降价目的，就必须与供应商共同制订一个成本降低计划，并且与供应商一起去寻找可行的途径。譬如，与供应商一道开发更便宜的原材料、互相研讨对方的生产设备及工艺、同意供应商采用便宜的包装材料等。

（2）与供应商签订长期的采购协议

长期的采购协议会大大激发供应商的合作欲望，任何一个企业都知道，一个长期的客户是何等重要。如果采购方不能给予供应商具体的需求预测，而又要求供应商购买原材料进行储备或要求供应商生产较大数量的商品时，一旦采购方产品停产，采购方与供应商便有可能共同承担这些库存原材料或零部件带来的损失。

（3）让供应商参与到产品设计中去

由于供应商对于企业要采购的物料可能有数年甚至几十年的经验，如果供应商能更早地参与到产品设计中去，就有可能提出一些合理的建议，譬如，简化产品结构、使用更便宜的原材料等。

5）通过开发优秀的供应商来降低采购总成本

为了降低采购总成本，许多采购人员把相当一部分精力放到了开发优秀供应商上，许多大企业的采购部门成立了"供应商开发小组"，甚至有的企业把它作为一个独立的部门来运作。一般要求新供应商的地理位置在采购方所在地附近，这样有利于解决开发过程中的问题。如果一个企业因历史原因致使大部分或主要供应商在海外，那么它的供应商开发工作其实就是"本土化"，"本土化"不仅可大大缩短交货期，而且采购价格一般可降低20%~40%。对大部分物料而言，国内廉价的制造成本已使得海外制造企业在价格上无法和国内企业进行竞争。

🌢 本章小结和学习重点与难点

采购质量管理是采购管理工作的重要内容。采购质量管理水平的高低直接影响到物料使用部门能否生产出合格的产品,消费者能否购买企业的产品,这是企业生死攸关的大问题。采购质量管理的重点是对供应商的质量管理。从采购质量的角度来看,质量无疑是采购供应主要考虑的标准,找到高质量的供应商很难,而要找到能不断改进质量的供应商就更难。实际上,这需要采购部门的人员在进行广泛调查的基础上才能够找到,才能与供应商一起努力,不断地改进质量。

采购质量管理的目标就是保证采购物料的质量符合规定的要求,就是要保证采购的物料能够达到企业生产所需要的质量要求,保证企业用其生产出来的产品个个都是质量合格的产品。采购质量管理工作的主要内容包括三个方面:一是采购部门本身的质量管理;二是对供应商的评估、认证,以及产品的验收、把关等工作;三是采购质量管理保证体系的建立与运转。

采购绩效评估就是建立一套科学的评估指标体系,用来全面反映和检查采购部门工作实绩、工作效率和效益。对采购绩效的评估可以分为对整个采购部门的评估和对采购人员个人的评估。采购绩效评估需要对采购行为进行评价。采购行为是指在耗费公司最少资源的前提下,采购业务实现预定目标的程度。采购行为是由两个因素决定的,即采购效果与采购效率。采购效果是指通过特定的活动,实现预先确定的目标和标准额的程度。采购效率是指为了实现预先确定的目标,计划耗费和实际耗费之间的关系。

本章的学习重点是采购绩效评估的指标体系和改进采购绩效的途径。

本章的学习难点是采购绩效评估指标体系的构建。

🌢 前沿问题　　　　如何在采购阶段进行质量管理

采购在现代企业中扮演着至关重要的角色。借助有效的采购质量管理方法可以确保企业获得高质量的产品和服务,减少供应链风险,提高客户满意度,并增强企业的竞争力。下文将介绍几种常用的加强采购质量管理的方法,帮助企业实现可持续的采购质量管理。

1. 建立有效的供应商评估体系

建立一个有效的供应商评估体系可以帮助企业筛选出符合质量要求的供应商。该体系应包括供应商的注册资质、生产能力、质量管理体系认证等方面的评估指标。定期对供应商进行评估,并根据评估结果与供应商进行沟通和改进,确保它们持续符合质量标准。

2. 签订明确的合同协议

采购过程中,合同协议起着规范供应商行为和确保质量要求的重要作用。合同应明确产品或服务的质量标准、交付期限、质量检验要求等关键要素,并约定违约责任和补救措施。签订明确的合同协议可以提高供应商的责任感和契约意识,确保采购的产品和服务符合预期质量。

3. 建立质量管理体系

该体系应包括质量策划、质量控制和质量改进等环节。在质量策划阶段,应明确采购质量目标、标准和方法,并将其纳入合同协议中。在质量控制阶段,应对采购的产品和服务进行全面检验和监控,确保其符合质量标准。在质量改进阶段,应根据实际情况和反馈意见，及时采取措施解决质量问题，以实现持续改进。

4.加强沟通与合作

企业与供应商之间应建立开放、透明的沟通渠道，及时沟通并解决采购过程中的问题和疑虑。双方还可以共同制订和实施质量改进计划，共同解决质量问题并提升采购效果。此外，定期组织供应商会议或培训，分享质量管理经验和最佳实践，加强合作关系，提升供应商的质量意识和能力。

5.严格执行质量检验

企业应建立一套科学严谨的质量检验程序，包括进货检验、中期检验和最终检验等环节。对于每批采购的产品和服务，应进行全面、准确的检验，确保其符合预期质量要求。对于发现的质量问题，应及时采取纠正措施，并与供应商合作解决问题，避免次品进入生产或出货环节。

6.建立质量反馈机制

企业应鼓励内部员工和客户提供质量反馈意见，并及时处理和回应。同时，与供应商建立积极的沟通渠道，共享质量信息和反馈结果，促进供应商改进质量管理。通过及时反馈和改进，可以不断提升采购质量水平，满足客户需求，并保持良好的企业声誉。

（资料来源　佚名. 如何在采购阶段进行质量管理［EB/OL］.［2023-09-07］. https://www.bnocode.com/article/xtbk1025.html.）

⬥ 案例探讨　　　　某公司供应商质量管理规定

第一章　总则

第一条　目的

为确保供应商提供的产品和服务质量符合公司要求，保障公司产品的质量和市场竞争力，特制定本规定。

第二条　适用范围

本规定适用于与公司建立合作关系的所有供应商，包括原材料供应商、零部件供应商、服务供应商等。

第三条　职责

1.质量管理部门：

　　○负责制定和修订供应商质量管理规定及相关质量标准。

　　○组织对供应商进行质量审核、评估和监督。

　　○收集和分析供应商质量数据，定期向公司管理层报告供应商质量状况。

　　○协调处理供应商质量问题，督促供应商进行质量改进。

2.采购部门：

　　○负责供应商的初步筛选和推荐，收集供应商的基本信息和资质证明。

　　○协助质量管理部门对供应商进行质量评估和审核。

　　○跟踪供应商的交货情况，及时反馈交货质量和交货期问题。

　　○与供应商协商合同条款，确保质量要求在合同中得到明确体现。

3.供应商：

　　○严格遵守本规定和公司制定的质量标准，确保所供产品和服务的质量。

○配合公司进行质量审核和评估，及时提供相关质量文件和记录。

○对公司反馈的质量问题及时进行整改，并采取有效的预防措施，防止问题再次发生。

○定期向公司提供质量报告，包括质量控制措施、质量检验结果等。

第二章　供应商选择与评估

第四条　供应商选择原则

1.质量优先：供应商应具备良好的质量控制体系和稳定的供货质量，能够满足公司的质量要求。

2.能力匹配：供应商应具备与公司业务相匹配的生产能力、技术能力和交付能力，能够按时、按量交付合格的产品和服务。

3.信誉良好：供应商应具有良好的商业信誉和合作记录，无不良的法律纠纷和质量事故。

4.成本合理：在满足质量、能力和信誉的前提下，供应商的产品和服务价格应具有竞争力，能够为公司带来合理的成本效益。

第五条　供应商评估指标

1.产品质量指标：

○来料合格率：供应商所供产品在公司验收时的合格比例，目标值不低于95%。

○质量缺陷率：供应商所供产品在公司生产、使用过程中发现的质量缺陷数量与总供货量的比例，目标值不超过0.5%。

○退货率：因质量问题导致公司退货的批次或数量与总供货量的比例，目标值控制在1%以内。

2.交货期指标：

○准时交货率：供应商在约定的交货期内按时交付产品或服务的批次或数量与总订单量的比例，目标值达到90%以上。

○交货延迟天数：供应商实际交货日期与约定交货日期之间的延迟天数，目标值不超过3天。

3.质量改进指标：

○问题整改及时率：供应商在接到公司质量问题反馈后，能够在规定时间内完成整改并回复的次数与总反馈次数的比例，目标值达到80%以上。

○质量提升措施实施率：供应商根据公司要求或自身质量评估结果，制定并实施质量提升措施的次数与计划次数的比例，目标值达到100%。

4.其他指标：

○合作态度：供应商在与公司合作过程中的配合程度、沟通效率、问题解决能力等，可通过定期的供应商满意度调查和合作评价进行量化。

○价格稳定性：供应商产品和服务价格在一定时期内的波动情况，可通过对比不同时间段的价格数据进行评估。

第六条　供应商评估流程

1.初步筛选：采购部门根据公司需求和市场调研情况，收集潜在供应商的基本信息，包括企业资质、生产能力、产品目录、价格信息等，并进行初步筛选，形成供应商候选名单。

2.质量评估：质量管理部门组织相关人员对候选供应商进行质量评估，包括现场审核、样品检验、质量文件审查等。现场审核主要检查供应商的质量管理体系、生产现场环境、设备设施、质量控制流程等是否符合公司要求；样品检验按照公司制定的检验标准对供应商提供的样品进行严格检测，确保样品质量合格；质量文件审查重点查看供应商的质量手册、程序文件、检验记录、质量认证证书等是否齐全、有效。

3.综合评审：质量管理部门会同采购部门、技术部门等相关部门，根据供应商的评估结果，结合评估指标进行综合评审，确定供应商的等级和合作资格。评审结果分为优秀、合格、观察、不合格四个等级，其中优秀供应商可优先考虑长期合作和扩大订单量；合格供应商可正常合作，但需持续关注其质量表现；观察供应商需在一定期限内进行整改和跟踪评估，若整改无效则取消合作资格；不合格供应商直接取消合作资格。

4.合同签订：对于评估合格的供应商，采购部门与其协商签订采购合同，合同中应明确质量要求、验收标准、质量保证期限、质量责任、违约处罚等条款，确保双方的权利和义务得到充分保障。

第三章 供应商质量监控

第七条 日常监控

1.进货检验：公司仓库管理部门按照规定的检验标准和抽样方案，对供应商所供产品进行进货检验，检验合格后方可办理入库手续。检验过程中发现的不合格品，应及时隔离标识，并通知质量管理部门和采购部门进行处理。质量管理部门负责对不合格品进行评审，根据评审结果采取退货、让步接收、返工返修等处置措施，并将处理结果反馈给供应商，督促其进行整改。

2.生产过程监控：质量管理部门定期安排人员到供应商生产现场进行质量巡查，了解供应商的生产进度、质量控制情况、设备运行状态等，及时发现和解决潜在的质量问题。巡查过程中发现的问题，应以书面形式通知供应商，并要求其限期整改。供应商应将整改情况及时反馈给质量管理部门，质量管理部门进行跟踪验证，确保问题得到有效解决。

3.质量数据收集与分析：质量管理部门建立供应商质量档案，收集和整理供应商的质量数据，包括进货检验数据、生产过程质量数据、客户投诉数据等。通过数据分析，了解供应商质量状况的变化趋势，及时发现质量隐患，并采取相应的预防措施。对于质量数据异常的供应商，质量管理部门应组织专项调查，分析原因并制订改进方案，督促供应商进行整改。

第八条 定期审核

1.年度审核：每年至少对供应商进行一次全面的质量审核，审核内容包括质量管理体系运行情况、质量控制措施的有效性、质量改进计划的实施情况、生产设备和检测设备的维护保养情况等。审核组由质量管理部门、采购部门、技术部门等相关人员组成，审核结果应形成书面报告，提交公司管理层审批。根据审核结果，对供应商进行等级评定和调整，对于审核得分低于一定标准的供应商，要求其限期整改，整改后仍不符合要求的，取消其合作资格。

2.专项审核：当供应商出现重大质量问题、质量数据连续异常、生产工艺或设备发生重大变更等情况时，质量管理部门应及时组织专项审核。专项审核的重点是查明问题原因，评估变更对产品质量的影响，并督促供应商采取有效的纠正措施和预防措施，防止问题再次发生。专项审核结果应形成书面报告，及时向公司管理层汇报，并作为供应商质量评估的重要依据。

第四章 供应商质量改进

第九条 问题反馈与沟通

1.问题反馈：当公司发现供应商产品存在质量问题时，质量管理部门应及时将问题反馈给供应商，反馈方式包括书面通知、电话沟通、现场指导等。反馈内容应详细、准确，包括问题描述、发生时间、影响范围、初步分析原因等，以便供应商能够快速理解和处理问题。

2.整改要求：供应商在接到质量问题反馈后，应高度重视，立即组织相关人员进行调查分析，查找问题根源，并在规定时间内（一般不超过48小时）向公司提交问题分析报告和整改计划。问题分析报告应包括问题现象、原因分析、整改措施、完成时间、责任人等内容，整改措施应具有针对性和可操作性，能够有效解决当前问题并预防类似问题再次发生。

3.沟通协调：质量管理部门和采购部门应与供应商保持密切沟通，及时了解问题整改进展和效果，必要时可提供技术支持和协助。对于供应商在整改过程中遇到的困难和问题，公司应积极协调解决，共同推动质量改进工作。

第十条 质量改进措施

1.供应商内部改进：供应商应根据问题分析结果，制定详细的内部质量改进措施，包括加强原材料检验、优化生产工艺、改进设备设施、强化员工培训、完善质量控制流程等。供应商应将内部改进措施的实施情况定期向公司报告，并提供相应的证据，如改进前后的质量数据对比、改进措施的执行记录等。

2.公司支持与监督：公司应根据供应商的改进计划和措施，提供必要的支持和资源，如技术支持、培训资源、设备租赁等，帮助供应商顺利实施改进措施。同时，质量管理部门应定期对供应商的改进效果进行跟踪验证，确保改进措施得到有效执行，并实现预期的质量改进目标。对于改进效果不明显的供应商，公司应要求其重新制订改进计划，并加强监督和指导。

第五章 供应商绩效评估与激励

第十一条 供应商绩效评估

1.定期评估：公司每季度对供应商进行一次绩效评估，评估内容包括质量指标、交货期指标、质量改进指标、合作态度、价格稳定性等。评估结果分为优秀、合格、观察、不合格四个等级，具体评定标准如下：

○优秀：各项指标均达到或超过目标值，且在合作过程中表现出色，积极配合公司工作，无重大质量问题和交货延迟情况。

○合格：各项指标基本达到目标值，偶尔出现轻微质量问题或交货延迟情况，但能够及时整改并采取有效预防措施。

○观察：部分指标未达到目标值，存在质量问题或交货延迟情况较为频繁，但供应商能够积极整改并有明显的改进趋势。

○不合格：多项指标严重未达到目标值，存在重大质量问题或频繁交货延迟情况，且供应商整改不力或无改进意愿。

2.动态管理：根据绩效评估结果，公司对供应商进行动态管理。对于优秀供应商，公司将在订单分配、付款条件、合作机会等方面给予优先考虑和优惠政策；对于合格供应商，公司将继续保持合作关系，但会加强质量监控和管理；对于观察供应商，公司将要求其限期整改，并在整改期间减少订单量或暂停部分合作业务；对于不合格供应商，公司将取消其合作资格，并将其从合格供应商名单中剔除。

第十二条 激励措施

1.订单激励：对于绩效评估为优秀的供应商，公司在同等条件下优先考虑增加其订单量，订单增长比例可达到10%~20%；对于合格供应商，保持现有订单量不变；对于观察供应商，根据整改效果适当调整订单量，整改效果好的可维持现有订单量，整改效果差的减少订单量或暂停部分合作业务；对于不合格供应商，取消订单。

2.付款激励：对于绩效评估为优秀的供应商，公司可适当缩短付款周期，提前支付部分货款或提供更优惠的付款条件；对于合格供应商，保持现有付款条件不变；对于观察供应商，根据整改效果适当调整付款条件，整改效果好的可维持现有付款条件，整改效果差的延长付款周期或要求供应商提供相应的担保措施；对于不合格供应商，取消付款。

3.合作激励：对于绩效评估为优秀的供应商，公司在新产品开发、新项目合作等方面优先考虑与其合作，提供更多的合作机会和发展空间；对于合格供应商，保持现有合作项目不变；对于观察供应商，根据整改效果适当调整合作项目，整改效果好的可维持现有合作项目，整改效果差的减少合作项目或暂停部分合作业务；对于不合格供应商，取消合作。

第六章 附则

第十三条 本规定自发布之日起生效，由质量管理部门负责解释和修订。

第十四条 本规定如有未尽事宜，由公司管理层根据实际情况进行补充和调整。

[公司名称]

[发布日期]

（资料来源 根据公开资料整理。）

思考题：

该公司供应商质量管理规定是否还有改进之处？

课后练习

（一）名词解释

采购绩效评估 采购效果 采购效率

（二）填空题

1.对采购绩效的评估可以分为对_____的评估和对_____的评估。对_____的评估可以由企业高层管理者进行，也可由外来客户进行；而对_____的评估常由采购部门的负责人来操作。

2.采购行为是由两个因素决定的，即_____与_____。

3.采购质量绩效指标主要是指通过_____以及_____表现来反映采购人员的绩效，它包括_____、_____、_____等方面。

（三）单项选择题

1.影响采购绩效评估的因素有很多，但其中最重要的还是（   ）对采购工作的重视程度，其对采购业务的不同期望会对所采用的评估方法和技术产生重要影响。

　　A.企业的高级管理人员　　　　　　　B.采购人员

　　C.供应商　　　　　　　　　　　　　D.消费者

　　2.（　　）是企业最重视及最常见的衡量方面，主要是指支付材料和服务的实际价格和平均价格、标准成本之间的关系。它可以衡量采购人员议价能力以及供需双方力量的消长情况。

　　A.采购组织绩效　　　　　　　　　　B.采购质量绩效

　　C.采购时间绩效　　　　　　　　　　D.采购价格/成本绩效

　　3.采购质量管理的重点是（　　）。

　　A.对供应商的质量管理　　　　　　　B.对采购部门的质量管理

　　C.对采购员的管理　　　　　　　　　D.采购质量管理保证体系的建立

（四）多项选择题

　　1.影响采购绩效评估的因素主要有（　　）。

　　A.现行采购业务有关的一些参数　　　B.所能实现的潜在节约额

　　C.综合物流　　　　　　　　　　　　D.商业策略

　　2.如果历史绩效难以取得或采购业务变化比较大，可以使用预算或标准绩效作为衡量的基础。标准绩效的设定，要符合（　　）原则。

　　A.固定标准　　　　B.行业标准　　　　C.挑战标准　　　　D.可实现标准

　　3.衡量和评估采购部门及人员的采购业务依据（　　）进行。

　　A.采购价格/成本　　B.采购质量　　　　C.采购时间　　　　D.采购组织

（五）简答题

　　1.什么是采购绩效评估？

　　2.采购质量管理的含义是什么？包括哪些内容？

　　3.简述采购绩效评估的标准。

　　4.简述改进采购绩效的途径。

　　5.采购绩效评估人员有哪些？各应具备什么素质？

　　6.采购部门为什么被认为是公司中最难以评估的一个部门？

（六）论述题

　　1.当你负责实施一项采购审计时，你怎样开展工作？

　　2.采购绩效测量和卖方评级的主要区别是什么？

　　3.改进采购绩效有哪些途径？

　　4.结合某个企业采购具体情况，设计一个企业采购绩效评估指标体系。

第8章

准时化采购

学习目标

通过本章的学习，应熟悉准时化采购的原理和特点；掌握准时化采购技术的应用与准时化采购实施，并能将准时化采购技术运用于企业采购实际。

基本概念

准时化生产　准时化采购

引导案例　　　　　　　　蒙牛是如何实施JIT的？

1999年，蒙牛从一间53平方米的出租房起步，如今业务范围遍及东南亚、大洋洲、北美等市场，跻身全球乳业八强，实现了从"中国牛"到"世界牛"的跨越式发展。

2021年，蒙牛开始实施"再创一个新蒙牛"的五年战略。时任总裁卢敏放指出：要实现战略目标，关键是从单纯的规模积累，走向兼具规模和利润的高质量发展，而在打造核心能力方面，重点是在品牌力、数智化转型、奶源掌控力等。"草原牛"又将逐步向"数字牛"迈进。2022年，蒙牛实现全年收入925.9亿元，经营利润为54.2亿元。蒙牛通过一系列数字化和智能化手段实施准时化采购（JIT），以下是其主要实施策略：

1. 信息化系统建设与集成

蒙牛通过构建全面的信息化系统，实现了采购、生产、销售等环节的无缝对接。其核心系统包括ERP（企业资源规划）、MES（制造执行系统）、SRM（供应商关系管理）等，这些系统之间实现了数据共享和流程自动化。例如，蒙牛的电子采购招标平台与内部的主数据系统、OA（办公自动化）、CE（合同管理）等系统无缝打通，打破信息孤岛，实现了采购与供应链的有机协同。

2. 智能化采购与供应链管理

蒙牛利用大数据和AI技术优化采购流程，通过智能开标、评标工具，实现采购过程的自动化和智能化。例如，其电子采购招标平台支持AI语音指引、自动唱标、标书自动比对等功能，大幅提升了采购效率。此外，蒙牛通过物联网技术实现设备数据采集和实时监控，确保生产计划的精准执行。

3. 供应商协同与实时监控

蒙牛通过信息化平台与供应商实时共享需求和库存数据，实现"以销定采"的高效协同模式。例如，蒙牛的"牛要客"系统通过AI工具抓取零售商单据，自动转化为ERP销售订单，实现与供应商的快速对账和补货，提升了供应链的响应速度。

4. 智能化生产与质量管控

蒙牛的智能化工厂通过MES系统实现生产过程的自动化和智能化管理，从原奶接收、加工到成品包装，全流程实现自动化控制。此外，蒙牛还通过大数据分析和实时监控系统，实现质量追溯和安全预警，确保产品质量。

5.绿色与可持续采购

蒙牛在采购流程中引入环保理念，通过电子化招投标减少纸质文件使用，降低碳排放，实现绿色采购。同时，其智能化系统优化了物流和仓储管理，进一步降低了资源浪费。

通过上述措施，蒙牛不仅提升了采购效率和供应链的灵活性，还实现了生产过程的智能化和可持续发展。

（资料来源　根据公开资料整理。）

准时化采购是一种先进的采购模式，是一种管理哲学，它是把JIT生产的管理思想运用到采购中来而形成的一种先进的采购模式。它的基本思想是：在恰当的时间、恰当的地点，以恰当的数量、恰当的质量提供恰当的物品。那么，准时化采购对于供应链管理有什么重要的意义呢？它的实施需要具备什么条件呢？

8.1　准时化采购的产生

8.1.1　准时化生产的产生

准时化（Just In Time，JIT）生产方式是起源于日本丰田汽车公司的一种生产管理方法。它的基本思想是"杜绝浪费""只在需要的时候，按需要的量，生产所需要的产品"。这也就是JIT的基本含义。这种生产方式的核心，是追求一种无库存生产系统，或是库存量达到最小的生产系统，为此开发了包括"看板"在内的一系列具体方法，并逐渐形成了一套独具特色的生产经营系统。

丰田汽车公司的创始人丰田喜一郎最早在汽车生产中提倡"非常准时"的管理方法。具体实现这种想法，是经过长期反复多次试验的。最后具体建立起这种体系的人，就是大野耐一，他毕业于名古屋工业大学，原来在丰田纺织公司工作，1943年到丰田公司以后，担任丰田公司的副总经理，为实现丰田喜一郎的"非常准时"的想法曾下了苦心。1947年以后，他分阶段地进行探索试验，逐步形成一套完整的体系，就是人们常说的"丰田生产方式"。按大野耐一的说法，"简单贯穿这种生产体系的中心思想，是'杜绝浪费'的思想"。

丰田汽车的零组件管理方式叫作准时化，又叫作"看板方式"。把制造一部车所需的20 000余个零组件浓缩为最小极限的构想，就是把当前所需装配的必要量视为一个单位，从而在盛装这个单位的箱子上面贴以明信片大小的传票，传票上记载何时生产、生产多少、运往何处等作业指示。装配工厂在将零组件用尽时，空箱送往零组件工厂。零组件工厂则根据看板上的指示，生产和装入给定的品种、给定的数量，在给定的时间送到给定的地点。丰田汽车工厂采用这种作业方式，使库存下降到通常的1/5。

实施看板方式最关键的是要使生产有秩序、不凌乱。从协作工厂运来的零组件材料由丰田的各个制造工厂予以加工，最后用来装配汽车，因此要求装配生产线作业平稳化，新产品要川流不息地被领走，否则协作工厂的生产计划无法进行。看板方式的经营，不是生产过多，而是按计划生产所需要的东西，这是一种逆管理。丰田汽车的装配工作，不是一种预测生产，而是销售公司订货多少，就生产多少。以这个为前提，每一个工序按照看板的指示向先行工序依次索取零组件，然后向后续工序送达。

JIT首先出现于日本，有着强烈的文化氛围。JIT在丰田公司的不断发展，也与这种强烈的文化氛围有着密切的关系。日本的工作准则就是这种文化氛围的重要因素，成为日本管理技术跃居世界先进水平的原动力。

（1）充分调动公司员工不断进取的积极性。尽管现在已经达到了相当高的水准，但仍需加倍努力，以期达到更高的境界。

（2）注重团体意识。集思广益，知识共有，技术共享，经验互补，齐心协力实现共同的目标。

（3）实行终身雇佣制。在此环境下，员工不断改进技术，增强能力，从而给公司带来巨大的效益。

（4）强调工作优先。对日本员工来说，每天工作14小时司空见惯，这与美国员工注重休闲形成了鲜明的对比。

（5）具有高度的认同感。日本特别强调民族的团结与和谐，标新立异不受欢迎。

JIT是日本工业竞争战略的重要组成部分，它代表着日本在重复性生产过程中的管理思想。通过JIT思想的运用，日本企业管理者将精力集中于生产过程本身，通过生产过程整体优化，改进技术，理顺物流，杜绝过量生产，消除无效劳动和浪费，有效利用资源，降低成本，完善质量，达到以最少的投入实现最大产出的目的。

日本企业在国际市场的崛起，引起西方企业界的普遍关注。追本溯源，西方企业家认为，日本企业在生产中采用JIT管理思想，是其在国际市场上竞争取胜的基础。因此，20世纪80年代以来，西方经济发达国家十分重视对JIT的研究，并将它运用于生产管理。据有关资料，1987年已有25%的美国企业应用JIT，到现在，绝大多数的美国企业已在应用JIT。

8.1.2 JIT的基本原理

JIT的基本原理是以需定供，即供方根据需方的要求（或称看板），按照需方需求的品种、规格、质量、数量、时间、地点等要求，将物品配送到指定的地点。不多送，也不少送，不早送，也不晚送，所送品种要保证质量，不能有任何废品。JIT原理虽简单，但内涵很丰富：

（1）品种配置上，保证品种有效性，拒绝不需要的品种。

（2）数量配置上，保证数量有效性，拒绝多余的数量。

（3）时间配置上，保证所需时间，拒绝不按时的供应。

（4）质量配置上，保证产品质量，拒绝次品和废品。

JIT供应方式具有很多好处，主要有以下三个方面：

（1）零库存。用户需要多少，就供应多少。不会产生库存，占用流动资金。

（2）最大节约。用户没有需求的商品，就不用订购，可避免商品积压、过时变质等不良品浪费，也可避免装卸、搬运以及库存等费用。

（3）零废品。JIT能最大限度地限制废品流动所造成的损失。废品只能停留在供应方，不可能配送给客户。

JIT具有普遍意义，既可适用于任何类型的制造业，也可适用于服务业中的各种组织。对于处于发展中的电子商务，最适于采用和吸收JIT技术，以降低物流成本，使物流成为电子商务中的重要利润源。

8.1.3 准时化采购的产生与基本思想

准时化采购，又叫JIT采购，它是由有名的准时化生产的管理思想演变而来的。最初，JIT只是作为一种降低库存水平的方法，而今，它已从最初的一种降低库存水平的方法，发展成为一种内涵丰富，包括特定知识、原则、技术和方法的管理哲学。它已成为一种管理哲理，这种管理哲理的精髓就在于它的"非常准时化""最大限度地消除浪费"的思想。现在越来越多的人，把这种管理思想运用到各个领域，形成各个领域的准时化管理方法。因此，现在除了JIT生产之外，又逐渐出现了JIT采购、JIT运输、JIT储存以及JIT预测等新的应用领域。实际上，现在JIT应用已经形成了一个庞大的应用体系。

准时化采购是从准时化生产发展而来的，也和准时化生产一样，是为了消除库存和浪费而进行持续性改进，不但能够最好地满足用户的需要，而且可以最大限度地消除库存和浪费。要进行准时化生产必须有准时的供应，因此准时化采购是准时化生产管理模式的必然要求。它和传统的采购方法在质量控制、供需关系、供应商的数目、交货期的管理等方面有许多不同，其中关于供应商的选择（数量与关系）、质量控制是其核心内容。

准时化采购包括供应商的支持与合作以及制造过程、货物运输系统等一系列的内容。准时化采购不但可以减少库存，还可以加快库存周转、缩短前置期、提高采购物资的质量、获得满意交货等效果。

8.2 准时化采购的原理、意义及作用机制

8.2.1 准时化采购的原理、作用和特点

当年，丰田公司的大野耐一创造准时化生产方式，是在美国参观超级市场时受超级市场供货方式的启发而萌生的想法。美国超级市场除了商店货架上的货物之外，是不另外设仓库、设库存的。商场每天晚上都根据当天的销售量来预计第二天的销售量而向供应商发出订货。第二天清早供应商按指定的数量送货到商场，有的供应商一天还分两次送货，基本上按照用户需要的品种、需要的数量、在需要的时候、送到需要的地点。所以，基本上每天的送货刚好满足了用户的需要，没有多余，也没有库存，也没有浪费。大野耐一就想到要把这种模式运用到生产中去，因而产生了准时化生产。

实际上，超级市场模式，本来就是一种采购供应的模式。有供应商，有用户，双方形

成了一个供需"节"。在这个供需"节"中，需方是采购方，供应商是供应方。采购方向供应商发出订货，供应商应当根据需方的订货，送货到需方。具体在超级市场模式下，超级市场是需方，供应商给超级市场进行准时化供货，它们之间的采购供应关系，也就是一种准时化的采购模式。

1）准时化采购的原理

（1）与传统采购面向库存不同，准时化采购是一种直接面向需求的采购模式。它的采购送货是直接送到需求点上。

（2）用户需要什么，就送什么，品种、规格符合客户需要。

（3）用户需要什么质量，就送什么质量，品种、质量符合客户需要，拒绝次品和废品。

（4）用户需要多少，就送多少，不少送，也不多送。

（5）用户什么时候需要，就什么时候送货，不晚送，也不早送，非常准时。

（6）用户在什么地点需要，就送到什么地点。

这几条，既做到了很好地满足用户的需求，又使得用户的库存量最小，用户不需要设库存，只在货架上（或在生产线上）有一点临时的存放，一天销售完毕（一天工作完，生产线停止时），这些临时存放就消失，库存完全为零，真正实现了零库存。

这样的采购模式，就是准时化采购模式。以上几条，既是准时化采购的原理，又是准时化采购的特点。

依据准时化采购的原理，一个企业中的所有活动只有当需要进行的时候才接受服务，才是最合算的，即只有在需要的时候，把需要的品质和数量，提供到所需的地点，才是最节省、最有效率的。因此，准时化采购是一种最节省、最有效率的采购模式。

传统采购为了保证企业生产经营的正常进行和应对物资采购过程中的各种不确定性（如市场价格变化、物资短缺、运输条件约束等），常常产生大量的原材料和外购件库存，JIT思想则认为，过高的库存不仅增加了库存成本，而且还将许多生产上的、管理上的矛盾掩盖起来，使问题得不到及时解决，日积月累，小问题就可能累积成大问题，严重地影响企业的生产效率。因此，准时化采购也可以通过不断减少原材料和外购件的库存来暴露生产过程中隐藏的问题，从解决深层次的问题上来提高生产效率。

准时化采购是一种理想的物资采购方式。它设置了一个最高标准、一种极限目标，即原材料和外购件的库存为零、缺陷为零。同时，为了尽可能地实现这样的目标，准时化采购提供了一个不断改进的有效途径：降低原材料和外购件库存→暴露物资采购问题→采取措施解决问题→降低原材料和外购件库存。

在企业物资采购过程中，存在大量的不增加产品价值的活动，如订货、修改订货、收货、装卸、开票、质量检验、点数、入库以及转运等，把大量时间、精力、资金花在这些活动上，是一种浪费。准时化采购模式由于大大地精简了采购作业流程，因此消除了这些浪费，极大地提高了工作效率。

进一步地减少并最终消除原材料和外购件库存，不仅取决于企业内部，而且取决于供应商的管理水平。准时化采购模式不仅对企业内部的科学管理提出了严格的要求，而且也对供应商的管理水平提出了更高、更严格的要求。准时化采购不仅是一种采购的方式，也是一种科学的管理模式，准时化采购模式的运作，在客观上将在用户企业和供应商企业中造就一种科学管理模式。这将大大提高用户企业和供应商企业的科学管理水平。

由于准时化采购只有当企业需要什么样的物资就能供给什么样的物资，什么时间要就能什么时间供应，需要多少就能供给多少时，企业的原材料和外购件库存才能降到最低水平。从这个意义上讲，准时化采购最能适应市场需求的变化，使企业能够具有真正的柔性。

2）准时化采购的作用

总之，准时化采购是关于物资采购的一种全新的思路，企业实施准时化采购具有重要的意义。根据资料统计，准时化采购在以下几个方面已经取得了令人满意的成果：

（1）大幅度减少原材料和外购件的库存

根据国外一些实施准时化采购策略的企业的测算，准时化采购可以使原材料和外购件的库存降低40%~85%。原材料和外购件库存的降低，有利于减少流动资金的占用，加速流动资金的周转，同时也有利于节省原材料和外购件库存占用的空间，从而降低库存成本。

（2）提高采购物资的质量

一般来说，实施准时化采购，可以使购买的原材料和外购件的质量提高2~3倍。而且，原材料和外购件质量的提高，又会引致质量成本的降低。据估计，推行准时化采购可使质量成本降低26%~63%。

（3）降低原材料和外购件的采购价格

供应商和制造商的密切合作以及内部规模效益与长期订货，再加上消除了采购过程中的一些浪费（如订货手续、装卸环节、检验手续等），就使得购买的原材料和外购件的价格得以降低。例如，生产复印机的美国施乐（Xerox）公司，通过实施准时化采购策略，使其采购物资的价格下降了40%~50%。

此外，推行准时化采购策略，不仅缩短了交货时间，节约了采购过程所需的资源（包括人力、资金、设备等），而且提高了企业的劳动生产率，增强了企业的适应能力。

3）准时化采购的特点

准时化采购和传统的采购在质量控制、供需关系、供应商的数目、交货期的管理等方面有很多不同，具体表现如表8-1所示。

（1）采用较少的供应商，甚至单源供应

单源供应指的是对某一种原材料或外购件只从一个供应商那里采购，或者说，对某一种原材料或外购件的需求，仅由一个供应商供货。准时化采购思想认为，最理想的供应商的数目是：对每一种原材料或外购件，只有一个供应商。因此，单源供应是准时化采购的基本特征之一。

传统的采购模式一般是多头采购，供应商的数目相对较多。从理论上讲，采取单源供应比多源供应好，一方面，对供应商的管理比较方便，而且可以使供应商获得内部规模效益和长期订货，从而可使购买的原材料和外购件的价格降低，有利于降低采购成本；另一方面，单源供应可以使制造商成为供应商的一个非常重要的客户，因而加强了制造商与供应商之间的相互依赖关系，有利于供需之间建立长期稳定的合作关系，质量上比较容易保证。

表 8-1   准时化采购与传统采购的区别

项目	准时化采购	传统采购
采购批量	小批量，送货频率高	大批量，送货频率低
供应商选择	长期合作，单源供应	短期合作，多源供应
供应商评价	质量、交货期、价格	质量、价格、交货期
检查工作	逐渐减少，最后消除	收货、点货、质量验收
协商内容	长期合作关系，质量和合理价格	获得最低价格
运输	准时送货，买方负责	较低的成本，买方负责
文书工作	文书工作量少，需要的是有能力改变交货时间和质量	文书工作量大，改变交货期和质量的采购单多
产品说明	供应商革新，强调性能宽松要求	买方关心设计，供应商无创新
包装	小、标准化容器包装	普通包装，没有特定的要求
信息交流	快速、可靠	一般要求

但是，采用单源供应也有风险，比如供应商有可能因意外原因中断交货。另外，采用单源供应，使企业不能得到竞争性的采购价格，会对供应商的依赖性过大等。因此，必须与供应商建立长期互利合作的新型伙伴关系。在日本，JIT 企业基本都采用单源供应。但实际上，一些企业常采用同一原材料或外购件由两个供应商供货的方法，其中以一个供应商为主，另一个供应商为辅。

从实际工作中看，许多企业也不是很愿意成为单一供应商。原因很简单，一方面，供应商是独立性较强的商业竞争者，不愿意把自己的成本数据披露给用户；另一方面，供应商不愿意成为用户的一个产品库存点。实施准时化采购，需要减少库存，但库存成本原先是在用户一边，现在转移到供应商一边，因此，用户必须意识到供应商的这种忧虑。

（2）采取小批量采购的策略

小批量采购是准时化采购的一个基本特征。准时化采购和传统采购模式的一个重要不同之处在于，准时化生产需要减少生产批量，直至实现"一个流生产"，因此，采购的物资也应采用小批量办法。从另外一个角度看，由于企业生产对原材料和外购件的需求是不确定的，而准时化采购又旨在消除原材料和外购件库存，为了保证准时、按质按量供应所需的原材料和外购件，采购必然是小批量的。但是，小批量采购必然增加运输次数和运输成本，对供应商来说，这是很为难的事情，特别是供应商在国外等远距离的情形，在这种情况下实施准时化采购的难度就很大。解决这一问题的方法有四种：

一是使供应商在地理位置上靠近制造商，如日本汽车制造商扩展到哪里，其供应商就跟到哪里。

二是供应商在制造商附近建立临时仓库，实质上，这只是将负担转嫁给了供应商，而未从根本上解决问题。

三是由一个专门的承包运输商或第三方物流企业负责送货，按照事先达成的协议，收集分布在不同地方的供应商的小批量物料，准时按量送到制造商的生产线上。

四是让一个供应商负责供应多种原材料和外购件。

（3）对供应商选择的标准发生变化

由于准时化采购采用单源供应，因而对供应商的合理选择就显得尤其重要。可以说，能否选择到合格的供应商是准时化采购能否成功实施的关键。合格的供应商具有较好的技术、设备条件和较高的管理水平，可以保障采购的原材料和外购件的质量，保证准时按量供货。

在传统的采购模式中，供应商是通过价格竞争而选择的，供应商与用户的关系是短期的合作关系，当发现供应商不合适时，可以通过市场竞标的方式重新选择供应商。在准时化采购模式中，由于供应商和用户是长期的合作关系，供应商的合作能力将影响企业的长期经济利益，因此，对供应商的要求就比较高。在选择供应商时，需要对供应商进行综合评价，而对供应商的评价必须依据一定的标准。这些标准应包括产品质量、交货期、价格、技术能力、应变能力、批量柔性、交货期与价格的均衡、价格与批量的均衡、地理位置等，而不像传统采购那样主要依靠价格标准。

在大多数情况下，其他标准较好的供应商，其价格可能也是较低的，即使不是这样，双方建立起互利合作关系后，企业可以帮助供应商找出降低成本的方法，从而使价格降低。更进一步，当双方建立了良好的合作关系后，很多工作可以简化以至消除，如订货、修改订货、点数统计、品质检验等，从而减少浪费。

（4）对交货准时性的要求更加严格

准时化采购的一个重要特点是要求交货准时，这是实施准时化生产的前提条件。交货准时取决于供应商的生产与运输条件。作为供应商来说，要使交货准时，可从以下几个方面着手：第一，不断改进企业的生产条件，提高生产的可靠性和稳定性，减少由于生产过程的不稳定导致的延迟交货或误点现象。作为准时化供应链管理的一部分，供应商同样应该采用准时化的生产管理模式，以提高生产过程的准时性。第二，为了提高交货准时性，运输问题不可忽视。在物流管理中，运输问题是一个很重要的问题，它决定准时交货的可能性，特别是全球的供应链系统，运输过程长，而且可能要先后经过不同的运输工具，需要中转运输等，因此，就有必要进行有效的运输计划与管理，使运输过程准确无误。

（5）从根源上保障采购质量

实施准时化采购后，企业的原材料和外购件的库存很少，以至为零。因此，为了保障企业生产经营的顺利进行，采购物资的质量必须从根源上抓起。也就是说，购买的原材料和外购件的质量保证，应由供应商负责，而不是企业的物资采购部门。准时化采购就是要把质量责任返回给供应商，从根源上保障采购质量。为此，供应商必须参与制造商的产品设计过程，制造商也应帮助供应商提高技术能力和管理水平。

现阶段，我国主要是由制造商来负责监督购买物资的质量；验收部门负责购买物资的接收、确认、点数统计，并将不合格的物资退回给供应商，因而增加了采购成本。实施准时化采购后，从根源上保证了采购质量，购买的原材料和外购件就能够实行免检，直接由供应商送货到生产线，从而大大减少了购货环节，降低了采购成本。

（6）对信息交流的需求加强

准时化采购要求供应与需求双方信息高度共享，保证供应与需求信息的准确性和实时性。由于双方的战略合作关系，企业在生产计划、库存、质量等各方面的信息都可以及时进行交流，以便出现问题时能够及时处理。只有供需双方进行可靠而快速的双向信息交流，才能保证所需的原材料和外购件的准时按量供应。同时，充分的信息交换可以增强供应商的应变能力。

所以，实施准时化采购，就要求供应商和制造商之间进行有效的信息交换。信息交换的内容包括生产作业计划、产品设计、工程数据、质量、成本、交货期等。信息交换的手段包括电报、电传、电话、信函、卫星通信等。现代信息技术的发展，如 EDI、E-mail 等，为有效的信息交换提供了强有力的支持。

（7）可靠的送货和特定的包装要求

由于准时化采购消除了原材料和外购件的缓冲库存，供应商交货的失误和送货的延迟必将导致企业生产线的停工待料。因此，可靠的送货是实施准时化采购的前提条件，而送货的可靠性，常取决于供应商的生产能力和运输条件，一些不可预料的因素，如恶劣的气候条件、交通堵塞、运输工具的故障等，都可能引起送货迟延。当然，最理想的送货是直接将货送到生产线上。

准时化采购对原材料和外购件的包装也提出了特定的要求。良好的包装不仅可以减少装货、卸货对人力的需求，而且使原材料和外购件的运输和接收更为便利。最理想的情况是，对每一种原材料和外购件，采用标准规格且可重复使用的容器包装，既可提高运输效率，又能保证交货的准确性。

从表 8-1 也可以看出，准时化采购相对于传统采购发生了三个转变：

（1）从为库存而采购到为订单而采购的转变

在供应链管理环境下，采购活动是以订单驱动方式进行的，制造订单的产生是在用户需求订单的驱动下产生的，然后制造订单驱动采购订单，采购订单再驱动供应商，这种准时化的订单驱动模式，使供应链系统得以准时响应用户的需求，从而降低了库存成本，提高了物流的速度和库存周转率。例如，海尔集团实行准时化采购，每年可以为公司节约上亿元。张瑞敏曾说过，如果没有订单，现代企业就不可能运作。订单就意味着靠订单去制造，为订单去销售。没有订单的采购，就意味着采购回来就是库存，因为采购回来的这些物料到底给谁不知道；没有订单的制造，就等于天天虽然很忙，但仅仅是制造库存，生产产品就等于天天增加库存；没有订单的销售，说到底就是处理库存，因为你不知道卖给谁，唯一的出路就是降价、削价处理。所以说，订单在准时化采购中起着重要的作用。

（2）从一般的采购管理变为外部资源管理

外部资源管理就是将采购活动渗透到供应商的产品设计和产品质量控制过程，同步化运营是供应链管理的一个重要思想，通过同步化的供应链计划使供应链各企业在响应需求方面取得一致的行动，增强供应链的敏捷性，实现同步化运营的措施是并行工程，制造商企业参与供应商的产品设计和质量控制过程，共同制定有关产品的质量标准，使需求信息能很好地在供应商的业务活动中体现出来。如美国思科公司将大部分生产交给合作厂商，自己主要进行最后的组装和调试，为此思科公司与合作厂商共同建立并维护了一条网络化的供应链，以保持公司内部及业务合作伙伴之间信息交流的顺畅，进一步提高合作效率。

（3）变一般买卖关系为战略协作伙伴关系

随着经济的全球化，战略协作已成为人们的一种共识，合作化的程度越来越高。通过联盟可以解决库存问题，可以降低由于不可预测的需求变化带来的风险，可以为共同解决问题提供便利条件，可以降低采购成本，可以为信息共享架桥铺路，可以消除供应过程的组织障碍等，这些都为准时化采购创造了有利的条件。

8.2.2 准时化采购对供应链管理的意义

供应链环境下的采购模式和传统的采购模式的不同之处在于前者采用订单驱动的方式。订单驱动使供应与需求双方都围绕订单运作，也就实现了准时化、同步化运作。

要实现同步化运作，采购方式就必须是并行的，当采购部门产生一个订单时，供应商即开始着手物品的准备工作。与此同时，采购部门编制详细的采购计划，制造部门也进行生产的准备过程，当采购部门把详细的采购单提供给供应商时，供应商就能很快地将物资在较短的时间内交给用户。当用户需求发生改变时，制造订单又驱动采购订单发生改变，这样一种快速的改变过程，如果没有准时化采购方法，供应链企业就很难适应这种多变的市场需求。

同时，供应商管理是供应链采购管理中一个很重要的问题，它在实现准时化采购中也有很重要的作用。在供应商与制造商的关系中，存在两种典型的关系模式：传统的竞争关系和合作性关系。两种关系模式的采购特征有所不同。供应商与制造商的合作关系对于准时化采购的实施是非常重要的，只有建立良好的供需合作关系，准时化策略才能得到彻底贯彻落实，并取得预期的效果。准时化采购环境下的供需合作关系包括下述内容：

从供应商的角度来说，如果不实施准时化采购，由于缺乏和制造商的合作，库存、交货批量都比较大，而且在质量、需求方面都无法获得有效的控制。通过建立准时化采购策略，把制造商的 JIT 思想扩展到供应商，加强了供需之间的联系与合作，在开放性的动态信息交互下，面对市场需求的变化，供应商能够作出快速反应，提高了供应商的应变能力。

对制造商来说，通过和供应商建立合作关系，实施准时化采购，管理水平得到提高，制造过程与产品质量得到有效控制，成本降低了。

因此，准时化采购对于供应链管理思想的贯彻实施有着重要的意义。准时化采购策略体现了供应链管理的协调性、同步性和集成性，供应链管理需要准时化采购来保证供应链的整体同步化运作。准时化采购增加了供应链的柔性和敏捷性。

8.2.3 准时化原理在库存控制中的作用机制

理想的库存控制应该是库存的正面作用得到加强，负面作用受到有效抑制。负面作用主要表现为不恰当的库存使库存成本上升。然而，各种各样成本最小化的优化模型并没有说明"不恰当库存"的含义，也就没有解决问题。准时化最早在减少库存中实施，并获得成功。丰田公司从减少库存着手探索新的生产方式，经过 20 年左右的努力创造了准时化生产。在取得成功以后，准时化概念受到多方注意，在理论上也得到进一步的研究。研究发现，准时化是控制库存量的最好途径。随着对准时化原理的逐步深入了解，准时化的应用范围越来越宽。

1）准时化对"不恰当库存"的解释

过早准备库存，数量又超过实际需求被理解为"不恰当库存"，这是一个关于计划期长度的相对概念，而准时化也是一个关于计划期的相对概念。如果计划期长，则长一些的提前天数是可以接受的，没有不恰当的感觉。例如，制订的是月计划，要求提前 10 天备料，不会被认为太早；同样，假定月计划产量为 1 万件，相关物品多准备 100 套，只占产量的 1%，也不会被认为是过量。如果改为周计划，这时提前 10 天备料就会被认为不妥，因为它超过了计划期长度；同样，超过计划量 100 套的物品库存也就有可能被认为是过量了。准时化要求把计划期缩短，丰田公司把计划做到每天的投产顺序计划，按小时计算，则提前时间也只能以小时或天计算，价值量大的以小时计，价值小的以天计。按准时化计划，由于计划期以天甚至小时计算，所以需求数量小。前置期短，以天计，解决了"不恰当库存"问题。

2）准时化对库存正面作用的强化

库存是为了保证供应、满足需求，不至于因缺料、缺货导致生产中断。需求有三要素：一是什么地方需要；二是需要多少；三是什么时候需要。EOQ、Q/R 模式，或其他更复杂的优化模型，都在这三个要素不清楚的情况下作决策。首先假定某种库存是有需求的，需要建立库存以备日后需要，然后再从需求是确定性的还是随机性的，可缺货还是不可缺货，补货规则是怎样的等方面研究决策方法。问题就出在假设前提，如果库存对象是独立需求，这是由市场决定的量，往往是不确定的，是个很难估计的量。建立在假设前提下的模型，只要实际情况不满足条件，模型就毫无使用价值。

准时化原理要求在需求三要素都明确后再作库存计划。对于独立需求允许作预测，但这是对较长计划期内的需求作预测，对于直接执行的产出计划，如周计划、日计划，则需求三要素都是明确的，不会发生缺货现象。至于采购价格、突发事件等引起的次要问题，准时化原理主张通过其他管理途径解决，而不是靠增加库存解决。例如，价格折扣问题，通过与供应商的长期合作，稳定供应渠道，共同降低成本，把价格稳定住；对付设备故障问题，通过全员参与的设备管理系统，消除设备故障，取消缓冲库存。

3）准时化消除库存负面作用

库存最大的负面作用是库存持有成本，这是一个很可观的数量。以美国波音公司为例，每年的年销售收入可达数百亿美元，但每年的平均库存价值也在 100 亿美元以上。

（1）准时化对库存量的作用

库存控制首先是控制库存量，进而实现控制库存持有成本。从库存持有成本计算公式可知，成本与平均库存价值成正比，而平均库存价值又与平均库存量成正比，平均库存量的计算方法是计划期内每天库存量累计后除以计划期天数，因此又可推断采购批量越大，平均库存量也越大。可见，只要有效降低每次的采购量，就能降低平均库存量，就能达到降低库存持有成本的目的。

准时化是个模糊概念，从"在需要的时候按需要的数量生产，不提前不过量"的概念出发，按月采购相对于按年采购，是准时化，按周采购又比按月采购准时，按日采购更准时。如果年需求总量不变为 N，不同准时化程度的结果如表 8-2 所示。

准时化隐含着确定性的含义，当需求明确后才可能采取准时化措施。从表 8-2 可以看出，只要技术上可行，如果每天的需求都是确定的，则每天采购一次可以把平均库存量降低到很低的水平。从丰田公司的实例看，这已经不是理想状态，而是已经实现的事实。

表8-2 不同准时化程度的采购结果

准时化程度	采购次数	采购量	平均库存量
一年采购一次	1	N	N/2
每月采购一次	12	N/12	N/24
每周采购一次	48	N/48	N/96
每天采购一次	240	N/240	N/480

注：设全年工作日240天，每周5天工作日。

（2）减少库存损耗

由于准时备料，库存的使用场合、使用的数量和时间都是确定的。库存数量少，在库时间又短，在几天或一周内都被消耗掉，所以几乎不可能发生货损。

8.3 准时化采购中的质量管理

传统观念认为提高产品质量必须付出更高的成本，并且无法取得高生产率，但客观情况是，低质量将降低生产率，这是因为生产过程中损耗率上升，必然需要更多的原材料、机器准备工时、零件检验工时、加工工时，从而增加成本。20世纪80年代，许多专家就如何提高产品质量提出种种方法，比如全面质量管理或大规模的质量培训等，但是采购的作用并未得到重视。实际上，丰田公司运用JIT采购理念成功地提高了产品质量。形成于20世纪70年代的丰田公司的生产方式已经在供应链采购的质量控制方面积累了成功经验。

8.3.1 JIT模式中的质量管理

采购、质量控制、生产、工程技术与设计、运输等部门经理经过讨论，普遍认为JIT采购方式中有8项业务活动可以提高产品质量和生产率（见表8-3）。这些讨论揭示了几个要点。

表8-3 提高产品质量和生产率的各项JIT采购活动

活 动	特 征
采购批量	批量小，数量准确
供应商数目	较少的数目——理想情况是每种原料或每类零件仅有一家供应商
供应商选择及评价	根据质量、协作关系、供货表现等
质量控制	由供应商实施
设计说明书	赋予供应商更大自由度来满足设计要求
招投标	相对稳固的供应商，无须每年重新招标
文书工作	非正式的文书
包装	使用标准集装箱和箱架系统

（1）所有经理一致认同表 8-3 列出的 JIT 采购方式中的主要活动。

（2）所有经理都认为这些活动与提高产品质量和生产率之间确实存在重要联系。

（3）所有经理对各种活动的相对重要性作出类似的排名。

经理们认为，采购批量、供应商数目、供应商选择及评价、质量控制、招投标及设计说明书对提高产品质量和生产率非常重要。文书工作也很重要。包装是唯一一项排名较低的业务活动，它的重要性一般。

产品质量和生产率的提高实际上正是由 JIT 生产方式引起的。JIT 采购活动的影响根据各个工厂实施 JIT 理念的程度及时间长短而有所不同，效果大多难以精确衡量。比如，采购批量的影响可能显著或不显著，这取决于批量大小的变化程度、供货频率、供应商的努力、产品类型、员工的技能水平等各种因素。

8.3.2 JIT 采购活动对采购质量管理的影响

下面将描述管理者如何察觉 JIT 采购活动的影响：

1）采购批量

提高产品质量及生产率最重要的方法应该是小批量采购零件。批量越小，就越容易进行检查以及及时处理缺损情况。小批量频繁供货（按天或按周）有助于提高生产率，这是由于降低库存水平、提高产品质量、减少到货零件的检验成本和及早发现缺损情况而引起的。但是，对每种零件进行频繁供货的实用性引发出一些激烈的争论，目前没有切实可行的准则。如 HP 公司的 Greeley 分部，超过 4 000 种零件需要采购，但只有一部分（约 45 种）采用 JIT 供货，其原因是：公司将大量时间花费在处理与成百家供应商关系和采购上千种零件上。

与批量大小有关的另一个问题是货运成本。存在着这样一种误解，认为按日供货增加的货运成本要大于降低库存节约的费用，实际上已经找到了有效的办法降低频繁供货产生的货运成本。一般说来，小批量订货对产品质量及生产率都有很大影响，但每个公司应根据各自需要来运用这条原则。

2）供应商数目

JIT 采购方式鼓励受货方维持少量的供应商，理想的情况是一种或一类原材料仅由一家供应商提供。从 20 世纪 80 年代起，美国许多厂商开始采纳这一观点，许多厂商已经做到这一点，并建立起双方互利的长期协作关系。

例如，HP 公司只有 200 余家供应商，每种零件类型由一至两家厂商提供。Kawasaki 公司的采购经理表示，日本的零件只有单一供应源，美国的零件有两至三家供应商。尼森公司在美国有 80 家供应商，其中 40 家是 JIT 的单一货源供应商，其余几家是大批量供应商。Buick 分部有 600 家供应商，大约 85 家是 JIT 供应商，它们的供货超过了 70%。

与采购主管的讨论以及对其他管理人员所做的调查结果都清楚地表明，减少供应商数量具有以下方面的显著优势：

（1）长期的协作关系。长期协作关系有助于采购方与供应商之间密切配合，并激励供应商充分参与 JIT 项目。同时，供应商更愿意提供合作，共同提高产品质量并增加投资。这种相互协作会增加对采购方持续的零件供应，降低或最小化库存，消除日常的文书工作。

（2）一贯的质量保证。如果采购方仅维持少数几家供应商，并让它们参与项目规划的早期工作，供应商就会提供始终如一的高质量产品。

（3）节约资源。有限的供应商数目使购买时间、差旅、工程技术这几方面的资源需求降至最低限度，从而资金可以更多地投入到选择、发展、检查一个或少数合格供应商等工作中。

（4）降低成本。向每个供应商订购的零件总量越大，折扣越高，从而降低成本。

（5）特别的关注。由于采购方对供应方来说意味着大笔订单和货款，供应商会给予更多特别的考虑。采购方可以从供应商得到专门领域的技术知识。

（6）减少工装准备。如果只有一家供应商，则只需为一家供应商准备最少数量的工装。

3）供应商的选择与评价

JIT采购方式第三项重要的业务活动是制定规范的供应商选择与评价程序，这在美国已得到普遍应用。很显然，追踪供应商表现的具体过程会根据所购原料的复杂性和货币价值而有所不同。下面几个因素是经常受关注的：

（1）产品质量。

（2）长期的协作关系。

（3）供货表现。

（4）供货点的地理位置。

（5）价格结构。

前两个因素最为重要。长期的协作关系决定了供应商的态度，并鼓励它们主动配合采购厂家的质量要求。供应商把自己当成采购厂家的一部分，认为它们的成功取决于对方的成功。许多厂家——包括HP、Nissan、Kawasaki、Sony、Honda、Goodyear、Buick分部及其他厂家——都与合格的供应商签订了灵活机动的长期合同。如HP公司与它的供应商签订18~36个月期限的合同，但允许每隔6~12个月重新进行协商以求提高产品质量和降低成本。

对供应商的选择与评价主要取决于以下几点：高质量产品供货、定时供货、频繁供货、小批量供货、定量供货。例如，GM公司主要按照质量好坏对其供应商进行排名，Ford则根据一贯的高质量和供货表现制定一份供应商偏好名单。所有这些因素对于评价供货表现都同等重要且不可缺少。一旦供应商符合这些原则，就可以认为它们是合格的JIT供货厂商。

供应商的地理位置也很重要，一般倾向于选择本地的供应商。在条件不允许的情况下，最近的供应商将得到优先考虑。采购方总是鼓励那些有协作可能的外地供应商将工厂设置在附近地区，这不仅可以降低运输成本，而且为采购方的技术人员、质量控制人员甚至生产人员与其供应商在产品开发和质量控制领域的密切合作创造了机会。

有竞争力的价格也是一个因素，但许多管理者都已认同低价对于选择和评价供应商不再重要。他们更多地考虑采取对双方都"合理"的协商价格或试验性价格结构。低价、竞争性价格可能会产生一些负面效应。例如，低价导致的低质量引起的生产损耗，过高的废品率导致高成本，与解决质量问题有关的差旅费及其他开支，退货过程中的文书、包装、处理工作及货运成本等额外开支。

4）质量控制

第四项重要的 JIT 采购活动是质量控制。开正式收据、零件计数、交货确认以及所有到达货物的检验等工作都应从采购方一端取消。换句话说，质量控制应由供应商来完成。为了确保得到高质量产品的供货，一种方法是采取供应商认证。当采购方与供应商建立起一种长期合作关系，并且发现产品质量始终比较可靠时，那么将质量控制的责任交由供应方承担是很有意义的。供应商质量认证程序确保产品设计说明在零件离开供货厂家之前就得到满足，供应商对它们供应的零件的质量要求负有全部责任。为了帮助供应商制定这些程序，采购方应该积极采取措施培训它们掌握 TQM 技能的各方面知识。

另一种有效的方法是对供应厂家开展例行的质量审计工作。这种审计工作一年通常开展好几次，而且往往不作过多的预先通告。审计组通常包括采购方和供应商的质量管理人员。如波音公司的质量管理人员就与其本地的供应商定期交流，帮助提高产品质量，降低成本。把零件检验的责任转移给供应商将会激励它们努力提高产品质量，以免支付额外的费用。这些供应商都清楚，废次品的损耗必须由它们来赔偿，而且它们也不想承担合同终止的风险。一般说来，供应商会认识到在 JIT 系统中，必须让采购方信赖它们的产品质量，才能让合同延续下去。

5）产品设计说明书

较早地吸收供应商参与产品开发是很重要的。虽然产品开发以及说明书的性能规定主要由设计工程师负责，但供应商应能自由地提出建议及革新观念，并参加与质量问题有关的设计活动和讨论。这种说明书是“松散型”的，采购方更多依赖的是限制性的产品说明书，较少地依赖于严格定义的产品说明书。很显然，这为供应商提供了更大的自由度，为在采购活动的质量/职能方面找出节约成本的解决方案引入更多创新。

供应商较早地参与设计开发，并且在开发过程中始终保证供应商技术知识的可得性，可以使原有工装无须作过大的改动就能把零件生产出来。如 HP 公司的采购经理就注意到，过去厂家总是把产品设计说明书交给供应商，希望它们能够完全按照说明书设计出准确的产品，很多情况下都需要去设计新的工装或者对原有工装作很大的改造；而使用“松散型”的说明书，新工装的需求大为减少（特别对一些关键性项目），从而降低了工装准备和招投标的成本。

6）有限制地使用招投标

许多公司的采购部门制定新的政策和准则，用于招投标过程中筛选出潜在的 JIT 供应商。最不合格的供应商没有得到合同的可能；反之，那些一贯提供无须做检验的高质产品、供货及时、协助受货方解决问题、要价合理的供应商中标的机会最大。如前所述，JIT 的招投标说明书不像传统的那么严格，而是鼓励供应商采用革新的方法来满足受货方提出的具体要求。

当一项 JIT 采购意向签订之后，被选中的供应商会收到采购方的工程设计草图（附有“松散型”的说明书），并回复一个投标价格。通常采购方会参观供应商的厂房，作一次不正式的（“匆忙的”）价值评估，目的是要找出供应商的高成本区域，并通过调整说明书帮助它们在一段时间之后降低这些成本。

采购方和供货方之间建立长期协作关系使招投标过程发生了显著变化。采购方在投标开始之前就把蓝本提供给潜在的供应商，并经常降低招标价格，使供应商得以节约资金。

一旦确定了某个供应商，其就不必每年都参加新一轮的投标竞争，但是合同可以每年重新商订。例如，Buick分部的采购经理在报告中指出，他们的主要供应商中，将近一半合作关系已超过30年。因此，这些供应商不必参加每年一次的重新招标，从而节约了大笔资金。其他一些厂商也与潜在的供应商签订了允许重新协商的长期（长至36个月）的合同。

7）文书工作

文书工作的减少有助于提高产品质量和生产率。多数管理者都承认，采用JIT采购方式减少了文书工作，为采购人员节约了大量时间。这是因为长期合同代替了成倍的订购单，从而只需一个电话就可以改变供货的时间和数量要求，而看板系统也取代了传统的采购单。一个全面实施的看板系统将使文书工作的数量大为减少。

因此，采购人员节约了许多采购和发货时间。减少正式的文书工作意味着采购人员可以花较少时间来派送各种采购单、请购单、装箱单、货运单和发票，从而就有了较多时间去追踪供应商的表现，帮助它们改善产品设计和提高质量。但据调查，有些公司仍未认识到这项活动所能带来的好处。

8）包装

采用JIT采购方式已抛弃传统的包装做法（如瓦楞纸盒、纸板箱等），采取容量较小但标出每种零件准确数目的新型周转箱或专用的托盘，这已成为美国各大公司一种普遍的倾向。采用标准周转箱具有以下方面的潜在优势：

（1）容易验明数量及规格精确的零件；

（2）简化物料接收与处理过程，从而防止失误，减少人力需求；

（3）消除零件进出工厂中可能出现的损坏；

（4）降低包装成本；

（5）减少废料，从而使工作地点洁净，并节约空间。

采用标准周转箱会影响产品的质量和生产率。Buick分部的生产经理发现，采用标准周转箱使工人产生一种积极的态度。当工人们看到只剩下一小部分零件时，他们的注意力会更加集中，就更有可能准确地装配这些零件，因此工人们更加小心谨慎。由于工人们只看到有限的零件供应，他们会把掉在地上的零件捡起来。这与原来那种"公司有的是钱，掉一两个零件也没什么"的态度截然不同。同时，工作地点更加干净、整洁、不受干扰，这都有助于工人们更加认真地工作。

20世纪80年代，美国的制造商开始学习丰田生产方式，它们已感受到把JIT采购方式当作一种"质量和生产率中心"的必要性。在供应商处实施质量控制、小批量频繁供货、大幅度削减供应商数量、根据产品质量及相互协作关系对供应商进行选择和评价是JIT采购方式中几种主要的业务活动，它们可以显著提高产品的质量和生产率。通过松散的方式使供应商在满足产品设计要求以及参与招投标过程中享有一定的自由度，这也是一项具有重要影响的JIT采购活动。文书工作及包装的作用并没有像人们预期的那样明显，可能因为JIT的采购理念尚未渗透到供应商的工厂中，以及受货方没有要求供应商采用标准的供货集装箱。

所有这些活动的影响根据各个公司实施JIT的程度及时间长短而有所不同，但是不论公司规模、产品类型、制造流程如何，JIT采购方式总能提高产品的质量和生产率。

8.4　准时化采购的技术应用

准时化采购的原理和特点都很好，但如果没有一个具体的应用方法，则准时化采购的特点和优势就体现不出来，再好的东西也是没有用的。在实际中如何应用准时化采购技术呢？下面就专门讨论准时化采购管理技术的应用问题。

8.4.1　在电子商务中的应用

随着电子商务的发展，物流采购在电子商务中的重要性逐渐得到体现和加强，许多电子商务公司都设立了自己的专职物流人员或专职物流部门，如何将先进的物流准时化采购技术与电子商务有效地结合起来，通过物流配送的合理化、经济化，推动电子商务的更快发展，仍然是许多电子商务人员在理论上尤其在实践上正在探讨的问题。

电子商务企业由于其自身的条件限制，不可能一开始就选址设库，购置运输设备，建立自己的物流中心，更不可能在全国范围内建设配送网点，而只能采取合作、合营、租用或利用第三方物流配送体系方式，以最节约成本、最快扩张的方式，在全国范围内建立起合理的、经济的物流采购与配送体系。而在这种体系的建设中，应采用在物流实践中比较成熟、得当的物流技术，即 JIT 技术。

准时化采购（JIT 采购）的核心是消除一切无效劳动和浪费。准时化采购思想认为，凡是对产品不起增值作用或不增加产品附加值，但却增加劳动成本的劳动，都属于浪费的无效劳动，如多余库存、多余搬运和操作、停工待料、无销量生产、废次品的产生等。因此，运用准时化采购技术应从以下几方面着手：

1）应用电子商务信息管理系统，建立网上采购信息平台

首先，准时化采购技术建立在有效信息交换基础上，信息技术的应用可以保证采购方、供应方、物流配送机构等方面之间的信息交换和反馈，可以保证所需的产品的准时按量供应和配送。在电子商务中，这种交换将变得更为直接和迅速，各方信息都会在一个电子商务平台上得到反映和处理。电子商务公司在建立信息系统的过程中，应选用国家或国际统一规定的商品编码，建立所销商品数据库，以便于参与各方的使用、增加、查询和维护。其内容包括商品名称、品种规格、数量、生产作业计划、需求计划、产品设计、工程数据、质量、成本、交货期、商品保存方式及有关注意事项等。

网上采购信息平台的建立要与拟采用的物流技术相适应，即经营范围和商品与物流方式相适应。

2）合理选择供应商

为保证采购产品质量，企业应选择知名的公司作为供应商，并必须依据一定的标准对供应商进行评判，如产品质量、交货期、价格、技术能力、应变能力、批量、地理位置等，如果供应商符合标准，还应相互间签订整体合作协议或模糊合同（Blank Contract），减少以后合作中不必要的程序和环节。可以说，选择合格供应商是准时化采购应用能否成功的关键，因为合格供应商不但保证了产品质量，而且能够保证准时按量供货。

3）建立长期稳定的战略合作关系

对于信誉、产品质量、交货期、价格、技术能力等符合要求的长期稳定的大供应商，双方可建立长期的战略合作关系，强调供应商的参与职能，相互信任、相互支持，共同获益，使供应商充分了解准时化采购的意义，使其掌握准时化采购的技术和标准，满足准时化采购对供应商的要求，保证准时化采购的实现。对此，采取集体议价（Group Buy）是比较好的方式。

4）制订合理的采购计划

准时化采购是指只有在需要的时候（不提前，也不推迟）才订购所需要的产品，而且必须达到三个目的：一是争取实现零库存；二是提高采购商品的质量，降低质量成本；三是降低采购价格。这些目的的达成就是要减少多余库存，避免废次品，消除不必要的订货手续、装卸环节、检验手续等引起的浪费。为适应准时化采购技术的要求，企业应向供应商提供更为恰当的有效需求计划。

5）组织有效的配送途径

在采用准时化采购技术的过程中，采购企业其实已经基本解决了商品的从供应方到采购企业的物流信息传递与配送问题，而这正是准时化采购技术的真谛所在，只是这些物流配送应在采购企业统一、细致、周密、有效的组织、培训、协调、实施下完成。凡委托第三方，如专业物流公司、供应商等，应使第三方了解和掌握准时化采购的运作过程和内涵，保证物品在规定的时间送到。若自己从事物流配送，则要根据物品特性，在包装、分拣、装卸、配货、送货、选择运输方式、分配运输能力等方面作出具体的安排和实施。

8.4.2　看板管理的原理

所谓看板，就是一张信息卡片，又称为要货指令。在看板上记录着商品号、商品名称、供应商和需求点（取货地、送货地）、生产或要货数量、所用工位器具的型号、该看板的周转张数等，以此作为取货、运输、生产的凭证和信息指令。由需求方向供货方发出看板，就是向供应商发出什么时间把什么品种、什么规格、什么数量从什么地方送到什么地方的指令。看板可以用不同的材料做成，可以用纸片、塑封纸片、塑料片，甚至金属片都可以，可以挂在看板牌上，也可以放在看板袋里。

看板根据其服务对象划分，可以分为生产看板和运输看板。生产看板用在生产循环中，运输看板主要用在运输循环中。生产看板循环是指从生产的产成品工位到其前面各个工序以及原材料库的看板循环，主要利用看板指挥其前面各个工序的生产数量和生产时间，索要零部件或工件、原材料。运输看板循环是指从生产部门的产成品到用户需求点的看板循环，主要是用户需求点向产成品供应点索要产成品的看板循环。它们的应用原理都一样，我们这里只讨论从客户需求点到供应商产成品的运输循环。

用户与供应商进行着准时化采购运作，并实行运输看板操作。供应商直接小批量、多批次地送货到用户的生产线需求点。货物以货箱为单位，直接用叉车装运到用户需求点。操作原理如下：

当用户在生产线上消耗完一个货箱的货物后，就在空箱上挂上一块看板，由叉车取走，直接运到供应商的产成品供应处去要货。供应商按看板指定的需要品种、需要数量备货（或生产）、装货，装货完毕，叉车司机再按看板给定的时间准时运送到用户需求地，供用户继续使用消耗。叉车从用户处离开时又把放在旁边的空箱连同挂在其上的要货看板一起送到供应商处进行下一次的备货、装货和运输，这样循环不止，直到用户需求点完工为止。如果用户什么时候不发出要货看板，则供应商的供应（或生产）也就自然停止。在实际操作时，用户处积累的空箱可能有多个，这时候可能一次要取多个看板，发出多个货箱的要货指令。这样，一个看板循环过程中的时间构成如下：

1）指令的等待时间

它是指用户处空箱看板的等待时间，它等于从货物用完、货箱腾空开始，直到叉车司机把它取走之间的时间间隔，如果是多个空箱一起取走，则是这多个空箱的平均等待时间。因为一般叉车司机是按一定的频率 F 送货的，这样相邻两次送货之间的时间间隔是 $1/F$。

2）指令的传递时间

它是指看板卡的传递时间，它等于空箱看板从用户运送到供应商处的传送时间。

3）装货停留时间

它是指看板空箱在供应商处的装货停留时间，它等于空箱看板送到供应商处开始，直到叉车司机把装满货物后的货箱连同其上的看板起运出发之间的时间间隔。一旦空箱看板指令送到供应商处的存储点，就被贴在一箱装满零件的容器上，这时一箱装满零件的容器和看板卡就准备好了，即可送往用户。

4）运输时间

它是指叉车司机将装满货物的容器和看板从供应商运送到用户需求地的运输时间。

这样，如果用户需求地对于货物的日消耗量为 R，每个货箱中货物的数量是 m，叉车司机日运送频率为 F，则在两次交货之间用户消耗所需的包装容器的数量 M 为：

$$M = \frac{R}{m} \cdot \frac{1}{F} + 1$$

看板循环中包装容器和看板卡的总数量 $M_{总}$ 为：

$$M_{总} = \frac{R}{m} \cdot (t_{等} + t_{传} + t_{装} + t_{运}) + 1$$

在看板供应中，每次订货和供应都是对现实消耗的补充。它体现了准时化采购的基本原则。这种方式简单实用，是准时化采购最有效的管理工具，而且随着计算机通信技术的发展，传统的看板卡片已大多被传真和电子信箱等现代化媒介所替代，使得看板供应更为迅速和准确。

直送看板供应是拉动式准时化供应的重点方式之一，将准时化要求向上游延伸至供应厂商：用户厂家以看板作为自己生产线上需求点的准时化要货指令，供应厂商按照看板指令实施生产或运输，即按照看板指定的需要品种、需要数量、需要时间，直接送至用户生产线的需求点进行生产消耗，不是运到用户的仓库进行存储。这样，利用看板实现了从供应厂商供应点直接到用户生产线的消耗点的直送供应，从而减少了存储点和存储量，降低了用户的库存成本，也降低了供应厂商的库存成本，同时发挥看板的现场自动微调功能以平顺排产、运输与仓储作业，降低调度协调难度和减少工作量，提高系统化管理水平。

以上所述，只是 JIT 技术在采购管理中应用的一些探讨。其实，在实际工作中，我们也在不知不觉地运用着 JIT 技术，但真要在物流采购管理中充分应用 JIT 技术，并实现所要求的理念，仍有许多问题需要解决。这就要求我们在实施 JIT 技术的过程中，不断地改进，即降低物品库存→暴露物品采购问题→采取措施解决问题→再降低物品库存，如此循环往复，直至达到最佳效果和最高境界。

8.5　准时化采购的实施

8.5.1　准时化采购的实施条件

成功实施准时化采购策略，需要具备一定的前提条件，我们认为下面的这些条件是实施准时化采购最为基本的条件：

1）距离越近越好

供应商和用户企业的空间距离小，越近越好。太远了，操作不方便，发挥不了准时化采购的优越性，很难实现零库存。

2）制造商和供应商建立互利合作的战略伙伴关系

准时化采购策略的推行，有赖于制造商和供应商之间建立起长期的、互利合作的新型关系，相互信任、相互支持，共同获益。

3）注重基础设施的建设

良好的交通运输和通信条件是实施准时化采购策略的重要保证，企业间通用标准的基础设施建设，对准时化采购的推行也至关重要。所以，要想成功实施准时化采购策略，制造商和供应商都应注重基础设施的建设。诚然，这些条件的改善，不仅仅取决于制造商和供应商的努力，各级政府也须加大投入。

4）强调供应商的参与

准时化采购不只是企业物资采购部门的事，它也离不开供应商的积极参与。供应商的参与，不仅体现在准时、按质、按量供应制造商所需的原材料和外购件上，而且体现在积极参与制造商的产品开发设计过程中。与此同时，制造商有义务帮助供应商改善产品质量，提高劳动生产率，降低供货成本。

5）建立实施准时化采购策略的组织

企业领导必须从战略高度来认识准时化采购的意义，并建立相应的企业组织来保证该采购策略的成功实施。这一组织的构成，不仅应有企业的物资采购部门人员，还应包括产品设计部门、生产部门、质量部门、财务部门等人员。其任务是，提出实施方案，具体组织实施，对实施效果进行评价，并进行连续不断的改进。

6）制造商向供应商提供综合的、稳定的生产计划和作业数据

综合的、稳定的生产计划和作业数据可以使供应商及早准备，精心安排其生产，确保准时、按质、按量交货；否则，供应商就不得不求助于缓冲库存，从而增加其供货成本。有些供应商在制造商工厂附近建立仓库以满足制造商的准时化采购要求，实质上这不是真

正的准时化采购，而只是负担的转移。

7）着重教育与培训

加强教育和培训，使制造商和供应商充分认识到实施准时化采购的意义，并使它们掌握准时化采购的技术和标准，以便对准时化采购进行不断的改进。

8）加强信息技术的应用

准时化采购是建立在有效信息交换的基础上的，信息技术的应用可以保证制造商和供应商之间的信息交换。因此，制造商和供应商都必须加强对信息技术，特别是电子数据交换（EDI）技术的应用投资，以更加有效地推行准时化采购策略。

8.5.2　准时化采购的方法及实施步骤

1）准时化采购方法

前面分析了准时化采购方法的特点和优点，从中我们可以看到准时化采购方法和传统的采购方法的一些显著差别，要实施准时化采购，以下四点是十分重要的：

（1）看板管理是准时化采购最实用、有效的手段。

（2）选择最佳的供应商，并对供应商进行有效的管理是准时化采购成功的基石。

（3）供应商与用户的紧密合作是准时化采购成功的钥匙。

（4）卓有成效的采购过程、严格的质量控制是准时化采购成功的保证。

在实际工作中，如果能够根据以上四点开展采购工作，那么就可以成功实施准时化采购。

2）准时化采购步骤

想要成功实施准时化采购策略，除了要具备一定的前提条件外，还必须遵循一定的科学实施步骤。在实施准时化采购时，大体上可以遵循下面的这些步骤：

（1）创建准时化采购班组

准时化采购班组的作用，就是全面处理 JIT 采购有关事宜。要制定准时化采购的操作规程，协调企业内部各有关部门的运作，协调企业与供应商之间的运作。准时化采购班组除了采购部门的有关人员之外，还要由本企业以及供应商企业的生产管理人员、技术人员、搬运人员等共同组成。一般应成立两个班组：一个是专门处理供应商事务的班组，该班组的任务是培训和指导供应商的准时化采购操作，衔接供应商与本企业的操作流程，认定和评估供应商的信誉、能力，与供应商谈判、签订准时化订货合同，向供应商发放免检签证等；另外一个班组是专门协调本企业各个部门的准时化采购操作、制定作业流程、指导和培训操作人员，并且进行操作检验、监督和评估。这些班组人员，对准时化采购方法应有充分的了解和认识，必要时要进行培训。

（2）制订计划，确保准时化采购策略有计划、有步骤地实施

要制定采购策略以及改进当前采购方式的措施，包括如何减少供应商的数量、供应商的评价、向供应商发放签证等内容。在这个过程中，要与供应商一起商定准时化采购的目标和有关措施，保持经常性的信息沟通。

（3）精选少数几家供应商建立伙伴关系

供应商和制造商之间互利的伙伴关系，意味着双方之间充满了一种紧密合作、主动交流、相互信赖的和谐气氛，共同承担长期协作的义务。在这种关系的基础上，发展共同的

目标，分享共同的利益。

当然，这种互利的伙伴关系的建立需要经过长期的工作，要求双方有坚定的决心和奉献精神；同时，一个企业只能选择少数几个最佳供应商作为工作对象，抓住一切机会加强与它们之间的业务关系。

（4）进行试点工作

先从某种产品或某条生产线开始，进行零部件或原材料的准时化供应试点。在试点过程中，取得企业各个部门的支持是很重要的，特别是生产部门的支持。通过试点，总结经验，为正式的准时化采购实施打下基础。

（5）搞好供应商的培训，确定共同目标

准时化采购是供需双方共同的业务活动，单靠采购部门的努力是不够的，需要供应商的配合，只有供应商也对准时化采购的策略和运作方法有了认识和理解，才能获得供应商的支持和配合，因此，需要对供应商进行教育培训。通过培训，大家达成一致的目标，相互之间就能够很好地协调，做好采购的准时化工作。

（6）给供应商核发产品免检证书

在实施准时化采购策略时，核发免检证书是非常关键的一步。核发免检证书的前提是供应商的产品100%合格。为此，核发免检证书时，要求供应商提供最新的、正确的、完整的产品质量文件，包括设计蓝图、规格、检验程序以及其他必要的关键内容。

有些公司在核发免检证书的初始阶段，只发放单件产品的免检证，但是最终目标还是发放供应商的免检证，并完全免除采购物资中常规产品的进货检查。实现这个目标后，就只需对尚未获得免检证书的新产品和新零件进行进货检查，直到它们也达到免检要求为止。最后，所有采购的物资就可以从卸货点直接运至生产线上使用。

（7）实现配合节拍进度的交货方式

向供应商采购的原材料和外购件，其目标是要实现这样的交货方式：当正好需要某物资时，该物资就运抵卸货月台，并随之直接运至生产线，生产线拉动它所需的物资，并在制造产品时使用该物资。

（8）继续改进，扩大成果

准时化采购是一个不断完善和改进的过程，需要在实施过程中不断总结经验教训，从降低运输成本、提高交货的准确性、提高产品的质量、降低供应商库存等各个方面进行改进，不断提高准时化采购的运作绩效。

8.5.3 国外准时化采购的实施情况

为了对准时化采购的目的、意义和影响准时化采购的相关因素有一个初步的了解，下面来说明美国公司准时化采购的应用情况。

美国加利福尼亚州立大学的研究生对汽车、电子、机械等行业的企业的准时化采购情况做了一次效果问卷调查，共调查了67家美国公司。这些公司有大有小，其中包括著名的3COM公司、惠普公司、苹果计算机公司等。这些公司有的是制造商，有的是分销商，有的属于服务业，调查的对象为公司的采购与物料管理经理。调查的有关内容和类别如表8-4至表8-7所示。

表8-4 准时化采购成功的关键因素

问　题	肯定回答（%）
和供应商的相互关系	51.5
管理的措施	31.8
适当的计划	30.3
部门协调	25.8
进货质量	19.7
长期的合同协议	16.7
采购的物品类型	13.6
特殊的政策与惯例	9.6

表8-5 准时化采购解决的问题

问　题	肯定回答（%）
空间减少	44.8
成本降低	34.5
改进用户服务	34.5
及时交货	34.5
缺货问题	17.2
改进资金流	17.2
前置期缩短	10.3

表8-6 实施准时化采购困难的因素

问　题	肯定回答（%）
缺乏供应商的支持	23.6
部门之间协调性差	20.0
缺乏对供应商的激励	18.2
采购物品的类型	16.4
进货物品质量差	12.7
特殊政策与惯例	7.1

表8-7   与供应商有关的准时化采购问题

问　题	肯定回答（%）
很难找到好的供应商	35.6
供应商不可靠	31.1
供应商太远	26.7
供应商太多	24.4
供应商不想频繁交货	17.8

从以上调查报告不难得出以下几个方面的结论：

（1）准时化采购成功的关键是与供应商的关系，而最困难的问题也是缺乏供应商的合作。供应链管理所倡导的战略伙伴关系为实施准时化采购提供了基础性条件，因此，在供应链环境下实施准时化采购比传统管理模式下实施准时化采购更加有现实意义和可能性。

（2）难找到"好"的合作伙伴是影响准时化采购的第二个重要因素，如何选择合适的供应商就成了影响准时化采购的重要条件。在传统的采购模式下，企业之间的关系不稳定，具有风险性，影响了合作目标的实现。供应链管理模式下的企业是协作性战略伙伴，因此，为准时化采购奠定了基础。

（3）缺乏对供应商的激励是准时化采购的另外一个影响因素。要成功地实施准时化采购，必须建立一套有效的供应商激励机制，使供应商和用户一起分享准时化采购的好处。

（4）准时化采购不单是采购部门的事情，企业的各部门都应为实施准时化采购创造有利的条件，为实施准时化采购而共同努力。

实行准时化采购，效益非常好，操作非常简便，但是基础工作要求高，对人员的素质要求高，对管理水平要求高。我国企业由于信息化水平较低，实施供应链管理的基础比较差，所以，要开展准时化采购，需要从基础工作抓起，逐步创造条件，争取早日开展起准时化采购。

本章小结和学习重点与难点

准时化采购是一种很理想的采购模式，它有最大限度地消除浪费、降低库存、实现零库存的优点。本章主要讨论准时化采购的产生，准时化采购的原理、特点和优点，JIT采购中的质量管理，准时化采购技术的应用以及准时化采购实施的有关问题。

准时化生产方式的基本思想是"杜绝浪费""只在需要的时候，按需要的量，生产所需要的产品"。这也就是JIT的基本含义。这种生产方式的核心，是追求一种无库存生产系统，或是库存量达到最小的生产系统。

准时化采购是一种先进的采购模式，是一种管理哲理，它是把JIT生产的管理思想运用到采购中来而形成的一种先进的采购模式。它的基本思想是：在恰当的时间、恰当的地点，以恰当的数量、恰当的质量提供恰当的物品。

本章的学习重点是准时化采购的原理及实施。

本章的学习难点是JIT采购中的质量管理。

🌢 前沿问题　　　　　　实施JIT采购策略有哪些挑战?

实施JIT采购策略时，企业可能会面临以下挑战:

1.供应链不稳定

供应链中的各个环节可能存在供应不稳定的情况，例如，供应商延期交货、原材料短缺等，这会导致生产过程中的停工和生产计划的延误，进而影响到产品的及时交付。

2.库存管理困难

JIT采购模式要求企业在生产过程中保持最低的库存水平，以降低库存成本。然而，库存管理常常面临一些困难，例如，供应商交货延期、生产工艺变动等。

3.信息技术不完善

JIT采购实施成功的一个关键要素是供需双方存在高度的信息共享水平。但由于技术人才的缺乏和企业资金实力的有限，我国制造企业的信息化水平还处于比较落后的局面，并没有实现全面的信息化管理，导致信息交流中存在时间上的延误。

4.质量控制体系难以形成

JIT采购要求保证订单的质量，实行看板管理，需要企业员工随时审查供应商的质量保证能力。但由于供应商的独立性和产品工艺的保密性，供应商并不愿意让其他企业的员工过多地监督自己的车间生产，使得提交订单的企业难以形成一套完善的订单质量控制体系。

5.难以建立稳定的合作伙伴关系

JIT采购要求企业在选取供应商时尽量选择单源供应商，以增强企业和供应商间的信任。但在现实企业中，企业与供应商之间的关系更多的是竞争合作关系，供需双方企业所处地位并不对等，所以在合作过程中，处于优势地位的企业便会以一些手段压制对方，以使自己获取更多的利益。

6.对供应商的依赖性过大

采取单源供应虽然可以加强制造商与供应商之间的相互依赖关系，但也增加了对供应商的依赖性，一旦供应商出现问题，可能会对企业的生产造成严重影响。

7.对交货的准时性要求更加严格

JIT采购消除了原材料和外购件的缓冲库存，供应商交货的失误和送货的延迟必将导致企业生产线的停工待料，因此对供应商交货的准时性要求更加严格。

8.对信息交流的需求加强

JIT采购要求供应与需求双方信息高度共享，保证供应与需求信息的准确性和实时性。只有供需双方进行可靠而快速的双向信息交流，才能保证所需的原材料和外购件的准时按量供应。

这些挑战需要企业在实施JIT采购策略时予以重视，并采取相应的对策来克服，以确保JIT采购策略能够成功实施，提升企业的竞争力。

案例探讨　　　　　　海尔JIT采购策略

　　采购物流是生产过程的前端，也是整个物流活动的起点。目前很多企业仍在困惑的是用什么样的办法可以快速、高效地组织自己的采购物流，很多企业也上了一些物流信息系统，但作用甚小。这里介绍一个典型的案例——海尔公司的物流系统，希望给大家以启示。

　　1）三个JIT同步流程

　　海尔的三个JIT包括以下内容：

　　（1）JIT采购。何时需要就何时采购，采购的是订单，不是库存，是需求拉动采购。这就会对采购提出较高的要求，要求供应商网络比较完善，可以保证随时需要随时能采购到。

　　（2）JIT生产。JIT生产也是生产订单，不是生产库存。顾客下了订单以后，开始生产。答应五天或者六天交货，在这个期限内可以安排生产计划。只要原料供应的进度能够保证，生产计划就能如期完成。

　　（3）JIT配送。

　　三者有机地结合在一起，这种物流的流程跟传统的流程不一样，它完全是一体化的运作，而且海尔物流跟一般企业的物流还有比较大的差别。海尔对物流高度重视，把它提升到战略高度，也很舍得投资，去过海尔现场考察的人都会对它的立体仓储挑指称赞。流程化、数字化、一体化，是三个JIT流程的基本特色。

　　海尔怎么做JIT采购？

　　（1）全球统一采购。海尔产品所需的材料有15万个品种，这15万个品种的原材料基本上要进行统一采购，而且是全球范围内采购，这样做不仅能达到规模经济，而且能寻找到全球范围内的最低价格，采购价格的降低对物流成本的降低有非常直接的影响。

　　（2）招标竞价。海尔每年的采购金额有上百亿元人民币，它通过竞标、竞价，使采购价格下降5%，就可以直接提高利润，或者说其价格在市场上就更有竞争力。

　　（3）网络优化供应商。网络优化供应商就是通过网络在全球范围内选择和评估供应商。网络优化供应商比单纯压价重要得多，因为它的选择余地很大。海尔的JIT采购实现了网络化、全球化和规模化，采取统一采购，而且是用招标的方式来不断地寻求物流采购成本的降低。

　　海尔怎么做JIT生产？

　　在ERP模块，由市场需求来拉动生产计划，由生产计划来拉动原料采购，再要求供应商直送工位，一环紧扣一环。这就决定了生产速度会快，成本会低，效率会高。海尔完全实现了物流的一体化，包括采购、生产、销售、配送等的一体化。

　　海尔怎么做JIT配送？

　　海尔物流部门在内地有四个配送中心，在德国有配送中心，在美国也有配送中心，通过这些总的中转驿站——配送中心来控制生产。不做JIT采购就做不了JIT生产，而要做JIT生产和JIT采购，还必须有JIT配送。是JIT配送而不是JIT运输，因为运输是长距离的，配送是短距离的、是当地的。要做到按照生产的需要在当地做配送，随时需要随时送到，而且数量、规格要符合需要，这就对物流提出了比较高的要求。JIT生产、JIT

采购、JIT 配送就是要达到零库存。零库存不是库存等于零，而在于库存的周转速度，周转速度越快，相对来说库存量就越少。所以，JIT 配送是这一切的基础，采购、生产与配送必须同时具备 JIT 的条件，因此叫同步流程，流程再造的时候就要考虑到这三个方面。

在物流技术和计算机信息管理系统的支持下，海尔物流通过三个 JIT，即 JIT 采购、JIT 配送和 JIT 分拨物流来实现同步流程。通过海尔的 BBP 采购平台，所有的供应商均在网上接受订单，并通过网上查询计划与库存，及时补货；货物入库后，海尔物流部门可根据次日的生产计划利用 ERP 信息系统进行配料，同时根据看板 4 小时内送料到工位；海尔生产部门按照 B2B、B2C 订单的需求完成订单，满足用户个性化需求的定制产品通过海尔全球配送网络送达用户手中。海尔在中心城市实现 8 小时内配送到位，区域 24 小时内配送到位，全国 4 天内配送到位。

2）海尔物流管理的"一流三网"

"一流"是以订单信息流为中心；"三网"分别是全球供应链资源网络、全球用户资源网络和计算机信息网络。"三网"同步运行，为订单信息流的增值提供支持。

在海尔物流管理的"一流三网"的同步模式下，海尔实现了为订单而采购，消灭了库存。在海尔，仓库不再是储存物资的"水库"，而是一条流动的"河"，河中流动的是按订单采购来的生产所必需的物资，从根本上消除了呆滞物资、消灭了库存。海尔集团每个月平均接到 6 000 多个销售订单，这些订单的定制产品品种达 7 000 多个，需要采购的物料品种达 15 万多种。海尔通过合理的信息化管理，使呆滞物资降低了 73.8%，仓库面积减少了 50%，库存资金减少了 67%。海尔国际物流中心货区面积为 7 200 平方米，但它的吞吐量相当于 30 万平方米的普通平面仓库，海尔物流中心只有 10 个叉车司机，而一般仓库完成这样的工作量至少需要上百人。海尔通过整合内部资源、优化外部资源，使供应商由原来的 2 336 家优化至 978 家，国际化供应商的比例上升了 20%。海尔建立了强大的全球供应链网络，GE、爱默生、巴斯夫等世界 500 强企业都成为海尔的供应商，有力地保障了海尔产品的质量和交货期。不仅如此，更有一批国际化大公司以其高科技和新技术参与到海尔产品的前端设计中，可以参与产品开发的供应商比例已高达 32.5%。

（资料来源　佚名. 采购管理案例：海尔采购 JIT［EB/OL］.［2022-02-14］. https://www.renrendoc.com/paper/193993923.html？aggId=KNWHS80yLnSM@ZKtDFP_bVQ.）

思考题：

1. 海尔的三个 JIT 包括的内容有哪些？

2. 海尔是怎么做 JIT 采购的？

课后练习

（一）名词解释

准时化生产　准时化采购　电子商务

（二）填空题

1. 准时化采购包括供应商的_____以及制造过程、货物运输系统等一系列的内容。准时化采购不但可以减少库存，还可以_____、_____、_____、获得满意交货等效果。

2.进一步地减少并最终消除原材料和外购件库存，不仅取决于企业内部，而且取决于_____。准时化采购模式不仅对企业内部的科学管理提出了严格的要求，而且也对_____的管理水平提出了更高、更严格的要求。准时化采购不仅是_____，也是_____。

3.追踪供应商表现的具体过程会根据所购原材料的复杂性和货币价值而有所不同。下面几个因素是经常受关注的：_____；_____；供货表现；供货点的地理位置；价格结构。前两个因素最为重要。

4.准时化采购思想认为，凡是对商品不起增值作用或不增加产品附加值，但却增加劳动成本的劳动，都属于浪费的_____。

5.看板根据其服务对象划分，可以分为_____和_____。

(三) 单项选择题

1.与批量大小有关的另一个问题是货运成本。存在着一种误解，认为（　　）增加的货运成本要大于降低库存节约的费用。

A.按月供货　　　　B.按季度供货　　　C.按周供货　　　　D.按日供货

2.包装采用（　　）会影响产品的质量和生产率。

A.瓦楞纸盒　　　　B.纸板箱　　　　　C.普通包装盒　　　D.标准周转箱

3.所谓（　　），就是一张信息卡片，上面记录着商品号、商品名称、供应商和需求点、生产或要货数量、所用工位器具的型号、该卡片的周转张数等，以此作为取货、运输、生产的凭证和信息指令。

A.看板　　　　　　B.说明书　　　　　C.登记簿　　　　　D.包装纸

4.（　　）是拉动式准时化供应的重点方式之一，供应厂商按照看板指定的需要品种、需要数量、需要时间，直接送至用户生产线的需求点进行生产消耗，不是运到用户的仓库进行存储。

A.看板供应　　　　B.直接供应　　　　C.送货上门　　　　D.直送看板供应

5.在现代采购技术中，JIT采购是指（　　）。

A.订货点采购　　　B.准时化采购　　　C.供应链采购　　　D.电子商务采购

(四) 多项选择题

1.准时化采购可以通过不断减少（　　）来暴露生产过程中隐藏的问题，从解决深层次的问题上来提高生产效率。

A.采购资金　　　　B.原材料　　　　　C.外购件的库存　　D.库存的种类

2.准时化采购的基本特征有（　　）。

A.选择合适的供应商　　　　　　　　B.准时交货

C.小批量采购　　　　　　　　　　　D.单源供应

3.准时化采购一般只有在需要的时候（不提前，也不推迟）才订购所需要的产品，而且必须达到以下目的中的（　　）。

A.实现公司利益最大化　　　　　　　B.争取实现零库存

C.提高采购商品的质量，降低质量成本　　D.降低采购价格

（五）简答题

1.简述 JIT 的基本原理和内涵。

2.简述准时化采购环境下的供需合作关系。

3.简述准时化采购与传统采购的区别。

4.简述看板循环过程中的时间构成。

5.简述准时化采购的步骤。

（六）论述题

1.正确理解准时化采购中的8项业务活动是怎样影响质量的。

2.试述准时化采购的策略。

第9章 电子采购与招标采购

学习目标

通过本章的学习，应了解电子采购的含义和优势；掌握电子采购的几种不同模式及实施步骤；了解电子采购的未来发展。了解招标采购的内涵和分类，招标采购的特点与招、投标采购的条件和要求；掌握招、投标的基本程序，招标人与投标人的条件，招、投标采购文件的编写与递交，评标体系的建立及运作过程。

基本概念

电子采购　招标采购　招标公证　反向拍卖　招标文件　投标文件

引导案例　　　　　　　　比德电子采购平台

随着数字经济的快速发展，招标采购规模不断扩大，亟须市场化、专业化、集约化的电子招标采购平台承载日益增长的各类采购需求。同时，新冠疫情的发生再次加速数字化的步伐，各方主体对于招标采购全流程电子化的呼声日益高涨，企业数字化转型成为必然形势。

中国通信建设集团有限公司携手新点软件打造的比德电子采购平台，为国有企业在数字经济时代加快改造提升传统动能、培育发展新动能作出了坚实示范。近年来，比德平台能力不断升级，通过了国家最高认证级别三星认证，成为行业先锋，并陆续为中国铁塔、中国邮储、中国通服等多家大型央企国企采购交易工作数字化转型提供服务。

中国铁塔是全球最大的通信铁塔基础设施服务商，持续致力于国家信息化发展。中国铁塔通过在线商务平台对接比德平台，实现了各类型采购项目实施的全流程电子化，完成了从采购计划、采购方案、采购实施工作到采购结果的全量电子化供应链管理闭环。

目前，中国铁塔全集团在比德平台上完成的电子化采购项目约1.8万个；供应商购买采购文件超10万次；供应商成功投标近9万次。

电子招标采购平台与企业办公系统对接，实现管控数字化采购交易全流程的高效运转模式。比德平台+中国铁塔的采购模式证明，国企项目实施进场交易后，在采购流程环节标准化、场地规范化、降低廉政风险等方面均有了质的提升，有利于促进国有企业精益化管理和供应链优化。

数字技术赋能勾画智慧招采"五线谱"：

1.全种类采购方式选择

比德平台支持招标、比选、竞争性谈判、竞争性磋商、询价、竞价、单一来源采购等全类采购方式的标准化实施。

2.全流程电子采购实施

比德平台实现"招、投、开、评、定"全流程一站式电子化操作。具体包括公告公示及邀请函发布、采购文件及应答文件电子化制作、线上澄清答疑、线上开评标等。

3.全方位采购管理留痕

比德平台支持用户管理、需求和计划管理、实施管理、电子合同、归档管理、专家管理等采购管理功能，管理数据清晰留痕，方便查找。

4.远程异地评标系统

比德平台应用云平台架构、大数据、人脸识别、区块链、可视化、分布式计算等信息化技术，切实解决现场评标、系统评分的传统或半电子化评标模式，合法实现了评标专家远程分散评审、线上出具评标报告等关键动作，真正实现"无接触式电子化评审"。

5.电子保函+标证通

随着智慧招采的理念不断深入，比德平台适时推出"电子保函"及"标证通"业务。助力投标企业工作量减负，进一步深化招采全流程数字化。电子保函自2022年正式投入使用，已开具超460余份电子保函；标证通于2021年12月正式应用至今，企业办理量已突破10 000家。

（资料来源　新点智慧交易.【企业招标采购典型案例分享】——比德电子采购平台 促进国有企业精益化管理和供应链优化［EB/OL］.［2022-08-09］. https://mp.weixin.qq.com/.）

电子采购是企业实现电子商务的一个重要环节，它已成为B2B市场中增长最快的一部分。它将原来通过纸张进行的公示（情报公开）、投标、开标（结果公开）等，转换为利用因特网的电子数据。电子采购可以在因特网上完成投标手续，而招标和投标者在计算机前就可以实现招投标行为。电子采购开始于企业间的生产资料的采购，现在则推广到服务及事务用品等的采购领域。

当今世界，网络、通信和信息技术快速发展，因特网在全球迅速普及，使得现代商业具有不断增长的供货能力、不断增长的客户需求和不断增长的全球竞争三大特征。这一切将给企业传统购销活动带来重大冲击和挑战，进而引发企业购销模式的剧烈变革，电子采购这一新的采购方式应运而生。

电子采购已经引起了企业界的足够重视，实施电子采购成为建立企业竞争优势不可或缺的手段。电子采购的发展对全球经济的影响巨大。列美国零售业第二位的西尔斯（Sears）和欧洲第一位的家乐福联合成立B2B网上采购公司，共同在全球采购连锁经营商品，目的是降低企业的采购成本。那么，电子采购究竟有什么优势呢？如何实施呢？

9.1　电子采购概述

9.1.1　电子采购的含义及优势

1）电子采购的含义

所谓电子采购，就是用计算机系统代替传统的文书系统，通过网络支持完成采购工作的一种业务处理方式，也称为网上采购。它的基本特点是在网上寻找供应商和商品、网上洽谈贸易、网上订货甚至在网上支付货款。电子采购具有费用低、效率高、速度快、业务操作简单、对外联系范围宽广等特点，因而成为当前最具发展潜力的企业管理工具之一。

电子采购最先兴起于美国，它的最初形式是一对一的电子数据交换系统，即EDI。这种连接自己和供应商的电子商务系统的确大幅度地提高了采购的效率，但早期的解决方案价格昂贵，耗费庞大，且由于封闭性，其仅能为一个买家服务，令中小供应商和买家却步。近年来，全方位综合电子采购平台出现，并广泛地连接了买卖双方，提供电子采购服务。

2）传统采购模式的问题和电子采购的优势

（1）传统采购模式的问题

为了能够在今天竞争越来越激烈的商业环境里生存，企业必须在生产管理中降低成本，提高生产率，并以一种更具有战略性的方式进行经营。虽然许多企业已经实现了办公自动化，但是大部分企业在采购领域仍然实行手工操作，如以电话、传真、直接见面等方式进行信息交流。传统采购常常为以下问题所困扰：

① 低效率的商品选择过程。采购中，商品以及供应商的选择是一项费时费力的事情，采购人员需要到众多供应商的产品目录里查询产品及其定价信息。由于信息来源的多样性，如报纸、电视、熟人介绍等，收集、过滤信息一般要花费较长时间，而且可能还要消耗不少的人力、物力。

② 费时的手工订货操作。商品和供应商确定后，企业还要安排订货。以手工方式和纸面文件为基础的订货过程有时需要与供应商多次见面，以及多次传真、电话联系，才能正式下订单，而且下订单后很可能还需要监督订单的执行过程。

③ 不规则采购，易产生腐败现象。在一些企业，由于购买性资金使用不透明、不公开，随意性强，在采购过程中，往往是个人因素起决定作用，因此容易发生相互利用、权钱交易的情况。有些不按照正常的采购程序采购，如没有合同的非授权采购，使采购企业无法获得其采购合同谈判所带来的好处等。这些都给企业带来了经济上的损失。

④ 昂贵的存货成本和采购成本。由于采购过程的低效和费时，企业尤其是大企业常常大量采购，以应对未来之需。这样，很多企业需要一定的费用支持存货，而实际上，这些存货很可能在几个月后才能派上用场。此外，由于采购人员对供应商的比选不充分，采购商品和服务的价格很可能较高，使得采购商品和服务成本超出预计。

⑤ 冗长的采购周期。采购过程中复杂的手工审批、评标过程，导致了过长的采购和订货周期，削弱了企业在这个"时间就是金钱"的商业社会中的竞争优势。

⑥ 复杂的采购管理。在传统的采购模式下，一般企业都会建立一套分级采购审批程序，以防止采购费用的过度支出及滥用职权，这种审批程序为本来就低效和费时的采购又加上了新的枷锁。

⑦ 难以实现采购的战略性管理。采购作为企业整体运行的一部分，需要纳入企业的整体战略管理，但是由于采购的数据收集和处理费时，采购战略难以实现。

从整体上看，传统的采购模式还将面对中间商过多的问题。这增加了商品的流通费用，进而使贸易成本上升，损害了最终消费者和采购人的利益。

（2）电子采购的优点

电子采购从根本上改变了商务活动的模式。它不仅将间接商品和服务采购过程自动化，极大地提高了效益，降低了采购成本，而且使企业在一定程度上避免因信息不对称而引起的资源浪费，有利于社会资源的有效配置，便于企业以更具有战略性的眼光进行采购。电子采购给企业带来的好处（对购买方而言）包括以下几个方面：

① 节省采购时间，提高采购效益。企业实施电子采购是提高效率最直接、最易于实现的手段。计算机代替手工，减少了简单劳动的工作量，提高了速度。自动化系统替代了订单登记员、应付账款部门等人员阅读、输入数据、计算、统计等人工劳动，消除了邮寄或其他形式文件传递的时间，提高了效率。电子采购实现了采购信息的数字化、电子化以及数据传送自动化，减少了人工重复录入工作量，使人工失误的可能性降到最低限度。电子采购实施过程中的流程再造，简化了业务流程。以东风集团公司为例，以前需要5个计划员做半个月的工作，应用电子采购供应系统后只需要2天，并且降低了错误率，减少了损失。

② 采购成本显著降低。电子采购由于建立了用户和商家直接进行沟通和比选的平台，减少了中间环节，节省了时间，从而使采购成本明显降低。大量数据表明，电子采购迅速为企业带来了巨大的成本节约。

③ 优化了采购及供应链管理。电子采购管理提供了有效的监控手段。很多大型企业和企业集团都会面临这样的矛盾：由于企业规模大、部门多，采购物资种类庞杂，需求不定，严格监控必然导致效率低下；反之，则管理混乱。电子采购在提高效率的同时，使各部门甚至个人的任何采购活动都在实时监控之下，有效堵住了管理漏洞，减少了采购的随意性，变事后控制为过程控制，同时提高了企业供应链管理水平。由于电子采购的计划性加强，周期缩短，货物能够根据计划时间更准确地到达现场，实现零库存生产。

④ 加强了对供应商的评价管理。电子采购扩大了供应商资源。采购信息的公开化，能够吸引更多的供应商。供应商静态数据库的建立为企业采购提供了方便的查询手段，帮助企业及时准确地掌握供应商的变化，同时也为供应商选择提供了决策支持。

⑤ 增强了服务意识，提高了服务质量。质量可靠的原材料、零部件是企业产品质量的基本保证。由于电子采购杜绝人情、关系、回扣等因素的影响，因此促进了供应商的公平竞争。对供应商管理的完善也促使供应商重视质量和服务管理，以免在客户的供应商档案管理里留下不好的记录。企业通过互联网建立与供应商的直接联系，减少了对中间商的依赖。

⑥ 增加交易的透明度，减少"暗箱操作"。电子采购为采购管理提供了有效的控制手段，实现了公开、公平、公正的规范化采购。通过公平竞争，可以形成市场良性循环，带来的影响往往是连带性的和多方面的。

3）电子采购的程序

一个典型的电子采购程序包含以下几个步骤：提交、分析并确定采购需求；选择供应商；确定合适的价格；签署采购合同；跟踪交货过程，确保交货；货物入库；付款。下面简单对其中几个步骤加以解释：

（1）提交采购需求

最终用户通过填写在线表格提出采购物料的要求。对于经常采购的商品，可以建立一个特别的目录供用户选择，以方便最终用户提出采购申请。

（2）确定采购需求

根据企业预先规定的采购流程，采购申请被一次性自动地传送给各个负责人请求批准。

（3）选择供应商

一旦采购申请得到认可，采购人员可以按不同情况采取两种方式：若所需采购的物料已有了合同供应商，则该申请转化成订单自动发送给供应商；若所需采购的物料没有固定的供应商，采购人员需通过该企业的采购网站或在因特网上寻找供应商，这种方法比通过行业杂志寻找或等着推销员上门推销要快捷、高效。采购人员不仅能从网上得到供应商的价格和数量信息，还可以得到采购决策所需的数量、价格和功能要求等信息，并且可以在采购系统生成的供应商比较报告的辅助下进行决策。

（4）下订单

在确定了供应商之后，订单会通过电子邮件等方式传送给供应商。

（5）订单跟踪

有些信息系统较为完善的供应商会反馈给采购方一个订单号，采购人员可以通过订单号追踪订单的执行情况直至交货。

（6）电子支付

如果连接了银行系统，则可进行电子支付，完成采购全过程。

9.1.2 电子采购的模式

基于网络的采购有以下几种主要的模式，不同的公司可根据自己特定的市场环境选择不同的模式：

1）卖方一对多模式

卖方一对多模式是指供应商在互联网上发布其产品的在线目录，采购方则通过浏览来取得所需的商品信息，以作出采购决策，并下订单。卖方一对多模式如图9-1所示。

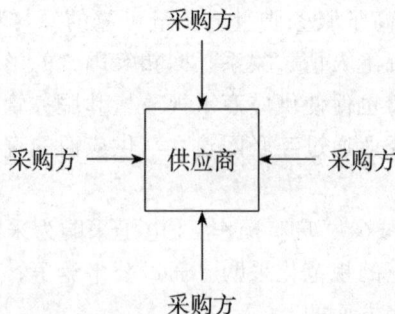

图9-1 卖方一对多模式

在卖方一对多模式中，作为卖方的某个供应商为增加市场份额，开发了自己的因特网网站，允许大量的买方企业浏览和采购自己的在线产品。买方登录卖方系统通常是免费的。这种模式的例子有商店或购物中心。

对买方企业而言，这种模式的优点在于容易访问，并且不需要任何投资；缺点是难以跟踪和控制采购开支。它们仍然不得不寻找供应商的网站，登录之后，通过目录网络手工输入订单。每个购买者每次都必须输入所有相关的扼要信息：公司名称、通信地址、电话号码、账户等。很明显，对于拥有几百个供应商的公司，就要访问几百个网站，不停地重复输入信息，然后更新自己内部的ERP系统。

随着电子市场的普及，这种模式采用了新的以XML为基础的标准，使购买者的ERP系统接受简单的文件形式（如采购订单、收据）成为可能。同时，因为采购程序包括其他许多相互作用的形式（如折扣、合同术语、买者、运输和接货安排），能够获得更高水平的相互操作能力，达成更加一致的信息交流议定书标准。

这种模式可能产生的问题是：虽然因特网采购形式和雇员采购ORM材料变得简单易行，但这种采购方式容易导致滥用权力，如职员可能绕过公司采购政策随意从在线供应商那里采购。

2）买方一对多模式

买方一对多模式是指采购方在互联网上发布所需采购产品的信息，供应商在采购方的网站上登录自己的产品信息，供采购方评估，并通过采购方网站双方进行进一步的信息沟通，完成采购业务的全过程，如图9-2所示。

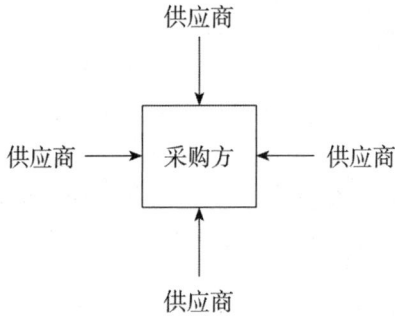

图9-2　买方一对多模式

与卖方一对多模式不同，买方一对多模式中采购方承担了建立、维护和更新产品目录的工作。虽然这样花费较多，但采购方可以更好地控制整个采购流程。它可以限定目录中所需产品的种类和规格，甚至可以给不同的员工在采购不同产品时设定采购权限和数量限制。另外，员工只需通过一个界面就能了解到所有可能的供应商的产品信息，并能方便地进行对比和分析。同时，由于供求双方是通过采购方的网站进行文档传递，因此采购网站与采购方信息系统之间的无缝链接将使这些文档流畅地被后台系统识别并处理。

但是，在买方一对多模式中，买方需要大量的资金投入并支付系统维护成本，并且需要大量买卖之间的谈判和合作，这是因为买方实际上已经负责维护当前产品的可获得性、递送周期和价格说明。

买方一对多模式适合大企业的直接物料采购，其原因如下：首先，大企业内一般已运行着成熟可靠的企业信息管理系统，因此与此相适应的电子采购系统应该与现有的信息系统有着很好的集成性，保持信息流的通畅。其次，大企业往往处于所在供应链的核心地位，只有几家固定的供应商，且大企业的采购量占了供应商生产量的大部分，因此双方的关系十分密切，有助于保持紧密的合作关系。最后，大企业也有足够的能力承担建立、维护和更新产品目录的工作。

3）第三方系统门户

门户（Portals）是描述在Internet上形成的各种市场的术语。独立门户网站是通过一个单一的整合点，多个买方和卖方能够相遇，并进行各种商业交易的网站站点，它已成为IT业和信息经济发展中最具影响力的事物之一，其结构如图9-3所示。门户网站模式是Internet上全世界范围内任何人都可进入的单个网站站点，它允许任何人参与或登录并进行商业交易，但是要交一定的费用，按交易税金或交易费的百分比来计算。门户网站上的主要内容有查看目录、下订单（在线拍卖的情况下称为竞标）、循序交货、支付等。

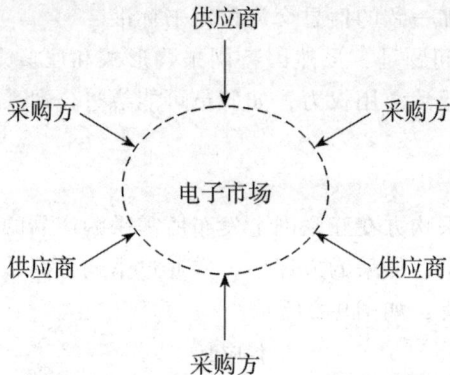

图9-3 第三方系统门户

为了改进市场中买卖交易的效率，在Internet上有两类基本门户：

（1）垂直门户

垂直门户（Vertical Portals）是经营专门产品的市场，如钢材、化工、能源等，它通常由一个或多个本领域内的领导型企业发起或支持，力求成为关心某一领域（或地域）内容的人上网的第一站。例如，专注汽车的"汽车之家"、专注工程机械的"中国工程机械商贸网"等都是典型的垂直门户。

化工行业是在线市场发展的早期领导者。它与其他行业相比有一个明显的优势：化工产品绝大部分都符合国际标准，如商标名称、质量、内容和数量，因而可以更容易地采用在线交易。另外，急需发展电子市场的行业还包括汽车、能源、高科技制造、信息技术、出版、冶金、航天、金融服务、卫生保健服务等。

垂直门户交易市场有一个明显的优势：买方或卖方（生产商）自己作为发起资助人，都倾向于从供应商向其行业的高效供应中获得巨额收益。

（2）水平门户

水平门户（Horizontal Portals）集中了种类繁多的产品，其主要经营领域包括维修和生产用的零配件、办公用品、家具、旅行服务、物业帮助等，如Ariba、Commerce One和Free Markets等B2B网络采购市场都是水平门户。

水平门户一般由电子采购软件集团或这些间接商品和服务供应领域内的领导者发起资助。

这种类型的交易中心通常是通过向每份交易收取1%~15%的交易费来获得收入的，具体比例的大小依赖于交易量和交易商品的种类。即使这样，电子交易的成本还是比通过传统销售渠道交易的成本低。

4）企业私用交易平台

企业私用交易平台类似电子数据交换（EDI）系统，EDI系统是大型企业长期以来使用的主机式应用程序，以电子方式交换订单、库存报表与其他资料。企业私用交易平台和EDI网络类似，能减少沟通的时间与成本，使合作厂商以标准格式，实时分享文件、图表、电子表格与产品设计。同时，企业私用交易平台还能实现国际网络平台的功能与EDI系统的安全性的结合。

和开放式 B2B（由第三方策划）以及企业联盟（由买方、供应商或两者共同拥有）不同，企业私用交易平台能让积极参与者掌控大权——这样的安排能使企业将工作重点放在流程而非价格上。由于企业私用交易平台架构中的供应商仅包括受邀访客和网站站主，这就意味着买方可以选择交易对象，甚至可能已于网络外完成商谈。

5）反向拍卖

一般地，网上拍卖网站通常会提供两种拍卖方式：一般拍卖方式和集体议价方式。有的拍卖网站还提供另一种拍卖方式：反向拍卖。一般拍卖指的是供应商提供商品参加拍卖，购买方进行竞价购得商品，此时一般采用加价式竞价来决定最终购买方和购买价格。

反向拍卖指的是购买方到网站登记需求进行拍卖，而供应商进行竞价来争取订单。这时，一般会采用减价式竞价来决定最终供应商和价格。

网上拍卖有以下两个主要优点：

（1）提高速度。对于经历招投标这一烦琐过程的人来说，在线方法的价值就很明显了：不再需要花费几个月来接收和核定供应商的答复，整个流程一个多小时就可以完成。

（2）节约成本。对于购买者来说，在线反向拍卖的方法避免了与成千上万家小公司打交道的管理成本。同时，拍卖的方式也促使商品价格大幅下降。

当然，反向拍卖也有其缺点：

（1）过分关注价格，忽视与供应商的关系。拍卖的透明、公开的特性以及只关注价格的短期行为，很难保证所采购的商品具有竞争优势，供应商也很难与买方维持任何亲密关系。

（2）预测的困难。采用在线反向拍卖这种形式，需求方很难预测最终价格，每天都可能产生一个完全不同的竞标价格。

网上拍卖通常适用的是间接商品，有时也会用于直接原材料。这种实时竞标的形式最适合批量大的普通商品，由于批量大，因此在价格上的一点点差别也会积累成一个可观的数目。

9.1.3　电子采购的方式

电子采购最基本的方式，一是网上查询采购，二是网上招标采购。

网上查询采购就是采购者上网，查找供应商和商品，进行商品考察，与供应商联系洽谈、签订合同，然后实施合同而完成采购的一种采购方式。

网上招标采购就是采购者建立网站，或者租用别的网站，发布采购公告，招徕各地的供应商投标，然后对各个投标的供应商进行竞标选择，确定最后的供应商，签订采购合同，最后采购合同实施而完成购买的采购方式。

这两种采购方式，前者简单方便、成本低、时间短、效率高、采购量小，适合于绝大多数消费者个人以及一些企业对于日常用品的采购，例如在网上超市，网上书店，网上节日用品商店，软件、娱乐、书刊等数字物品商店等的采购；后者比较正规复杂、成本高、采购慢、时间长，但是采购量大、持续供应时间长，对产品和供应商要求高，一般适用于企业和政府对大批量用品的采购。

1）网上查询采购

网上查询采购是一种最常用的网上采购方式，其一般步骤如下：

（1）确定需求

首先要明确采购什么及采购要求，需要进行事先的计划，也可在浏览网站时无意中发现很喜欢的商品而临时决定购买。事先做好计划，便于有效地寻找供应商和商品。

（2）上网

网上查询采购可以没有自己的网站或网页，只要能上网即可。现在一般用浏览器登录 Web 网，打开浏览器，例如 Microsoft Internet Explorer，输入想登录网站的网址即可登录。

（3）查询供应商

上网查询供应商的方式如下：

① 如果已经知道供应商的网站地址（网址），则只要打开浏览器，输入供应商的网址，就可以直接登录到供应商的网站上。

② 如果不知道供应商的网站，或者虽然知道一些供应商，但是还想查询更多的供应商，则这时可以采用搜索方式查询。查询新的供应商的方式有：

A.通过一些搜索网站查询。登录一些知名的搜索网站，如网易（163.com）、搜狐（sohu.com）、百度（baidu.com）、新浪（sina.com）等，在其网站搜索框中填写你所需要采购的产品名或产品大类名，点击"搜索"，就可以显示多个网站及其简介，从中查询供应商的网站。

B.通过浏览器搜索菜单查询。如果你已经通过 Microsoft Internet Explorer 进入了一个网站，例如你自己的网站，就可以点击浏览器菜单上的"搜索"菜单，再输入产品名或产品大类名，也会显示多个网站及其简介。

C.通过浏览器网址框查询。如果你已经通过 Microsoft Internet Explorer 进入了一个网站，则直接在其网址框中输入产品名或产品大类名，将会显示多个网站及其简介。

D.通过网站导航查询。在一些网站，特别是行业性网站，常常有"网站导航"，其中会链接一些供应商的网站，点击就可进入供应商的网站。

（4）查询商品、调查供应商

登录到供应商的网站以后，首先看有没有所需要的商品。要查看商品说明、性能、价格等，作初步调查。如果商品不合适，就另找供应商；如果有合适的商品，就要深入调查一下这个供应商，查看企业介绍、企业业绩等情况。如果对企业不满意，也需另找供应商；如果认为企业比较满意，就可初步选定供应商及商品。

（5）与选定的供应商接洽，进行采购谈判

可以通过网站上的用户服务窗口与供应商对话，或者发电子邮件，或者配合打电话，与供应商就采购有关问题进行沟通，根据洽谈的结果决定是否采购。

（6）签订合同

通过谈判，最后达成协议，若决定采购，就要签订采购合同；或者直接点击供应商网站上的"购买"框，就可进入购买实施阶段。

（7）采购实施

签订了合同，或者点击了"购买"之后，就进入购买实施阶段。

购买实施，一个是商品配送，另一个是支付货款。可以在网上支付，也可以在货物送到手、验收合格之后，当面支付。

这样，就完成了一次网上查询采购的全过程。

2）网上招标采购

网上招标采购是通过发布采购公告，招徕供应商上门而选择供应商进行采购的一种方法，具体又可分为两种：一种是非正规招标；另一种是正规招标。

非正规招标并不是真正意义上的招标，它只是在自己的网页上发布采购物资的公告，吸引供应商上门，直接商谈采购事宜，没有投标竞标过程。实际操作与网上查询采购相似，与之不同的是由供应商查询找上门来商谈采购。

正规招标采购是采购商在自己的网站上或租用他人的网站发布招标采购公告，招徕供应商上门前来投标，通过竞标评标选择供应商而完成采购的购买方式。正规招标按招标范围又可以分为公开招标和选择招标两种方式。

公开招标是面向所有的供应商招标，招标书可以发给任何想来投标的供应商；选择招标是面向初步选定的若干供应商，招标书只发给指定的供应商。

网上招标采购的一般步骤如下：

（1）建立电子商务网站

建立企业内部网，建立起管理信息系统，实现业务数据的计算机管理。建立起企业的电子商务网站，在电子商务网站的功能中，应当有电子商务采购的功能。

（2）确定招标采购任务

利用电子商务网站和企业内部网络收集企业内部各个单位的采购申请。对企业内部的采购申请进行统计分析，对需要进行招标采购的项目进行论证，形成招标采购任务。

（3）对网上招标采购任务进行策划和计划

① 明确招标采购的任务、目的、必要性和可能性，并进行分析。

② 确定招标采购程序、时间进度，确定招标方式，是采用选择招标还是公开招标。如果是选择招标，则要初步选定备选供应商名单。

③ 设计招标采购公告、采购招标书和采购合同。招标采购公告应简练明确，主要说明招标内容、投标方法、时间进度、公司名称与地址、联系方式等；采购招标书主要说明招标任务、内容和要求、招标程序、时间进度、投标书规范、投标者注意事项、采购合同样本以及评标原则、标准和定标方法等；采购合同设计主要是确定一个采购应达到的基本目标和基本条款，确定一个可以接受的浮动范围。

④ 确定评标小组、评价指标体系和评标方法。评标小组应当由一些采购方面、市场方面、管理方面和技术方面的专家组成，人数5~7人，成单数，以便进行表决。评价指标体系应当由评标小组集体讨论，兼顾采购方管理层的意见后最后确定。如果各个指标的重要性不一样，则每个指标还要分别设定权重。评标方法有两种：一是简单表决法；二是专家评分法。简单表决法是由评标小组各个评委分别阅读投标书，再结合听取供应商的答辩陈述之后，进行集体表决，票数多的为优；专家评分法是由评标小组各个评委分别阅读投标书，或者再集体听取供应商的答辩陈述，分别给每个指标评分，最后加权平均，得分最

高的供应商为优。专家评标,可以各自隔离在网上评阅或集体隔离书面评阅。

(4)按既定的采购计划程序实施

① 发布招标公告。对于公开招标方式,可以在自己的网站上发布,也可在一些知名网站上发布或链接,还可配合在一些媒体上发布以扩大宣传范围。如果是选择招标,则不发布招标公告,而是向初步选定的供应商用快递方式投送招标邀请函。快递方式可留下投递责任人的签字,以便确认是否投递到位。

② 投放招标书。公开投标方式中的招标公告发布以后,或者选择招标方式中初步选定的供应商收到招标邀请函以后,陆续会有投标的供应商来联系购买招标书。这时招标办公室应当审核确认,并在收取一定押金之后,给投标的供应商一个密码,让其能够打开网站中存放的招标书文件,进行查阅或下载,通过这种方式把招标书投放到愿意投标的供应商手中。

③ 收集投标书。供应商阅读了招标书以后,根据招标书的要求编写自己的投标书。供应商的投标书应当在投标截止之日前投送到招标办公室。

④ 组织评标小组根据评价指标体系进行评标。

⑤ 公布评标结果。

⑥ 通知中标单位,订立采购合同。

⑦ 采购合同实施。采购活动的实施可以网上网下结合进行。网上搞信息联系,网下搞送货。网下进货程序和其他采购方式相同。

利用电子商务网站进行招标采购,其优点是显而易见的:

第一,能够在更大范围内选择供应商和产品,并且通过竞争进行筛选,所以能够找到最好的供应商、最理想的产品。

第二,遵照公开的程序和规则进行处理,对所有的供应商一视同仁,体现了公开、公平、公正的原则。

第三,借助互联网为买方和卖方提供了一个建立快速联系的环境条件,使信息沟通、采购操作方便快捷,降低了成本,提高了效率。

9.2 电子采购方案的实施

9.2.1 实施电子采购的技术支持

电子采购是集计算机技术、多媒体技术、数据库技术、网络技术、安全技术、密码技术、管理技术等多种技术于一体在电子商务中的应用,因此要实现电子采购必须依靠下列技术支持:

1)数据库技术

数据库的作用在于存储和管理各种数据,支持决策,在电子商务和信息系统中占有重要的地位,是实现电子采购必不可少的技术条件。数据库技术随着业务流程的变化而不断改进,从最初的手工管理发展到现在的数据仓库。数据库技术是因企业的需求和技术的成熟而产生的，它包括数据仓库技术、联机分析处理技术和数据挖掘技术。这些数据库技术对提高整个信息系统的效率有很大的影响。大量的信息一般以数据的方式存储，各种数据的特点不同，被使用的情况不同。在电子采购中，存在供应商数据、采购物资数据、内部物资需求数据等，有效地组织好这些数据才能更好地支持采购决策的制定和实施。随着企业上网进行商务活动，Web 数据库产生了，它结合了 Web 具有的数据量大、类型多的特点和成熟的数据库管理系统，前端是界面友好的 Web 浏览器，后台是成熟的数据库技术。

2）EDI 技术

企业与企业之间的交易谈判、交易合同的传送、商品订货单的传送等都需要 EDI 技术。

EDI 是指具有一定结构特征的数据信息在计算机应用系统之间进行的自动交换和处理，这些数据信息被称为电子单证。EDI 的目的就是以电子单证代替纸质文件，进行电子贸易，从而在很大程度上提高商务交易的效率并降低费用。在 EDI 中，计算机系统是生成和处理电子单证的实体；通信网络是传输电子单证的载体；标准化则将生成的电子单证按规定格式进行转换以适应计算机应用系统之间的传输、识别和处理。

3）金融电子化技术

电子采购过程包括交易双方在网上进行货款支付和交易结算，金融电子化为企业之间进行网上交易提供保证。在全球供应链网络中，交易双方可能相隔很远，双方货款只有通过银行系统来结算，银行在企业间的交易中起着重要的作用，它们处理业务的效率将直接影响到企业的资金周转，构成影响供应链资金流动的因素之一。可见，银行是电子采购、电子商务必不可少的组成部分。

4）网络安全技术

企业上网采购，在进行合同签订、合同传递、订购款项支付等的过程中，网上信息是否可靠、真实，是企业十分关心的问题。安全问题极为重要，信息失真会给交易双方带来风险，甚至造成重大经济损失。

网络安全技术是实现电子商务系统的关键技术，其中包括防火墙技术、信息加密与解密技术、数字签名技术等。目前，一个安全的电子商务系统首先必须具有一个安全可靠的通信网络，以保证交易信息安全迅速地传递；其次必须保证数据库服务器的绝对安全，防止网络黑客闯入窃取信息。在基于网络的电子交易中，由于交易各方不进行面对面的接触且有时不使用现金支付，这就对电子交易的可靠性和安全性提出很高的要求。客户要求保证信息不被非法篡改；保证只有其目标接受方才可能收到其发送的信息，而不被非法窃取；商户能够验证信息确实来自合法的客户，从而使对方对此信息的发送不能否认，双方均需对彼此合法身份进行验证。这就是网络安全四大要素：传输保密性、数据完整性、信息不可否认性、证明交易原始性。

5）计算机及网络技术

网上实现采购和企业内部与采购相关的信息传递、处理都离不开计算机。计算机硬件性能增强，提高了信息处理速度和准确性；软件功能的完善，不但大大方便了操作，也使其操作界面更加友善。

电子采购的网络基础包括局域网技术、广域网互联、接入技术和网络通信协议。在局域网方面，一般参考和引用ISO/OSI模型，结合本身特点制定自己的具体模式和标准。

广域网互联是把跨地区、跨国的计算机和局域网连接起来，所涉及的技术有ISDN（Integrated Services Digital Network，综合数字业务网）、ADSL（Asymmetric Digital Subscriber Line，非对称数字用户线）、DDN（Digital Data Network，数字数据网）等。ISDN把语音、数据和图像等通信综合在一个电信网内。在ISDN中，全部信息都以数字化的形式传输和处理。ISDN分为窄带和宽带两种。传输速率在2Mb/s以下的为窄带ISDN，即N-ISDN。传输速率在2Mb/s以上的为宽带ISDN，即B-ISDN，它采用ATM技术，可以满足电视会议、广播电视和高速数据传输的需求。ADSL是一种高速的Internet解决方案，它使用普通电话线作传输介质。ADSL的下行速率可达10Mb/s。DDN是利用光纤或数字微波、通信卫星组成的数字传输通道和数字交叉复用节点组成的数据网络。DDN可为用户提供各种速率的高质量数字专用电路和其他业务，满足用户多媒体通信和组建中高速计算机通信网的需求。

接入技术负责将用户的局域网或计算机与公用网络连接在一起，对于企业来说就是企业的内部局域网同Internet连接。它要求有高的传输效率，随时可以接通或迅速接通，且价格便宜。

9.2.2 实施电子采购的步骤

有的企业可能认为目前自己的信息化程度低，怀疑可不可以做电子采购。这个问题有三个不同层次的答案。因为电子采购可以是一个独立的系统，企业可以没有ERP（企业资源计划）的基础，没有SCM（供应链管理），甚至最起码的OA（办公自动化）都没有，但企业只要可以上网就行。另外，一些大型企业集团可以建立一个完整的采购平台，将整个采购业务流程纳入其中。当然，国内几家大的行业巨头也可以联合起来建一个更大的联合采购平台，为所有制造商和供应商提供门户功能、目录管理功能、交易功能、协作功能以及诸多的增值服务，以实现更大范围的利益共享。

企业实施电子采购的步骤一般可以从以下几方面考虑：

1）提供培训

很多企业只在系统开发完成之后才对使用者进行应用技术培训，但是国外优秀企业和国内一些成功企业的做法表明，事先对所有使用者提供充分的培训是电子采购成功的一个关键因素。培训内容不仅包括技能方面的知识，更重要的是让员工了解将在什么地方进行制度革新，以便将一种积极的、支持性的态度灌输给员工。这将有助于减少未来项目进展中的阻力。

2）建立数据源

建立数据源是为了在互联网上实现采购和供应管理功能而积累数据。其内容主要包括：供应商目录、供应商的原料和产品信息、各种文档样本、与采购相关的其他网站、可检索的数据库、搜索工具。

3）成立正式的项目小组

项目小组需要由高层管理者直接领导，其成员应当包括项目实施的整个进程所涉及的各个部门的人员，包括信息技术、采购、仓储、生产、计划等部门，甚至包括互联网服务提供商（ISP）、应用服务提供商（ASP）、供应商等外部组织的成员。每个成员对方案选择、风险、成本、程序安装和监督程序运行的职责分配等进行充分交流和讨论，以取得共识。实践证明，事先做好组织上的准备是保证电子采购顺利进行的前提。

4）广泛调研，收集意见

为做好电子采购系统，应广泛听取各方面的意见，包括有技术特长的人员、管理人员、软件供应商等，同时要借鉴其他企业行之有效的做法，在统一意见的基础上，制订和完善有关的技术方案。

5）建立企业电子采购网站

在企业的电子采购系统网站中，设置电子采购功能板块，使整个采购过程中管理层、相关部门、供应商及其他相关内外部人员始终保持动态的实时联系。网站所包括的内容如表9-1所示。

表9-1 企业电子采购网站包括的内容

提供给供应商的内容	只有内部人员可以访问的内容
• 网站任务阐述	• 内部政策和程序
• 公司或者组织的地址与目录	• 与内部目录和供应商目录的链接
• 供应商信息及注册过程	• 完整的合同
• 供应商政策	• 采购申请信息和工具
• 标准形式的文档，如报价单	• 与其他采购工具和网站的链接
• 如何实现购买的帮助信息	• 内外部以纸为媒介的文档（以便于快速更新）
• 采购信息链接	

6）应用前测试所有功能模块

在电子采购系统正式应用之前，必须对所有的功能模块进行测试，因为任何一个功能模块存在问题，都会对整个系统的运行产生很大的影响。

7）培训使用者

对电子采购系统的实际操作人员进行培训也是十分必要的，这样才能确保电子采购系统顺利实施。

8）网站发布

利用电子商务网站和企业内部网收集企业内部各个单位的采购申请。对这些申请进行统计整理，形成采购招标计划，并在网上进行发布。

9.3 招标采购概述

招标投标制作为市场经济条件下一种重要的采购及竞争手段，应用于企业、政府、军队、科研事业单位和联合国总部等的采购工作中，可有效地节约采购资金，杜绝关系货、人情货，切实保证采购商品货比三家，争取采购商品质量和价格达到最优化。招标采购是国家大力推行的采购方式，具有公开、透明、公平、公正的性质，那么如何进行招标采购呢？它涉及哪些问题呢？

9.3.1 招标采购的内涵、分类及特点

1）招标采购的概念

招标采购是通过在一定范围内公开购买信息，说明拟采购物品或项目的交易条件，邀请供应商或承包商在规定的期限内提出报价，经过比较分析后，按既定标准选择条件最优的投标人并与其签订采购合同的一种采购方式。

招标采购是在众多的供应商中选择最佳供应商的有效方法，它体现了公平、公开和公正的原则。通过招标程序，招标企业可以最大限度地吸引和扩大投标方之间的竞争，从而使招标方有可能以更低的价格采购到所需要的物资或服务，更充分地获得市场利益。招标采购方式通常用于比较重大的建设工程项目、新企业寻找长期物资供应商、政府采购或采购批量比较大等场合。

2）招标采购的分类

不同的招标采购模式具有不同的特点和运作方式，企业在具体操作中往往根据自身特点进行选择。总体来看，目前世界各国和相关国际组织的有关采购法律、规则都规定了公开招标、邀请招标、议标等三种招标投标方式。

（1）公开招标

公开招标又叫竞争性招标，即由招标人在报刊、电子网络或其他媒体上刊登招标公告，吸引众多企业单位参加投标竞争，招标人从中择优选择中标单位的招标方式。实施公开招标采购后，交易在"阳光"下进行，质量低劣的商品就无法进入采购范围。另外，公开招标把采购商品置于公众的监督之下，企业采购商品的机密变成公开的经营活动，而这一活动又必然引起社会公众的关注，使企业能够在社会公众中树立廉洁高效的良好企业形象。按照竞争程度，公开招标可分为国际竞争性招标和国内竞争性招标。

①国际竞争性招标。这类招标方式是在世界范围内进行招标，国内外合格的企业均可以投标。它要求招标者制作完整的英文标书，在国际上通过各种宣传媒介刊登招标公告。例如，世界银行对贷款项目货物及工程的采购规定了三个原则：必须注意节约资金并提高效率，即经济有效；要为世界银行的全部成员提供平等的竞争机会，不歧视投标人；有利于促进借款国本国的建筑业和制造业的发展。世界银行在确定项目的采购方式时都从这三个原则出发，其中国际竞争性招标是采用最多、占用采购金额最大的一种方式。

国际竞争性招标的特点是高效、经济、公平。世界银行根据不同国家和地区的情况，规定了凡采购金额在一定限额以上的货物和工程合同，都必须采用国际竞争性招标。对一般借款国来说，25万美元以上的货物采购合同、大中型工程采购合同，都应采用国际竞争性招标。我国的贷款项目金额一般都比较大，世界银行对中国的国际竞争性招标采购限额也放宽一些，工业项目采购凡在100万美元以上，均应采用国际竞争性招标来进行。

②国内竞争性招标。这类招标方式可用本国语言编写标书，只在国内的媒体上登出广告，公开出售标书，公开开标。它通常用于合同金额较小（世界银行规定一般50万美元以下）、采购品种比较分散、分批交货时间较长、劳动密集型产品、商品成本较低而运费较高、当地价格明显低于国际市场价格等情况下的采购。从国内采购货物或者工程建筑可以大大节省时间，而且这种便利将对项目的实施具有重要的意义。

在国内招标的情况下，如果外国公司愿意参加，则应允许它们按照国内竞争性招标参

加投标，不应人为设置障碍，妨碍其公平参加竞争。国内招标的程序大致与国际竞争性招标相同。由于国内招标限制了竞争范围，通常国外供应商不能得到有关投标的信息，这与招标的原则不符，所以有关国际组织对国内招标都加以限制。

公开招标是为采购物料等，以公开方式延揽供应商制造该物料，事先应规定招标的有关规范，包括品质、投标手续、报价方式、交货期、运输、检验等。凡是符合资格规定的供应商均可参加公开竞标，并且以当众开标为原则，符合各项规定的报价最低的供应商优先赢得竞标。由于复杂工程或机械设备的招标必须详细核对各厂商所报的规格等才能经过评审决标，所以大多数招标无法在开标的当天办理决标。

（2）邀请招标

邀请招标也称有限竞争性招标或选择性招标，即由招标单位以投标邀请书的形式邀请5家以上特定的供应商参加投标的采购方式。当然，选择企业数量还要依据实际具体的招标项目规模大小等来确定。由于被邀请参加的投标竞争者有限，不仅可以节约招标费用，而且提高了每个投标者的中标机会。对技术含量高、技术支持及后续服务有特殊要求，且限于有限供应商能够满足供货条件的，多采用邀请招标形式采购。然而，由于邀请招标限制了充分的竞争，因此招标投标法规一般都规定，招标人应尽量采用公开招标。

按照国内外的通常做法，采用邀请招标方式的前提条件是对市场供给情况比较了解、对供应商或承包商的情况比较了解。在此基础上，还要考虑招标项目的具体情况：一是招标项目的技术新而且复杂或专业性很强，只能从有限范围的供应商或承包商中选择；二是招标项目本身的价值低，招标人只能通过限制投标人数来达到节约和提高效率的目的。邀请招标与公开招标相比，因为不用刊登招标公告，招标文件只送几家，招标周期大大缩短，这对采购那些价格波动较大的商品是非常必要的，可以降低风险。因此，邀请招标是允许采用的，而且在实际中有其较大的适用性。

但是，在邀请招标中，招标人有可能故意邀请一些不符合条件的法人或其他组织作为其内定中标人的陪衬，搞假招标。为了防止这种现象的发生，应当对邀请招标的对象所具备的条件作出限定，例如：被邀请的法人或其他组织应不少于3家；该法人或其他组织资信良好，具备承担招标项目的能力。前者是对招标范围的最低要求，以保证适当程度的竞争；后者是对投标人资格和能力的要求，招标人对此可以进行资格审查，以确定投标人是否达到这方面的要求。

（3）议标

议标也称谈判招标或限制性招标，是指直接邀请3家以上合格供应商就采购事宜进行谈判的采购方式。当采购方公开招标后，在没有供应商投标或没有合格中标者的情况下，或者是不可预见的急需采购，而无法按公开招标方式得到的就应采用议标方式。当投标文件的准备和制作需要较长时间才能完成或需要高额费用时，也往往采用议标方式。

议标的主要方式有以下几种：

① 直接邀请议标方式。在这种方式下，选择中标单位不是通过公开或邀请招标，而是由招标人或其代理人直接邀请某一企业进行单独协商，达成协议后签订采购合同。如果与一家协商不成，可以邀请另一家，直到协议达成为止。

② 比价议标方式。比价议标是兼有邀请招标和协商特点的一种招标方式，一般应用于规模不大、内容简单的工程承包和货物采购。通常的做法是由招标人将采购的有关要求

送交选定的几家企业，要求它们在约定的时间提出报价，招标单位经过分析比较，选择报价合理的企业，就工期、造价、质量、付款条件等细节进行协商，从而达成协议，签订合同。

③ 方案竞赛议标方式。它是选择工程规划设计方案的常用方式。其一般做法是由招标人提出规划设计的基本要求和投资控制数额，并提供可行性研究报告或设计任务书、场地平面图、有关场地条件和环境情况的说明，以及规划、设计管理部门的有关规定等基础资料；参加竞争的单位据此提出自己的规划或设计的初步方案，阐述方案的优点和长处，并提出该项规划或设计任务的主要人员配置、完成任务的时间和进度安排、总投资估算等，一并报送招标人；然后由招标人邀请有关专家组成评选委员会选出优胜单位，招标人与优胜者签订合同，并对未中选的参审单位给予一定补偿。

另外，在科技招标中，通常使用公开招标但不公开开标的议标，即招标单位在接到各投标单位的标书后，先就技术、设计、加工、资信能力等方面进行分析，在取得初步认可的基础上选择一个最理想的预中标单位，并与其商谈对标书的调整，如能取得一致意见，则可定为中标单位，若不行则再找第二家预中标单位。这样逐次协商，直到双方达成一致意见为止。这种议标方式使招标单位有更多的灵活性，可以选择到比较理想的供应商和承包商。由于议标的中标者是通过谈判产生的，不便于公众监督，容易导致非法交易，因此，我国机电设备招标规定中禁止采用这种方式。即使允许采用议标方式的采购，也大都对议标方式作了严格限制。

《联合国国际贸易法委员会货物、工程和服务采购示范法》规定，经颁布国批准，招标人在下述情况下可采用议标的方法进行采购：

① 急需获得该货物、工程或服务，采用公开招标程序不切实际。这种情况还要求造成此种紧迫性的情况并非采购实体所能预见，也非采购实体自身所致。

② 由于某一灾难性事件，急需得到该货物、工程或服务，而采用其他方式因耗时太多而不可行。

为了使得议标尽可能地体现招标的公平、公正原则，《联合国国际贸易法委员会货物、工程和服务采购示范法》还规定：在议标过程中，招标人应与足够数目的供应商或承包商举行谈判，以确保有效竞争，如果是采用邀请报价，至少应有3家；招标人向某供应商和承包商发送与谈判有关的任何规定、准则、文件、澄清或其他资料，应在平等基础上发送给正与该招标人举行谈判的所有其他供应商或承包商；招标人与某一供应商或承包商之间的谈判应是保密的，谈判的任何一方在未征得另一方同意的情况下，不得向另外任何人透露与谈判有关的任何技术资料、价格或其他市场信息。

3）招标采购的特点

由于现代企业运作管理越来越规范化，企业采购提倡透明化和公平竞争。招标采购作为最富有竞争性的一种采购方式，其采购量足够吸引投标人参标。与其他采购方式相比，招标采购具有以下特点：

（1）招标程序的公开性

公开性有时也指透明性，是指整个采购程序都在公开情况下进行，招标投标的基本原则是"公开、公平、公正"，将采购行为置于透明的环境中，防止腐败行为的发生。招标投标活动的各个环节均体现了这一原则，美国采购学者亨瑞芝将招标程序的公开性比喻为

"如在金鱼缸中"，人人都可洞察一切。

（2）招标程序的竞争性

招标作为一种规范的、有约束的、竞争性的采购程序，其竞争性充分体现了现代竞争的平等、信誉、正当和合法等基本原则，即在招标投标活动中，从招标、投标、评标、定标到签订合同，每个环节都有严格的程序和实施方法。这些程序和规则具有法律约束力，当事人不能随意改变。通过招标程序，可以最大限度地吸引和扩大投标人的竞争，从而使招标方有可能以更低的价格采购到所需的物资或服务，更充分地获得市场利益，有利于采购方经济效益目标的实现。

（3）招标程序的公平性

所有感兴趣的供应商、承包商和服务提供者都可以进行投标，并且地位一律平等，评选中标商应按事先公布的标准进行，不允许对任何投标商进行歧视；投标是一次性的，并且不允许同投标商进行谈判。所有这些措施既保证了招标程序的完整，又可以吸引优秀的供应商前来竞争投标。

（4）编制招、投标文件与一次成交

在招、投标活动中，招标人必须编制招标文件，投标人据此文件参加投标。招标人组织评标委员会对投标文件进行评审和比较，从中选出中标人。因此，是否编制招标、投标文件，是区别招标与其他采购方式的最主要特征之一。在一般的交易活动中，买卖双方往往要经过多次谈判后才能成交。招标则不同，在投标人递交投标文件后到确定中标人之前，招标人不得与投标人就投标价格等实质性内容进行谈判。也就是说，投标人只能一次报价，不能与招标人讨价还价，并以此报价作为签订合同的基础。

以上四个特点基本反映了招标采购的本质，也是判断一项采购活动是否属于招标采购的标准和依据。充分认识招标的特点，对于顺利招标、投标是非常重要的。但招标也有自身的缺点：①时间较长；②有时反而买到价格高的货物，其原因是招标书中技术规格要求过高或暗指某个厂商的产品，商务条款苛刻，甩给投标人的风险太大，分包不合理，抬高业绩要求使国内产品失去投标资格等；③一般买不到性能最好的产品。

9.3.2 招标投标的基本程序

在实际的工作过程中，招、投标工作是一项繁杂而又琐碎的工作，往往容易出现失误，导致企业的招标或投标工作不能顺利进行，严重的将影响企业生产、销售工作的正常进行。因此，一项科学规范的招标采购应由策划、招标、投标、开标、评标、定标和合同授予等部分组成。招、投标流程，包括发标方制作标书并组织招标、投标方根据标书内容制作投标书并进行投标、招标评审及中标信息发布等过程。

1）策划

招标活动是一项涉及范围很广的大型活动，因此，开展一次招标活动，需要进行周密的策划。招标策划主要应当做好以下工作：

（1）明确招标的内容和目标，对招标采购的必要性和可行性进行充分的研究和探讨。

（2）对招标书的标底进行仔细研究。

（3）对招标的方案、操作步骤、时间进度等进行研究决定。例如，是采用公开招标还是邀请招标、是自己亲自主持招标还是请人代理招标、分成哪些步骤、每一步怎么进行等。

（4）对评标方法和评标小组进行讨论研究。

（5）把以上讨论形成的方案计划形成文件，交由企业领导层讨论决定，取得企业领导决策层的同意和支持，有些甚至还要经过公司董事会同意和支持。

以上的策划活动有很多诀窍。有些企业为了慎重起见，特意邀请咨询公司代理进行策划。

2）招标

招标是竞争性招标采购工作的准备阶段。公开招标通过报刊或者其他媒体发布招标通告，有兴趣投标的法人或者其他组织应当向招标人或者招标投标中介机构提交证明其具有圆满履行合同的能力的证明文件或者资料。招标人或者招标投标中介机构应当对提交资格预审申请书的法人或者其他组织作出预审决定，但应当通过报刊或者其他媒体发布资格预审通告。采用邀请招标程序的，招标人一般应当向3家以上有兴趣投标或者通过资格预审的法人或者其他组织发出投标邀请书。采用议标程序的，招标人一般应当向2家以上有兴趣投标的法人或者其他组织发出投标邀请书。招标人或者招标投标中介机构根据招标项目的要求编制招标文件，若需要对已售出的招标文件进行澄清或者非实质性修改的，一般应当在提交投标文件截止日期15天前以书面形式通知所有招标文件的购买者，该澄清或修改内容为招标文件的组成部分。招标公告发布或投标邀请书发出之日到提交投标文件截止之日，一般不得少于30天。对于同一招标项目，招标人或者招标投标中介机构可以分两阶段进行招标。第一阶段，招标人或者招标投标中介机构应当要求有兴趣投标的法人或者其他组织先提交不包括投标价格的初步投标文件，列明关于招标项目技术、质量或其他方面的建议，并可以与投标人就初步投标文件的内容进行讨论。第二阶段，招标人或者招标投标中介机构应当向提交了初步投标文件并未被拒绝的投标人提供正式招标文件。投标人根据正式招标文件的要求提交包括投标价格在内的最后投标文件。

3）投标

投标人应当按照招标文件的规定编制投标文件，并载明下列事项：①投标函；②投标人资格、资信证明文件；③投标项目方案及说明；④投标价格；⑤投标保证金或者其他形式的担保；⑥招标文件要求具备的其他内容。

投标文件应在规定的截止日期前密封送达投标地点，投标人有权要求招标人或者招标投标中介机构提供签收证明。投标人可以撤回、补充或者修改已提交的投标文件，但是应当在提交投标文件截止日之前，书面通知招标人或者招标投标中介机构。招标人或者招标投标中介机构应当对收到的投标文件签收备案。招标人或者招标投标中介机构对在提交投标文件截止日期后收到的投标文件，应不予开启并退还。

4）开标

开标应当由招标人或者招标投标中介机构主持，按照招标文件规定的时间、地点和程序以公开方式进行，并邀请评标委员会成员、投标商或其委派的代表和有关单位代表参加。开标前，应以公开的方式检查投标文件的密封情况，当众宣读供应商名称、有无撤标情况、提交投标保证金的方式是否符合要求、投标项目的主要内容、投标价格以及其他有价值的内容。开标时，对于投标文件中含义不明确的地方，允许投标商作简单的解释，但所作的解释不得超过投标文件记载的范围或改变投标文件的实质性内容。以电传、电报方式投标的，不予开标。开标应当作记录以便存档备查，其内容包括项目名称、招标号、刊登招标通告的日期、发售招标文件的日期、购买招标文件单位的名称、投标商的名称及报价、截标后收到标书的处理情况等。

在有些情况下，可以暂缓或推迟开标时间。如招标文件发售后对原招标文件作了变更或补充；开标前，发现有足以影响采购公正性的违法或不正当行为；采购单位接到质疑或诉讼；出现突发事故；变更或取消采购计划等。

5）评标与定标

评标应当按照招标文件的规定进行。招标人或者招标投标中介机构负责组建评标委员会。评标委员会按照招标文件的规定对所有投标文件进行评审和比较，并向招标人推荐1~3个中标候选人。对与招标文件规定有实质性不符的投标文件，应当决定其无效。招标人应当从评标委员会推荐的中标候选人中确定中标人。中选的投标者应当符合下列条件之一：

（1）满足招标文件各项要求，并考虑各种优惠及税收等因素，在合理条件下所报投标价格最低；

（2）最大限度满足招标文件中规定的综合评价标准。

除采用议标程序外，招标人或者招标投标中介机构不得在定标前与投标人就投标价格、投标方案等事项进行协商谈判。招标人或者招标投标中介机构应当将中标结果书面通知所有投标人。

6）签订合同

招标人与中标人应当按照招标文件的规定和中标结果签订书面合同。

9.4 招标采购文件

9.4.1 招标文件的编写

1）招标文件的概念

招标文件是招标人向投标人提供的为进行投标工作所必需的文件，旨在向其提供为编写投标文件所需的资料并向其通报招标投标将依据的规则和程序等项内容的书面文件。招标文件既是投标商编制投标文件的依据，又是采购人与中标商签订合同的基础。因此，招标文件在整个采购过程中起着至关重要的作用。

招标文件包括投标邀请、招标设备一览表、投标方须知、购销合同、投标文件格式，阐明需要采购货物或工程的性质，通报招标将依据的规则和程序，告知订立合同的条件。一套完整的招标文件是由两大部分组成的，即技术部分和商务部分。如果经过资格预审程序，招标文件可以直接发售给通过资格预审的供应商；如果没有资格预审程序，招标文件可发售给任何对招标通告作出反应的供应商。招标文件的发售，可采取邮寄的方式，也可以让供应商或其代理前来购买。如果采取邮寄方式，要求供应商在收到招标文件后告知招标机构。

2）编制招标文件

招标文件是供应商准备投标文件和参加投标的依据，同时也是评标和签订合同所遵循的依据，招标文件的大部分内容要列入合同之中。因此，准备招标文件是非常关键的环节，它直接影响到采购的质量和进度。招标人或其委托的招标代理机构应当根据招标项目的特点和需要编制招标文件，并本着公平互利的原则，务必使招标文件严密、周到、细致、内容正确。在招标文件中，招标人列明了评标的标准和方法，目的就是让各潜在投标人知道这些标准和方法，以便考虑如何进行投标，并最终获得成功。

编制招标文件是一项十分重要而又非常烦琐的工作，应邀请有关专家参加，必要时还要聘请咨询专家参加。在这个环节上，最重要的就是按照招标方的实质性要求和条件切实编制招标文件等。招标文件的编制要特别注意以下几个方面：

（1）所有采购的货物、设备或工程的内容，必须详细地一一说明，以构成竞争性招标的基础；

（2）制定技术规格和合同条款，不应造成对有资格投标的任何供应商或承包商的歧视；

（3）评标的标准应公开和合理，对偏离招标文件另行提出新的技术规格的标书的评审标准，更应切合实际，力求公平；

（4）符合本国政府的有关规定，如有不一致之处要妥善处理。

3）招标文件的内容

招标文件的内容要明晰、严谨、细致，应当包括招标项目的技术要求、对投标人资格审查的标准、投标报价要求和评标标准等所有实质性要求和条件以及拟签订合同的主要条款，大致可分为三类：一类是关于编写和提供投标文件的规定；一类是关于投标文件的评审标准和办法；一类是关于合同的主要条款，其中主要是商务性条款。其中，技术要求、投标报价要求和主要合同条款等内容是招标文件的关键内容，统称实质性要求。

招标文件一般应包括的具体内容如下：

（1）招标人须知。其反映招标人的招标意图，每个条款都是投标人应该知晓和遵守的规则的说明，使投标商在投标时有所遵循。

（2）招标项目的性质、数量。

（3）技术规格。技术规格是招标文件和合同文件的重要组成部分，也是评标的关键依据之一。招标文件规定的技术规格应采用国际或国内公认、法定标准。

（4）招标价格的要求及计算方式。投标报价是招标人评标时衡量的重要因素，在招标文件中应事先提出报价的具体要求及计算方法，列明投标价格的一种或几种货币。

（5）评标的标准和方法。评标时只能采用招标文件中已列明的标准和方法，不得另定。

（6）交货、竣工或提供服务的时间。

（7）投标人应当提供的有关资格和资信证明文件。

（8）投标保证金的数额或其他形式的担保。招标人可以在招标文件中要求投标保证金或其他形式的担保（如抵押、保证等），以防投标人违约，并在投标人违约时得到补偿。中标人确定后，对落标的投标人应及时将其投标保证金退还。

（9）投标文件的编制要求。

（10）提供投标文件的方式、地点和截止时间。

（11）开标、评标的日程安排。

（12）主要合同条款。合同条款应明确将要完成的工程范围、供货的范围、招标人与中标人各自的权利和义务。除一般合同条款之外，合同中还应包括招标项目的特殊合同条款。

9.4.2　招标人与投标人的条件

1）招标人的条件

在招标过程中，项目法人称为招标人，即招标设备工程项目法人名称。招标人符合下列条件的，可以自行组织招标：

（1）具有独立承担民事责任的能力。

（2）具有编制招标文件和组织招标能力，有与采购招标项目规模和复杂程度相适应的技术、经济等方面的采购和管理人员。

（3）采购人员经过相关采购培训。招标人不符合前款规定条件的，必须委托招标代理机构代理招标。

《中华人民共和国招标投标法》规定，招标项目按照国家有关规定需要履行项目审批手续的，应当先履行审批手续，取得批准。招标人应当有进行招标项目的相应资金或者资金来源已经落实，并应当在招标文件中如实载明。概括而言，招标人在招标程序开始前应完成两项准备工作：一是履行审批手续；二是落实资金来源。

2）招标代理机构

招标是一项系统工程，有一套完整的程序，每个环节都需要经过精心策划、周密组织、科学决策，需要由一个专门的执行机构对招标的全过程进行严密的组织和科学的管理。这是实现招标经济性和时效性的根本保证。国际上，招标的执行机构大致可分为常设和非常设两种，根据性质又可分为官方机构和民间组织两种。我国招标机构的组织形式与国外有所不同，招标的执行机构一般可分为两类：一类是招标代理机构；另一类是采购人自己。

招标代理机构属于中介服务组织，是指经国家招标投标主管机关的严格认证，具有相应的招标资质，受项目法人委托，在招标过程中负有相应责任，为市场主体提供招标服务的专业机构。招标代理机构的主要业务是接受政府、金融机构或企业等方面（以下简称采购人）的委托，以采购人的名义，利用招标的方式，为采购人择优选定供应商或承包商。按国家规定，招标代理机构向委托人（采购人）或中标人收取一定的服务费，少数机构也可从国家得到部分资金的支持。我国招标代理机构，有的专门从事国内招标业务，有的专门从事国际招标业务。

招标代理机构的性质、地位和职能决定了其招标具有客观性、公正性和权威性。在组织招标的过程中，招标代理机构不仅要接受委托人和投标人的监督，还要接受政府和社会的监督，也受到执业资质考核和职业道德的约束。因此，招标代理机构可以更好地体现招标的组织性、规范性、公开性。

在招标过程中，招标代理机构还是联系采购人、投标人的桥梁，也是政府管理招标和采购人的采购行为的纽带。因此，鉴于招标代理机构独特的地位和作用，它应成为国家实施强制招标的最佳执行机构。

3）投标人资格条件

招标公告或者投标邀请书发出后，那些响应招标并购买招标文件，经过审查符合本次招标所规定的相应资质要求，参加投标的潜在投标人称为投标人。按照规定，投标人必须是法人或者其他组织，不包括自然人，但是，考虑到科研项目的特殊性，增加了个人对科研项目投标的规定，个人可以作为投标主体参加科研项目的投标活动。这是对科研项目投标的特殊规定。

参加投标活动必须具备一定的条件，不是所有感兴趣的法人或经济组织都可以参加投标，国家有关规定对投标人资格条件或者招标文件对投标人资格条件一般都有相应的规定。合格的投标人应具有圆满履行合同的能力，具体应符合下列条件：

（1）具有与招标文件要求相适应的人力、物力和财力。

（2）具有招标文件要求的资质证书和相应的工作经验与业绩证明。如水利部等专业管理部门对承揽重大建设项目都有一系列的规定，对于参加国家重点建设项目的投标人，必须达到甲级资质。

（3）法律、法规规定的其他条件。

9.4.3 招标公告

标书编制出来以后，接下来就是发布招标公告或者定向发布投标邀请函。采用公开招标方式采购的，招标采购单位必须在指定媒体上发布招标公告。采用邀请招标方式采购的，招标采购单位应当在指定媒体发布资格预审公告，公布投标人资格条件。资格预审公告的期限不得少于7个工作日。投标人应当在资格预审公告期结束之日起3个工作日内，按公告要求提交资格证明文件。招标采购单位从评审合格投标人中通过随机方式选择3家以上的投标人，并向其发出投标邀请书。

招标公告的主要目的是发布招标信息，使那些感兴趣的供应商知悉，前来购买招标文件，编制投标文件并参加投标。因此，招标公告应包括哪些内容，或者至少应包括哪些内容，对潜在的投标企业来说是至关重要的。一般而言，在招标公告中，主要内容应为对招标人和招标项目的描述，使潜在的投标企业在掌握这些信息的基础上，根据自身情况，作出是否购买招标文件并投标的决定。公开招标公告应当包括以下主要内容：①招标采购单位的名称、地址和联系方式；②招标项目的名称、数量或者招标项目的性质；③投标人的资格要求；④获取招标文件的时间、地点、方式及招标文件售价；⑤投标截止时间、开标时间及地点。

小资料9-1

招标公告

9.5 投标文件

投标文件是唯一的评标证据，编制一份高质量的投标文件是企业在竞争中获胜的关键。要想编制一份高质量的投标文件就要精雕细镂，投标人应该根据招标项目的特点，抽调有关人员，组成投标小组。在编制投标文件的时候，投标人一定要确保投标文件完全响应招标文件的所有实质性要求和条件。

9.5.1　投标文件及其种类

投标人应认真研究、正确理解招标文件的全部内容，按要求编制投标文件并对招标文件提出的实质性要求和条件作出响应。招标项目属于建设施工的，投标文件的内容应当包括拟派出的项目负责人与主要技术人员的简历、业绩和拟用于完成招标项目的机械设备等。这就要求投标人必须严格按照招标文件填报，不得对招标文件进行修改，不得遗漏或者回避招标文件中的问题，更不能提出任何附带条件。

投标文件一式 18 份（2 正 16 副），包括价格表（表中项目除价格数字外都要填写）及报价说明，一式 6 份，通常可分为：

1）商务文件

这类文件是用以证明投标人履行了合法手续及招标人了解投标人商业资信、合法性的文件，一般包括投标保函、投标人的授权书及证明文件、联合体投标人提供的联合协议、投标人所代表的公司的资信证明等。如有分包商，还应出具资信文件供招标人审查。

2）技术文件

如果是建设项目，则包括全部施工组织设计内容，用以评价投标人的技术实力和经验。技术复杂的项目对技术文件的编写内容及格式均有详细要求，投标人应当认真按照规定填写。

3）价格文件

这是投标文件的核心，全部价格文件必须完全按照招标文件的规定格式编制，不允许有任何改动，如有漏填，则视为其已经包含在其他价格报价中。

小资料 9-2	小资料 9-3	小资料 9-4

投标函格式	法定代表人授权书	投标报价书

9.5.2　投标文件的编制与递交

投标书是投标供应商对其投标内容的书面声明，包括投标文件构成、投标保证金、总投标价和投标书的有效期等内容。投标人应严格按照招标文件要求编制投标文件，逐项逐条回答招标文件，顺序和编号应与招标文件一致，可以增加说明或描述性文字。投标文件对招标文件未提出异议的条款，均被视为接受和同意。招标文件与投标文件有差异之处，无论多么微小，均应汇总说明。

1）投标文件的编写内容

一份有竞争力的投标文件不仅要求内容完整，而且要求在编制投标文件的每一项内容上讲究策略。结合投标实践工作中积累的经验，投标文件的编写内容与相关策略分述如下：

（1）封面。封面上需要填写项目名称/投标产品名称和本项目的招标编号以及日期。如果本次招标包括若干合同包，应指明投标的具体合同包号和产品名称。另外，注意要在签字本和复印本上标明正本和副本字样。

（2）投标文件清单，即投标文件目录。

（3）投标书。投标书要填写的内容有招标代理机构的名称、项目/产品名称、招标编号、副本份数、投标保函金额、投标价格、补遗书份数、投标有效期天数和联系人地址以及联系方式。投标价格应表述全面，包括报价方式和大小写金额。

（4）投标一览表。根据招标文件要求，投标一览表除在投标文件中提供外，还应单独密封一份供招标人唱标时使用。填写内容包括：招标编号、序号和包号/品种号（只有一种投标产品时可不填）、设备名称、型号和规格、数量、制造商名称和国籍、报价方式、投标货币、投标总价、投标保证金（有/无）、交货期（应严格按照招标文件的提法表述，如"合同签字后3个月"或"合同生效后3个月"，一般不要只简单填写"3个月"）。根据国际贸易惯例，合同签约和生效不是一个时间。

（5）投标分项报价表。本表的目的是了解投标总价的构成并比较各个投标人相同项目报价的高低，一般招标文件的脚注会注明"如果不提供详细分项报价将视为没有实质性响应招标文件，会导致废标"。主机和标准附件一项要填写型号和规格、数量、原产地（即具体生产厂的国别）和制造商名称、EXW 或 FOB/FCA 单价、CIF/CIP 单价（选择一种，"CIF/CIP"并列会引起误解）、CIF/CIP 总价、至最终目的地的运保费。如果不提供备品备件和专用工具应注明。如果提供备件和工具，可按要求注明厂家和价格，在"规格和型号"一栏注明"清单见附件"，用附件详细说明内容。

（6）货物说明一览表和技术规格偏离表。货物说明一览表只是对货物的简单描述，招标文件脚注中一般要求详细技术性能另页描述，所以本部分和后面的技术规格偏离表应构成产品的全部技术部分。技术规格偏离表的本意是列出和招标文件的要求不符合的条款，但建议利用此表对全部技术指标进行说明。

（7）商务条款偏离表。广义上，招标文件中除技术部分外都属于商务条款。因为招标文件第一部分的内容一般是标准的商务文件格式，所以重点是审查列在"投标资料表"和"合同条款资料表"中的变化。其中，"投标资料表"中重要的项目有报价方式和相关费用的要求、业绩要求、货物验收后需要备件的年限、评标考虑因素的全部内容（交货时间、付款要求、备件价格、售后服务等）；"合同条款资料表"中关注的条款有履约保证金要求、目的地、伴随服务、备件、保证期、维修响应时间和付款条件（有些因素会在技术要求中说明）。与上述条款有差异的地方应在商务条款偏离表中指出，如交货期和付款时间等。投标人的优势在这里也要强调，如维修点和保税库等。根据招标文件的不同要求，商务条款的偏离可能会直接造成废标，也可能导致评标价格的调整，所以最好是没有偏差，应尽量满足招标文件的所有要求。

（8）投标保证金。附上正本。如正本投标保函通过银行转递，此处要附上底单备查。

（9）法定代表人授权书。如是投标人法定代表人亲自签字，则不需要授权书。

（10）资格声明、制造商资格声明、贸易公司资格声明、营业执照、制造商出具的授权函、证书、银行资信证明（正本，有的项目规定可以是近3个月的复印件）。以上文件用于对投标人的投标资格、生产能力、财务能力进行审查。制造商资格声明中要求填写的一些项目，如外购件情况、制造商生产经验和易损件供应商的名称要注明。表中要求的销售业绩可在此处列出，也可用附件单独列表。其他表格中的内容根据项目具体情况填写。

（11）售后服务说明。根据招标文件要求和本公司惯例制作。

（12）各种注册证、许可证和认证。

（13）备品备件清单。招标文件一般都要求质量保证期后一定期限的备品备件，根据要求填写内容和价格。

（14）专用工具清单。根据要求决定是否提供以及提供的内容和价格。

（15）选配件清单。它主要指投标人认为要配备的及希望招标人购买的但在招标文件要求之外的部件，其价格不计入评标价中，招标人一般会在评标报告中说明哪些配件将加在合同价内。

（16）培训计划。根据招标文件要求应答。

（17）国际、国内销售记录。它主要指同类产品在国际、国内的销售情况，以证明产品的畅销和开始销售的时间、用户名称、联系方式等。

（18）产品样本资料。

2）投标文件的密封与标记

（1）投标文件的每份正本、副本均应用信封分别密封。信封上注明项目名称、投标人名址、"正本""副本"字样及"不准提前启封"字样。信封上应加盖投标人公章。

（2）投标保函。投标保证金应用信封单独密封，封面上注明"银行保函"、"投标保证金"和"保密"字样。

（3）在投标文件澄清后提交分项价格部分应用信封单独密封，封面上注明"分项价格"和"保密"字样。

3）投标文件编制应注意的问题

（1）投标的语言。投标人提交的投标书以及投标人与买方就有关投标的所有来往函电均应使用"投标资料表"中规定的语言书写。投标人提交的支持文件和印制的文献可以用另一种语言，但相应内容应附有"投标资料表"中规定语言的翻译本，在解释投标书时以翻译本为准。

（2）投标函格式。投标人应完整地填写招标文件中提供的投标函和投标报价表，说明所提供的货物、货物简介、来源、数量及价格。

（3）为了便于买方进行分类，投标人应填写招标文件中提供的相应组别的投标报价表。如果投标人填写的投标报价表不是相应组别的投标报价表，其投标书不会被拒绝，但是买方将把其投标书归入相应类别的投标组别中。

（4）其他注意事项。投标文件应逐页小签；正本和副本要标注清楚，并分别密封，所有正、副本再统一密封在一起，贴上标记（不能标识有投标人的名称）。

4）投标书递交的时间和方式

投标人应将投标书按照招标文件的要求编制、密封，并加盖法人骑缝章，于规定的投标截止时间以前送至规定的地点。网上采购项目应遵从招标人的要求，在投标截止时间之前，将投标文件或投标报价以规定的形式从网上反馈给招标单位。一切迟到的投标文件都将被拒绝。

5）投标文件的补充、修改和撤回

（1）投标截止日期前，投标人可以以书面形式向招标代理机构对业已递交的投标文件提出补充或修改，相应部分以最后的补充和修改为准。该书面材料应密封，由投标人代表签字并加盖公章。

（2）投标人不得在投标截止日期至投标有效期满前撤回投标文件，否则其投标保证金将予以没收。

6）无效投标

发生下列情况之一者，视为无效投标：

（1）投标文件未密封和/或技术文件未按规定加盖公章和签字。

（2）投标文件中无投标保证金。

（3）投标文件未按规定格式、内容填写和/或投标文件内容与招标文件严重背离。

（4）在投标文件中有两个以上的报价，且未明确哪个报价有效。

（5）其他不符合招标文件要求的投标。

综上所述，投标人要了解招、投标活动的重要原则和观念，在获得招标文件后，要认真分析招标文件的内容，对照招标文件的要求，逐项应答，避免出现投标文件被拒绝的现象，从而通过编制完整的投标文件并运用各种策略来充分体现投标人的实力和能力，在竞争激烈的投标中取胜，进而获得更大的市场份额。

9.5.3 投标书的初审

招标方收到投标书后，应对其进行初步审查。

第一，招标方将审查投标书是否完整，有无计算上的错误，是否足额提交了投标保证金，文件签署是否合格，投标书的总体编排是否有序且基本符合招标文件要求等。

第二，看其是否有计算上或累加上的算术错误。修正错误的原则如下：当单价与数量的乘积和总价不一致时，一般以单价为基础修改总价。只有评标委员会认为单价有明显的小数点错误时，才能以标出的总价为准，并修改单价。如果投标人不接受对其错误的更正，其投标书将被拒绝，其投标保证金将被没收。如果用文字表示的数值与用数字表示的数值不一致，以文字表示的数值为准。

第三，对于投标书中不构成实质性偏差的微小的非正规、不一致或不规则的地方，招标方可以接受，但这种接受不能损害或影响任何投标人的相对排序。

第四，在详细评标之前，根据投标人须知，招标方要审查每份投标书是否实质上响应了招标文件的要求。实质上响应的投标应该是与招标文件要求的全部条款、条件和规格相符，没有重大偏离或保留的投标。对关键条文的偏离、保留或反对，例如关于投标保证金、适用法律及关税的偏离将被认为是实质上的偏离。招标方决定投标书的响应性只根据投标书本身的内容，而不寻求外部的证据。

第五，如果投标书实质上没有响应招标文件的要求，招标方将予以拒绝，投标人不得通过修正或撤销不符合要求的偏离或保留从而使其投标成为实质上响应的投标。

9.6　评标体系

评标是依据招标文件的规定和要求，对投标文件所进行的审查、评审和比较。评标工作由招标采购单位负责组织，具体评标事务由招标采购单位依法组建的评标委员会负责。评标是审查确定中标人的必经程序，是保证招标成功的重要环节，招标方应该掌握一定的评标方法与技巧，建立严格、规范的评标体系，以成功推动评标工作的顺利进行。

9.6.1　评标委员会

1）评标委员会及其组成

为了保证评标的公正性，防止招标人左右评标结果，评标不能由招标人或其代理机构独自承担，而应组成一个由有关专家和人员参加的委员会，负责依据招标文件规定的评标标准和方法，对所有投标文件进行评审，向招标人推荐中标候选人或者直接确定中标人。评标委员会是由招标人负责组织，由招标人的代表及其聘请的技术、经济、法律等方面的专家组成，负责具体评标工作的专门组织。为了防止招标人在选定评标专家时的主观随意性，招标人应从国务院或省级人民政府有关部门提供的专家名册或者招标代理机构的专家库中，确定评标专家。评标委员会成员的名单，在中标结果确定前属于保密的内容，不得泄露。与投标人有利害关系的人员不得进入评标委员会。

由于评标是一种复杂的专业性活动，非专业人员根本无法对投标文件进行评审和比较，同时为了保证评标的公正性和权威性，在专家成员中，技术、经济等方面的专家不得少于成员总数的2/3。采购金额在300万元以上、技术复杂的项目，评标委员会中技术、经济方面的专家人数应当为5人以上单数。技术专家主要负责对投标中的技术部分进行评审；经济专家主要负责对投标中的报价等经济部分进行评审；而法律专家则主要负责对投标中的商务和法律事务进行评审。考虑到上述几方面的专家和招标人及其代理机构的代表，因此评标委员会人数一般应为5人以上。

2）评标委员会的职责

在整个评标过程中，评标委员会将按照公正、公平、公开的原则对待所有投标人，评标委员会对投标文件进行审查、质疑、评估、比较。首先审查投标文件是否符合招标文件的所有条款、条件和规定，对与招标文件规定有实质性不符的投标文件，应当决定其无效；评标委员会可以要求投标人对投标文件中含义不明确的地方进行必要的澄清，但澄清不得超过投标文件记载的范围或改变投标文件的实质性内容。然后依据投标商品的价格、技术性能、交货期、付款条件、售后服务、资信及履约能力和其他优惠条件等，综合评定后向招标人提出书面评标报告，并推荐1~3个中标候选人。招标人根据评标委员会的评标报告直接确定中标人，也可以授权评标委员会直接确定中标人。

9.6.2　评标的标准和方法

评标的目的是根据招标文件中确定的标准和方法，对每个投标人的标书进行评价和比较，以评出最低投标价的投标人。根据什么样的标准和方法进行评审，是一个关键问题，也是评标的原则问题。为了保证评标的公正性和公平性，评标必须以招标文件为依据，不得采用招标文件规定以外的标准和方法进行评标，也不得改变招标确定的评标标准和方法。凡是评标中需要考虑的因素都必须写入招标文件之中。这一点，也是世界各国的通常做法。

1）评标的标准

评标的标准一般包括价格标准和价格标准以外的其他有关标准（又称"非价格标准"），以及如何运用这些标准来确定中选的投标。非价格标准应尽可能客观和定量化，并以货币额表示，或规定相对的权重（即"系数"或"得分"）。通常来说，在货物评标时，非价格标准主要有运费和保险费、付款计划、交货期、运营成本、货物的有效性和配套、零配件和服务的供给能力、相关的培训、安全性和环境效益等。在服务评标时，非价格标准主要有投标人及参与提供服务的人员的资格、经验、信誉、可靠性、专业和管理能力等。在工程评标时，非价格标准主要有工期、质量、施工人员和管理人员的素质、以往的经验等。评标过程将重点考虑以下因素：

（1）投标文件符合招标文件要求，方案设计先进、合理、针对性强、适用性强。

（2）整体报价合理，不过高或过低。如投标报价过低，应能够作出合理的解释。

（3）所选用的设备及产品必须符合用户要求，产品具有较高的可靠性、先进性和可扩展性，同时具有较强的兼容性。产品的故障度低，今后服务有保障，运行成本费用合理，相关硬件的更换有保障。如果是选择服务，则要考虑供应商提供服务的能力、服务水平和服务管理能力的强弱。

（4）供应商具有良好的信誉以及产品（或服务）的开发和提升能力，资金雄厚，技术力量强，能够保证及时完成投标项目，在项目完成后，可以及时准确地解决用户所提出的问题。

2）评标的方法

评标工作在整个招标采购中至关重要。招标方应该掌握一定的评标方法与技巧，以便根据招标工作的具体情况灵活运用，选到合适的供应商，推动评标工作的顺利进行。评标方法有很多，目前常用的也是最具有操作性的有以下几种：

（1）以寿命周期成本为基础的评标方法

采购整套厂房、生产线或设备、车辆等在运行期内的各项后续费用（零配件、油料、燃料、维修等费用）很高的设备时，可采用以寿命周期成本为基础的评标方法。

在计算寿命周期成本时，可以根据实际情况，评标时在标书报价的基础上加上一定运行期年限的各项费用，再减去一定年限后设备的残值，即扣除这几年折旧费用后的设备剩余值。在计算各项费用或残值时，都应按标书中规定的贴现率折算成净现值。例如，家电装配线按寿命周期成本评标时应计算的因素有：家电装配线价格、根据标书偏离招标文件的各种情况、估算家电装配线寿命期所需零件及维修费用、估算寿命期末的残值等。

（2）最低投标价法

最低投标价法是指在满足实质性要求和内涵相同的条件下，以报价最低确定中标方的评标方法。最低投标价法操作简便，应用范围较广，是评标的常用方法。一般而言，招标人采购简单商品、半成品、设备、原材料，以及其他性能、质量相同或容易进行比较的货物时，价格可以作为评标时考虑的唯一因素。在这种情况下，最低投标价中标的评标方法就可作为选择中标人的尺度。因此，合同一般授予投标价格最低的投标人。

但是，由于此种方法在评标时，只注重考虑价格因素而忽略其他影响因素，因此缺乏科学性。因为每个厂家的生产能力、规模、生产条件、质量保证和信誉度、交货期、运距都存在差异，在招标时的报价就会不同。因此，价格低廉不应作为中标的唯一标准。如果是较复杂的项目，或者招标人招标主要考虑的不是价格而是投标人的个人技术和专门知识及能力，那么，最低投标价中标的原则就难以适用，而必须采用综合评价方法，评选出最佳的投标，这样招标人的目的才能达成。

（3）以最低评标价为基础的评标方法

以最低评标价为基础的评标方法是指以价格为主要因素确定中标候选供应商的评标方法，即在全部满足招标文件实质性要求的前提下，评标委员会以招标方确定的标的物的标底价为依据，评定出投标价格最接近标底价的单位为中标方的评标方法。例如，一项工程的标底价为100万元，交货期为关键响应因素，若甲方提前一周交货，则折扣为1%，评标价为99万元，乙方推迟一周交货，则折扣为-2%，评标价为102万元，则甲方为最终中标方。此种方法需在招标文件中明确各种因素对投标报价的影响，因此，在编制招标文件时要周全考虑，以避免招标过程中发生争议。

在采购简单的商品、半成品、原材料以及其他性能、质量相同或容易进行比较的货物时，评标委员会根据评标标准确定每一投标不同方面的货币数额，然后将这些数额与投标价格放在一起来比较。价格可以作为评标考虑的唯一因素。以价格为尺度时，不是指最低报价，而是指最低评标价。估值后价格（即"评标价"）最低的投标可作为中选投标。最低评标价有其价格计算标准，即成本加利润。其中，利润为合理利润，成本也有其特定的计算口径。

（4）综合评标法

综合评标法是指在最大限度地满足招标文件实质性要求的前提下，按照招标文件中规定的各项因素进行综合评审后，以评标总得分最高的投标人作为中标候选供应商或者中标供应商的评标方法，即评标时除考虑投标价外，还应考虑投标文件中所报交货期及付款方式，货物的技术水平、性能和供货能力、配套性和兼容性，货物发到最终目的地的运输、保险及零配件的供应和售后服务情况，技术服务和培训等其他费用，将诸多影响因素综合考虑、评分。在采购耐用货物如车辆、发动机以及其他设备时，可采用这种评标方法。

综观几种确定中标单位的方法，不难看出每种方法各有利弊，因此在评标时应根据招标的物资类别或具体情况灵活运用，可采用一种固定方式，也可结合招标方的需求和特点综合评定。总之，评标是招标采购工作的关键和难点，它是比较投标人的结果。采用何种评标方法，还需因时、因物、因地，参考众多因素，随着标的物的变化，影响评标因素的权重也将随之发生变化，这就要求在实践中不断摸索、不断地积累经验。

3）评标流程

评标过程的合理性和科学性可以杜绝不公平竞争现象，有助于评标工作的顺利推进，因此制定科学合理的评标程序，对最终选择正确的供应商至关重要。一般评标均采用以下评审程序：

（1）初步评标

初步评标包括以下内容：①供应商资格是否符合要求；②供应商是否按规定方式提交投标保证金；③投标文件是否完整；④投标文件是否基本上符合招标文件的要求；⑤投标文件有无计算上的错误。

（2）详细评标

只有在初步评标中确定为基本合格的投标商，才有资格进入详细评定和比较阶段。依据招标文件中的规定，按评标价，由低到高评定各投标商的排列次序。评标出现最低评标价远远高于标底或缺乏竞争性等情况时，应废除全部投标。

（3）编写并上报评标报告

评标工作结束后，采购单位要编写评标报告上报采购主管部门。评标报告包括以下内容：①招标通告刊登的时间、购买招标文件的单位名称；②投标商名单；③开标日期；④评标的原则、标准和方法；⑤价格评比基础；⑥投标报价以及调整后的价格；⑦授标建议。

（4）资格后审

如果在投标前没有进行资格预审，在评标后则需要对最低评标价的投标商进行资格后审。如果审定结果认为其有资格、有能力承担合同义务，则应把合同授予该投标商；如果认为不符合要求，则应对下一个评标价最低的投标商进行类似的审查。

（5）签订合同

在投标有效期内把合同授予最低评标价投标商。决标后，向中标的投标商发放中标通知书，同时也要通知其他没有中标的投标商，并及时退还投标保证金。具体的合同签订方法有两种：

① 在发中标通知书的同时将合同文本寄给中标单位，让其在规定的时间内签字退回。

② 中标单位收到中标通知书后，在规定的时间内派人签订合同。在合同签订前，允许相互澄清一些非实质性的技术性或商务性问题，但不得要求投标商承担招标文件中没有规定的义务，也不得有标后压价的行为。

合同签字并在中标的供应商按要求提交履约保证金后，合同就正式生效，采购工作就进入合同实施阶段。

4）评标报告

评标报告是评标委员会根据全体评标成员签字的原始评标记录和评标结果编写的报告，是评标委员会评标结束后提交给招标人的一份重要文件。评标委员会完成评标后，应当向招标人提出书面评标报告，并推荐合格的中标候选人。

在评标报告中，评标委员会不仅要推荐中标候选人，而且要说明这种推荐的具体理由。评标报告作为招标人定标的重要依据，一般应包括以下内容：

（1）招标公告刊登的媒体名称、开标日期和地点；

（2）购买招标文件的投标人名单和评标委员会成员名单；

（3）评标方法和标准；

（4）开标记录和评标情况及说明，包括投标无效投标人名单及原因；

（5）评标结果和中标候选供应商排序表；

（6）评标委员会的授标建议。

招标人根据评标委员会的评标报告，在推荐的中标候选人（一般为1至3个）中最后确定中标人。在某些情况下，招标人也可以直接授权评标委员会直接确定中标人。

当下述情况之一发生时，经招标管理机构同意可以拒绝所有投标，宣布招标失败：①最低投标报价高于或低于一定幅度时；②所有投标单位的投标文件均实质上不符合招标文件要求。

若发生招标失败，招标单位应认真审查招标文件及工程标底，作出合理修改后经招标管理机构同意，方可重新办理招标或转为议标。

5）中标通知书

中标通知书就是向中标的投标人发出的告知其中标的书面通知文件。

要确定中标通知书的性质还得结合《中华人民共和国民法典》的相关规定进行分析确定。根据《中华人民共和国招标投标法》的规定，招标是指招标人采取招标通知书或者招标公告的方式邀请不特定的法人或者其他组织投标的活动，属于"希望他人向自己发出要约的意思表示"的要约邀请行为。《中华人民共和国民法典》规定，订立合同采取要约和承诺的方式进行。要约是希望和他人订立合同的意思表示，该意思表示内容具体，且表明经受要约人承诺，要约人将受该意思表示的约束；承诺是受要约人同意要约的意思表示，应当以通知的方式作出，但根据交易习惯或者要约表明可以通过行为作出承诺的除外。据此能够确定，投标人提交的投标文件（俗称标书）属于一种要约，招标人的中标通知书则是对投标人要约的承诺。

中标人确定后，招标人应当向中标人发出中标通知书，并同时将中标结果通知所有未中标的投标人。中标通知书对招标人和中标人具有法律效力，中标通知书发出后，招标人改变中标结果，或者中标人放弃中标项目的，应当依法承担法律责任。中标人应当自中标通知书发出之日起30日内，按照招标文件和招标人签订书面合同。

9.6.3 开标

所谓开标，就是投标人提交投标截止时间后，招标人依据招标文件规定的时间和地点，开启投标人提交的投标文件，公开宣布投标人的名称、投标价格及投标文件中的其他主要内容。《中华人民共和国招标投标法》规定，开标应当在招标文件确定的提交投标文件截止时间的同一时间公开进行；开标地点应当为招标文件中预先确定的地点。

1）开标的基本过程

为了保证投标人及其他参加人了解所有投标人的投标情况，增加开标程序的透明度，开标时，首先宣布参会供应商代表名单，由投标人或者其推选的代表当众检查投标文件的密封情况，所有投标文件（指在招标文件要求提交投标文件的截止时间前收到的投标文件）的密封情况被确定无误后，应将投标文件中投标人的名称、投标价格和其他主要内容向在场者公开宣布。招标人委托公证机构的，可由公证机构检查并公证。一般情况下，投标文件是以书面形式、加具签字并装入密封信袋内提交的。只有密封的投标，才被认为是形式上合格的投标（即是否实质上符合招标文件的要求暂且不论），才能被当众拆封，并公布有关的报价内容。投标文件如果没有密封，或发现曾被拆开过的痕迹，应被认定为无效的投标，不予宣读。考虑到同样的目的，还须将开标的整个过程记录在案，由主持人和其他工作人员签字确认并存档备查。

开标过程还包括投标人就唱标内容发表异议、公证人员宣布公证词等。

2）开标的注意事项

（1）采购单位或招标单位只接受在规定的投标截止日期前由供应商提交的投标文件，拒收截止日期后送到的投标文件，并取消这类供应商的资格。在收到投标文件后，要立即签收并通知供应商投标文件已经收到。在开标以前，所有的投标文件都必须密封妥善保管。投标文件的内容应与招标文件的要求相一致。

（2）开标应按招标通告中规定的时间、地点和程序，以公开方式进行，并邀请投标商或其委派的代表参加。开标时间与投标截止时间应为同一时间。在特殊情况下，如出现突发事故，变更或取消采购计划等，可以暂缓或推迟开标时间。

（3）唱标内容应完整、明确。只有唱出的价格优惠才是合法、有效的。唱标及记录人员不得将投标内容遗漏不唱或不记。

（4）开标前，应以公开的方式检查投标文件的密封情况，当众宣读供应商名称、投标项目的主要内容、投标价格、提交投标保证金的方式是否符合要求、有无撤标情况以及其他有价值的内容。

小资料9-5

开标大会唱标报告格式

（5）开标要做开标记录，其内容包括项目名称、招标号、刊登招标通告的日期、发售招标文件的日期、投标商的名称及报价、购买招标文件单位的名称、截标后收到标书的处理情况等。

本章小结和学习重点与难点

电子采购就是用计算机系统代替传统的文书系统，通过网络支持完成采购工作的一种业务处理方式，也被称为网上采购。它的基本特点是在网上寻找供应商和商品、网上洽谈贸易、网上订货甚至在网上支付货款。基于网络的采购有卖方一对多模式、买方一对多模式、第三方系统门户等。卖方一对多模式是指供应商在互联网上发布其产品的在线目录，采购方则通过浏览来取得所需的商品信息，以作出采购决策，并下订单。买方一对多模式是指采购方在互联网上发布所需采购产品的信息，供应商在采购方的网站上登录自己的产品信息，供采购方评估，并通过采购方网站双方进行进一步的信息沟通，完成采购业务的全过程。

电子采购最基本的方式，一是网上查询采购，二是网上招标采购。网上查询采购就是采购者上网，查找供应商和商品，进行商品考察，与供应商联系洽谈、签订合同，然后实施合同而完成采购的一种采购方式。网上招标采购就是采购者建立网站，或者租用别的网站，发布采购公告，招徕各地的供应商投标，然后对各个投标的供应商进行竞标选择，确定最后的供应商，签订采购合同，最后实施采购合同而完成购买的一种采购方式。

电子采购是集计算机技术、多媒体技术、数据库技术、网络技术、安全技术、密码技术、管理技术等多种技术于一体在电子商务中的应用。

招标采购是一种使用越来越广泛的采购方式，本章介绍了招标采购的内涵、特点、适用范围。编制招、投标文件是招标采购中相当重要的环节，招标采购是通过在一定范围内公开购买信息，说明拟采购物品或项目的交易条件，邀请供应商或承包商在规定的期限内提出报价，经过比较分析后，按既定标准选择条件最优的投标人并与其签订采购合同的一种采购方式。

招标采购有公开招标、邀请招标、议标三种招标投标方式。

按照竞争程度，公开招标可分为国际竞争性招标和国内竞争性招标。

招标文件是招标人向投标人提供的为进行投标工作所必需的文件，旨在向其提供为编写投标文件所需的资料并向其通报招标投标将依据的规则和程序等项内容的书面文件。

评标是依据招标文件的规定和要求，对投标文件所进行的审查、评审和比较。评标工作由招标采购单位负责组织，具体评标事务由招标采购单位依法组建的评标委员会负责。

中标通知书就是向中标的投标人发出的告知其中标的书面通知文件。

所谓开标，就是投标人提交投标截止时间后，招标人依据招标文件规定的时间和地点，开启投标人提交的投标文件，公开宣布投标人的名称、投标价格及投标文件中的其他主要内容。

本章的学习重点是电子采购的模式。

本章的学习难点是投标文件的编制。

前沿问题　　　　　　竞价采购

竞价采购是招标方式和拍卖技术以及现代互联网信息技术的有机结合，是类似于拍卖竞购的一种逆向行为，即用逐步降低销售价格方式赢得标的物的过程，也称拍购。竞价时，由采购商发布竞价标书，事先约定拍购条件，并主持整个竞价过程。经过采购商资格预审合格的供应商，都是在匿名条件下与对手竞争，可以在规定的竞拍过程中充分进行竞争性报价，争取获得有利的排位，符合预设中标条件的供应商最终中标。

相比传统的招投标方式，竞价采购将投标的静态报价转换为动态报价，允许供应商在公平竞争的环境中多次报价，从而能够快速达到采购产品的平均市场成本线。

相比传统的竞争报价方式，网上竞价采购在保证实时竞争现场的同时又能保证各参与供应商间的背对背，从而有条件创造出一个充分竞争的环境，保证采购企业的利益。

架构于先进互联网信息技术上的网上竞价采购，以其竞争气氛激烈、降价效果明显、业务流程简便易操作、业务周期短等特点被越来越多的企业所接受。网上竞价采购系统在充分保证竞价采购的特点的基础上总结大量项目实施经验作出了诸多优化，例如：允许用户设置大量业务开关参数，从而能够组合出不同的采购策略；引入评标机制，弥补竞价以价格为唯一决定因素的不足等。

（资料来源　佚名. 网上竞价采购解决方案［EB/OL］.［2020-07-25］. http：//www.docin.com/p-79464027.html？docfrom=rrela.）

前沿问题

采购的未来——数字化颠覆传统采购模式

案例探讨　　　　越秀食品集团采购数字化转型的落地实践

越秀食品集团始建于 1949 年，位列广东省流通业企业 100 强，近年来为顺应采购业务发展趋势，应对自身业务发展中带来的管理挑战，同时积极响应国务院加快推进国有企业数字化转型工作的通知，充分贯彻国资委关于规范市属国有企业采购行为的指导意见的相关要求，创新构建了"越智采"数字招采平台，实现采购全流程线上化及业务高效协同，助力企业真正实现降本增效及数据赋能。

1.采购业务发展趋势及管理挑战

(1) 采购业务的发展趋势

采购业务作为产业链中的核心一环也经历了不同的发展阶段。①在传统采购阶段，采购业务的目标是低价购买所需的产品和服务。处于这个阶段的企业往往没有单独的采购组织，采购的权限分散在各需求部门，采购流程简单，以快速满足业务需求为主要诉求。采购能力及工具方面，企业采购过程以线下沟通为主，手工作业。②在集中采购阶段，采购业务的目标是所采购的产品和服务综合总成本达到最低。处于这个阶段的企业部分具有独立的采购组织，部分采购权限集中，具有共性需求的物资或服务，通过集中采购的方式实现综合成本最低。采购能力及工具方面，企业具有一定的需求计划能力及价格谈判能力，初步具备专业的 IT 系统支撑业务，采购效率得到较大提高。③在战略采购阶段，采购业务的目标是具备业务赋能能力和提供增值服务。处于这个阶段的企业一般具有独立的采购组织，部分企业会成立以采购为主业的独立的子公司，通过公司化的经营提升服务能力，服务对象不局限于本企业，能够扩充至产业链。采购能力及工具方面，企业具有打通产业上下游及伙伴合作能力，具备覆盖采购全流程的管理系统，能够帮助企业实现采购战略转型。④在认知采购阶段，采购业务的目标是基于对市场和环境的认知，协助达成企业战略目标，是企业竞争优势之一。处于这个阶段的企业具有独立子公司，能够协同企业战略，形成行业竞争壁垒和竞争优势。在采购能力及工具方面，企业具备数据认知能力、流程驱动能力，一般采用智能采购系统来支撑弹性业务需求，具有赋能能力并能带来增值价值。

(2) 业务面临的管理挑战

① 采购管理待提升。部分单位专业采购人员少，组织不健全，"谁需要、谁采购"的现象还普遍存在，采购专业化程度不高。越秀食品集团经过多年的业务发展和积累，建立了较为完善的采购管理制度，但随着业务的发展和管理的深入，现有制度在业务契合度方面和对实际业务流程操作指引方面亟须提升优化。

② 采购业务监督难。日常的采购执行均为线下开展，过程数据无法线上留痕，流程合规性缺乏监管和保障，合规审计风险大。对供应商的管理分散，管理尺度不一，在采购风险管控方面缺乏有效手段。

③ 业务发展要求高。农业食品产业是重点发展的业务板块，采购业务量随着整体业务的逐步发展壮大将显著增多，采购品类持续丰富，对采购时限、响应速度、产品质量等方面的要求会持续提高，对供应商的协同能力提出更高的要求。

④ 采购数字化基础弱。目前大部分采购业务过程为线下操作，寻源过程难监管，采购需求、立项、寻源、合同、订单流程断层，进度难追踪，流程效率较低，响应速度慢；无查询全量供应商的平台，各下属企业之间及企业内部的供应商资源难共享，供应商评价缺乏标准；供方协同难，与供应商协同为线下进行，信息传递周期长，效率低、易丢失；采购过程中的价值数据缺乏积累，历史价格难分析，供应商历史报价等寻源数据无法沉淀，难以获取采购实时动态数据。

2."越智采"数字招采平台构建经验

(1) "越智采"数字招采平台规划建设思路

① 第一阶段。搭建招采平台，完成系统功能建设；基于对采购业务痛点、需求的分

析，开展蓝图设计，完成前端门户与核心管理的功能建设。建立与内外部系统集成，支撑采购业务全流程贯通；与 OA、ERP 等内部系统对接，同时与第三方集采商城、电子签章系统等外部系统集成，支撑采购业务流程贯通。

② 第二阶段。功能完善，提升用户满意度；基于第一阶段的需求反馈，进一步优化平台功能，提升易用性与用户友好度。同时扩大对接，进一步打通采购业务流；依据第二阶段推广计划，扩大系统对接范围，完成数字招采平台与上线子企业后端生产、业务应用系统的对接，根据财务共享、资金系统的上线计划完成对接，实现从采购到付款全流程线上化。

③ 第三阶段。探索数字化技术应用，持续平台迭代。基于第一、二阶段的推广使用经验，以及来自各业务部门的需求沉淀，探索大数据、人工智能等数字化前沿技术在招采业务中的应用，持续进行数字招采平台的功能迭代。

（2）"越智采"数字招采平台建设内容

通过建立四个资源库，围绕三大业务中心，打通两个核心流程循环，构建出"一个数字招采平台+N个租户模式"的越智采"4321"采购体系架构。

"4"，即通过四个数字资源库实现供应商资源库、价格库、品类物料库、评审专家库数据的统一规范、信息共享，以及跨企业的信息数据一致性。

"3"，即创新构建招采管理、合作伙伴管理和采购商城管理三大采购业务中心。①通过招采管理中心实现从需求到立项、立项到寻源、寻源到合同、合同到订单协同、履约与结算协同的全流程管理线上化，全面提升采购管理与供应商管理效率。②通过合作伙伴管理中心打造集团统一供应商门户，利用集团优势品牌与规模效应吸引行业优质资源，打造供应链生态圈，例如供应商按照统一流程纳入统一供应商信息库进行管理，实现供应商资源的共享，各业务单位进行供应商的甄选应用，最终实现供应商资源统一共享、分级应用和全生命周期管理。③创新打造采购商城管理中心，实现高频低值易耗物资的电商化，通过商城目录化自助下单，实现工作简化、效率提升。

"2"，即打造供应商全生命周期（供应商招募/注册—信息共享/公布—供应商准入—备选供应商管理—合格供应商管理—供应商绩效评估—分类评级管理—供应商退出/淘汰）和采购业务全流程（需求计划—采购立项—寻源管理—供应商确定—合同管理—采购订单执行—库存管理—对账结算）两个在线闭环流程体系，并通过与企业 ERP、MDM 等内部系统实现无缝对接，促成计划、寻源、合同、采购执行与对账结算的全业务流程的系统化和线上管理。

"1"，即搭建一个平台+N个租户模式的技术平台，充分考虑到集团子产业差异及采购业务差异，通过多租户形式实现各业务"共性业务统一管理、个性业务配置化及定制化管理"，匹配业务需要，实现高效增收。

（3）"越智采"数字招采平台实践效果

① 全流程线上闭环管理。实现了需求、寻源、招采、合同、订单、供应商管理等环节的全流程线上闭环管理，各业务环节环环相扣，数据流程无缝集成。

② 信息一致性与实时联动管理。平台已完全满足了公司对采购业务过程中各类复杂审批场景及相关审批流程的管理需要，如业务过程中的立项、采购文件、供应商、评审报告、定标、合同订单等环节，实现了系统间的组织架构、部门、人员岗位等数据的一致及

实时更新，支撑审批表单的界面一致性和移动便捷审批。

③业务和资源的高效协同。公司业务和资源的协同得到了明显的加强，公司整体采购工作集约化效应显著提升，采购过程真正实现透明化、公正化、流程化、规范化和高效率管理，实现了与 OA、K2、云上越秀、财务系统、生产系统等系统间的高效协同和资源共享。

④在线商城模式的创新落地。通过应用目录化采购理念，引入商城采购模式，集团统一与电商企业签订框架合作协议，无须单独立项审批及寻源，需求部门可直接下单采购，审批通过后商家送货上门，效率得到了极大的提升。

⑤采购供应链生态的快速构建。在采购供应链及数字生态方面，通过采购业务数字化转型，促进公司内部采购管理流程、外部供应商协作流程的有效衔接，实现采购生态的建立，提升采购工作成效；平台运行短短一个多月，入驻供应商即超过 1 000 家，产业链资源库不断优化，产业链生态伙伴结构日渐完善。

⑥采购数据沉淀及决策赋能。通过分析数字招采平台的采购品类分布，能够分析排名靠前的采购业务类型，充分利用二八原则，抓住采购业务管理的重点和难点。通过分析合同金额占比，了解核心供应商的业务合作情况，为供应商合作策略和协同优化方向提供支持。通过分析采购价格趋势，了解行业发展情况，为实现战略采购打下坚实的基础。

3.展望

面向未来，越秀食品集团可积极依托"越智采"数字招采平台，搭建供应链信息与知识共享平台，支撑企业生产与流通销售环节紧密衔接，助力企业做大规模、做强业务、做好食品产业链品牌。通过打造数字化食品产业供应链体系，集团可持续关注供应链的可持续发展，以合规为基础，以生态设计为支点，以全生命周期管理为方法论，探索构建食品行业绿色信息披露平台，并试行"产地到餐桌"的"绿色生产＋供应商管理＋绿色物流＋绿色回收＋绿色包装"的创新实践，实现资源的可持续利用。最终，通过产业生态要素的联结，集团可积极与上下游企业主体形成紧密生态共同体，推动上游食品企业创新加工工艺和技术路线，为促进乡村振兴、绿色发展、实现农民就业增收和农村一二三产业融合发展作出积极贡献。

（资料来源　佚名.越秀食品集团采购数字化转型的落地实践［EB/OL］.［2023-08-28］. https://www.clii.com.cn/lhrh/hyxx/202308/t20230829_3957710.html.）

🌢 课后练习

（一）名词解释

电子采购　招标采购　招标文件　开标　中标通知书

（二）填空题

1.一个典型的电子采购程序包含以下几个步骤：_____；_____；_____；_____；_____；_____；_____。

2.EDI的目的就是以_____代替_____，进行电子贸易，从而在很大程度上提高商务交易的效率并降低费用。

3.网络安全四大要素：_____、_____、_____、_____。

4.电子采购最基本的方式，一是_____，二是_____。

5.招标采购有_____、_____、_____三种招标投标方式。

6.按照竞争程度，公开招标可分为_____和_____。

7.议标的主要方式有以下几种：_____、_____、_____。

8._____是唯一的评标证据。

（三）单项选择题

1.电子采购最先兴起于美国，它的最初形式是一对一的电子数据交换系统，即（　　）。

A.EDI　　　　　　B.ERP　　　　　　C.CRM　　　　　　D.JIT

2.（　　）由于与其他行业相比有一个明显的优势：产品绝大部分都符合国际标准而可以更容易地采用在线交易，因而成为在线市场发展的早期领导者。

A.化工行业　　　　B.批发零售行业　　C.物流行业　　　　D.制造行业

3.评标由（　　）负责。

A.招标人　　　　　B.招标代理人　　　C.评标委员会　　　D.主管政府部门

4.评标委员会人数一般应为（　　）人以上。

A.2　　　　　　　B.3　　　　　　　C.4　　　　　　　D.5

5.根据《中华人民共和国招标投标法》的规定，履行项目审批手续和（　　）是招标项目进行招标前必须具备的两项基本条件。

A.落实资金来源　　　　　　　　　B.获得审批手续的批准

C.拟订招标方案　　　　　　　　　D.编制项目可行性研究报告

6.根据《中华人民共和国招标投标法》的规定，招标人具有（　　）能力的，可以自行办理招标事宜。

A.编制和出售资格预审文件、招标文件　B.编制招标文件和组织评标

C.审查投标人资格　　　　　　　　D.编制标底

（四）多项选择题

1.第三方系统门户上有两类基本门户，即（　　）。

A.垂直门户　　　　B.立体门户　　　　C.关联门户　　　　D.水平门户

2.基于网络的采购，主要的模式有（　　）。

A.卖方一对多模式　　　　　　　　B.买方一对多模式

C.第三方系统门户　　　　　　　　D.企业私用交易平台

3.投标文件通常可分为（　　）。

A.商务文件　　　　B.技术文件　　　　C.价格文件　　　　D.评标文件

4.招标采购有（　　）方式。

A.公开招标　　　　B.邀请招标　　　　C.议标　　　　　　D.电子招标

5.投标文件通常可分为（　　）。

A.商务文件　　　　B.技术文件　　　　C.价格文件　　　　D.采购文件

（五）简答题

1.简述电子采购的优点。

2.简述卖方一对多模式和买方一对多模式的区别。

3.招标采购是如何分类的？简要说明其特点。

4.如何进行招、投标文件的编制？

5.评标的标准和方法有哪些？

（六）论述题

1.EDI是如何改变购买者与销售者之间的关系的？

2.电子采购系统的使用是如何改变对供应管理人员的技能和知识本质特征的要求的？

3.为什么在开发成功的B2B交换或电子市场时会出现困难？你认为应如何解决这些问题。

附录

中英文词汇对照表

主要参考文献

［1］张浩．采购管理与库存控制［M］．3 版．北京：北京大学出版社，2024．

［2］霍红，徐玲玲，张玉斌．采购管理实务［M］．2 版．北京：科学出版社，2010．

［3］国际贸易中心．如何进行电子采购［M］．北京：中国物资出版社，2009．

［4］邵晓峰，张存禄，李美燕．供应链管理［M］．北京：机械工业出版社，2005．

［5］陆其伟．商品采购管理［M］．5 版．大连：东北财经大学出版社，2020．

［6］薛文彦．采购精细化管理与库存控制［M］．北京：化学工业出版社，2015．

［7］刘宝红．采购与供应链管理：一个实践者的角度［M］．4 版．北京：机械工业出版社，2024．

［8］李海燕，翟佳，赵宏．供应链采购与库存管理［M］．北京：科学出版社，2019．

［9］霍明奎，封伟毅．物流与供应链管理［M］．北京：电子工业出版社，2025．

［10］赵晓波，黄四民．库存管理［M］．2 版．北京：清华大学出版社，2025．